武汉大学国际法博士文库

Series of Doctoral Thesis on
International Law
of Wuhan University

WTO《反倾销协议》改革

——政策和法律分析

WTO Anti Dumping Agreement Reform

——policy and legal analysis

孙立文 / 著

WUHAN UNIVERSITY PRESS
武汉大学出版社

图书在版编目(CIP)数据

WTO《反倾销协议》改革:政策和法律分析/孙立文著.—武汉:武汉大学出版社,2006.12
武汉大学国际法博士文库
ISBN 7-307-05347-0

Ⅰ.W…　Ⅱ.孙…　Ⅲ.世界贸易组织—反倾销法—贸易协定—研究　Ⅳ.D996.1

中国版本图书馆 CIP 数据核字(2006)第 136769 号

责任编辑:张　欣　　　责任校对:刘　欣　　　版式设计:支　笛

出版发行:武汉大学出版社　(430072　武昌　珞珈山)
(电子邮件:wdp4@whu.edu.cn 网址:www.wdp.com.cn)
印刷:湖北恒泰印务有限公司
开本:880×1230　1/32　印张:13.375　字数:367 千字
版次:2006 年 12 月第 1 版　　2006 年 12 月第 1 次印刷
ISBN 7-307-05347-0/D·703　　定价:16.00 元

《武汉大学国际法博士文库》总序

黄 进

《武汉大学国际法博士文库》终于面世了！这是令人高兴和值得庆贺的事情。作为推动《文库》编辑出版工作的负责人之一，本人有责任也很乐意将我们做这项工作的缘由和初衷告诉读者。

2000 年，经过严格的评审，武汉大学国际法研究所被国家教育部确定为“教育部人文社会科学重点研究基地”。随后经过三年的建设，基地又于 2004 年顺利通过国家教育部组织的合格评估。作为教育部人文社会科学重点研究基地，武汉大学国际法研究所深感任重而道远，自然不须扬鞭自奋蹄，一直在积极探索如何进一步推动我国国际法教学和研究向前发展，勤勉地做了或者正在做一些有益的事情，其中一项举措就是编辑出版《武汉大学国际法博士文库》。

改革开放以来，我国自己培养的国际法专业博士逐年增多。仔细看看他们撰写的博士论文，我们不难发现，博士研究生已经成为我国国际法研究的生力军，他们以博士论文表现出来的许多研究成果或者填补了我国国际法研究的空白，或者开拓了我国国际法研究的新领域，有的甚至还在某些方面代表了我国国际法研究的最高水平。因此，我们感到责无旁贷，有必要精选部分优秀国际法博士论文，以文库的形式编辑之，出版之。这就是我们为什么要编辑出版《文库》的缘由。必须说明的是，我们编辑出版《文库》决不是短期行为，更不是当下时常见到的应景之作，我们是要把《文库》当着法律文化工程和长期经营的品牌来建设的。我们相信，随着

《文库》收录的一本本博士论文问世，它们一定会对提升我国国际法研究的学术水平，推进我国国际法学界的学术交流，进而推动我国国际法研究的不断发展，发挥积极的作用。

《文库》的生命力关键在质量。为了保证《文库》的质量，按照我们的设想，《文库》首先要坚持开放性。所谓开放性，一是《文库》收录的博士论文不局限于狭义的国际法或者说国际公法的博士论文，凡是研究国际法律问题、跨国法律问题或者涉外法律问题的博士论文，包括但不限于国际公法、国际私法和国际经济法的博士论文，均在收录之列；二是《文库》收录的博士论文不局限于在武汉大学求学毕业的博士的论文，非武汉大学出产的优秀国际法博士论文也在收录之列。坚持开放性实际上是对《文库》收录的博士论文的范围或者外延的界定，表明它有海纳百川的胸怀。其次，《文库》要实行精品化。所谓精品化，就是《文库》收录的博士论文应该是精品，必须是精品，一定是精品。出精品是《文库》质的要求和内涵的要求。为了保证质量，我们在选择收录武汉大学的国际法博士论文时，通常是每年在国际公法、国际私法和国际经济法三个领域各选一篇校内外评阅和论文答辩均获得全优，并获得论文答辩委员会成员一致推荐收录的论文。

《文库》得以顺产是同方方面面的关心、支持或资助分不开的。我们要感谢国家教育部及其社政司、国家社会科学基金，我们要感谢武汉大学社会科学部、研究生院、国际交流部和出版社，我们还要感谢校外参与评阅博士论文和参加博士论文答辩的专家。当然，《文库》的顺产也是我们自己努力的结果。法学院特别是武汉大学国际法研究所的同事们精诚团结，齐心协力，自强不息，追求卓越，每个人特别是担任博士研究生培养和指导工作的教师都为《文库》的编辑出版工作付出了许多心血，尽管《文库》收录的只是部分博士研究生的论文，但大家都把《文库》视为己出，更视为共同的国际法事业的组成部分，对《文库》关爱备至。

一本书也好，一套书也好；“丛书”也罢，“文库”也罢，究竟质量如何，最终还得看读者的评判。所以，我们真诚地希望读者在翻阅了《文库》之后给我们提出真诚的意见或建议，以便我们不断地改进编辑出版工作，将渐臻完善的《文库》奉献给读者。

2004年10月8日于北京大有庄100号

序

反倾销是当代世界贸易中的“流行病”。第一，自20世纪80年代开始，反倾销从两个方面向全世界扩散。一方面，美国、欧盟、加拿大和澳大利亚等传统反倾销用户的反倾销立案不断上升；另一方面使用反倾销的国家日益增多。20世纪80年代后期，美国、欧盟、加拿大和澳大利亚曾是全球反倾销措施的主要用户，其数量占总数的90%以上。而90年代以来的反倾销立案主体呈多元化趋势，既有发达国家，也有发展中国家，既有过去经常援用反倾销措施的国家和地区，也有一些新近启动反倾销措施的国家和地区。1995年初至2005年底，共有41个WTO成员向WTO通报了2840件反倾销立案，其中位居前十名的WTO成员依次是：印度425件，占15%；美国366件，占12.9%；欧共体327件，占11.5%；阿根廷204件，占7.2%；南非197件，占6.94%；澳大利亚179件，占6.3%；加拿大134件，占4.72%；中国123件，占4.33%；巴西122件，占4.3%；土耳其101件，占3.56%。同时，传统用户仅占35.42%，印度、阿根廷、南非、中国、土耳其等发展中国家新用户则占41.33%。尽管发达国家仍然占三分之一强的份额，但作为反倾销新用户的发展中国家呈继续增长趋势。

第二，世界贸易受反倾销的影响愈来愈大，自从1904年加拿大制定反倾销法以来，反倾销法已成为很多国家乐于采用的标准贸易政策工具。现在有反倾销法的120多个国家或经济体占了世界贸易流量的绝大部分，这意味着目前90%以上的世界进口贸易有可能受反倾销措施的潜在影响，而在1990年大约只有71%的世界进口贸易会受反倾销的影响。现在反倾销投诉的目标既广泛又集中。

就广泛度而言，遭受反倾销投诉的贸易伙伴越来越多，1995～2005年共有98个贸易体遭受反倾销投诉，其中前十名的贸易体依次是：中国469起，占16.5%，韩国218起，占7.68%，美国162起，占5.7%，中国台湾地区160起，占5.63%，日本125起，占4.4%，印尼121起，占4.26%，印度120起，占4.23%，泰国111起，占3.91%，俄罗斯97起，占3.42%，巴西84起，占2.96%。就集中度来说，遭受反倾销投诉者中的前九名都是亚太经合组织成员，尤其是以我国为首的东亚地区的贸易伙伴。

第三，反倾销对世界贸易的负面影响巨大，被称为"贸易恐怖主义"。据西方学者研究的1980～2000年反倾销对世界贸易的负面影响，美国等传统用户反倾销措施累计抑制进口最高达到每年200亿美元，新用户抑制进口则高达每年约157亿美元。对于某些国家而言，反倾销法对贸易的消极影响几乎抵消了贸易自由化所产生的全部好处。反倾销的完全不可预见性、严重的破坏性和超出受打击人群的令人胆寒的影响，使之有"反倾销传染病"（antidumping epidemic）和"贸易恐怖主义"（trade terrorism）之称。

WTO多哈回合谈判在反倾销全球泛滥成灾之时开始启动。如何有效地通过世界贸易体制遏制反倾销的继续蔓延和扩散，使之从国际贸易中的一种破坏性的制度因素变成一种建设性的法律工具，是WTO多哈发展议程中规则谈判的重要目标之一。目前WTO多哈回合谈判中止将助长国际贸易保护主义，反倾销等形式的贸易摩擦可能进一步加剧。研究WTO《反倾销协议》在世界贸易体制中的应有作用及其规则的改革与发展趋势，无论是对世界贸易组织法律的发展，还是对中国贸易体制的改革与完善都具有重大意义。

《WTO〈反倾销协议〉改革》一书是孙立文在其博士论文基础上修改而成的学术专著。在博士论文答辩通过后不久她曾赴世界贸易组织总部继续从事反倾销制度研究。作者在大量阅读和分析有关世界贸易组织的原始文件的基础上，以科学的态度和严谨的分析方法，对世界贸易组织体制和反倾销制度的关系、《反倾销协议》改革的出发点和内容，以及《反倾销协议》的改革对中国经济、法律改革和贸易政策的影响进行了下列有益的探索：

首先，作者从世界贸易体制出发，探索反倾销体制改革的合理性基础。从反倾销制度的产生背景及其在世界贸易体制中的发展历程来看，反倾销制度的作用不明确。WTO 各成员根据各自经济和贸易政策的需要对反倾销制度的作用有不同的期待：既把它视为保护国内产业的政策工具，又将它作为反击扭曲市场的出口贸易做法的法律手段。鉴于 WTO 体制主要是一种发达成员主导的开放市场体制，在 WTO 体制中以竞争协调规则取代反倾销制度，或者以反倾销制度来执行平衡市场条件的措施并发挥平衡竞争政策的作用，在现行 WTO 体制内是无法实现的。同时，从 WTO 体制有效、稳定运行的角度来看，作为不断开放的贸易体制，WTO 所推崇的贸易自由化也会给成员的国内经济和市场带来冲击，因此反倾销制度作为一种保障制度，可以对这种冲击产生一定的缓冲作用，从而降低世界贸易体制运行的政治成本。因此反倾销协议的改革应当以保证 WTO 体制的平稳运行，为成员提供合理的保障为其合理性基础。

其次，从全书的结构上看，作者采取从整体到局部，从宏观到微观的研究方法。第一部分先总结和探讨反倾销制度产生的历史和它所具有的贸易政策和竞争政策的意义，而后分析反倾销制度在多边贸易体制中所起的复杂作用。在此基础上，第二部分探讨了改革的出发点，明确《反倾销协议》在 WTO 体制中的应有作用。根据这个出发点，第三部分进一步具体分析和研究改革现行《反倾销协议》规则的各种建议。第四部分注重分析《反倾销协议》的改革对中国经济政策和制度的影响，并对中国有关实践提出具有一定参考价值的建议。全书结构安排环环相扣，论证逻辑比较严密。

最后，作者查阅了有关 GATT 和 WTO 谈判的大量原始文件。在分析和研究这些原始文件的基础上，形成了关于 WTO 反倾销制度对世界贸易体制的影响的基本看法，并提出了改革的具体建议。

WTO 反倾销制度作为影响自由贸易发展的重要制度，对 WTO 成员的自由贸易政策的制定和执行具有重大影响，同时，作为

WTO制度的一项重要内容，反倾销制度的发展方向也会对世界贸易体制的发展产生深远影响。《WTO〈反倾销协议〉改革》一书，从理论和实践角度丰富了国内有关世界贸易组织和反倾销制度的研究，是一部具有理论创新和应用价值的高水平学术著作。作为作者攻读博士学位期间的导师，乐见其博士论文在修改后公开出版，特致数语，是为序。

余敏友

2006年8月28日

于武汉大学国际法研究所

目　录

内容摘要……………………………………………………………… 1
英文摘要……………………………………………………………… 6
英文简称对照表 …………………………………………………… 11

引言…………………………………………………………………… 1

第一部分　国际贸易中的反倾销制度：性质和影响

第一章　作为贸易保护政策工具的反倾销法律………………… 9
　一、倾销的理论与早期的反倾销立法………………………… 9
　二、自由贸易理论对反倾销制度经济合理性的质疑 ……… 18
　三、反倾销法律的贸易保护政策作用 ……………………… 21

第二章　反倾销法律中的竞争政策意义 ……………………… 28
　一、有关竞争政策的基本问题 ……………………………… 28
　二、竞争政策与 20 世纪初倾销的泛滥……………………… 32
　三、早期反倾销法律规则中的竞争政策内容 ……………… 39
　四、贸易保护体制下的反倾销法与竞争政策的关系 ……… 43

第三章　反倾销与世界贸易市场和政策的发展 ……………… 48
　一、战后国际经济关系的发展 ……………………………… 48
　二、世界贸易政策的变化及其对反倾销政策的影响 ……… 54

三、反倾销制度在战后世界贸易关系中所扮演的角色 …… 63

第二部分 WTO《反倾销协议》改革：出发点和原则

第四章 世界贸易体制的发展与反倾销制度 …… 69
一、GATT的体制特征 …… 69
二、WTO体制的特征 …… 76
三、GATT体制与WTO体制之间的关系 …… 80
四、反倾销制度在多边贸易体制中的发展 …… 82
五、反倾销制度的性质与世界贸易体制 …… 86

第五章 现有的关于改革出发点的建议 …… 91
一、反倾销制度作为自由贸易的安全阀 …… 92
二、作为拉平国际贸易竞技场的措施 …… 99
三、反倾销制度作为国际贸易中的保护自由竞争的措施 … 106

第六章 改革出发点与《反倾销协议》的作用和原则 …… 110
一、损害自由贸易体制的“减压阀”观点 …… 110
二、“拉平竞技场”缺乏WTO规则上的正当性基础 …… 117
三、“竞争为本”的改革出发点与反倾销措施裁决的困难 …… 121
四、《反倾销协议》作为世界贸易体制运行的稳定机制 …… 124
五、现行WTO《反倾销协议》存在的主要缺陷 …… 137
六、建议：《反倾销协议》的作用和原则 …… 142

第三部分 WTO《反倾销协议》改革：主要措施

第七章 倾销和损害的认定 …… 149
一、倾销和损害认定标准的经济理论和贸易政策基础 …… 150
二、乌拉圭回合有关《反倾销守则》中倾销和损害认定

标准的意见……………………………………………… 157
三、WTO《反倾销协议》执行中关于倾销和损害认定方法存在的问题……………………………………………… 162
四、倾销和损害认定条款的改革建议……………………… 176

第八章 反倾销调查中程序性规则的问题………………… 189
一、WTO《反倾销协议》中的程序性条款 ……………… 190
二、反倾销调查程序规则的国内法律规定………………… 199
三、WTO《反倾销协议》的调查程序规则中的主要问题 … 203
四、《反倾销协议》程序规则中某些条款的改革建议 …… 211

第九章 反倾销调查中的公共利益………………………… 216
一、法律和经济规制（economic regulation）中的公共利益的概念……………………………………………… 217
二、反倾销制度中公共利益检测规则的理论基础………… 220
三、国内反倾销法中公共利益检测的规定和实践………… 222
四、WTO《反倾销协议》中的公共利益问题 …………… 232
五、WTO《反倾销协议》的公共利益条款建议 ………… 240

第十章 《反倾销协议》中的非市场经济的条款 ………… 244
一、反倾销法中 NME 程序的理论基础和相关立法实践…… 244
二、WTO《反倾销协议》第 2.7 条的缺陷 ……………… 257
三、WTO《反倾销协议》中关于非市场经济规则的未来改革方向……………………………………………… 267

第十一章 WTO《反倾销协议》的日落规则 …………… 274
一、日落条款确立规则的两种法理和贸易政策基础……… 275
二、日落条款实施的情况…………………………………… 282
三、日落条款存在的缺陷…………………………………… 297
四、日落条款的改革建议…………………………………… 306

第四部分 WTO《反倾销协议》改革的影响:中国与改革

第十二章 非市场经济地位与市场经济体制改革…………………… 313
一、中国的非市场经济地位与 WTO 的双层成员体制 …… 313
二、中国非市场经济地位问题的性质和影响………………… 321
三、中国市场经济体制中存在的问题……………………… 325
四、中国争取市场经济地位的政策建议…………………… 328

第十三章 《反倾销协议》改革与中国竞争政策的选择 …… 336
一、美国对中国彩电反倾销案的启示……………………… 336
二、改革《反倾销协议》与中国竞争立法 ………………… 342
三、中国反垄断法律体制建设与对倾销的控制…………… 347
四、中国反垄断立法政策的选择…………………………… 352

第十四章 《反倾销协议》改革与中国的反倾销制度和贸易政策的选择……………………………………… 355
一、反倾销制度对中国贸易政策的制定和执行的影响…… 355
二、中国的反倾销制度与政策……………………………… 359
三、中国实施《反倾销条例》的情况 ……………………… 371
四、中国贸易政策的选择与 WTO《反倾销协议》的改革 … 375

结束语……………………………………………………………… 379

附录………………………………………………………………… 383

参考文献…………………………………………………………… 386

内容摘要

世界贸易组织成立的十年中，随着反倾销调查启动的数量在世界范围内的增长，人们开始关注反倾销措施被滥用作为成员方贸易保护主义者实施其保护目的的问题；同时也提出了关于 WTO《反倾销协议》所确认的规则，在多大程度上影响着世界开放贸易的政策和成员方的反倾销政策，以及反倾销制度与公平竞争、公平贸易的关系的不同的观点。作为 WTO 的多哈回合谈判的一项分歧较大的谈判内容，《反倾销协议》是否需要改革，以及如何进行改革成为学术界和贸易政策制定者和分析者关注的焦点。

笔者在对反倾销制度诞生的背景和它在国际贸易关系中所扮演的角色的复杂性进行分析的基础上，从现行的世界贸易体制的法律特征出发，以世界贸易体制运行的平稳和效率的视角来分析《反倾销协议》所建立的国际反倾销制度的改革。笔者认为，现行 WTO 反倾销制度作为兼具保护政策意义和竞争政策意义的贸易政策工具，在世界贸易体制中扮演着一种模糊的角色。有些成员方把反倾销措施主要视为一种贸易保护的政策工具，而另一些成员方则认为反倾销应当扮演一种国际贸易过程中执行公平竞争政策的工具。这种对于反倾销制度在世界贸易体制中的作用的基本分歧，造成了《反倾销协议》中的规则的不协调及不合理的制度的存在，导致了成员方对反倾销措施的滥用。笔者同时认为，WTO《反倾销协议》的改革，首先要确定反倾销制度在世界自由贸易体制中所要扮演的角色及其应当遵循的原则，在此基础上来确定改革的具体内容。根据笔者的研究，一方面，WTO 体制是在 GATT 体制上发展起来的，继承了 GATT 体制在决策上的协商一致的特征，并通过对体制的统一性和争端解决机制的改进，加强了世界贸易体制的组织性。另一方面，WTO 体制和 GATT 体制从其管理的内容和决策体制来看，并没有实质性的变化，WTO 仍然只是开放成员方市场的一种管理体制。在这种前提下，反倾销措施作为一种执行保护政策的工具，可以对由于世界开放贸易的迅速进展而给成员方内部市场、经济及人民的社会福利造成的冲击，以及由此而产生的贸易摩擦所造成的开放市场的成本进行控制，从而使世界开放贸易体制平稳而有效地运行。同时，作为一种单边的措施，《反倾销协议》所确立的制度本身也会成为一种贸易摩擦的源泉，因此《反倾销协议》的条款本身应当增加透明度，避免由于规则的选择性过强，以及缺乏明确性所带来的对 WTO 争端解决机制的过度使用，降低反倾销体制的运行成本。根据上述观点，笔者将倾销和损害认定的实体和程序规则中缺乏透明度的条款、反倾销措施实施中的公共利益问题、非市场经济规则的歧视性问题，以及反倾销措施的实施期限等问题作为 WTO《反倾销协议》改革的主要内容加以分析和讨论。

笔者在书中主要讨论了以下几个方面的改革措施：倾销和损害的认定规则；《反倾销协议》的程序规则中存在的问题；非市场经济地位在《反倾销协议》中依据及其存在的问题；反倾销制度中的公共利益审查制度建立的必要性和可行性；《反倾销协议》的日落条款的不合理性。

在认定倾销和损害的实体规则中，存在着大量缺乏透明度的条款，这种条款中比较典型的，并且直接影响反倾销措施的保护作用得到公正实施的内容主要包括倾销的认定规则中的成本检测规则和倾销与损害关系的认定因素，笔者认为这两个方面的条款在文字表述上为成员方的调查当局提供了一种选择性，使得国内的反倾销主管机构具有较大程度上的裁量权，因而导致上述规则的实施缺乏透明度。笔者认为要改善《反倾销协议》关于倾销和损害认定条款的这种状况，首先应当从加强规则的透明度这一角度出发，一方面对倾销和损害认定规则中模糊的条款予以澄清，另一方面对其中带有选择性的条款规定适用的条件，以避免在不同的调查机构之间，由于适用规则的原则不同而导致在相同的环境条件下产生法律和规则适用结果上的差异，影响规则适用的可预见性。同时，由于在各个成员方实施关于认定倾销和损害的实体规则本身存在着不合理性，并因此在反倾销调查实践中产生了一些明显的不合理的做法，这种规则和做法或者会导致凭空创造倾销的效果，或者由于与《反倾销协议》的为世界自由贸易体制和成员方的国内经济提供合理的缓冲和保护措施的宗旨存在冲突而损害自由贸易带来的利益。这种不合理的条款和做法主要包括倾销认定中的构建正常价值的规定和"归零"做法。构建正常价值的规定，在反倾销制度执行保护成员方国内经济，为世界贸易体制提供缓冲职能的前提下，构建正常价值的做法会导致扩大价格歧视认定的范围的结果，从而扩大保护措施适用的条件，导致反倾销措施的滥用。至于"归零"的做法导致调查机构在国内贸易保护主义的压力下，凭空加大倾销幅度的结果。因此，笔者建议《反倾销协议》的改革，取消构建正常价值作为可比较价格的确定方法的规则，避免创造价格歧视的效果，并且通过澄清倾销幅度的计算方法明确禁止"归零"的做法。

关于《反倾销协议》的程序规则中存在的问题，笔者认为主要应当通过改革《反倾销协议》中关于反倾销调查启动的条件的规定、反倾销调查证据规则中关于以信息使用规则来限制成员方国内的竞争产业对反倾销措施的滥用，以及调查机构在使用证据中的裁量权。

关于非市场经济地位规则在《反倾销协议》中的依据，笔者认为这种国内反倾销法律中的特殊规则来源于 GATT 1947 第 6 条的补充规定第一段的第 2 项，以及与此相呼应的《反倾销协议》第 2.7 条的规定，这种规定与当今世界经济贸易关系发展状况不相适应，在新型的世界贸易关系中构成了一种歧视性做法。笔者通过对这种做法的歧视性进行分析，提出了增加有关非市场经济地位认定标准的指导原则的《反倾销协议》改革建议。

关于公共利益审查制度问题，笔者从公共利益在反倾销制度中的含义和它与反倾销制度的宗旨的关系等方面入手，对在现行WTO《反倾销协议》增加公共利益审查制度（条款）的必要性和可行性进行分析，认为从确保《反倾销协议》及依据这个协议所建立的反倾销制度能够准确地实现对成员方整体经济以及与之相联系的社会和人民的福祉提供保障的目的，公共利益审查制度的建立是非常必要的。特别是，在传统上使用反倾销措施较多的欧盟和加拿大的反倾销法律中都存在公共利益审查条款，并有相关的实践经验，因此，将公共利益审查制度作为《反倾销协议》改革的一个重要内容是存在一定的可行性基础的。

关于《反倾销协议》的日落条款存在的问题，笔者认为，目前日落条款存在的缺陷与现行《反倾销协议》的宗旨和原则不明确是密切相关的。由于现行的《反倾销协议》在世界贸易体制中所起的作用是模糊的，它既被WTO的成员方作为对国内产业的一种保护措施，同时也被作为一种达到平衡成员方竞争政策的公平贸易政策工具。因此作为终结反倾销措施的条款，《反倾销协议》的日落条款既被成员方视为一种临时性保护的期限，同时也被视为一种根据损害的恢复状况而决定是否终结救济措施的反倾销税复审机制。在这种情况下，日落条款在各国国内的反倾销法律和反倾销调查实践中存在着诸多问题，使得这种日落条款实际上被国内产业和保护主义者利用，成为一种“日不落”条款。笔者建议，根据《反倾销协议》改革的出发点所确定的反倾销制度的宗旨和原则，应当将日落条款作为一种临时性的保护措施的有效期限加以规定，通过修改日落条款的相关规则，保证日落条款真正成为一种对反倾销措施实施的期限限制。

在讨论WTO《反倾销协议》改革措施的基础上，笔者对《反倾销协议》改革对中国的经济体制改革、竞争政策和法律、贸易政策的选择的影响进行了分析讨论，力图从《反倾销协议》改革的意义的角度为中国的贸易和竞争政策方向的确立，提供一个可行的政策参考。笔者通过对中国的经济改革和贸易政策和法律的分析，认为《反倾销协议》的改革将对促进中国的市场经济改革、制定合理的竞争政策和法律、坚持自由开放的贸易政策具有重要意义。

关键词： 世界贸易体制　反倾销　贸易政策　竞争政策　改革

Abstract

The world sees a dramatic increase in antidumping initiation among the WTO members after the establishment of the World Trade Organization. The issue of antidumping being abused by members as an instrument for protectionism has brought attentions from all over the world; meanwhile, the trade policy makers from WTO members express their views on how and to what extend the WTO Antidumping Agreement (ADA) affecting the world open trade policy and domestic antidumping policies, and the relations between antidumping and fair competition, fair trade. As one of the most controversial issue in the WTO Doha Round negotiation, whether the ADA needs reform, and how the reform should be done, become the focus of the academics and policy analysts in the international trade arena.

By analyzing the background of the early antidumping legislation, the theories on the rationale or irrational of antidumping measures, and the complicated role playing by the antidumping law in the reality of international trade relations, I discuss the WTO Antidumping Agreement from the perspective of the world trading system, i. e. the legal characteristics of the world trading system and its operational stability and effectiveness. I take the view that the existing ADA, as a policy instrument in both protection's and competition's perspectives, has played a rather vague role in the world trading system. Some members see antidumping measures as a trade protection tool; and others see them as the fair competition policy tool in the process of international trade.

These controversial views on the role of ADA in the WTO lead to the inconsistency of the provisions and irrational rules of the ADA, which provides basics of the abuse of antidumping measures. I also conclude that the reform of ADA relies on defining the role played by the ADA in the world trading system. According to my analysis, the WTO system is characterized by consultative agreement in rule making institution, more effective dispute settlement mechanism. Like the GATT, the WTO is a system about administration of market access of its members; it is not about market integration. Base on these characteristics, antidumping measures as protection policy instrument can play a role in controlling the costs caused by the shocks in trade opening process, which makes the operation of the world trading system more stable and more effective.

Meanwhile, as an unilateral instrument, antidumping itself can be a source of trade friction, therefore, ADA reform should enhance the transparency of domestic antidumping laws of its members, clarify the provision of the ADA so as to avoid the excessive use of the dispute settlement mechanism, hence reduce the costs of the operation of the ADA.

Based on the above said views, I include the following rules as lack of transparency in dumping and injury determination provisions, antidumping investigation procedures, the public interests issue, discrimination in non-market economy rules, and the sunset clause in the ADA reform proposal analysis.

Firstly, I discuss the problems of the rules on determination of dumping and injury. The most typical problem of dumping and injury determination is that many of these rules lack of transparency, and the most concerned ones among which are the cost test in the rules of dumping determination and the determining rules on causation between the dumping and injury. I conclude that, by analyzing the rules and the application, the wording of the above said two clauses provide the authorities with the opportunities of applying the rules selectively, hence the too extensive discretion, which lead to the lack of transparency in applying the these rules. To change the situation, policy makers of the WTO members should start from improving the transparency of the rules, i. e. clarify the vague provisions on dumping and injury determination on the one hand, and providing application conditions on the provisions with selective rules so as to avoid the different effects among members when different authorities apply the same clause in the similar situations. Meanwhile, some rules of dumping determination cause the domestic authorities' unreasonable practices that are inconsistency with the ADA's role of cost control in establishing a more effective world trading system. Such practices include "zeroing" and construction of normal value in applying dumping determination rule. Zeroing practice leads to the effect that the authorities create dumping margin from thin air by flatting the price comparison results. As for the provision of normal value construction, applying of this rule could lead to broadening the scope of price discrimination, thus broadening the conditions of antidumping duties as necessary protection measures, which lead to the abuse of antidumping measures. Therefore, I propose that the zeroing practice should be expressly prohibited by the ADA; and the provision on constructed normal value should be abolished so as to avoid the effect of creating price discrimination.

Secondly, I discuss the procedural rules in the ADA. The major problems of the procedural rules in the ADA are concerned with the initiation of antidumping investigation, facts using rules in the clause of evidence of antidumping investigation, and I propose that the ADA reform should provide more accurate provisions on these issues to restrict the abusing of antidumping measures and the authorities' discretion on using the evidence.

Thirdly, I discuss the root of non-market economic rules in the

ADA. By analyzing Article VI of GATT 1947 and Article 2. 7 of the ADA, I conclude that the NME rules adopted by WTO members are inconsistent with the principles of transparency and non-discrimination to the extent that the rules are not reflect the present situation of the world economic development. By analyzing the inconsistency, I propose that ADA reform should provide a guideline for the domestic authorities to determine the market economy.

Fourthly, I discuss the issue of public interest test in antidumping investigation. I start from concept of public interest and its relationship with the role of world antidumping system, by analyzing the necessity and practicality of establishing a public interest test rules in the antidumping system, I draw a conclusion that, from the perspective that the ADA provides cost control by reducing the shock to the domestic market thus the economic development as whole and the social welfare caused by the free trade arrangement, the establishment of public interest test in antidumping investigation would be necessary to guarantee the role of the ADA in the world trading system. Especially under the circumstance that EU and Canada, as two of the traditional major antidumping users, both have public interest test provisions in their antidumping law, and have gain some experience on practice, therefore it is both necessary and practicable to adopt the public interest issue as a important topic in ADA reform.

Finally, I discuss the sunset clause in the ADA. According to my view in the analysis, the problem with the sunset clause is related with vague role played by the ADA in the world trading system. Some WTO members see the ADA as a measure to protect domestic industries; others see it as a fair trade instrument of balancing the members' domestic competition policy. Due to the vague role of the ADA, the sunset clause is seen both as protection period and remedy to for the domestic industries to recovery from the unfair trade practice. In this situation, sunset clause adopted by members' antidumping law and practices have many problems, the sunset clause is often used by the protectionist, and becomes a sun-never-set clause. To assure that the sunset clause as, I propose that the sunset clause should be as the temporary protection period according to the ADA's role established by the reform, and by amending the sunset clause, the reform should assure that the sunset clause be seen as a time limitation on specific antidumping measures.

Based on the study, I further discuss the implications of the reform to China. By analyzing the economic reform policies, competition policies and related legislative activities and trade policies and antidumping laws, I draw a conclusion that the ADA reform would have profound impacts on promoting China's market economy reform, competition policy and law making and keeping the free trade policy.

Key words: world trading system antidumping trade policy competition policy reform

英文简称对照表

ADA　Antidumping Agreement
(《反倾销协议》)

AFL-CIO　American Federation of Labor and Congress of Industrial Organizations
(美国劳动者联合会和产业组织大会，“美国劳联—产联”)

CITT　Canada International Trade Tribunal
(加拿大国际贸易裁判所)

ECOSOC　Economic and Social Council
(经济和社会理事会)

GATT　General Agreement on Tariff and Trade
(《关税及贸易总协定》)

IBRD　International Bank for Reconstruction and Development
(国际复兴开发银行)

ILO　International Labour Organization
(国际劳工组织)

IMF　International Monetary Fund
(国际货币基金组织)

ITO　International Trade Organization
(国际贸易组织)

MOI　Market Oriented Industry
(市场导向产业)

MTN Multilateral Trade Negotiation
(多边贸易规则谈判)

NME Non-Market Economy
(非市场经济)

OECD Organization on Economic Cooperation and Development
(经济合作和发展组织，经合组织)

SAA Statement of Administrative Action
([美国]《行政诉讼规章》)

SIMA Special Import Messeaures Act
([加拿大]《特别进口措施法》)

UNCTAD United Nations Conference on Trade and Development
(联合国贸易发展大会/联合国贸发大会)

URAA The Uruguay Round Agreement Act
(《乌拉圭回合协议法》)

USDOC United States Department of Commerce
(美国商务部)

USITC United States International Trade Commission
(美国国际贸易委员会)

VER Voluntary Export Restriction
(自愿出口限制)

WTO World Trade Organization
(世界贸易组织)

引　言

从1904年8月加拿大的反倾销立法出现开始计算，反倾销制度已经存在了一个世纪。1904年加拿大议会根据当时的海关部长威廉·帕特森提出的法案制定了一项有关使用反倾销措施的法规；1904年6月8日加拿大联邦的第一个反倾销规则开始适用，这个反倾销规则在1904年的8月10日得到了英王爱德华八世的批准，成为正式的反倾销法律。加拿大的1904年反倾销法律也因此成为世界历史上第一个反倾销立法。在随后的几年中新西兰（1905年）、澳大利亚（1906年）和法国（1908年）等国家先后进行了反倾销立法活动。这些立法活动及其形成的反倾销法律或者规则标志着反倾销制度的确立。

在反倾销制度存在的一百年的时间里，它作为一种对外贸易的政策工具对国际贸易关系产生了重大的影响。

在反倾销制度诞生的最初年代里，反倾销立法就被用来对抗实施所谓掠夺性竞争政策的国家。20世纪20年代的反倾销立法高潮就是在第一次世界大战期间对于德国倾销威胁的讨论，以及对德国在战时和战后与同盟国进行掠夺性的工业竞争的担心这一背景下发生的。在这种担心之下，贸易保护主义情绪不断滋长。英国就曾在巴黎会议上建议同盟国在战后采取联合行动，抵制德国“以倾销或其他不公平竞争方式发动的经济侵略”，从而保护自己的利益。值得注意的是，尽管英国等许多工业化国家在20世纪20年代初制定了反倾销法律来对抗德国的垄断竞争，但是在当时的国际贸易环境之下，真正适用反倾销法律，通过反倾销调查和征收反倾销税的方法来保护国际贸易竞争秩序的实例并不多。

反倾销法律作为一种保护措施并没有因为多边自由贸易协议的安排而受到限制，相反，1947 年《关税及贸易总协定》（GATT 1947）缔约方将反倾销措施作为一种多边贸易规则写入了 GATT 1947 第 6 条，从而使得反倾销措施成为各国合法使用的贸易政策工具。

尽管有关统计发现，从 GATT 体制诞生的 1947 年到东京回合结束后的 20 世纪 80 年代，反倾销调查案件的启动数量和有关反倾销措施的肯定性裁决数量都很少，但是随着世界自由贸易的发展，反倾销措施越来越显现出一种被滥用的趋势，并且这种滥用反过来影响了世界贸易自由化的进展。

在 GATT 东京回合结束之前，反倾销政策的使用限制在 GATT 的成员方之内。1980 年之前，反倾销措施的适用主要限于 6 个缔约方之间，即美国、欧共体、澳大利亚、加拿大、新西兰和南非。这些主要反倾销措施的使用国家每年提起的反倾销调查申请数量在 24～36 件之间。从反倾销调查的裁决结果来看，1970 年之前只有 5% 的案件最终作出征收反倾销税的肯定性裁决。东京回合谈判结束之后，随着《反倾销守则》（Antidumping Code）的制定取得实质性的进展，缔约国使用反倾销措施的情况在 20 世纪 80 年代发生了显著的变化。在 20 世纪 80 年代期间，世界范围内的反倾销调查案件启动的数量达到 1 600 多件。反倾销调查的这种戏剧性的增长状况，在 20 世纪 90 年代扩大到了发展中国家。特别是世界贸易组织（World Trade Organization，WTO）建立之后，在《反倾销协议》（Antidumping Agreement）达成的基础上，50 多个发展中国家开始制定或重新修订了反倾销规则。据统计，在 1995 年到 1999 年的 5 年时间里，世界范围内启动的反倾销调查案件多达 1022 起，其中发展中国家占了 463 起，几乎与发达国家相等。① 而根据 WTO 的统计，新世纪的前 4 年期间（2000～2003 年），WTO 成员方报告的反倾销调查案件的启动总数达到了 1 201 件，其中 2001

① JeeHyeong Park，WTO and Antidumping，pp. 2-3.

年更是达到了366件这样创纪录的年度数量。尽管此后的两年内的统计数量有所下降，但是也分别达到了310件和231件。① WTO成员方之间这种对反倾销措施的普遍性使用构成了对世界自由贸易体制的新挑战，人们开始担心反倾销制度的运行、不断上升的WTO成员方之间贸易和竞争政策之间的矛盾，以及反倾销政策之间的冲突，会对世界自由贸易体制产生消极影响。

面对这种担心，WTO成员方在多哈回合有关规则的谈判中开始关注《反倾销协议》的改革问题。反倾销制度的合理性基础，以及WTO成员方的反倾销政策及其与《反倾销协议》之间的关系成为经济贸易学术界和贸易政策实践者激烈争论的问题。

来自学术界的贸易政策研究人员和世界贸易政策的制定和执行者都对上述问题提出了自己的研究成果或者观点。这些理论研究和观点，或者从经济理论的角度对反倾销规则，以及反倾销制度和自由贸易之间的关系进行分析，或者从国际贸易关系的实践和国内的政策需求的角度出发来考虑反倾销制度在国际贸易关系实践中的作用。

贸易政策的研究者们从20世纪60年代就开始对反倾销制度进行深入研究。研究者从自由贸易理论的角度对反倾销制度的合理性进行分析，并且形成共识，认为反倾销法律在贸易自由化的前提下缺乏合理性基础。尽管从传统经验上来看，掠夺性的定价所产生的倾销会导致对进口国市场的自由竞争秩序的损害，但是竞争经济学的进一步分析表明，一方面掠夺性的定价即使在割裂市场的条件下在国际贸易过程中也是很难实现其目的的；另一方面由于反倾销规则本身的局限性（它是一种国内法律措施，在国际贸易关系中不具有域外效力，只有在外国产品进入本国市场的过程中才能对其进行规制），使得它并不能准确地认定外国出口商的定价策略是否具

① *See* AD Initiations: By Reporting Member From: 01/01/95 To: 30/06/04, website: http: //www.wto.org/english/tratop_e/adp_e/adp_e.htm., visited on 10/08/04.

有掠夺性，因此，现行反倾销规则不能够在贸易自由化的过程中执行平衡竞争政策的职能。各国国内的反倾销制度实际上是在国际贸易过程中执行着一种保护职能。① 对国际贸易中的掠夺性定价所导致的限制竞争行为，应当通过建立一种竞争法律和政策的协调机制来实现。

作为贸易政策的制定和实施者的贸易自由化谈判的参与者，从实践的角度出发，则会更多地考虑开放市场对本国利益的影响。基于这种考虑，他们或者希望将反倾销制度作为一种对“扭曲贸易”的救济措施，通过反倾销措施的实施对因扭曲贸易的做法所导致的不公平的贸易后果作出补偿，从而“拉平”建立在自由贸易制度之上的国际贸易的“竞技场”；或者希望将反倾销措施作为一种价格竞争的规则机制，通过将反倾销措施作为对出口的掠夺性定价所引起的损害进行救济的方式，以限制反倾销措施的适用范围，避免世界贸易体制的成员方将反倾销制度作为一种贸易保护机制。

上述有关反倾销制度的理论和看法之间形成了根本性的冲突，这种冲突对 WTO 反倾销制度的改革造成了巨大的困难，在一定程度上延缓了 WTO 多哈回合谈判中关于《反倾销协议》改革的谈判进程。

纵观多哈回合谈判规则谈判组中 WTO 成员方所提出的有关《反倾销协议》改革的意见，欧盟和美国对根本性地改变 WTO 反倾销规则的现状持坚决反对的态度，拒绝对现行的《反倾销协议》进行任何改变。尽管美国在布什政府的第一届任期中作出了一些让步，在美国代表向 WTO 多哈回合规则谈判小组提交的意见中表明了《反倾销协议》的改革首先要明确《反倾销协议》的原则概念和性质等一般问题，但是这种让步并没有降低 WTO 成员方关于《反倾销协议》改革的立场的冲突。美国在表明其“拉平竞技场”(leveling the playing field) 的反倾销改革出发点的情况下，仍然坚

① 参见［美］雅各布·瓦伊纳著：《倾销：国际贸易中的一个问题》，沈瑶译，商务印书馆 2003 年版，第 42 页。

持《反倾销协议》的改革不能削弱其国内现行的反倾销法律对国内产业的保护作用，只能从增加透明度入手，对现有的规则进行完善；而一些对产品出口依赖较多的成员，主要包括发展中国家和一些中小国家，则仍然希望能够通过对《反倾销协议》进行一些根本性的改革来对WTO成员滥用反倾销措施作为贸易保护手段的做法进行限制，从而使反倾销制度成为一种与WTO所倡导的世界贸易自由化政策相符合的、以维护国际贸易竞争秩序为本的规则。

尽管在2003年的坎昆部长会议无果而终后，WTO的成员经过努力，于2004年7月通过了多哈回合谈判进程的所谓July Pacadge，但是其中并不包括反倾销和有关竞争规则的协调机制问题。WTO多哈回合谈判的这种对《反倾销协议》改革议题的搁置做法并不意味着现行WTO的反倾销制度不存在问题，或者这种问题并没有对国际贸易关系产生严重影响。这种搁置的原因一方面在于反倾销制度的性质本身所具有的复杂性；另一方面，这种搁置也是国际贸易关系中政治，或者说是力量平衡与妥协的结果。学术界的有关分析研究多是以反倾销制度本身，或者对某些国内反倾销调查的具体规则的经济和法律技术分析为中心，不能在WTO的自由贸易制度的条件下对《反倾销协议》形成一种整体性的认识。WTO成员从各自内部的情况出发，从不同的角度看待反倾销制度的性质必然会得出不同的甚至是相互冲突的看法或结论。因此，人们对于改革现行《反倾销协议》的问题，必须从一个协调的共同出发点进行分析，在相同的基础上考虑改革的方法，这样才有可能达成一致。这个共同的基础是什么？这个共同的基础如何影响《反倾销协议》的改革？笔者试图在对世界自由贸易政策、各国贸易政策和竞争政策对反倾销制度运行的影响，以及对多边贸易体制和《反倾销协议》及其适用进行分析的基础上，回答上述问题。

笔者通过对反倾销制度的诞生背景及其性质的复杂性的探讨，以及对反倾销制度在国际贸易关系实践中所产生的影响的考察，认为《反倾销协议》改革的有关理论和措施的基础必须建立在对现行的世界贸易体制进行分析的基础之上，在各个成员共同关心的基础上探讨改革的方向和内容，具有各自不同利益的成员方的意见才有可能取得一致。基于上述考虑，本书主要分为四个部分。

第一部分作为研究的背景，笔者对反倾销制度的性质，以及它在一个多世纪的时间内对国际贸易关系和一些主要工业国家对外贸易政策的影响进行了分析、探讨和总结。

第二部分以世界贸易体制的发展过程和这一体制的法律性质和特征，以及反倾销制度在这一体制内的发展和所扮演的角色为研究的中心，在对世界贸易体制的法律性质和特点进行分析的基础上，将WTO体制的合理性基础作为理解《反倾销协议》的改革出发点，确定作为这种制度的一部分的反倾销规则所应当扮演的角色，并在此基础上对现有的《反倾销协议》所确立的规则进行分析和评价，最终确定《反倾销协议》改革的主要内容。

第三部分主要分析现行WTO《反倾销协议》的不合理内容，并提出相应的改革建议。这些改革措施包括对倾销和损害的认定中的某些规则及其透明度修改；对于反倾销调查程序的公正性和透明度的改革；对于WTO反倾销制度中涉及非市场经济规则的条款的改革；在WTO反倾销制度中加入有关公共利益监测的条款并建立反倾销制度中的公共利益考量制度；对WTO《反倾销协议》中关于日落条款的改革。

第四部分特别对《反倾销协议》改革对中国贸易和相关的竞争政策，以及经济改革的影响进行了探讨。

鉴于中国在加入WTO之后一直是各成员实施反倾销措施的目标国家，《反倾销协议》的改革实际上对中国的贸易和经济政策的制定具有重要的意义。因此，本书专门用一个部分的篇幅讨论《反倾销协议》改革对中国的意义。

第一部分

国际贸易中的反倾销制度:性质和影响

第一章 作为贸易保护政策工具的反倾销法律

反倾销法律作为贸易救济法律一直被各国政府当做执行贸易政策的工具。这一点与反倾销法律产生的经济理论基础是密切相联的。

自由贸易的理论虽然倾向于认为限制倾销的进口违背自由贸易的原则，但是自由主义的经济学家也并不否认这样的事实，即建立在外国生产商生产条件优势基础上的廉价进口虽然符合自由贸易的原则，但是这种生产条件方面的优势不能来自于人为的或者暂时的因素，否则廉价进口就不具备自由贸易理论上的合理性。①

从以上意见可以看出，即使自由贸易理论的支持者也不会反对进口国政府通过反倾销措施保护国内受到外国非正当竞争威胁的产业。问题的关键在于反倾销法律规则是否能够区分正常生产条件下的外国廉价进口和非正常生产条件下暂时的、人为的贸易优势所造成的外国廉价进口。而反倾销法律对正常和非正常廉价进口的区分则依赖于经济学理论对倾销的认识。

一、倾销的理论与早期的反倾销立法

(一) 关于倾销的理论

倾销（dumping）这个词在日常生活中使用时，其含义并不明确，人们经常用这个词来泛指目的不正当的廉价销售、削价销售行为。相比较来看，经济学家使用这一词语时的含义似乎更明确一

① 参见［美］雅各布·瓦伊纳著：《倾销：国际贸易中的一个问题》，沈瑶译，商务印书馆 2003 年版，第 127～130 页。

些。根据雅各布·瓦伊纳的解释，倾销的本质是“不同全国性市场的买者之间存在的价格歧视”。① 根据这一解释，我们首先可以认定倾销的发生限于国际贸易的过程中，也就是说地区性的割裂的市场上的价格歧视和同一市场上的竞争所导致的削价行为都不属于经济学家所指的倾销的范围；其次，这个倾销的定义并没有对倾销产生的根源作出区分，因此根据这个定义不能确定反倾销立法的基础。根据自由贸易支持者的理论，只有反常的（或者说暂时的和人为的）生产条件的优势，才是反倾销立法的基础。因此，反倾销法律的合理性必须建立在对倾销进行分类的基础上。

对倾销进行分类可以依据不同的标准，但是能够具有反倾销立法意义的分类必须建筑在经济合理性的基础之上。从这个需要出发，根据倾销的动机的分类方法似乎更加有效。

根据动机，倾销可以分成以下两大类，即所谓掠夺性的倾销和偶发性的倾销。

掠夺性的倾销（predatory dumping）。这是一种被公认为不能接受的倾销类型。关于掠夺性倾销的理论试图从经济合理性的角度证明在国际贸易过程中采取反倾销措施的必要性。掠夺性倾销的目的，顾名思义，是以垄断外国市场为目的。掠夺性倾销的概念来自于国内市场竞争中的所谓掠夺性定价的观念，这种观念认为如果一个生产商首先以低于它的竞争者的平均成本的价格向市场销售产品，这种低于平均成本的价格必然导致竞争者降低其产品价格，从而造成竞争者的亏损，最后走向破产；如果竞争者不降低价格，他们会由于失去销售额，从而失去市场份额，甚至最后退出市场竞争，掠夺的企业就会获得市场的独占地位。当竞争者退出市场以后，实行掠夺价格的企业会用提高价格的策略来弥补它先前由于实施掠夺性的低价格销售产品而遭受的损失，并利用对市场的垄断地位盈利。从国际贸易的角度来看，外国生产商或者出口商通过实行

① 参见［美］雅各布·瓦伊纳著：《倾销：国际贸易中的一个问题》，沈瑶译，商务印书馆2003年版，第4页。

掠夺性的定价在进口国市场上获取垄断地位还需要具备一些关键性的条件。这些关键性的特点包括以下三个方面。

第一，持续以低于成本或者低于本国市场的价格在外国市场销售。为了实现占领进口国市场的目的，出口商首先会确定以低于竞争对手能够承受的价格进行销售。在国内市场中，这种价格在大多数情况下意味着以低于产品平均成本的价格进行销售。在国际贸易中，也可能是以低于本国市场的价格销售。由于国际贸易中市场的相对独立性，外国生产商基于利润最大化的理论在独立于本国市场的进口国市场上可以用可变成本加上利润的价格来销售边际成本以外生产的产品。外国生产商可以通过在本国市场上的销售收回产品生产的所有不变成本并且获得一定的利润，这样在产品进口国的市场上的销售只需要以高于产品的可变成本进行就可以获得更多的利润。在这种情况下，外国生产商或出口商以低于本国市场的价格在进口国市场上销售产品并不是不可行的。① 因此，如果外国生产商在一段时间内以持续的歧视性价格销售就有可能达到其“掠夺性”的目的。

第二，出口商的本国市场是一种受到保护的市场。根据利润最大化的理论，出口国的生产企业能够以低于平均成本的产品价格在外国市场上竞争，原因主要在于国内市场销售对其利润损失的补偿。外国倾销者能够实现以国内市场的销售弥补其在国外倾销的损失，前提条件是他在进口国市场上倾销的产品难以被运回到本国市场销售，从而不会造成压低本国市场价格的效果。为了保证这一条件，国内市场必须是受到保护的，这种保护可能是以贸易壁垒，包括关税的方式出现，也可能是政府对本国市场所采取的竞争保护性政策或者措施。

第三，掠夺性倾销的实施者是大型企业，通常可能是垄断性的企业。从倾销的实践来看，持续性的倾销大多与生产者的垄断性质

---

① 参见［美］约翰·H. 约翰逊：《世界贸易体制》，张乃根译，复旦大学出版社 2001 年版，第 280～281 页。

有着密切的联系。① 从维持倾销价格的能力或者必要性，以及从倾销中获利的情况来看，在持续性的掠夺倾销中只有垄断企业才能从倾销行为中获得利益。首先，从维持倾销的能力上来看，倾销者只是实力雄厚的大企业，特别是能够控制本国市场价格的垄断企业，才能承担由于削价出口所造成的亏损；其次，从倾销的获利情况来看，具有大规模工厂和价值高昂生产设施的生产者，由于他们以任何高于直接成本的价格销售产品都是有利可图的，因此在国外市场上以低于成本或者低于国内市场的价格接受订单，从事生产和销售都是可行的；同时，至少从理论上看，在掠夺性倾销的情况下，对于倾销者来说，只有建立起世界范围的垄断才能获得在倾销市场上因为消除竞争而产生的利益，否则它就不得不与本国的生产商或者同等的外国生产者共同分享挤垮受倾销国国内产业所形成的利益。尽管这种理论由于国际贸易的现实中存在的地理位置、交通运输等条件所造成的市场分割的限制而并不完全成立，也就是说，在国际贸易的现实中，没有建立起完全的世界性垄断的倾销者，在特定的情况下，通过地理条件、运输成本等因素的影响占领一个相对独立的受倾销的市场，但是在这种掠夺性倾销的情况下，也只有对垄断企业实施的倾销才有必要采取反倾销措施。② 从这个角度也可以说明，具有危害性的掠夺性倾销通常是垄断企业实施的。

尽管掠夺性的倾销被作为惟一的应当被消除的倾销类型，但是这种类型的倾销在实践中实际发生的情况却很少。国际贸易中发生的大量的倾销事件并不具备掠夺性倾销的危害。在现实中发生的倾销多属于普遍被称为偶发性的倾销的类型。

偶发性的倾销（sporadic dumping）。严格来讲，偶发性的倾销应当说是一种根据倾销持续时间方面的特征与倾销的动机方面共同

---

① 参见［美］雅各布·瓦伊纳著：《倾销：国际贸易中的一个问题》，沈瑶译，商务印书馆 2003 年版，第 84 页。

② 参见［美］雅各布·瓦伊纳著：《倾销：国际贸易中的一个问题》，沈瑶译，商务印书馆 2003 年版，第 106～107 页。

作为分类标准而产生的倾销类型。从倾销的时间特征方面来看，偶发性的倾销，顾名思义，多属于突然发生，或者间歇性地发生的、持续时间也比较短的倾销行为；而从倾销行为的动机方面来看，偶发性的倾销动机则包括各种各样的动机。从一般的商业经营决策的情况来归纳，短期的、间歇性的或者突发的倾销动机主要包括以下几种情况：

为了处理偶然积压的存货而进行倾销。在发生积压存货时，在国内市场上降价出售积压的产品并不是一种好的选择，因为任何国内降价都会导致对其全部产品降价，而且价格一旦降下来以后就很难，有时甚至不可能恢复到原来的水平，而且这种降价可能会给国内市场带来剧烈的竞争。出于上述考虑，存在积压产品情况的生产商多倾向于在其他的次要市场上降价销售多余的库存，这就产生了突发性的倾销。

为了打入外国市场或者取得一定的市场份额而进行的倾销。这种倾销表面上看与从事掠夺性倾销的倾销者的动机有些相似，但是从实践上看，这种倾销由于并不以完全占领进口国的市场为目的，只以进入市场，或者取得一定的市场份额为目的，因此这种倾销持续的时间比较短，不以消除竞争为目的，而且这种竞争策略在国内市场的竞争中也比较常见。这种在外国市场上降低价格的销售，从本质上来看，与国内市场中常见的新的生产商为了打入产品市场，或者生产商为了使新产品打入市场，开拓市场对其产品的需求量而暂时降低价格的行为相同。一定的市场需求或者销售份额达到后，该生产商会将产品价格提高至与其他市场一样高的价格销售。为了使这种出于进入某一市场的目的而采取的、以低于正常价值销售产品的行为区别于反竞争的掠夺性的倾销行为，有的学者也将其视为出于在新市场中发展贸易关系，或者在买方中建立信誉的目的而进行的短期倾销行为。① 另外，外国生产商可能还会出于在某个市场

① 参见［美］雅各布·瓦伊纳著：《倾销：国际贸易中的一个问题》，沈瑶译，商务印书馆2003年版，第20页。

上维持一定关系的目的，接受本来不可能接受的低价的订单，造成倾销的后果。① 这种为了维持一定关系的倾销，从本质上来看也是出于产品进入某一市场的考虑，因此也可以纳入上述偶发性倾销的范畴。

为了在特定情况下维持生产规模而进行的倾销。这种情况与掠夺性的倾销中倾销者为了维持生产规模的动机的不同之处在于，前者维持生产规模进行倾销的行为发生在本国市场由于经济衰退或者临时性的经济形势的变化而暂时性地发生萎缩，为了在经济形势好转后能够迅速适应市场的增长，生产商可能会选择维持原有的生产规模，在这种情况下，降低产品价格就是生产商惟一的选择，但是，在国内市场上的降价可能会导致对国内市场的伤害，这样将多余的产品以低于国内市场的价格销售到国外就成了生产商的一种方便的选择。掠夺性的倾销可能也存在维持生产规模的问题，但是与这种倾销不同的是，在掠夺性的倾销中，倾销者通常是具有垄断地位的企业，它们主要是为了独占扩大的世界市场而维持较大的生产规模，这种掠夺性质的倾销会在较长的时间内持续进行。

除了上述几种常见的偶发性倾销的动机以外，还存在着其他一些导致偶发性倾销的动机。比如雅各布·瓦伊纳提到的突发性的出于无意的倾销。根据雅各布·瓦伊纳的解释，出于无意的倾销通常在销售者对外国市场不了解而发生失误，或者货物被运往国外却由于某种情况而不能向原买主交货的情况下发生。②

（二）反倾销立法的发展

根据上述有关倾销的情况，制定反倾销法的工业国家主要从两个方面的考虑出发进行反倾销立法。一是以保护国内工业为立法的主要目的，对倾销的进口征收反倾销税；二是将倾销作为一个本国

---

① 参见［美］雅各布·瓦伊纳著：《倾销：国际贸易中的一个问题》，沈瑶译，商务印书馆2003年版，第20页。

② 参见［美］雅各布·瓦伊纳著：《倾销：国际贸易中的一个问题》，沈瑶译，商务印书馆2003年版，第21页。

市场中的不公平竞争问题，用竞争法上的措施处理倾销的进口。后一种反倾销立法主要是针对掠夺性倾销的，因此适用的范围受到了较大的限制，这样，基于保护国内工业的需要制定反倾销法律便随着国际贸易发展的迅速发展逐渐占据了各国反倾销立法中的主要地位。

对于第一种类别的反倾销立法，尽管不同国家国内的反倾销法律存在着一些差别，但是其基本原则和法律规定的结构却是基本一致的。首先，从这类反倾销法的原则来看，其出发点都是在国际贸易的竞争中为国内产业提供适当的保护。这种基本原则在反倾销法律关于倾销的认定和处理措施的规则中得以体现。其次，从各国反倾销法律的基本结构来看都分为倾销的认定（包括倾销幅度的计算）、对国内产业损害的确定以及反倾销税的征收三个部分。其中关于倾销的认定和对国内产业损害的确定的有关规定一直是反倾销法律的核心部分。

倾销的认定之所以是反倾销法律的核心规则，主要是因为倾销的认定一方面确定了应当受到处罚的倾销类别，另一方面通过对倾销幅度的计算为反倾销税的征收确定了数量依据。以保护为出发点的这一类反倾销法律在认定应当受到处罚的倾销时并不对倾销的类型加以区分。多数国家的反倾销法律都是以外国出口商的出口离岸定价低于外国市场的正常价格为认定倾销的标准，并不再根据这种低价销售动机对倾销加以区分。这一点与以处罚不公平竞争为目的的掠夺性倾销行为为出发点的反倾销法律不同。在早期的反倾销法律中，许多国家对以低于成本加合理利润的价格销售的出口产品的情况作出了特别的规定，对于以低于成本加上合理的利润的价格销售的出口产品，进口国不论这种价格是否低于出口商本国市场的销售价格都会认定其为倾销并对这种倾销的进口征收一种特定的低于成本的反倾销税。从掠夺性倾销的主要特点来看，最初反倾销法中作出这种规定不能不说与立法者尽可能地保证竞争的公平性的愿望无关，但是这种规则由于在反倾销调查的实践中存在着实施方面的诸多困难，因此许多国家的反倾销调查机构在调查实践中并不特别地对出口商的成本进行调查，而是在倾销的幅度特别大，以至足以判定价格低于成本的情况存在时，才会实际运用这种规定。而另外一些国家的反倾销法则把这种根据出口商的生产成本加上合理利润认定的倾销作为一般根据外国市场价格确定倾销的补充方法，也就是说，只有在不存在一个可以比较的出口商的本国市场时，调查当局才适用成本加上利润作为出口商本国市场价格的替代来认定倾销。

由于反倾销法律并不根据倾销的动机来区分倾销行为是否应当受到处罚，也不对出口商国内销售的条件和出口销售的条件的差异作出应有的评估，而只根据出口商的国内市场和出口市场销售的价格差异的效果和调查当局的自由裁量权来认定应当受到处罚的倾销，因此在一定程度上导致了处罚本不存在的倾销的结果，并增加了进口国行政当局通过这种自由裁量权实施贸易保护主义政策的可能性，从而在较大的限度上保护了国内的产业。

反倾销法律将国内产业损害的确定作为征收反倾销税的条件之一，也构成了反倾销法律作为保护政策工具的又一个有力的证明。倾销定义的本质与国内产业的损害无关，将国内产业损害的存在作为征收反倾销税的条件之一本身就体现了反倾销法律的保护性质。作为最早制定的反倾销法，加拿大、澳大利亚和新西兰的反倾销法中都没有将国内产业受到倾销进口的损害作为征收反倾销税的条件。不过，这一时期的反倾销法律虽然没有明确规定国内产业受到倾销的损害是征收反倾销的必要条件，但是却都以各种形式体现出了对国内产业予以保护的目的。比如根据1907年修改的加拿大的1904年的反倾销法，加拿大国内存在与进口相同的产业是进行倾销认定的前提条件之一；① 美国1913年《关税法》中的一个涉及反倾销的条款规定，如果某种美国也有生产的外国商品出口到美

① 参见《加拿大法规集》，1907，爱德华七世法规第6～7集，第1～2卷，第134页，转引自［美］雅各布·瓦伊纳著：《倾销：国际贸易中的一个问题》，沈瑶译，商务印书馆2003年版，第168页。

国，其价格低于出口时出口国的公平市场价格，则要对该商品征收附加关税；澳大利亚的1906年《工业保护法》中包括了一些反倾销条款，这些条款从维护公平竞争的角度规定了对外国的倾销进口进行惩罚的规则，其中要求在对是澳大利亚国内产业面对不公平竞争的任何进口产品（包括倾销的进口）采取任何措施之前，调查人员必须有理由相信进口的目的是要通过在澳大利亚国内的销售来摧毁或者损害澳大利亚的某个工业。随着20世纪20年代的反倾销立法逐渐成熟，将有关倾销与国内产业的损害关系作为反倾销税征收的条件的规定也逐渐稳定下来。比如，作为1906年澳大利亚《工业保护法》的有关反倾销条款的补充的1921年颁行的一部综合反倾销法中就规定，如果关税局进行调查并作出报告后，关税部部长确认某种澳大利亚也有生产的外国商品，是以低于装运时出口国该商品公平市场价格的出口价向澳大利亚进口商销售的，并且因此给澳大利亚某一工业造成损害，那么关税部部长可以在官方文告（Gazette）上发布通告，详细说明这种商品的情况，并对这些商品征收反倾销税。新西兰1921年《反倾销法》的实践也有类似的要求，即除非倾销进口产品因数量巨大或其他原因而可能损害新西兰的某个已经建立的工业，否则不会对其征收倾销税。美国1921年的《紧急关税法》中专门设置了一个反倾销措施规则的标题，因此这一法令也被称为《1921年反倾销法》(Antidumping Act 1921)。其中规定，只要美国财政部长发现美国某个产业由于外国商品进口到美国而正在遭受或有可能遭受损害，或其产业的建立受到阻碍，并且这类或这种商品正在或有可能在美国或其他地方以低于其公平价值的价格销售，财政部长就可以在公布调查结果的基础上对该进口产品征收反倾销税。

20世纪20年代是现代反倾销立法确立的时代，至此反倾销法的倾销认定和国内产业损害认定的基本结构也就正式确立，其后虽然各个发达国家的反倾销法律不断修改，有关反倾销规则的国际协调措施也不断出现，并且发展中国家在半个世纪后也纷纷开始反倾销立法，但是，所有这些反倾销立法都没有脱离这种反倾销措施认定的基本结构。

二、自由贸易理论对反倾销制度经济合理性的质疑

众所周知,持有自由贸易理论观点的人对反倾销立法采取反对的态度。在自由贸易的理论基础之上,任何形式的反倾销立法都是不合理的,甚至是荒谬的。自由贸易论者对所有反倾销法认为有害于竞争的、应当反对的倾销形式从经济效率的角度进行分析,最终发现没有任何倾销是属于缺乏经济合理性而应当予以打击的形式。这种情况甚至在反倾销法律制度普遍确立的时期就已经得到了承认。

对掠夺性倾销的质疑。这种倾销由于在传统的观念中被认为是以占领市场,形成垄断为目的,是倾销者获得不正常的垄断利润的主要根源,因此这种倾销被认为是一种损害自由市场经济体制的一种不正当竞争手段,许多国家从这一点出发,制定了它们的反倾销法。

经济学的研究表明，掠夺性倾销理论在国内市场的商业实践过程中是很难得以印证的。首先，掠夺性的倾销要达到独占市场，从而获得高额垄断利润的目的，就不得不在相当长的时间内，以低于平均生产成本的价格销售产品，这样做需要从事掠夺性倾销的经营者雄厚的财力支持，一般的经营者很难获得这样的支持；其次，从掠夺性倾销的后果来看，即使某一个经营者能够通过将价格降低到低于平均生产成本的水平而获得独占市场的地位，它在随后提高产品价格获取垄断利润时，产品市场价格的提高和利润的丰厚，必然会吸引新的竞争者加入同类产品生产的行列，在这种情况下，垄断者会面临潜在的竞争者。无论垄断者如何选择——降低价格或者保持较高的垄断价格——新的竞争局面都会不可避免地重新出现。在国际贸易中，要实现这种掠夺性定价策略的目标，出口商的国内市场和实施掠夺性倾销的进口国市场都必须是一种受到保护的市场。出口商的国内市场如果不存在保护，它在进口国市场以低于平均成本的价格销售的产品就会回销到其本国市场，从而使其国内市场的价格下降；如果出口商利用掠夺性的定价在进口国市场上获得独占的地位后，不能获得相应的保护，竞争就会重新出现。因此，根据

自由贸易的理论，在开放的市场上，以垄断市场为目的的倾销行为并不具备经济上的合理性，因此在一般商业实践中并不常见。

即使在世界贸易市场上，由于存在着保护性的市场，因而针对某一个开放性市场的掠夺性倾销就可能存在，但是由于这种垄断者只是某一个保护性市场中的垄断者，它在占领了开放性的一个外国市场后还会面临着来自其他保护性市场的垄断者的竞争，因此在世界市场上通过掠夺性的倾销来达到独占市场，从而获取垄断利润的目的通常也是很难实现的。能够通过倾销在一个开放性的市场上获得独占地位，从而获取不正当的垄断利润的情况只有在世界性的垄断企业出现时才能够达到。因为，只有在世界性的垄断企业控制一个市场以后，它才有能力保持垄断优势。但是，这种世界性的垄断企业在现实中并没有形成，目前的一些跨国公司所具有的垄断优势多数是地区性的。

与掠夺性的倾销存在着某种程度的联系的倾销类型是以获得一定的市场份额为目的的倾销，这种倾销尽管也以占有一定的市场为目的，但是无论从这种行为的本质上看，还是从它的表现上看都与掠夺性的倾销有区别。由于这种倾销行为只是以进入一个新的市场为目的，而并不追求建立其产品的市场独占地位，因此这种倾销持续的时间并不长，通常被归入短期的倾销类型。基于上述事实，这种以市场进入和获得一定市场份额为目的的倾销并不被认为具有限制和损害竞争的性质，相反，由于它能够使更多的竞争者出现在市场上，有利于产品的使用者或消费者，因此这种低价销售行为通常被认为是有利于竞争而受到自由主义经济学家的肯定。

对反偶发性倾销的必要性的质疑。偶发性的倾销多是指间歇性地进行的、持续时间较短的倾销形式，通常情况下这些倾销行为的目的多带有临时性。如前文所述偶发性的倾销的目的可以包括：为处理偶然积压的存货、为了在特定情况下维持生产规模而进行的倾销和上述为了使产品进入市场并获得一定的市场份额而进行的倾销，除此之外，偶发性的倾销还包括一些由于意外的原因而发生的倾销，比如前文所提及的由于销售者对外国市场不了解而发生失误，或者货物被运往国外却由于某种情况而不能向原买主交货而发生的降价销售行为。上述这些偶发性的倾销在自由经济学家的眼中都属于正常的贸易和竞争行为，由于其持续的时间较短，不会对自由贸易的效果产生扭曲，因此在实行自由市场经济体制的国内市场中并没有被当成法律限制或处罚的对象。

为了处理偶然积压的存货而进行的削价销售，在国内市场上比较常见，多不为竞争法律所禁止。问题是在国际贸易的条件下，国内的生产者通常将积压的库存产品以低于产品可变成本的价格在外国市场上销售，这样做既可以处理掉积压的库存产品，同时又不会影响本国市场上同类产品的价格水平。从出口国的角度来看，这种偶发性的倾销是有利于国内经济的，它可以避免偶发性的经济萎缩所带来的生产下降和失业的扩大。但是，从倾销产品的进口国的角度来看，突发性的大规模的低价产品涌入市场，在短期内可能会导致大规模的产品价格的下降，给进口国的同类产品产业带来破坏性的损害；而当积压的库存产品处理以后，或者出口国国内需求情况好转以后，产品出口量减少，进口国市场的价格回升，这时进口国的国内同类产品产业不得不重新调整以适应新的情况。这一调整过程，从进口国经济的长远发展角度来看，可能会造成一种浪费，①从国家利益来看，这种偶发性的倾销是对进口国利益的一种损害，会造成进口国的一种不公平感。因此，从保护进口国国家的产业利益和社会利益的角度来看，进口国有必要采取措施来补偿由于偶发性倾销所造成的损害。然而，自由贸易的理论并不是以狭隘的国家利益为目的的，而是以所有开放市场中的经济增长和福利为宗旨的，因此，如果外国出口商的短期倾销行为所避免的出口国的暂时经济危机或者衰退所得的利益大于进口国保护本国产业所获得的利益，那么这种倾销从自由贸易宗旨的角度来看就是合理的。基于这种分析，自由贸易理论的支持者认为偶发性的倾销给某个国家的经济利益所造成的暂时性

① *See* Jean-Marc Leclerc, Reforming Anti-dumping Law: Balancing the Interests of Consumers and Domestic Industry, Vol. 44 McGill L. J. (1999) p. 118.

的损害并不能使反倾销获得合理的经济理论基础。

对于无意的倾销,出口商基本上都不存在倾销的意图,倾销的出现多是由于定价策略的不当。由于出口商并不具备倾销的故意,通常也就很难对进口国的国内产业造成有意义的、实质性的损害。①

三、反倾销法律的贸易保护政策作用

从反倾销法的立法情况来看，反倾销规则的制定和实施与国际经济交往中的对本国贸易的保护的需要是密不可分的。反观历史上最早制定反倾销法的几个国家，其反倾销立法具体背景无一不与政府对其国内某一行业的既得利益者的保护有关。

作为世界反倾销立法首例的加拿大反倾销法，是在 1904 年 8 月 10 日获得批准生效的。这一法律作为加拿大 1897 年《海关关税法》的一个修正案，构成了加拿大《关税法》的第 19 部分“低于价值的商品的特别税”。

据雅各布·瓦伊纳著名著作《倾销：国际贸易中的一个问题》的介绍，尽管有关加拿大的这次反倾销立法的讨论记录并没有显示出更多的历史背景情况，但是根据加拿大上议院的有关文件显示，这次立法草案只是限于对加拿大假牙、马匹和廉价的轻便马车的保护。由于加拿大的进口商担心假牙产品的免税会导致国内价格的大幅度下降，以及价格低廉的进口马匹或轻便马车所造成的“恶劣”影响，加拿大政府最后通过了对这些产品实行“特别税”的《关税法》修正案。② 有关加拿大首例反倾销立法背景的介绍也表明了 1904 年加拿大最早出现反倾销法实际上是迫于本国的制造商和农

① *See* William Loehr, Dumping and Antidumping Policy with Applications in Lithuania, CAER II Discussion Paper No. 11, November 1997, pp. 11-12.

② *See* Dan Ciuriak, Anti-dumping at 100 Years and Counting: A Canadian Perspective. This paper was prepared for the Symposium, A Centennial of Anti-Dumping Legislation and Implementation, University of Michigan, Ann Arbor March 12, 2004.

民的政治压力，而不得不由提倡自由贸易的自由党通过的立法。①

作为最早批准反倾销立法国家之一的新西兰，它的反倾销法在1905年通过并生效。1905年，新西兰国内的和英国的农具制造商投诉美国的一家收割机托拉斯意图通过系统性地降价向新西兰的购买者出售产品来垄断新西兰的市场。对新西兰和英国农具制造商的申诉进行调查的结果是立法机构通过了《农具制造、进口和销售法案》(The Agricultural Implement Manufacture, Importation and Sale Act)。新西兰对本国（也包括英国的）农具制造商给予了不超过产品价格33%的补贴。这样既保证了使用农具的新西兰农民的利益，同时又保护了新西兰和英国农具制造商免于来自美国的低价销售产品竞争所带来的后果。② 这项法律一直实施到1915年。

1906年澳大利亚制定了反倾销法，尽管这一反倾销法是以反不公平竞争的面目出现，但是由于该法规定的不公平竞争的种类繁多，几乎包括了所有进口商品的竞争行为，因此它实际上也是起到了一种实施保护主义政策的作用。③ 澳大利亚的这次反倾销立法据说也是迫于来自美国和加拿大的国际收割机托拉斯的竞争压力。由于获悉国际收割机托拉斯准备进入澳大利亚市场，而澳大利亚的邻国新西兰的农具生产部门几乎被它完全挤垮，因此澳大利亚不得不对此做好准备。④

---

① 参见［美］雅各布·瓦伊纳著：《倾销：国际贸易中的一个问题》，沈瑶译，商务印书馆2003年版，第167～168页。

② 参见［美］雅各布·瓦伊纳著：《倾销：国际贸易中的一个问题》，沈瑶译，商务印书馆2003年版，第177～178页。

③ 这一法律的名称实际上叫做《工业保护法》(Industry Preservation Act)。该法受到了美国的谢尔曼反托拉斯法的影响，其中主要的内容是消除垄断，但是也包括与反倾销有关的条款。

④ *See* Dan Ciuriak, Anti-dumping at 100 Years and Counting: A Canadian Perspective. This paper was prepared for the Symposium, A Centennial of Anti-Dumping Legislation and Implementation, University of Michigan, Ann Arbor March 12, 2004.

20 世纪 20 年代，是世界各国反倾销立法的又一次高潮。尽管这次反倾销立法的高潮是第一次世界大战以后，在针对德国的在世界范围内垄断竞争的背景下开始的，但是，由于在国际贸易实践中很难认定倾销是否具有限制竞争的作用，这个阶段的反倾销立法在实践中并没有起到平衡竞争政策的应有的作用。这次反倾销立法的浪潮以英国 1921 年反倾销法为代表，澳大利亚和新西兰都先后制定了新的反倾销专门法律。英国在同盟国巴黎会议上提出过一项建议，呼吁同盟国各国联合行动，抵制德国以倾销或其他不公平竞争方式发动的经济侵略，以保护自己的利益。虽然这些反倾销法意在平衡国际贸易关系中各国的竞争政策，但是他们所确立的关于反倾销税征收的条件扩大了倾销认定的条件，从而扩大了反倾销税征收的基础，为贸易保护政策的实施提供了前提。

首先，关于出口产品倾销的确定，尽管上述几个国家的立法都不同程度地把产品的生产成本作为认定倾销的可比价格标准，但是同时却又都对生产成本的确定作出了不太符合逻辑的规定。例如，英国 1921 年通过的《工业保护法》对于以低于产品成本的价格出口的倾销中的产品成本定义为按照英国货币现价计算的给予国内消费买主出厂批发价的 95%，再减去包括在国内销售价中的货物税或其他国内税；如果没有这样按照批发价用于国内消费的产品，则生产成本是指如果此前该产品曾经销售过，以当时合理的价格（进行类似的扣减以后）来计算，在确定价格时还应考虑尽可能相似的产品在当时的批发价。澳大利亚在其 1921 年的反倾销法中则把出口产品装运时，该商品在出口国的公平市场价格作为认定倾销的标准。这种规定意味着产品的成本不再是认定倾销的主要条件，但是该法律也规定在出口商以低于“合理的价格”向澳大利亚的进口商销售产品时，也应当适用反倾销税，而所谓“合理的价格”就是指反映商品生产成本的价格加上 5% 的运费，对这种倾销产品征税，即所谓“低于产品成本倾销税”。而在缺乏令人满意的产品生产成本的证明时，则可以由关税部长在关税局（the Tariff Board）作出报告后全权认定产品的成本。新西兰 1921 年的反倾销法，除了规定了上述两种确定倾销的方法之外，还包括了由关税部长认定进口的货物得到了出口国的特别优惠，这种优惠包括运费上的或者是补贴、折扣、特殊奖励和其他形式的优惠。①

其次，这一时期的反倾销立法都将倾销给国内同类产业造成损害作为征收反倾销税的一个条件。这在一定程度上也反映了反倾销法对国内工业进行保护的政策意图。英国的反倾销法规定，反倾销调查程序的启动必须由某个与外国倾销产品相似产品的生产商提起申诉，而且只有这些国内同类产品的生产厂商才能够提起这类反倾销申诉，而且英国政府的调查机构在开始程序之前必须确信，并根据其他已有关税立法国家实施类似条款的经验断定倾销正严重影响或看来会严重影响英国某产业的就业。新西兰和澳大利亚的反倾销法中也有类似的规定。

从国际社会两个阶段的反倾销立法情况来看，反倾销法律的保护性质是显而易见的。同样，两次反倾销立法的高潮都处于非关税限制的时代。是什么因素使得上述国家在关税保护措施之外，另外采纳反倾销法律作为保护国内工业的措施呢？是哪些特点使得反倾销法律对国内工业的保护有别于关税的保护？从加拿大 1904 年的反倾销立法来看，这种保护的特殊性存在于以下几个方面：②

特别税的数额，根据该法的规定，是公平市场价值和销售价格之间的差额。而公平市场价值是适用正常的“从价关税”的。

特别税的征收产品必须是加拿大国内也有生产的同类产品，对于加拿大国内没有生产或者生产不足的产品，不适用这种特别税，而只适用一般的从价的关税。

① 转引自雅各布·瓦伊纳著：《倾销：国际贸易中的一个问题》，沈瑶译，商务印书馆 2003 年版，第 191、198、201 页。

② *See* Dan Ciuriak, Anti-dumping at 100 Years and Counting: A Canadian Perspective。This paper was prepared for the Symposium, *A Centennial of Anti-Dumping Legislation and Implementation*, University of Michigan, Ann Arbor March 12, 2004.

该项反倾销法提供的特别保护最多限于普通关税的50%，这种限制因税则中产品种类的不同而不同。

从上述所列出的反倾销税与普通关税相比的特别之处来看，征收关税的进口产品价格的特定性和可选择性是政府在普通关税之外考虑征收反倾销税的一个主要因素。在关税水平不受约束的时代，这种特别的反倾销税的征收，与其说是为了贸易保护主义政策的目的，还不如说是在开放贸易政策下的一种保护国内产业的措施。

加拿大1904年的反倾销立法实际上是在主张自由贸易的自由党人执政期间发生的，由于来自国内农民和制造业的压力，出于政治方面的考虑，自由党政府选择通过有限度地提高要求保护的行业产品的关税来满足国内相关行业的要求。据此看来，尽管反倾销法律是一种保护贸易的措施，但是它的产生与自由贸易政策的背景是紧密联系在一起的。

与上述几个国家的反倾销法律不同，美国的反倾销法律最初的出现就是与惩罚不公平的竞争行为的目的相联系的。这种通过惩罚产品生产者和销售者（包括国内和国外的生产商）的掠夺性定价行为而保护国内受到不公平定价的竞争行为而排挤其他生产销售者的方法，从开始就没有能够达到预期的效果：

1890年的谢尔曼反托拉斯法规定了在美国某地供应和销售的某种商品，出于建立垄断、摧毁或损害他人的贸易业务或者阻碍他人进入统一行业等目的，所制定的当地售价在考虑运输成本、产品等级和质量以及销售量等方面的差异后，仍然比在美国其他地区销售所定的价格低，这种行为应当被禁止。谢尔曼反托拉斯法规定的这种削价销售的行为，与国际贸易中的掠夺性倾销相类似，如果这种规定可以用来对抗国内的垄断行为，它也应当适用于国际贸易中的掠夺性倾销行为。然而，美国的最高法院认为适用该法对发生在其他国家的此类行为行使司法管辖权是不合理的。美国的谢尔曼反托拉斯法不具有域外适用的效力。因此，只要美国进口商与实施掠夺性倾销价格的外国生产商在外国签订合同，只要该行为不违反所在国法律，美国的司法机构就不能适用谢尔曼反托拉斯法予以追究。①

1894 年的关税法也曾经试图把针对贸易垄断的一种特殊补偿手段扩展到美国的进口贸易，但是最终也没有得到充分的实施。该法案的第 73 节规定，任何从事商品进口贸易的美国的个人或公司，如果以限制合法贸易或者抬高美国市场商人和进口商品或这种商品的本地制品的价格为目的，实施共谋或联盟，那么这种共谋和联盟是非法的，应当受到法律的严惩（惩戒的手段包括罚款和坐牢）。这个法案也没有得到真正的实施。根据这个法案提起诉讼的案件只有一个“巴西咖啡价格支持”案，最终还是以撤诉告终。②

1916 年美国又通过了《岁入法》（Revenue Act 1916）。这一法律是针对第一次世界大战前后出口贸易中盛行的所谓不公平竞争手段的。这项法律的一些条款对经常和有计划地以大大低于出口国市场，或者出口到其他国家市场上的同类产品的实际价格在美国市场上销售行为予以禁止，对违反这些条款的行为要处以罚款和/或监禁，并应对由此行为遭受损害的任何一方予以补偿。美国的这项法律至今仍然有效，被称为《1916 年反倾销法案》。

从以上的立法过程可以看出，美国最初的针对低价进口的外国产品的法律规定多是以惩罚不正当竞争行为为目的的。美国的法律更多地把倾销作为一种不公平竞争行为，从保护市场自由竞争的秩序出发，制定对这种行为的惩戒措施。直到 1921 年，美国才出现了真正以保护国内工业为目的的反倾销法——1921 年反倾销法（作为 1921 年紧急关税法的一部分）。这一法案第一次把国内工业正在或者有可能遭受损害与外国进口产品的低于公平价值的销售作为倾销行为，并且对倾销行为采取提高倾销商有关进口产品的普通

① 参见［美］雅各布·瓦伊纳著：《倾销：国际贸易中的一个问题》，沈瑶译，商务印书馆 2003 年版，第 207～209 页。

② 参见［美］雅各布·瓦伊纳著：《倾销：国际贸易中的一个问题》，沈瑶译，商务印书馆 2003 年版，第 209 页。

关税的方法进行救济。

从以上现象中我们不难得出这样的结论，反倾销法律从出现之日起就与对国内产业的保护政策密切联系在一起，因此也被自由贸易理论的支持者视为对国际贸易的一种扭曲和损害。但是，具有讽刺意味的是，历史的演进过程却暗示了反倾销措施的一种相反的存在意义：它的诞生和存在是以自由贸易政策的实施为前提的，在反倾销制度的保护之下，人们才能更加合理地期望降低普通关税和开放贸易。

第二章 反倾销法律中的竞争政策意义

反倾销法律的诞生尽管与保护国内产业的目的紧密相联系，但是不能否认反倾销法的目的包含着保障自由竞争的市场秩序、对外国出口商的不正当竞争行为所造成的损害给予救济的目的。这种目的同样可以从反倾销法律诞生的背景和反倾销法律的规定中发现。可以说，反倾销法律在国际贸易的过程中，以及国内市场的环境中有着竞争政策方面的意义。

一、有关竞争政策的基本问题

竞争政策与贸易政策的执行存在着天然的联系，这一点已经被经济学家和竞争法学家的研究所接受。在国际贸易的环境中，一国竞争政策的制定和执行通常会对本国贸易的业绩和他国贸易政策产生影响。要弄清竞争政策与国际贸易政策之间的互动关系，必须首先明确竞争政策的含义。

（一）竞争政策的含义

尽管有些学者认为构成竞争政策的基本要素并不统一也不明确，通常情况下，竞争政策被认为是竞争法律的同义词，但是它并不等同于竞争法律。根据 Bernard Hoekman 的定义，竞争政策包括了一系列的政府用以提高市场竞争性的措施和工具。① 笔者认为，竞争政策是以一国的竞争法律为中心的政府采纳或适用的一系列的

① Bernard Hoekman, Economic Development, Competition Policy and the WTO, presentation at the roundtable "Informing the Doha Process: New Trade Research for Developing Countries," Cairo, May 20-21, 2002. p. 4.

立法理论依据和竞争法律或规则的执行策略和倾向，以及与此相联系的执行措施和工具。竞争政策一方面并不等同于竞争法律或规则，另一方面又与竞争法律和规则存在着密切联系。

有关竞争的经济理论认为一国的内部市场上的垂直合并和价格联盟会导致市场准入的困难；一国竞争法律的立法出发点，实施的方式或倾向性，以及与此相联系的经济理论和价值观可以影响贸易政策的执行。当一国竞争法律不对横向的出口卡特尔（价格联盟）进行规制时，出口商之间的固定价格的协议或者其他方式的限价协议、安排，甚至默示性的合作，或者说博弈的合作平衡，都可以导致贸易条件向出口国的偏斜，从而将国际贸易应当产生的经济利益从进口国引向出口国的卖方。另外，对市场权力的滥用——包括对生产技术的策略性的使用和对知识产权的滥用——也会将竞争者挤出市场，或者对市场进行分割，从而控制分割后的一部分市场。

上述限制竞争的私人行为会对包括其他市场上的生产和出口商在内的潜在竞争者进入进口国的市场形成限制，在这种情况下，传统的经验认为竞争法律是对这些影响市场竞争的私人行为进行规制的惟一有效的解决方法。因此，一国采取不制定相关竞争法律、政策的选择，或者即使制定了相关竞争法律，但实施政策不充分的国家，在与其他国家进行贸易时，会比较容易地产生贸易摩擦。

（二）竞争政策的两种倾向

随着亚当·斯密的自由经济理论的诞生，特别是在西方工业社会从自由竞争的市场向垄断的市场发展之后，关于竞争法律的合理性基础，以及竞争法律执行的政策基础一直围绕着两种价值观确立其分析的框架，这两种价值观是自由竞争的价值观和公平竞争的价值观。

以自由竞争价值观为基础的竞争政策。这种以自由竞争价值为出发点的竞争政策，其理论基础来源于福利经济学对市场竞争的分析。这种分析方法从竞争规则的社会整体经济利益和效益出发，认为竞争规则的制定必须有利于社会整体的利益。在这种前提下，各种流派的竞争经济学理论使用不同的分析范式来指导政府的竞争政策的制定，以及与此相联系的竞争法律规则的制定。在这种分析的目标框架下，市场结构及其对市场参与者的行为的影响，以及由此而产生的社会经济利益和效益的变化成为分析者考虑如何制定竞争规则的主要因素。至于市场参与者的个体行为是否属于传统的限制竞争行为，是否应当制定规则予以规制，并不是竞争经济学家考虑的内容。

以公平竞争为价值基础的竞争政策。公平（fairness）是一个抽象的概念，通常是无法测量的，因此也就无法设立明确的判断标准。根据 Louis Kaplow 和 Steven Shavell 的研究，公平的规则和机制的制定和建立可以在一定程度上根据个体福祉（indiviuals well-being）的概念来考虑，而个体福祉是一个综合性的概念，它不仅包括个体的物质生活的舒适度，而且包括审美需要的满足水平、对其他人的感情和任何其他个体认为有价值的事物，但这种事物是不可触摸的，① 这些因素实际上构成了一种公平意念（notion of fairness）的要素，这种公平意念是指“当存在的法律或个体观察到的行为是与他们的个人福祉相符合的时候，个体会感到生活富裕和满足”，“当个体真正拥有这种公平意念，并对相关法律规则或机制产生偏好时，规则的制定和实施分析就必须考虑这种公平意念”。不过，公平意念的测量是一种对个体意向的测量，必须用统计学的方法和研究者的研究来完成，而不能只根据哲学世界观的判断。② 然而，从另一个角度来看，统计和研究的准确性还是会受到个体心理和能力、经验等感知的差异的限制，因而许多情况下并不反映真实的情况，这种限制使得个体对规则的总的评价与社会的需要和福利并不一致，在这种情况下，使用福利经济的法律分析模式

① Louis Kaplow and Steven Shavell, Fairness Versus Welfare, Vol. 114 , Harv. L. Rev. p. 999.

② Louis Kaplow and Steven Shavell, Fairness Versus Welfare , Vol. 114 Harv. L. Rev . p. 1324.

时，考量公平意念对社会福利的促进就是错误的。①

这种对公平的理解适用于竞争规则和政策的形成和执行意味着在制定竞争法律和形成竞争政策时，政策和法律的制定者以个体的公平意念为主要考量因素，而这种公平意念主要体现为市场竞争的参与者是否能够在市场准入的条件方面、交易规则和交易条件方面获得平等，甚至是同等的待遇，以便实现前文所指的个人福祉。这种从个体福祉角度出发对规则的设立和执行进行分析的目的主要涉及对受害者的救济和补偿的适当性，因为这种补偿可以提高潜在受害者对其个体福祉的预期。因此传统的竞争法律从对限制竞争行为进行规制的角度出发，把经验上，或者竞争者从个体角度出发视为不公平的行为列入竞争法律规制的范围，并对限制竞争的相关行为的受害者提供补偿。

（三）两种类型的竞争政策对国际贸易的影响

竞争政策和法律主要是针对管辖权范围内的统一市场的，从国际贸易的角度来看，竞争政策和法律的执行者对其他国家行政和司法管辖权范围内的生产或者销售商的商业政策和竞争行为不具有管辖权，因此从逻辑的角度来看，竞争法律和政策无法适用于国际贸易过程。但是，由于竞争政策通过边境措施的执行可以影响国际贸易关系，因此，在国际贸易交往的过程中，一国政府总是试图通过一些贸易政策工具来实现平衡竞争规则的目的。一国的竞争政策从两个方面对国际贸易产生影响：一是从对市场中的自由竞争保护的角度来看，竞争法律的缺失，或者由政府制定保护性的工业政策来引导竞争或者限制竞争会导致外国产品进入市场的困难，形成保护性的市场；二是从公平贸易的角度来看，保护性的市场会引起价格扭曲，或者鼓励出口商的价格歧视政策，造成进口国生产商的不公平意念。从这个角度来看，作为贸易政策工具的反倾销法律对外国出口商的价格歧视做法所提供的救济措施一方面可以调整出口国生

① Louis Kaplow and Steven Shavell, Fairness Versus Welfare , Vol. 114 Harv. L. Rev . p. 1330.

产商或出口商价格政策引起的偏差，限制来自保护性的外国市场的生产商和出口商的掠夺性竞争行为；另一方面，反倾销法律还可以为其国内市场上由于外国出口产品的价格歧视做法所导致的国内产业中的生产者个体的不公平意念提供救济。

二、竞争政策与20世纪初倾销的泛滥

（一）竞争政策的变化

19世纪末20世纪初出现的第二次所谓“经济全球化”的现象，使得国际贸易迅速发展，资本和货物在全球范围的流动加强。同时，随着工业化的进步，资本主义社会从自由竞争的时代开始走向垄断的时代，各国政府对待市场自由竞争的不同态度，促使政府采纳不同的竞争政策，这种竞争政策选择的不同，造成了各个资本主义市场竞争水平的不同。

一些自由经济渊源较深的国家，例如英国和美国，在经历了垄断的发展对市场竞争的限制后，出于对自由竞争的保护，纷纷采纳了保护自由竞争的相关政策。其中英国是通过对普通法（common law）判例和相关理论的发展，来控制商业过程中的限制竞争行为，而美国则采取了将普通法规则用制定法的方式加以规范的方式来规制商业上的限制竞争行为，其中最有代表性的是以参议员约翰·谢尔曼的名字命名的反垄断法，即美国1890年《谢尔曼反托拉斯法》。美国政府通过这种制定法，使得普通法中关于自由竞争的规则“联邦化”（federalized）。① 另外一些资本主义制度的发展带有封建特点的国家，由于资本主义市场发展较晚，参与世界范围内的竞争主要依靠国内工业生产者的联合，因此这些国家在国内市场中多采取一种鼓励生产者进行各种形式联合的政策。这种政策导致了这些国家中竞争法律的缺失，造成了国内市场中垄断组织泛滥的局面。德国在20世纪初的工业政策体现了这种选择。

---

① Earnest Gellhorn and William E. Kovacic, Antitrust Law and Economics (1994), p. 1.

国际贸易的发展和各国竞争政策发展的不平衡，造成了倾销不可避免地成了国家对外贸易中的一种盛行的现象。

（二）20 世纪初倾销泛滥的特点

与此前出现的倾销现象相比，①这次倾销的盛行有几个比较突出的特点。

首先，这次倾销的盛行与行业的垄断程度有着密切的关系，倾销成为欧洲的大型卡特尔，特别是德国卡特尔的贸易政策的一部分。辛迪加、康采恩和托拉斯成为大多数有规则的、带有持续性的倾销出口的策划者和实施者。

在 19 世纪末和 20 世纪初的这次倾销的浪潮中，钢铁、煤炭其他一些工业原材料制造企业的垄断组织在其中扮演了重要的角色。这一点既可以从当时垄断组织高度发展的德国的对外贸易行为中发现，也可以从其他工业化国家的对外贸易中观察到。

德国的工业出口倾销可以追溯到 19 世纪卡特尔尚未兴起之前，但是，有规律的并且具有一定稳定性的大规模倾销则始于 19 世纪末期卡特尔和其他形式的工业垄断组织形成之时。正是这种源于垄断组织，特别是卡特尔的具有稳定性的大规模的倾销，使德国成为

① 在 1890 年以前发生的所谓“倾销盛行”的现象，主要与英国的对外贸易相联系。由于英国是工业化发展比较早，工业化程度达到比较高的水平也较早的国家，海外市场对其大规模的工业生产具有重要意义。因此尽管并不存在倾销的概念，1890 年以前其他国家也产生过对英国廉价工业品在本国销售所产生的影响的抱怨。亚当·斯密也在他的《国富论》对由政府提供补贴，而以低于本国市场价格出口产品的做法提出过批评。但是，根据 1890 年前的英国的倾销主要是与当时的国际关系背景相联系的，英国在 19 世纪初与美国和法国的敌对状态造成了英国对外贸易的停滞，因而带来了大量的产品积压，敌对状态结束后英国的积压产品大量销往美国和欧洲大陆市场，造成这些市场价格的下降，引起了倾销的指责。雅各布·瓦伊纳并不认为这种现象构成英国制造商的倾销，他认为与其说是英国的倾销还不如说是英国制造商和贸易商的判断错误和投机行为。参见雅各布·瓦伊纳：《倾销：国际贸易中的一个问题》，沈瑶译，商务印书馆 2003 年版，第 31～41 页。

当时各个工业国家指责的目标。尽管雅各布·瓦伊纳在他的著名的《倾销：国际贸易中的一个问题》一书中并不认为德国工业的出口倾销比其他国家更严重、更具有危害性，但是他也指出，德国的倾销比任何其他国家都更广泛、更具有规则性，或者说更有组织、与政府竞争政策方面的倾向性具有更多联系。同时德国的出口倾销得益于高关税的保护，并且几乎所有大工业都组成了卡特尔或者辛迪加等行业购销联合组织。这两种因素，使得德国产品的国内价格保持在外国价格加上德国进口关税的水平上，同时可以在低于国内价格的水平上获得最高价格的出口销售，造成出口倾销的事实。

德国实行出口倾销的卡特尔通常采取补贴的办法，即把出口贸易的经营权从单个康采恩的手中转移到一个受整个卡特尔支持的出口中心机构，这种机构通常由该卡特尔的各成员捐资成立；或者按照生产能力或正常产量的比重向全体成员征集款项，建立出口补贴基金，并按照成员出口的份额向其提供补贴。

德国在19世纪末和20世纪初的出口倾销遍及国内生产的各个行业，但是主要集中在生铁、煤炭业和钢铁产业这些垄断组织盛行的行业。这些行业的卡特尔进行出口倾销的主要目的被认为是要保持充分开工，并维护稳定同时能够盈利的国内价格，发展出口贸易只是次要的考虑。① 因此，有些观点认为，德国卡特尔的出口倾销并不具备掠夺性的意图，它的倾销是为了处理多余的生产能力而不是为了消除外国竞争对手。② 不过，从一些实例上来看，德国的这种出口倾销在某些行业中确实存在以削弱竞争对手或迫使他们与德国垄断组织在价格及市场方面作出某种安排为目的的情况。③ 比

① 参见［美］雅各布·瓦伊纳著：《倾销：国际贸易中的一个问题》，沈瑶译，商务印书馆2003年版，第52页。

② 参见［美］雅各布·瓦伊纳著：《倾销：国际贸易中的一个问题》，沈瑶译，商务印书馆2003年版，第54页。

③ 参见［美］雅各布·瓦伊纳著：《倾销：国际贸易中的一个问题》，沈瑶译，商务印书馆2003年版，第55页。

如，德国的化学工业就曾通过普遍性的掠夺性倾销确立它们在世界范围内的垄断。此外德国钢铁业在意大利和瑞士市场上的做法也有力地证明了这一点。

德国的这种有工业垄断组织支持的有规则的、广泛性的、带有持续性质的倾销，使它的竞争政策在20世纪初成为各主要工业国家的众矢之的。许多国家为了对抗德国的带有掠夺性的竞争政策和竞争方式制定了反倾销法。

除德国的出口倾销以外，其他工业化国家的出口倾销也都或多或少地与本国建立起来的工业垄断组织的出口策略相联系。尽管从欧洲大陆一些其他的国家的有关经济文献中很少查到有关较大规模倾销的证据，有关国家的官方代表也拒绝承认倾销的存在，但是其他的文献还是表明了一些国家的行业通过垄断机构进行出口倾销的证据。比如，比利时的制造业就组成了生产者的辛迪加，这些工业的辛迪加都或多或少地从事规则性的倾销。根据《外国制成品在美国的销售》的有关账目统计，比利时的平板玻璃在不同的出口市场上实行价格歧视政策。法国由于制造业的制成品出口多不具备工业化的程度，而是以手工制作为主，从而被认为并不具备倾销的条件。惟一有记载的法国的出口倾销也与法国的钢铁业辛迪加有关。①

在这些由垄断组织控制的出口倾销中，另一个值得一提的国家是美国。据官方和非官方的许多记载，从19世纪80年代到20世纪初第一次世界大战爆发之前，美国的制造商从事有计划的持续的出口倾销是他们的一种惯常性做法。② 与德国的出口价格卡特尔的做法不同的是，美国并不通过价格联盟的形式对出口商的出口给予价格补贴（通过生产商的联盟控制价格的做法在美国属于违法的

① 参见［美］雅各布·瓦伊纳著：《倾销：国际贸易中的一个问题》，沈瑶译，商务印书馆2003年版，第59～60页。

② 参见［美］雅各布·瓦伊纳著：《倾销：国际贸易中的一个问题》，沈瑶译，商务印书馆2003年版，第71页。

行为），而是由控制着全美大部分生产的大型康采恩实施。这些康采恩通过将其部分产量以低于国内市场现行价格向国外市场进行倾销而维持国内市场的较高价格，从而获得倾销所带来的好处。尽管美国工业委员会于1900年对康采恩进行的调查并没有表明有相当数量的康采恩实行出口倾销政策，但是由于这次调查不具备强制性，所得到的统计数据和问卷答案可能不具有代表性，因此不能作为美国康采恩没有实施出口倾销的有力证据。与这个调查结果相反，有许多事实表明，美国钢铁公司是在国外市场上有计划地倾销产品的美国康采恩中最明显的一家。①

其次，19世纪末和20世纪初的这次倾销的盛行涉及的范围比较广泛，既包括向德国这样通过高关税实施贸易保护主义的国家，也包括比利时、英国这样基本上实行低关税的自由贸易政策的国家。

关于倾销的理论一般认为，出口国生产商的出口倾销必须以国家对本国的贸易保护政策为前提。出口商在本国高关税的保护之下，才可能在倾销产品无法回售本国，造成对本国产品市场的冲击的情况下，获得在国外市场上倾销的利益。然而，19世纪末20世纪初的这次倾销的盛行并没有完全印证这一理论。在一些实行自由贸易政策的国家也出现了程度不同的出口倾销现象。比如，在比利时，尽管它的关税很低，市场离欧洲发达的工业化国家又很近，通常很难使国内价格维持在显著高于邻近国家生产商的出口价格水平之上，但是，比利时的钢铁、煤炭、水泥、平板玻璃、蔬菜罐头和制陶等工业还是出现了实行出口倾销的情况。在英国，尽管传统上英国被认为是一个执行自由经济政策的国家，英国的自由经济政策不会导致工业垄断组织对消费者实行高垄断价格，或者实行规则的、持续性的出口倾销政策，但是事实上仍然出现了某些工业行业，比如，英国的棉纺织业和钢铁产业，向国外的出口倾销。

---

① 参见［美］雅各布·瓦伊纳著：《倾销：国际贸易中的一个问题》，沈瑶译，商务印书馆2003年版，第73～79页。

造成这种倾销涉及的国家过于普遍的现象的原因主要在于两个方面，一是一些国家虽然实行自由开放的贸易政策，但是国内市场上缺乏能够有效实施的竞争政策，导致生产者意在实施垄断控制的联合体大量涌现，由于这些托拉斯不可避免要通过维持生产规模和国内市场的价格而获得垄断市场的能力，它们实施出口倾销的政策也就不足为怪了；二是实施出口倾销的生产商多采取向远距离的市场销售大宗货物的方式，因此倾销商品回售到本国市场的可能性就大大降低，而且在再进口的可能性还没有成为倾销策略的实际限制之前，国内市场价格和出口价格之间还是存在着很大的差价，倾销也就有可能继续。比利时和英国的某些行业中存在的倾销情况印证了上述两个原因。

在比利时，一些领先的制造工业辛迪加，比如钢铁、煤炭、水泥等行业，由于其国内市场相对来讲并不十分重要，这些行业的辛迪加意识到国外市场的重要性，于是通过给予出口企业补贴，或者将这些产品在相距遥远的外国市场而不是在邻近的、比利时产品的“标准”市场上低价销售来进行间歇性的或者持久的倾销。①

在英国，由于生产者联盟的广泛发展，生产的产品成本降低，生产者的垄断组织有条件根据英国产品成本和最低外国成本加上到英国市场运输成本之间的差价来提高向本国消费者的要价，英国产品向外国市场的倾销就靠这种向英国本土消费者所要的高价来维持；另外，外国的一些报告也表明，英国的钢铁和机械制造商以低于国内市场的价格向欧洲大陆销售产品，并且为了防止再进口，还要求外国买主保证不把从英国购买的任何机器再运回英国销售。这样，即使在实行低关税的自由贸易政策的国家，其制造商也能够顺利地实行有规则的、持续的倾销。

再次，19 世纪末和 20 世纪初倾销的盛行所引起的不仅是倾销目的国的同类产品生产商的不满，同时倾销也普遍引起倾销国的与

---

① 参见［美］雅各布·瓦伊纳著：《倾销：国际贸易中的一个问题》，沈瑶译，商务印书馆 2003 年版，第 59 页。

倾销产品相关联的产品生产者的不满。例如，德国生铁业卡特尔在1901年到1902年间在外国市场上的倾销引起了德国耗铁工业的强烈抗议，他们认为生铁倾销削弱了他们在外国市场上同使用德国倾销出口的铁的外国制造商进行竞争的能力。① 德国制钉业对德国金属丝产业辛迪加提出了同样的抗议，认为德国金属丝业辛迪加在荷兰倾销钢铁和金属丝，造成荷兰造船业、机械制造业和制钉业的兴盛，并且导致了一些荷兰工业在德国市场上与德国同类产品制造商的竞争。② 在英国，棉纺织业的出口倾销也引起了英国本土商人的不满，认为这种以低于英国市场价格向国外销售的做法，对英国商人造成了损害。③ 在美国，尽管这种类似的不满并不明显，但还是有记录证明针对美国钢铁业的出口倾销所产生的抗议。美国的造船业曾经抗议，认为美国钢铁业托拉斯向国外倾销造船材料阻碍了美国造船业的发展，他们认为美国的钢铁托拉斯通过向国内的材料消费者所要的高价来补偿低价向国外买主销售的损失，这种状况损害了国内造船业的利益。④

理解上述现象，我们可以从两个方面出发。一是从出口倾销的产品上来看，另外还应当考虑国内限制竞争的垄断所造成的损害。

---

① 《关于托拉斯出口策略的备忘录》第307~308页。转引自［美］雅各布·瓦伊纳著：《倾销：国际贸易中的一个问题》，沈瑶译，商务印书馆2003年版，第49页。

② 乔治·戈泰因，《铁制品关税的国际管理》，载《国际经济学杂志》，1904年8月，第509页；霍夫纳吉尔，《荷兰的反倾销斗争》，载《荷兰贸易》，1919年12月，第53~56页；1920年2月，第42~44页。转引自［美］雅各布·瓦伊纳著：《倾销：国际贸易中的一个问题》，沈瑶译，商务印书馆2003年版，第50页。

③ 关税委员会：《关于棉纺织工业的报告》，伦敦1905年，第602节，转引自［美］雅各布·瓦伊纳著：《倾销：国际贸易中的一个问题》，沈瑶译，商务印书馆2003年版，第69页。

④ 参见《海商委员会报告及听证会》1905年，第565，813~814页。转引自［美］雅各布·瓦伊纳著：《倾销：国际贸易中的一个问题》，沈瑶译，商务印书馆2003年版，第77页。

从出口倾销的产品来看，倾销的产品多属于工业原材料产品，比如钢材、煤炭，这些产品是发展其他工业的基础，国内市场对这些产品的垄断，以及在国外市场上的低价倾销一方面损害了国内相关产业的发展，另一方面却为国外相关产业的发展提供了廉价的原料，甚至造成国外相关产业与国内的竞争优势；二是从国内垄断的情况来看，从事出口倾销的产业大多数属于生产集中、垄断组织高度发展的行业，这种行业中的垄断组织通过共谋的集体行动限制国内市场上的竞争，维护国内市场上产品的垄断高价，并且通过向国外输出低价产品来维持垄断的需求。因此对垄断行为缺乏规制，缺乏合理可行的反垄断政策在很大程度上导致了这次以卡特尔、辛迪加和托拉斯为主要倡导者的出口倾销的盛行。

在上述由于缺乏国内对垄断行为的规制而造成倾销的情况下，由遭受倾销的进口的国家对倾销行为进行规制和限制就成为惟一可行的保证对国际贸易的公平交易的选择。基于这种情况,20 世纪初的反倾销立法都无不带有一些维护国际贸易中的公平竞争的目的。

三、早期反倾销法律规则中的竞争政策内容

在上述背景下诞生的反倾销法不能不考虑公平竞争的需要。尽管从世界第一部反倾销立法——加拿大 1904 年的反倾销立法的规定来看，确立对国内产业的保护是这部法律的直接目的，但是其中的一些规定也体现了保证公平竞争秩序的价值需要。这种需要在稍后诞生的新西兰和澳大利亚的反倾销法律中得到了更充分的体现。事实上，20 世纪 20 年代之前的反倾销立法中，竞争政策的因素似乎占据了较为重要的位置。这种状况可以从这一时期反倾销立法中的两个主要内容中观察到。

在倾销确定的规则中，以出口商的本国市场价格作为标准，将出口商的外国出口价格与其国内市场价格进行比较，以产品出口价格与本国市场价格的差额作为认定倾销幅度的基础，按照认定的倾销幅度来征收反倾销的特别关税，这种方法成为反倾销法中认定倾销的主要规则。以出口商本国的市场价格作为基础来确定倾销幅

度，体现了反倾销立法者的一种考虑，即避免出口商将其国内市场的竞争压力转嫁到本国市场，并可以通过拉平产品的出口价格与出口商国内的垄断价格来避免价格歧视的效果，并且打破出口国对该产品市场的保护。

经过1907年修订的加拿大1904年的反倾销法就规定："在某种或某类出口到加拿大的商品在加拿大亦有制造或生产的情况下，倘若给予加拿大进口商的出口价格或实际销售价格低于相同商品在出口国向加拿大出口当时其国内通常和正常销售过程中的公平市场价格，则对进口到加拿大的商品将在已有关税之外再征收一项特别关税（或倾销税），税额等于出口产品销售价格与国内消费公平市场价格之间的差额；即使此类商品不属应税商品，也将征收、缴纳和支付这种特别关税（或倾销税）。"

根据这条规定，在1921年加拿大再次修订反倾销法之前，倾销的确定标准都是产品出口国的公平市场价格。直到1921年，加拿大在对反倾销法的修订中扩大了"出口国公平市场价格"的含义，将实际生产成本加上合理的利润作为"公平市场价格"的含义，或者说是确定方法之一。尽管这种确定公平市场价格的方法，由于成本调查的困难而在实践中难于准确执行，但是这种以产品的成本加上合理的利润作为确定倾销价格的基础的方法的出发点是对掠夺性倾销损害性的认识，尽管近代的有关竞争的经济理论和实践的研究并不支持关于掠夺性倾销的具有实践意义的观点，但是这种方法的引入体现了反倾销法的维护自由竞争的市场秩序的一种政策目标。

与加拿大1904年的反倾销立法相比，新西兰在1905年制定的反倾销法律似乎由于它直接源于美国农具制造托拉斯在新西兰市场上的不公平竞争行为事件，而使得这部反倾销法律具有了更加浓厚的维护公平竞争秩序的色彩，负责反倾销调查的新西兰政府的管理局，在实施反倾销调查的过程中更重视对倾销行为背后反竞争动机的认定。在1908年进行的一次针对美国康采恩的指控的调查中，新西兰管理局对倾销作出了否定性的结论，它认为该申诉并不合法，因为它所指控的美国康采恩的削价行为，实际上是为了清理一家小公司购买后积压下来的原有存货，而不是要损害竞争者，因此决定不给予补偿。①

澳大利亚1906年的反倾销法也是根据邻国新西兰的经验教训，为了防止在本国发生类似美国托拉斯进行农具的掠夺性倾销事件而制定的。与加拿大和新西兰的反倾销法不同的是，澳大利亚的反倾销立法以反进口中的不公平竞争行为为主旨，似乎更加重视维护竞争秩序的目的。澳大利亚1906年的《工业保护法》的关于反倾销的规则实际上是规定了各种进口贸易中的不公平竞争行为。因此，澳大利亚的1906年反倾销法甚至并不被视为真正意义上的关税和海关立法范围内的反倾销法。在该法规定的诸多属于不公平竞争的进口当中，只有以下两项属于真正意义上的倾销行为，即进口产品从海外生产商那里购入，价格大大低于生产地的通常生产成本或购买地的市场价格；或者商品由生产商自行进口到澳大利亚，并且在澳大利亚销售，价格不足以使进口商在外国公平市场价格和包括关税在内的所有支出基础上获得公平利润。这种以进口产品的出口国市场价格和成本加利润的价格为标准的倾销判断标准也被作为进口中的“不公平竞争”行为。与其他的所谓进口的不公平竞争行为相比，②这种有关进口产品价格的规定似乎更能够体现维护市场竞争秩序的意图，而其他的所谓“不公平竞争”的进口，则显然是以保护本国工业为出发点的，并不具备保护自由竞争秩序方面的公平竞争意义。

美国在20世纪初的反倾销立法更加体现了这种反不正当竞争的意图。首先，美国曾经试图适用规范竞争的1890年《谢尔曼反

---

① 参见斯科尔费尔德著：《变化中的新西兰》，第152页。转引自[美]雅各布·瓦伊纳著：《倾销：国际贸易中的一个问题》，沈瑶译，商务印书馆2003年版，第178页。

② 其他的进口不公平竞争行为包括：(1)进口直接导致对澳大利亚产品的竞争，使之不再生产或亏本销售；或者(2)进口商或进口商品的销售商所采取的手段被海关总审计员或高等法院法官认为“当时情况不公平”；或者(3)竞争引起或可能引起澳大利亚工业中不恰当的劳动报酬；或者(4)竞争引起或可能引起澳大利亚工业实质瓦解或澳大利亚劳工失业。

托拉斯法》来规范外国出口商的倾销行为。在这种努力被证实为在法律技术上不具备可行性后，1894 年的《威尔逊关税法》第 73 节和 1916 年的《岁入法》第 800～801 节关于倾销的规定就成为美国政府和有关企业反倾销的主要依据，两部法律的有关规则都无不与防止和惩处贸易垄断行为的目的有关。1894 年关税法的第 73 节，在认定倾销时，把探究进口商的进口倾销行为的目的作为惩处倾销的条件。根据这个法案，任何个人或公司，如果他们从事美国的商品进口贸易，并且共谋或者联盟的目的是为了限制合法贸易，或者为了抬高美国市场上任何进口商品或这种商品的本地制品价格，则他们之间的共谋或联盟是非法的；同时，进口商若以代理人或者委托人的身份同一个外国出口商或者其他美国进口商在美国达成协议，按照倾销价格进口外国商品，以便排除外国厂商的在美国的竞争对手，或帮助某个外国厂商在美国市场上建立垄断，即便该行为是针对其他外国厂商的垄断，那么这种行为也是违法的。

另外，从这一阶段的反倾销法律对倾销提供的救济措施方面来看，法律提供的救济措施并不限于对倾销的进口产品征收特别关税这一种方式，反倾销法提供的救济措施还包括对国内同类产业提供补贴和对倾销行为的惩戒措施。按照新西兰 1905 年反倾销法的规定，对因美国农具制造托拉斯的倾销而给新西兰和英国的农具制造商带来的损害，法律提供的救济措施不仅包括向来自美国的倾销的进口农具征收特别抵消税，而且还包括向新西兰和英国的农具制造商提供能使这些制造商同外国农具进口商进行竞争的所必须的补贴。

美国在 1921 年反倾销法生效以前，其反倾销措施主要以防止对竞争秩序的损害为出发点，因此对于倾销行为的救济措施带有竞争法规则的痕迹。比如，至今有效的、被称为《1916 年反倾销法》的 1916 年《岁入法》中关于倾销的规则中就规定，对于意在损害或摧毁美国某一产业，或者阻碍美国某一产业的建立，或者是限制这些产品在美国市场上的竞争的外国出口产品的倾销的责任人，可以被处以 5000 美元的罚金，或者不超过一年的监禁，或者罚金和监禁措施并用。同时，任何因外国出口倾销行为而受到损害的一方都有权提出申诉，并可获得3倍于所受损失的赔偿；而且这个《岁入法》的有关规定，不仅惩处进口商意在损害美国产业或限制美国竞争的倾销销售行为，同时还要处罚进口商怀有这种目的而进行的进口行为。

简言之，在20世纪最初几年到20年代出现又一次反倾销法律立法潮流之前的阶段中，各国的反倾销法律中关于倾销的判定规则主要集中在产品的出口价格与出口国公平市场价格的比较，这种出口价格与出口国市场价格的比较在一定程度上反映了立法者控制掠夺性倾销，消除外国市场垄断不良影响的愿望。

四、贸易保护体制下的反倾销法与竞争政策的关系

至少从反倾销法诞生的背景和最初的反倾销法律规定的基本内容来看，反倾销法律与国际贸易中的竞争政策是联系在一起的。在关税政策不受国际义务约束的时代，从理论上讲，一个国家完全可以通过制定较高的保护性的关税来控制外国的出口倾销。不过，一些实行自由贸易政策的国家并不愿意轻易改变关税法律和政策，在面对当时出口贸易中的不公平竞争手段——外国产业垄断组织的掠夺性倾销——所带来的国内压力时，一些国家倾向于使用反倾销措施来达到平衡国际贸易中国家竞争政策的目的。

一个国家内部的竞争政策不可避免地会影响其对外贸易关系。然而，竞争政策的选择是一个复杂的问题。我们首先应当明确，所谓竞争政策的选择只能发生在市场经济的前提下，应当说，竞争政策的选择主要意味着在完全自由竞争模式和对竞争行为进行必要的规制的模式之间所进行的选择。受不同的竞争经济学理论和价值取向的影响，一个国家的竞争政策总是会在这两种模式之间摇摆。

第一种模式强调个体在商业活动中的自由。这种观点认为对于直接的或者从属的商业限制行为应当进行合理性判断，看这种行为是否能够通过限制其他商人进入市场或者进行竞争而获得垄断地位；并且认为在没有对新的市场进入的强制性的限制的情况下，市场的自我矫正倾向会保护消费者的利益不受商业限制行为的损害。

而第二种模式把限制性的商业行为分成两种类型，将从属性的间接的限制行为视为需要对其合理性进行判断的行为，而将卡特尔等垄断组织视为固有的不合理的现象，并应当在不考虑任何市场条件的情况下对这种垄断进行打击。这种观点更加强调对贸易的直接限制的危险性，而不论这种限制是否是私人行为或者是否具备自愿的性质。① 前一种观点与自由主义经济学家的所谓“完全竞争”（perfect competition）理论相联系。这种理论认为在市场上供给者和需求者的数目足够多的条件下，任何企业都不可能以其单独的市场行为，对市场价格造成关键性的影响。在这种情况下，这种完全的竞争模式就不应当受到干扰。② 后一种观点则是一种建立在关于不完善市场结构下的竞争理论的基础之上。这种理论认为，市场的结构和条件往往并不是完善的，比如，市场上的供应方数量非常少，或者市场的条件不够透明，这样任何直接的限制性商业行为都会导致竞争失效，影响市场的运作效率，损害经济效益和消费者的福利，因此需要通过规则对市场结构进行调整以达到有效的竞争。

竞争政策从表面上看来似乎只关系到一国的本国市场，与国际贸易并不存在着直接的联系，因而不会对国家的贸易政策产生影响。但是，从19世纪末和20世纪初的国际贸易实践来看，一个国家的竞争政策在其对外贸易政策和关系实践中扮演着重要的角色。

首先，垄断的市场是一种保护性的市场，因此竞争政策的倾向可以构成一种贸易保护政策的工具。贸易保护主义与一个国家的竞争政策是一种互动的关系。国际贸易关系的实践能够说明这一点。

19世纪末20世纪初，德国实行的是高关税的贸易保护主义政策。除了关税措施以外，德国国内的竞争政策也为其市场的保护提供了有效的措施。在1890年到1914年间，德国的化学工业依靠着高关税和高度垄断的市场的保护向海外市场倾销产品，扩大海外市

① *See* Ernest Gellhorn and William E. Kovacic, Antitrust Law and Economics, 4th edition, 1994, pp. 13-14.

② *Ibid.* pp. 52-57.

场，从而在国际贸易的竞争中占据了世界领先的地位。

20 世纪 70 ~ 80 年代的日本的电视生产商在美国的扩张也构成了竞争政策用于保护贸易的事例。这个事例所产生的后果是日本的电视生产商的垄断行为挤垮了美国的电视生产产业。在这一事例中，日本的电视生产企业被认为通过联合限价的卡特尔，一方面共谋向美国关闭日本本土的电视产品市场，另一方面在美国利用其本国垄断市场所获得的利润来支持他们以掠夺性的价格向美国倾销产品，以图挤垮他们在美国的竞争者。美国的电视生产商最终在日本生产者的这种行为之下退出了市场。尽管这一事例中美国政府使用了反倾销和保障措施的有关法律，但最终没能够拯救其彩电产业。

以上这一事例被认为是第二次世界大战后美国法院审理的第一个记录完整的垄断案件。在这一案件中，有充分的证据证明日本的卡特尔在本国垄断的保护性市场上获取高额利润，分配消费市场，并以倾销的价格挤垮美国的同类商品生产行业，以便独占美国的彩电市场。①

其次，一些国家缺乏合理的竞争政策会导致国际贸易市场中竞争的失衡，引发他国的贸易保护主义政策。反倾销法律的引入就是基于这种失衡而产生的保护主义政策措施的一个重要内容。

国际贸易的实施者相信，卡特尔会将世界市场作为它们的一个产品的“倾销场地”。一个多世纪的国际贸易实践也确实在一定程度上印证了这种情况：19 世纪末 20 世纪初的倾销的盛行基本上与倾销产品产业卡特尔、辛迪加和托拉斯的策略有关；20 世纪中期日本产品在全世界的倾销也与日本在国内实行保护性的竞争政策，从而使卡特尔等垄断组织能够控制国内产品市场、获得垄断高价有关。

从理论上看，一旦外国的卡特尔获得了世界市场的“倾销场地”，它们就会利用这个“倾销场地”来为它们处理过剩的生产能力的目的服务。为了有效地对付这种卡特尔的倾销——或者说是源

① Alan Wm. Wolff, The (Notionally) Bridgeable Chasm Between Antitrust and Trade Policy, Vol. 47, N. Y. L. Sch. L. Rev. p. 167.

于国内竞争政策的不平衡而产生的倾销，世界范围内针对倾销的立法盛行也就不足为奇。澳大利亚1906年《工业保护法》中关于认定倾销的规则和美国1916年《岁入法》中关于反倾销的规定，都是两国意图通过反倾销法对抗外国卡特尔倾销的典型例证。当时的国际社会普遍担心，高度卡特尔化的并且受到良好保护的德国工业，会经常性地将它们国内工业过剩的生产能力释放到其他国家的竞争性的市场上，因此纷纷制定反倾销法律，以保护本国的企业免受德国工业垄断组织的这种“不公平竞争”的威胁。由于国内工业垄断组织所具有的维护国内市场垄断地位、赚取国内市场高额利润的固有的属性，通过有规则的、持续的向外国市场倾销产品来维持其生产规模从而维持国内的市场的垄断地位，也就成为国内工业垄断组织不可回避的选择。

一个国家的反倾销立法不仅对受到外国倾销影响的、本国国内的相关产业产生保护作用，同时也会由于打破了外国工业垄断机构的从事倾销的激励机制，从而在某种程度上抑制外国垄断机构的倾销行为，因而对外国垄断市场的发展起到一定程度上的限制作用。

另外考虑竞争性的进口国国内企业利用反倾销法来反对外国垄断企业所产生的效果时，外国垄断企业必须在国外的随机的需求实现之前就确定生产能力，但是可以在出口国需求下滑的时期通过在国内市场的倾销来减少维持过剩生产能力的成本。进口国国内企业通常也会在外国需求下降时期提出反倾销申诉，以便减少进口。而且，偶然性的申诉活动提高了国外维持过剩生产能力的成本，这样做可以引起外国生产能力的降低。因此，引入国内反倾销法可以起到一种对外国出口商或生产商进行倾销的威慑作用，一般会产生减少进口量的结果，这样即使没有反倾销申诉时，也会具有上述效果。①

---

① *See* Robert W. Straiger & Frank A. Wolak, The Effect of Domestic Antidumping Law in the Presence of Foreign Monopoly, NBER Working Paper No. 3254, 1990, p. 1.

综上所述，各国国内的反倾销法律无论从其诞生的背景条件，还是从法律规定的内容和形式来看都与国际贸易市场的竞争环境和立法国家的竞争政策选择有关，并在一定程度上影响了出口国和进口国的竞争环境和条件。无论是19世纪末的反倾销立法，还是20世纪20年代的反倾销立法潮流，都与当时工业垄断的盛行有关，其中德国的工业垄断组织在世界范围内的倾销，对20世纪20年代的反倾销立法起到了至关重要的作用。另外，出于对抗国外垄断组织的有规则的、持续性的倾销的目的，20世纪20年代之前的反倾销立法，多采取一种“公平竞争”的观点来看待反倾销，因此反倾销法的规则，从倾销的认定到对抗措施的提供都带有浓厚的平衡竞争基础的倾向，对倾销行为的救济措施也多是以完善本国市场上的公平竞争秩序为目的，采取了灵活多样的方式，而不限于对倾销商品征收附加的特别关税措施，有些国家在这一时期的反倾销立法甚至将国内竞争法的救济措施纳入了反倾销法律体制。一方面，一个国家限制竞争的政策会在它的国际贸易交往活动中形成一种保护性的市场，这种保护性的市场与本国贸易政策中的保护主义相互影响；同时，国内的市场垄断会导致规则的、持续性的倾销的盛行，对国外市场的贸易政策造成压力。另一方面，在主权国家结构的国际社会中，一国国内的竞争规则尽管不受其他国际的干预或管辖，但是反倾销立法可以在一定程度上影响相关出口国的竞争政策。反倾销法的使用可以增加外国垄断倾销者维持过剩生产能力的成本，从而在一定程度上抑制出口国垄断市场的发展。同时，反倾销法的适用能够更加有效地、迅速地对外国垄断机构的出口倾销作出反应。

第三章 反倾销与世界贸易市场和政策的发展

20世纪40年代以后，世界经济在经历了一场浩劫之后，进入到一个新的空前发展时期。在这个时期里，国际贸易关系在“二战”形成的同盟国经济关系的基础上进一步发展。新的管理性的贸易自由化体制在世界范围内带来了贸易以及生产的增长，同时这种管理性的世界贸易体制也对国际贸易关系提出了新的挑战，贸易保护主义、国际竞争在新的环境下以新的形式出现。各国的反倾销法律在新型的世界贸易关系结构和体制之下也出现了新的现象和问题。反倾销成为国际贸易体制的一个组成部分，并且在开放的贸易体制下，反倾销法律在国际贸易关系和国内对外贸易政策中所扮演的角色逐渐发生了转变。

一、战后国际经济关系的发展

第二次世界大战结束后，国际经济贸易关系开始在新的自由贸易的基础上发展。这种新的国际贸易关系基础来源于工业化国家避免20世纪20～30年代间的错误对世界经济和国际关系所造成的灾难性后果的愿望。

第一次世界大战后所建立的国际经济关系动摇了自由主义经济政策的基础，资本主义自由经济在20世纪30年代发生的资本主义世界经济危机中被主要工业化国家的政府所抛弃。放弃金本位制、汇率受国家的控制为政府提供了实施贸易保护主义的条件，世界贸易量在这一时期大幅度收缩。1930年，美国通过《赫利-斯穆特关税法》，将美国的关税提升到历史的最高水平。在其后的几个月中，加拿大、法国、意大利、西班牙、澳大利亚和新西兰都相继提高了关税水平。到1932年，传统上实行自由主义经济政策的英国也放弃了自由贸易政策。在第二次世界大战开始前的十年间，世界大多数工业化国家利用各种贸易战的武器实行着鼓励出口，限制进口的贸易政策。这些武器包括：货币贬值、出口补贴、提高关税、外汇管制、实施配额，以及通过优惠关税体制和易货交易进行歧视性的贸易实践。高度的贸易保护主义政策导致了世界贸易的进一步恶化。

1870～1937年世界产量和世界贸易的增长情况

（按照最高数值到最高数值计算的年增长率百分比）

时　　期	年度	产量	贸易
第一次世界大战之前	1870～1913	2.7	3.5
两次世界大战之间	1913～1937	1.8	1.3
	1913～1929	2.3	2.2
	1929～1937	0.8	-0.4

资料来源：Kitson and Michie（2000），The Political Economy of Competitiveness，London and New York（Routledge）

根据以上统计数字，在1870年到1913年间，世界贸易平均每年增长3.5%，而世界生产则平均每年增长2.7%。根据这一数字可以看出，实际上世界经济的变化趋势是更加开放，相互依赖的程度更加加深。尽管有反对意见，但是一般的观点认为这种情况与这一时期实行的金本位制的货币体制是分不开的。这种金本位制通过为自由贸易和低通胀提供条件从而促进了世界经济的增长。

第一次世界大战结束和第二次世界大战爆发之间的一段时期内，贸易和生产的增长状况被打断。尽管20世纪20年代处于一个相对稳定的时期，但是进入30年代后情况发生了突变，根据以上图表显示，在1913年到1937年间世界贸易的年平均增长率只有

1.3%，而世界生产的年平均增长率只有1.8%。在1930年，世界经济严重衰退，以金本位制为基础的贸易体制的瓦解反映出了当时世界经济向封闭发展的趋势。

基于上述灾难性的事实，第二次世界大战后，国家经济政策的制定者们得出了两个重要的教训，一是将贸易保护主义作为国家对外贸易政策的出发点是一种错误的选择；二是国际贸易的发展必须建立在有效的国际合作机制的基础之上。①

在上述认识的基础之上，战后的国际经济关系开始以普遍的自由贸易为国家对外贸易的出发点，并且建立了以不断削减关税水平为核心的关税合作体制。世界贸易和生产在这种开放的贸易关系和新型的贸易体制之下开始了新的增长。

1950~1999年世界产量和世界贸易的增长情况

（按照最高数值到最高数值计算的年增长率百分比）

时　期	年度	产量	贸易
第二次世界大战后	1950~1990	3.9	5.8
	1950~1973	4.7	7.2
	1973~1990	2.8	3.9
	1990~1999	3.0	6.2

资料来源：Kitson and Michie (2000), The Political Economy of Competitiveness, London and New York (Routledge)

在1950~1973年的布雷顿森林体制时期，贸易的增长达到平均每年7.2%的水平，生产的年平均增长率达到4.7%。20世纪60年代是经济强劲增长的时期，在1960~1968年间，所有经合组织（OECD）国家的国民产值的平均增长率为5.1%。这种增长普遍被

① *See* Robert E. Hudec, The GATT Legal System and World Trade Diplomacy (2nd ed., 1990), pp. 6-7.

认为是开放的世界经济所带来的。在布雷顿森林崩溃后的 1973 ~ 1990 年间，世界贸易的年平均增长率为 3.9%，生产的年平均增长率为 2.8%。在 20 世纪 70 年代中期，OECD 国家的国民生产总值的年增长率降低到 3.6%，而这种增长速度的降低主要是 70 年代的石油危机造成的。但这种下降只持续了一年，在随后的整个 70 年代里，增长率恢复到 4% 的水平。因此，尽管 20 世纪 70 年代世界经济的增长有所放缓，但是世界经济的整个环境还是良好的。① 亚洲新兴工业化国家的发展和石油输出国的经济政策对 20 世纪 70 年代，特别是布雷顿森林体制崩溃后整个世界经济继续保持良好的条件，产生了重要影响。发展中国家或地区，特别是亚洲的新兴工业化国家或地区，由于经济的发展和出口的高速增长，成为国际贸易关系中的一种谈判势力。韩国在 1960 ~ 1980 年间的工业生产年平均增长率为 15.2%，国民生产总值的年平均增长率为 8.8%；新加坡 1960 ~ 1980 年间的工业生产年平均增长率为 12.1%，国民生产总值的年平均增长率为 9.2%；中国台湾地区的数字则分别为 12.8% 和 9.6%；泰国的上述数字分别为 10.3% 和 7.4%。②

尽管 20 世纪 70 年代中期的石油危机并没有对经济和贸易的增长表现造成关键性的影响，但是它对国际金融资本流向所产生的影响，以及能源贸易问题本身所造成的影响，对以后世界经济的发展产生了一定的阻碍作用。石油收入的循环导致发达国家的私人银行大举向发展中国家贷款，这种做法最终导致了 20 世纪 80 年代出现的过度债务问题。另外，70 年代的石油价格上涨表面上是经济增长导致的能源需求的上涨引起的，但实际上这种上涨体现了能源和原材料的供应体制问题，这个问题不断地成为经济发展的障碍，影

---

① *See* Robert E. Hudec, Enforcing International Trade Law, Butterworth Legal Publisher, 1993, p. 22.

② 参见英国《经济学家》杂志（英文版）1991 年 5 月 4 日，经济调查部分，第 7 页。

响世界贸易，乃至经济关系的稳定。①

20世纪80年代的经济发展情况与战后的前三个十年有所不同。尽管80年代的世界经济总体的发展仍然是积极的，但是这一时期经济的增长却远不如此前的两个十年。1980~1982年间许多国家的经济增长处于停滞状态，导致了世界贸易的明显下降。虽然1984年世界经济恢复了增长，OECD国家的年平均增长率甚至几乎达到了70年代的4%的增长水平，国际贸易价值也在稍后的时间里反弹，到80年代末，贸易增长达到80年代初期的50%，但是整个80年代的世界经济似乎仍然笼罩在一些阴影之中。

首先，国内和世界经济的增长被经常不断的“危机”（shock）所打断。1979年发生的第二次石油危机导致原油价格一再明显上涨。这种石油价格的迅速上涨引起了通货膨胀率的上涨。各国政府为了应对不断上升的通货膨胀率，纷纷采取货币紧缩政策，将利率提高到历史新水平，这种紧缩政策的结果导致了80年代头两年的经济衰退（economic recession）。同样，西方世界的发达经济体，其内部也在80年代整个十年中不断经历着经济危机。特别是美国，20世纪80年代初，在石油价格下跌、发展中国家债务危机和政府提高利率等多种因素的影响下，美国发生了以几家大银行倒闭为表现的金融危机，导致美国的经济增长率直到80年代中期才恢复到接近正常水平，金融体系所存在的问题因此也成为美国整个80年代关注的焦点。但是，美国的经济危机并没有就此停止，由于巨额的贸易赤字和政府的财政赤字，美国在80年代末出现了财政危机的先兆。美国的贸易赤字从1982年的364亿美元上升到1987年的1600亿美元，导致了美国的经常账户的平衡被打破，出现了1470亿美元的赤字，使美国从一个债权国变成世界最大的债务国。通常

① Michael Kitson Judge, Memorandum, select committee on economic affairs minute of evidence, submitted to the United Kingdom Parliament. *See* http://www.publications.parliament.uk/pa/ld200102/ldselect/ldeconaf/143/1111306.htm, visited on 10/11/2004.

情况下，一国的贸易赤字会引起国际货币市场上该国货币供应量的增加，从而导致该国的货币的贬值，但是美国80年代的贸易赤字并没有引起这样的效果，美元不但没有贬值，反而在1980年的基础上大幅升值，这种升值不断吸引进口，恶化贸易平衡状况。

其次，高失业率越来越成为发达国家国内经济的一个严重问题。OECD国家的平均失业率在20世纪80年代的衰退时期达到了8%，比70年代5%～6%的水平上升了2～3个百分点。这种高失业率的状况并没有因为经济增长状况的好转而有所变化，整个80年代里，发达国家的失业率一直保持在这个水平。欧洲共同体的平均失业率达到10%，美国在情况最严重的80年代中期也曾达到过这个水平。

最后，发展中国家的债务问题成为影响世界经济增长的重要因素。20世纪70年代的第一次石油危机导致了世界私人借贷资本向发展中国家的流动。80年代发生的第二次石油危机引起了发达的工业化国家的经济衰退，在发达国家货币紧缩政策的影响下，发展中国家无法继续获得来自发达国家私人银行的资金，这种状况导致发展中国家大幅度削减进口，以节省外汇资金，同时在国内采取其他减少开支的政策，而导致国内经济的收缩。发展中国家的这种贸易上的封闭和经济的收缩，又反过来恶化了世界经济条件，这种恶性循环最终导致了80年代的世界范围内发展中国家的债务危机。

尽管20世纪80年代的世界经济一直处在上述阴影之下，但是在这些阴影之下也存在着许多亮点，这些亮点成为20世纪最后一个十年中世界经济增长的主流，并为世界贸易的发展带来了不可估量的活力。这些亮点主要来自于一些国家和地区，特别是中国的经济改革和开放政策的实施。这种来自不同国家和地域的经济变革都为世界经济在20世纪90年代的增长带来了良好的前景。

20世纪90年代世界经济的发展应当说是以货物和资本的全球化流动程度的加深和国家经济体制向更加自由、开放的方向发展为特征的，在这种背景下，尽管在90年代末出现的东南亚的金融和经济危机对国际经济的发展带来了一定的负面影响，但世界经济在

20世纪90年代迅速增长的总的趋势并没有因此而受到影响。从1990年到1999年，世界生产的年平均增长率达到3%，而贸易的年平均增长率则达到了6.2%，接近了战后经济强劲增长的布雷顿森林体制时期的7.2%。

20世纪90年代世界经济发展的一个显著特点是全球化。一些战后实行社会主义计划经济的国家，或者由于在80年代末90年代初改变了社会主义体制，走上资本主义道路而进行自由市场经济经济体制改革，如东欧的一些国家和前苏联，或者尽管没有改变社会主义的体制，但是也随着经济体制改革的深入而开始实行自由市场经济。除此之外，许多在80年代陷入债务危机的发展中国家，在国际货币基金组织（International Monetary Fund，IMF）和世界银行（the World Bank）偿债计划的安排下，开始了经济结构的调整，放弃了从20世纪50年代就开始实行的以对经济和贸易实行紧密控制为代表的发展政策，接受并实施了作为贷款条件而由国际货币基金组织和世界银行推进的、以贸易自由化为主导的经济发展理论。与此同时，在新自由主义经济理论的影响下，发达的工业化国家的政府也开始减少对经济的干预，实施各种促进自由竞争的经济自由化和放松规制（deregulation）政策。上述经济体制的变化为90年代世界经济的增长创造了条件。

二、世界贸易政策的变化及其对反倾销政策的影响

尽管各国国内反倾销法律早在20世纪初就出现了，但是使反倾销措施能够协调配合的国际机制还是在第二次世界大战结束及新型的国际经济贸易关系形成以后才随着国际贸易体制的形成而建立起来的。在这一过程中，各国的贸易政策和世界贸易政策的取向，对国际反倾销制度的发展起着决定性的作用。

纵观第二次世界大战后世界贸易政策发展的过程，大致上经历了自由贸易阶段、公平的自由贸易阶段和公平贸易阶段，而这三个阶段的世界贸易政策无不以发达国家，特别是美国和欧洲的贸易政策取向为基础。

（一）自由贸易阶段

所谓自由贸易阶段是指第二次世界大战结束后，GATT1947 生效开始到肯尼迪回合结束以后的 20 世纪 70 年代中期。这一时期，各西方工业国的主要政策目标是降低 20 世纪 30 年代形成的高关税，促进贸易的开放；另一个政策的目标就是消除了美国和加拿大之外的所有主要贸易国家的国际收支差额（balance of payments）上的限制。① 为此，战后英国和美国设计了国际贸易组织（International Trade Organization，ITO）、国际货币基金组织（IMF）和国际复兴开发银行（International Bank for Reconstruction and Development，IBRD）所共同构成的布雷顿森林体制来保证贸易的自由化。尽管由于美国担心主权受到限制，国会没有批准 ITO 的组织宪章，而使得 ITO 的设想没能最终成为现实，但是作为 ITO 宪章中的一个主要内容的关税减让协定却作为临时适用的行政性质的《关税及贸易总协定》生效。GATT 实施近 20 年后，在肯尼迪回合贸易谈判结束之时，随着谈判成果的实施，主要发达国家的关税水平降低到 10% 以下。

在降低关税的共同目标指引下，尽管 1947 年的 GATT 第 6 条作出了关于反倾销法律的规定，但是这一规定并没有进一步形成足以指导国内相关法律实践的具体制度。这一条规定仅仅阐明了在 GATT 范围内的倾销的定义和反倾销税征收的基本条件。而且，GATT 的这一反倾销条款奠定了世界贸易体制中反倾销制度的存在方式的基础，即世界贸易中的反倾销体制是一种协调性的体制，而不是直接适用的规则，国际反倾销规则需要通过各国国内立法的执行才能够实现。

（二）更加公平的自由贸易阶段

公平的自由贸易阶段是指 GATT 东京回合谈判开始，到 WTO 1996 年新加坡部长级会议提出世界贸易的新议题之前。笔者之所

---

① *See* Robert E. Hudec, Enforcing International Trade Law, Butterworth Legal Publisher, 1993, p. 19.

以称这一阶段的世界贸易政策为公平的自由贸易政策阶段，原因主要在于这一阶段世界贸易政策的主流仍然是贸易开放，开放的措施从关税减让扩展到消除非关税壁垒，开放的领域从货物贸易向服务贸易发展，开放的机制开始从政治化向规则化发展，但是由于受到贸易竞争和由此产生的保护主义的压力，世界贸易的参与者和政策制定者们更加注重使贸易开放在平等的水平上进行。

开放贸易仍然是世界贸易政策的主要方向。关税的降低带来了世界经济和贸易量的大幅度增长。这种增长导致了60年代末贸易保护主义政策在各个主要发达国家中抬头。而以削减关税为核心任务的GATT谈判所达成的成果，在60年代开始激烈化的进口竞争的压力下显得脆弱起来。发达国家的主要贸易国家开始频繁地适用除了关税以外的各种其他保护主义措施。美国政府和欧洲共同体对保护主义采取了一种理解的态度，认为贸易限制问题必须循序渐进地处理，并且必须谨慎地考虑到社会的现实情况。①在进口竞争的压力和国际收支平衡危机的影响下，美国的贸易政策出现了开始从自由贸易向保护主义转变的迹象，国内保护主义的政治压力逐渐形成。首先是美国的工会组织——劳联/产联（The American Federation of Labor and Congress of Industrial Organizations，AFL/CIO）——放弃了传统的支持自由贸易的立场，转而支持对进口的数量控制措施；其后，国会通过法案对一系列商品采取进口配额。② 欧洲则把注意力转向了其内部市场的发展。肯尼迪回合前后各主要发达国家的贸易政策中都出现了保护主义的倾向。

伴随着上述现象，GATT肯尼迪回合（1962～1967年）的谈判开始涉及非关税形式的贸易保护措施。到东京回合（1973～1979年）谈判时，非关税壁垒和多边贸易规则成为GATT谈判的标志性内容。

---

① *See* Robert E. Hudec, Enforcing International Trade Law, Butterworth Legal Publisher, 1993, p. 12.

② *Ibid*, p. 21.

作为贸易保护的手段之一，以实行特别的附加关税为目的的反倾销措施也就成为这一时期频繁适用的保护方式。以美国为例，1957 年一年提起的反倾销案件数量达到 41 起，而 1956 年只有 18 起。50 年代中期以前，每年的数量则平均不超过 10 起。而整个 60 年代，美国每年提起的反倾销案件数量平均达到 23 起。特别是在 1963 年 GATT 肯尼迪回合谈判开始前的 5 年内，美国提起反倾销案件的总数达到 168 起，平均每年发生将近 40 起。① 在这种背景之下，进一步规制 GATT 缔约方的反倾销措施，就成了肯尼迪回合的一部分内容。到这一回合谈判结束之前，GATT 的一些缔约方缔结一个通常称之为《反倾销守则》（Antidumping Code）的协议。这个《反倾销守则》是一个严格而近于苛刻的反倾销规则，因此并没有得到多少国家的批准，后来被东京回合所形成的新的《反倾销守则》所代替。东京回合的《反倾销守则》放弃了肯尼迪回合《反倾销守则》中的苛刻规则，转而以协调缔约方国内法中反倾销税的认定程序为关注的焦点，正因为如此，这一个东京回合的《反倾销守则》因为没有任何实质性的内容而受到美国的批评。

世界贸易政策的内容中，在自由贸易的基础上加入了“公平”贸易的成分，这种变化与美国贸易政策的变化是联系在一起的。美国贸易政策的政治化倾向，使得美国政府调整了自由贸易的立足点，将目光更多地投向了其他外国市场的开放程度上，在此基础上，美国的贸易政策中更多地加入了所谓公平贸易的成分。这种变化由于美国经济的支配地位而被引入世界贸易政策，成为世界贸易政策的主流。

理解美国贸易政策的这种变化，必须理解所谓美国贸易政策的政治化倾向。按照 Robert E. Hudec 的解释，所谓美国贸易政策的政治化倾向，就是指国会在美国政府的贸易决策中起着越来越重要的作用。随着 20 世纪 70 年代世界贸易的增长，贸易问题的影响不

---

① Douglas A. Irwin, The Rise of U. S. Antidumping Actions in Historical Perspective (2004), Appendix.

断扩大，成为普通人生活中一个越来越重要的方面，这种变化在美国的政治生活中意味着投票力量对贸易政策关注程度的加强，换言之，也就意味美国国会对政府的贸易政策制定的更多介入。而在美国的政治传统中，国会的介入意味着保护主义。尽管美国国会对于关税问题所持的态度与政府是一致的，但70年代末，国会却不愿意在非关税壁垒问题上与政府采取协调的立场。为了应对国会的保护主义压力，美国政府从20世纪80年代起提出了以消除外国的贸易壁垒，促进美国的出口为核心的主张。这种主张在美国70～80年代的贸易政策中主要体现在以下几个方面。

首先，努力扩大自由贸易的领域。应当说战后初期主要工业化国家的贸易开放政策是选择性的。货物贸易中尚有一些领域实施着各种保护政策，最典型的是纺织品和农业领域。东京回合并没有在这两个领域的贸易开放方面取得任何成果，加上20世纪80年代开始出现的世界贸易流向的变化，美国出现了严重的贸易赤字，受到进口产品竞争的产业要求更多的进口保护措施，国会中的保护主义势力上升。在这种情况下，美国政府在80年代初开始采取扩大GATT所涉及的范围的策略来增加国会中支持自由贸易政策的势力。美国政府指出进口的上升同时也意味着美国出口市场的扩大，而由于美国出口产品优势集中在涉及高技能和高技术的领域中，因此出口通常对经济具有更重要的价值。但是，在80年代初，由于美国的高技术产品的出口并没有包括在GATT所涉及的贸易自由范围之内，美国政府的这种论点在对外贸易实践中是不能成立的。GATT的贸易自由化安排实际上是一种美国不断开放自己市场的单边安排。这种情况促使美国政府将寻求一个包括范围更广泛的GATT体制作为对外贸易政策的一项重要内容。在GATT的乌拉圭回合中，由于美国的坚持，服务贸易、投资和知识产权成为谈判的主要内容，并在乌拉圭回合谈判结束后将这些领域的开放义务成功地纳入了世界贸易组织所促进的贸易自由化政策的范围。

其次，为保证外国市场在同等的水平上开放，美国在GATT和后来建立的世界贸易组织的范围内极力推进贸易规则体制的建立和完善，力图通过拉平世界贸易的竞技场（level the playing field），来达到改变自由贸易中的所谓不公平现象。在GATT的东京回合谈判中，多边贸易谈判小组所从事的主要谈判内容包括非关税壁垒、反倾销规则、反补贴规则和保障措施，尽管多边贸易规则谈判（Multilateral Trade Negotiation，MTN）在东京回合最后结束时只在政府采购、技术标准、海关估价、航空器和进口许可程序方面达成了一些有意义的规则，但是在反倾销规则、反补贴规则和保障措施规则方面并没有什么实质性的进展。除了《反倾销守则》只是在肯尼迪回合《反倾销守则》的基础上增加了一些程序性的内容，而没有实质性的变化以外，形成的所谓《反补贴守则》也因为缺乏法律上的处分规则而没有实质意义。

在上述背景下，美国在整个80年代中频繁地采取单边措施来打击外国市场的贸易壁垒，以及它们认为不公平的贸易做法。这种单边的措施主要是指贸易法中的301条款，也包括反倾销和反补贴措施。从1985年开始，美国政府利用301条款对一些发展中国家、欧洲共同体和日本的不论是否属于GATT义务范围内的贸易壁垒和不公平贸易做法进行调查。在对一些发展中国家既涉及传统的贸易壁垒，也涉及尚不属于GATT范围内的服务贸易壁垒和知识产权领域中的不公平做法进行的一系列制裁时，美国利用它的经济力量在这些单边措施上取得了较大的成功。但是，在对日本和欧共体进行的301条款的调查中，美国的报复措施由于经济力量的有限性，并没有取得显著的效果。相反，在一些适用报复措施的案件中，美国的单边做法引起了欧共体的反报措施，这种状况使得美国在对上述国家和地区使用301条款时采取了一种选择的态度。①

除了301条款的单边措施以外，在这一时期，美国还频繁利用反倾销措施对抗来自日本的进口产品的竞争。1980年美国对日本进口产品提起的反倾销案件激增，产品集中在电子、机械等种类

① *See* Robert E. Hudec, Enforcing International Trade Law, Butterworth Legal Publisher, 1993, pp. 110-112.

上。美国在20世纪80年代的这种对日本进口产品所采取的保护措施，一方面来源于美国对日的贸易赤字；另一方面，日本的市场被认为是一个高度保护性的市场，因此美国对日本的进口产品适用反倾销措施，一是要保护本国国内产业免受来自日本产品的损害，二是为了在一定程度上“拉平美国与日本进口竞争的竞技场”，创造与日本进行公平竞争的条件。

相对于美国在这一时期的贸易政策来看，另外两个国际贸易的主要力量——欧洲共同体和日本在这一时期显得比较沉默。欧洲共同体在80年代中的主要任务是增强内部市场的一体化，而对于外部的贸易关系态度发表的意见相对较少，除了面对来自日本产品的进口竞争，欧洲共同体采取加大反倾销的力度的措施以外，它并没有对这一时期的世界贸易政策提出任何独特的主张。相反，欧洲在这一时期和美国保持着一种合作的态度。

这一时期的日本，尽管在国际贸易活动中扮演了重要的角色，但是它的巨额贸易盈余，使得它成为其他贸易伙伴，特别是美国的贸易政策攻击的主要目标，面对这种情况，日本基本上采取了一种低调的政策，接受美国的投诉和要求，实行一些开放市场的改革。

在世界贸易的三个主要参与者中的两个对世界贸易的政策取向保持沉默的情况下，另一个参与者的贸易政策不可避免地会成为世界贸易政策制定中的最强音。美国的贸易政策就是这样成为了20世纪后30年中世界贸易政策的主流。

由于GATT东京回合谈判基本上没有达到美国所期望的效果，在80年代初开始的乌拉圭回合谈判中，美国继续为它的贸易政策推广而努力，这种努力基于上面提到的原因而得到了欧洲的支持。乌拉圭回合谈判在20世纪90年代初结束时，建立起了一个相对稳定的世界贸易的规则体系——世界贸易组织，为美国所主张的在水平的竞技场中竞争的贸易政策提供了一定的规则条件。这个体系在为它的参加者打开各个市场的大门的同时，也提供了一些带有竞争规范性质的行为规则制度，严格来讲，这些规则制度在货物贸易协议的体系内主要包括两项，即《反倾销协议》、《补贴与反补贴措施协议》。但是，这个体系中的大部分内容还是属于开放市场的规则，包括传统的降低关税的措施，也包括非传统的非关税壁垒的问题；既包括打开传统的货物贸易市场的规则，也包括打开新兴的服务贸易市场的规则。

乌拉圭回合的《反倾销协议》是一个相对完善的关于协调国际反倾销制度的协议。原因在于，首先，作为世界贸易体制中的一种贸易行为规范的国家义务，它保证对 WTO 的全体成员方的适用。而肯尼迪回合以及东京回合的《反倾销守则》，由于 GATT 体制的影响，它的效力只能发生在相互同意的缔约方之间。这种生效的方式影响了两个《反倾销守则》的效力的普遍性，特别是肯尼迪回合的《反倾销守则》，它的规则过于苛刻而导致它的效力只能涉及几个国家，这种情况大大影响了它作为国际反倾销制度的正统性（legitimacy）。其次，乌拉圭回合的《反倾销协议》不仅对程序性问题作出了具体的规定，还进一步完善了关于倾销的认定等实体性问题，同时确立了一些反倾销法律中的新制度，比如关于反倾销税征收的日落规则。另外，有效的争端解决机制的建立也为反倾销制度的实施提供了制度保障。

（三）自由的公平贸易政策

第三阶段的自由的公平贸易政策时期是指从世界贸易组织1996年新加坡部长会议提出一些世界贸易组织的新议题开始后的时期。

20 世纪 90 年代开始进入高潮的经济全球化给世界贸易体制带来了一些新问题。国内市场的开放意味着世界市场的扩大，在市场范围扩大的同时，市场条件的不同不可避免地造成了参与者从中所获得利益的不平衡。贸易自由化程度的加深不仅带来了世界经济总量上的增长，也引起了一些经济增长之外的问题，比如贫富差距所带来的人权、劳工权利问题，贸易发展与资源消耗、环境保护的关系问题。在经历了 50 年贸易自由化的历程之后，人们发现经济增长并没有给每一个国家或者个人都带来福利，这种现象使得公众开始进一步认真思考“公平贸易”的问题。世界贸易体制也受到了这种全球性的“公平贸易”问题的冲击。

世界贸易组织成立后的第一次部长会议于1996年在新加坡举行。这次会议不仅讨论了开放贸易等传统的议题，还对环境、劳工标准、竞争政策与贸易的关系等涉及公平贸易的问题进行了讨论。这次会议的声明对理解公平贸易在世界贸易体制中的含义具有一定的意义。在关于世界贸易组织的角色的问题上，新加坡部长会议声明的阐述表明，除了对消除货物贸易中的关税和非关税壁垒、服务贸易的自由化进程、拒绝任何形式的保护主义、消除国际贸易关系中的歧视待遇、将发展中国家及欠发达国家和转型经济国家纳入多边贸易体制和最大程度上的透明度的承诺外，世界贸易组织对其角色的首要的一项承诺是保证建立一个公平、公正和更加规则化的体制。① 而关于一些在更广泛的意义上被认为属于公平贸易范畴内的劳工和环境问题，声明则认为，国际劳工组织（International Labor Organization，ILO）是具有制定和处理劳工标准能力的机构；世界贸易组织拒绝将劳工标准用于保护主义的目的，并且同意成员所具有的比较利益，特别是低薪金的发展中国家，无论如何不能受到质疑。对于环境问题，声明则强调国家水平上贸易政策和环境政策协调的重要性，并通过世界贸易组织内的贸易与环境委员会来审查贸易与环境在世界贸易组织内的协调问题。② 与此相呼应，新加坡部长会议建立三个新的工作小组来讨论包括贸易和投资、竞争政策和政府采购中的透明度在内的三个问题，这就是后来被称为“新加坡问题”的议题。

新加坡部长会议后，公平贸易问题在世界贸易组织内部主要体

---

① *See* Singapore Ministerial Declaration, Adopted on 13 December 1996. Website: http://www.wto.org/english/thewto_e/minist_e/min96_e/wtodec_e.htm, visited on 14/10/04.

② *See* Singapore Ministerial Declaration, Adopted on 13 December 1996. Website: http://www.wto.org/english/thewto_e/minist_e/min96_e/wtodec_e.htm, visited on 14/10/04.

现在竞争政策和贸易的关系问题上。而竞争和贸易的关系问题主要涉及在世界贸易组织内部建立起来的多边竞争政策的协调框架对国际贸易和发展的作用。并且最终将世界贸易体制的多边竞争政策框架的主要内容定位在对骨干卡特尔（hardcore cartel）的控制规则方面。

在上述背景下，面对《反倾销协议》生效后世界贸易组织的成员方纷纷将反倾销措施作为国内贸易保护政策工具的现实，有些贸易政策分析者指出，用世界贸易组织的多边竞争政策框架来代替反倾销制度，避免反倾销措施的双重政策意义给自由贸易带来的损害。这种观点将国际贸易中的竞争问题直接与反倾销措施联系了起来。世界贸易组织内的竞争问题成为一个与反倾销规则产生互动效果的问题。

三、反倾销制度在战后世界贸易关系中所扮演的角色

在战后的国际贸易关系中，反倾销体制所扮演的角色是随着世界贸易体制中反倾销体制的建立和发展而变化的。纵观整个反倾销制度建立和发展的过程，笔者认为反倾销制度在世界贸易体制中的不断完善随着各国政府的保护政策的变化而不断发展，反过来这一制度的不断发展，一方面在市场开放程度不平衡的环境下保护了国内产业在国际贸易市场中的竞争地位，另一方面也成为国内保护主义势力的宣泄方式。

GATT 形成初期，尽管反倾销制度已经具备发展的基础，GATT 的基本文件中规定了倾销认定的条件和以对倾销的进口征收特别关税作为救济方式的基本措施，但是这一条款基本上属于一种各国在对外贸易关系中使用的特别的高关税措施的授权证明。有分析者认为，在 GATT 的反倾销条款实施的初期阶段，由于关于倾销确定的条件规定的高标准，征收反倾销税的标准也就相对较高，所以导致了 20 世纪 50 ~ 60 年代反倾销案件的启动和最终导致征收反倾销税的结果的情况都不很多。分析者引用了美国在 50 ~ 60 年代反倾销案件的统计来说明在战后的国际贸易关系中，利用反倾销措

施实施保护的情况很少。因此在这一时期，反倾销制度对贸易的影响不值一提。① 应当说分析者部分地说明了当时反倾销措施在贸易中所起作用的情况，但是笔者并不认为这是GATT反倾销条款对倾销的认定条件和反倾销税征收的条件规定了高标准所致。首先GATT的反倾销条款所规定的标准并不属于什么高标准。GATT第6条规定进口产品以低于正常价值的价格在进口国市场销售，并且对进口国同类产业造成实质性损害时才能够征收反倾销税，这并不是什么高标准，这种标准早在反倾销立法普及的20年代就已经出现了。其次，GATT第6条的规定既不完整，也不精确，这正是一种法律措施被滥用的技术条件。笔者认为，反倾销措施之所以没有在这一时期的贸易关系中产生任何关键性的影响，其主要原因在于这一时期的国际贸易关系基本是平衡的，GATT的缔约方在20世纪50~60年代只有23个，并且这些缔约方在基本的贸易政策方面具有高度的共识，即降低国际贸易的关税壁垒；加之GATT在70年代的东京回合之前，并没有将非关税壁垒作为其主要打击的目标，因此尽管其缔约方的组成在60年代发生了很大变化，缔约方的贸易政策冲突开始显露，但是非关税壁垒的使用，再加上GATT体制所无法避免的自愿出口限制（Voluntary Export Restriction，VER）在竞争激烈的纺织品、钢铁、肉类、鞋类和一些消费电子产品领域的普遍适用，为关税壁垒降低后GATT缔约方保护国内产业提供了有效而合法的工具。

不过，在这一时期，GATT的反倾销条款对国内反倾销立法的使用授权应当说在缔约方国内产业宣泄保护主义情绪方面起到了一定的作用。这一点可以从当时主要贸易国家的反倾销调查申请提起的数量和有关裁定结果的情况统计数字看出来。从50年代后半期开始到60年代末期的十多年时间里，尽管美国反倾销当局对提起申诉的反倾销案件作出的肯定性裁决很少，经过审理作出否定性裁

① Juergen Hesse，Antidumping（2001）. *See* http：//www. hausarbeiten. de/download/19714. pdf，visited on 28/07/04.

决的案件也不多，但是在这长达十几年的时间里，提起申诉的案件数量基本上处于上升的状态，这与降低关税所带来的进口竞争压力的增大所造成的保护主义需求不无关系。而且，提起申诉的产品种类所占申诉的比例都比较高，说明提起反倾销申诉的范围比较广泛，这不能不说与国内产业受到的开放贸易所带来的全方位的产品进口竞争压力无关。

反倾销的浪潮在 20 世纪 80 年代末真正出现，但是主要的使用者限于澳大利亚、加拿大、欧洲共同体和美国，而且遭受反倾销的对象主要集中在日本的出口产品。

WTO 成立后，反倾销的浪潮再次在 1998～2002 年间出现，这次反倾销高潮的出现与 20 世纪 80 年代的情况有所不同，许多发展中国家一方面成为反倾销的目标，另一方面自身也开始频繁利用反倾销手段。随着乌拉圭回合谈判结束后 WTO《反倾销协议》的生效，许多发展中国家开始了反倾销立法的活动，特别是一些主要的国际贸易关系的参与国家。例如，印度尼西亚在乌拉圭回合谈判之前并没有反倾销法律，谈判结束后，就制定了反倾销法律。巴西则是在 1995 年公布了一部被称为《关于实施反倾销措施的行政诉讼标准条例》的反倾销法。阿根廷在 1998 年颁布了《反倾销反补贴条例与规则》，泰国和新加坡也在 1996 年颁布了《反补贴与反倾销法》。另外还有一些发展中国家在乌拉圭回合谈判后修改了原有的反倾销法律。例如，印度在 1975 年的海关法中就有了关于反倾销税征收的规定，1995 年又对海关法进行了修订，以使其与 WTO《反倾销协议》的规定相符。而韩国尽管在 20 世纪 60 年代就制定了反倾销法律，并且这一法律经过数次修改，但是在乌拉圭回合谈判结束后，韩国在 1996 年又一次根据 WTO《反倾销协议》的规定全面地修改了它的反倾销法律。根据世界贸易组织统计，韩国、印度尼西亚、印度、巴西和阿根廷等发展中国家在 1995～2003 年间被提起的 1937 起反倾销申诉（不包括对中国）中，占了 466 起，超过 24%，而这些国家中提起的反倾销申诉为 781 件，在 1995～2003 年所有向 WTO 报告的成员（除中国）提起申诉总数2 336件中占约33%，这些发展中国家成为反倾销规则实践者的一个主要部分。

从反倾销措施使用的广泛性方面看，有41个国家和地区报告存在提起反倾销申诉的情况，有100个国家被提起反倾销申诉。这种状况不能不说与WTO成员方的保护主义情绪蔓延有一定的关系。

世界贸易体制的反倾销制度在战后国际贸易关系中扮演的另一个角色就是保护国家的某一个产业，缓解来自某个特殊市场的产品的竞争压力。20世纪80年代，欧洲共同体利用反倾销法律缓解来自日本的进口产品的压力，成功地保护了本国的一些产业。20世纪90年代以来，美国、欧盟、加拿大等国和许多发展中国家，频频发动反倾销调查，以便缓解来自中国的进口产品的竞争压力。在世界贸易组织的统计中，从中国加入世界贸易组织的2000年算起，三年内世界贸易组织的成员国一共对中国提起反倾销申诉356件，占1995~2003年世界范围内所发生的反倾销申诉总数2 416件的15%。

同时，一些国家还利用反倾销措施保护某些国内的特定产业，来抵御来自世界范围的竞争，例如，美国的钢铁工业在20世纪80年代末不断针对来自世界各国的钢铁产品发起反倾销调查。据统计，美国在1991年提起的反倾销调查案件中，有6个是关于碳钢标准管的，7个是关于钢丝绳的，14件涉及滚珠轴承；实际上1992~1994年和1998~2001年在美国发生的反倾销活动的浪潮直接与美国钢铁工业提起的多国反倾销申诉有关。①

---

① *See* Douglas A. Irwin, The Rise of U. S. Antidumping Actions in Historical Perspective, June 15, 2004. Website: www. dartmouth. edu/ ~ dirwin/ad. pdf, visited on 15/10/ 04.

第二部分

WTO《反倾销协议》改革:出发点和原则

第四章 世界贸易体制的发展与反倾销制度

作为世界贸易体制中的一部分内容，反倾销体制和世界贸易体制的发展存在着密切的联系。一方面世界贸易体制的发展方向决定了多边反倾销体制所扮演的角色性质，另一方面多边反倾销体制的发展也同时会对世界贸易体制的运行产生重要的影响。

世界贸易体制经历了从规则效力不稳定、体制缺乏整体性的临时性的《关税和贸易协定》时代到基于相对稳定的贸易开放机制和规则的世界贸易组织时代的发展，在世界关税贸易体制发展的同时，作为一般性贸易规则之一的反倾销体制也经历了从选择性适用到普遍适用的发展过程。同时，由于世界贸易组织的发展以及其各项规则制度协调性的加深，相信反倾销制度的发展也必然会对世界贸易体制的发展方向产生重要影响。

一、GATT 的体制特征

第二次世界大战后国际经济政策和体制的发展不能不说与对世界各国在战前所经历的经济危机的严肃反省无关。基于对 20 世纪 30 年代的国际经济关系在无秩序的状态下所表现出来的混乱和敌对状态，及其所带来的灾难性的战争后果的痛苦，战后初期，国家对外关系政策的制定者们产生了强烈的国际经济关系组织化的愿望。以贸易自由化政策为基础，以 ITO 为核心并包括 IMF、IBRD 在内的国际经济体制的设想在这种背景下被提上了议事日程。1944 年的布雷顿森林会议后建立了旨在解决国际货币和银行问题的布雷顿森林体制，产生了《国际货币基金协定》和《世界银行协定》，但是该会议并没有涉及贸易体制问题。1945 年联合国成立，其所属的经社理事会（ECOSOC）从第二年开始倡导起草国际贸易组织（ITO）宪章。美国提出了 ITO 宪章建议。

然而，各国政府，特别是美国战后关于世界经济关系组织化的热情并没有持续下去。经过四次起草 ITO 宪章的准备会议后，ITO 宪章草案在 1948 年哈瓦那举行的第四次准备会议结束后诞生。尽管 ITO 宪章由世界各国自行批准，但是由于战后拥有超级经济力量的美国的国会拒绝批准该宪章，ITO 并没有成立。不过，包括众多关税减让义务的《关税及贸易协定》由于直接影响了贸易商们的经营，如果迟迟不能生效就会对世界贸易方式产生严重的干扰；加上美国政府的关税减让谈判代表是根据美国贸易立法授权进行谈判，该授权经过 1945 年的一次延长后将于 1948 年 6 月 12 日之后失效，为了能够使 GATT 的关税减让义务尽快生效，GATT 的 23 个原始缔约方中的 8 个同意从 1948 年 1 月 1 日起临时适用该协定，其余缔约方则在稍后的时间开始适用。这样，在 1948 年产生的 ITO 宪章的实施流产以后，这个“临时适用”的 GATT 就成为今后 40 年内众所周知的国际贸易体制的框架。①

GATT 生效的上述背景造成了战后 40 年中国际贸易体制有别于其他国际经济体制的状态。以 GATT 为核心的国际贸易体制的特殊性主要表现在以下三个方面。

（一）从 GATT 体制的结构方面来看，它是各个缔约方的一种简单聚合

GATT 的国际协议的性质决定了 GATT 之下的世界贸易体制并不具备一般组织机构的功能，它更多地是一种缔约方之间关于关税义务的谈判体制或工具。

ITO 所表达的最初的世界贸易体制的构想由两个主要方面组成：行为规则和行为规则的实施体系。这两个部分实际上是美国和

① ［美］约翰·H. 杰克逊著：《世界贸易体制》，张乃根译，复旦大学出版社 2001 年版，第 42～44 页。

英国在第二次世界大战后讨论的结果。① 在两国的讨论中，美国倾向于采取扩大对等贸易协定的形式来设计战后的国际贸易体制，而英国则主张通过多边的条约来制定成员方的国际贸易行为准则，并以一个新的国际组织来贯彻这个行为准则。战后关于建立世界贸易体制的准备也正是按照这两种思路进行的。

1945 年 12 月，美国政府邀请一些国家开始进行缔结一项关税减让多边协定的谈判；而关于建立 ITO 的准备也在第二年正式开始。准备 GATT 和起草 ITO 宪章的过程实际上是并行的。1947 年日内瓦的准备会议由三个部分组成：第一部分是起草 ITO 的宪章；第二部分是进行互惠的关税减让多边协定的谈判；第三部分则是拟定关税义务的一般条款。根据 ITO 宪章的最后草案，国际贸易制度由九章和附录等十个部分组成，内容涉及目的、贸易与就业、经济发展和复兴的关系、贸易政策、限制竞争的商业实践、政府间商品协议和 ITO 的组织条款、争议（不同意见）的解决，以及规定与其他国际经济组织关系的一般条款。其中关于商业贸易政策的第四章对关税壁垒的逐步降低、一般禁止数量限制、最惠国待遇、国民待遇等问题作出了规定，同时还就国际贸易的一般规则和特殊规则，比如关于补贴、反倾销、海关估价等规则，特定产品进口的紧急情况等规则，作出了规定。可以看出，GATT 的内容只涉及了 ITO 宪章的这一部分，而关于世界贸易体制的组织条款，它本应当属于 ITO 体系中的一个组成部分，但是由于 ITO 宪章最终没有能够生效，因此在 GATT 基础上，世界贸易体制只保留了关税减让谈判体制和关于贸易的一般规则内容，也就是上述日内瓦准备会议中的第二和第三部分谈判内容。

GATT 关于关税减让的谈判采取的是一种以“回合”的形式进行谈判的体制，每一回合谈判中谈判各方按照一定的百分比来确定关税减让的幅度。从理论上看，一个回合的谈判实际上是一种缔约

① *See* Robert E. Hudec, The GATT Legal System and World Trade Diplomacy (2nd ed., 1990), pp. 9-10.

各方相互之间的一系列谈判所组成的，关税的减让取得普遍进展是以所有缔约方的让步而达成的。如果某些国家认为外国竞争者没有对该国竞争者开放市场，这些国家是不会降低关税而将本国商业置于外国的竞争之下的。尽管经济学家普遍认为单方的关税减免与相互对等的关税减让都能够起到促进经济增长的效果，但是在通常情况下，多数国家出于国内政治和社会福利的需要会采取相互的减让方式，这种现象并不意味着 GATT 的谈判体制禁止单边贸易壁垒的削减。① 从另一个方面来看，这种相互的承诺的减让成为一种监督 GATT 各个缔约方履行义务的有效的激励机制，这种机制与一般国际组织中的专门监督机构或监督体制是不同的，它以获利和履行义务的对等性为基础，换言之，如果 GATT 的一个缔约方想要获得其他缔约方的关税减让所获得的利益，它也必须履行自己的减让义务，否则与之达成减让协议的其他缔约方不会履行自己的减让义务。各轮谈判中缔约方所作出的单方面的减让承诺通常是不固定的，至于 GATT 的一般条款的谈判，则是以强化 GATT 已有的规则或者创立新的规则为基础的。尽管如此，GATT 体制本身具有多边协定而非组织机构的特点，使得规则的制定受到了很大的限制。GATT 中有关禁止和限制非关税壁垒的规则，以及其他涉及贸易政策的规则，尽管是以缔约方的共同意志为基础的，但是由于它们的制定与其他国际规则制定的谈判方式不同，所以结果往往并不反映 GATT 缔约方的共同意志，而是更多地反映它们之间的分歧。根据布瑞恩·麦克唐纳的分析，采取回合/轮次形式的谈判系统开展制定规则的谈判，“这种做法的成功有赖于许多国家参与谈判，同时所涉及的领域足够广泛以便能够唤起各个参与方对谈判进程的兴趣”。② 如果上述条件不能满足，有关的规则会在参与谈判并达成

---

① ［英］布瑞恩·麦克唐纳著：《世界贸易体制》，叶兴国等译，上海人民出版社 2002 年版，第 39 页。

② ［英］布瑞恩·麦克唐纳著：《世界贸易体制》，叶兴国等译，上海人民出版社 2002 年版，第 41～42 页。

协议的 GATT 缔约方之间生效，形成一种特定范围的规则，这种在 GATT 体制内部存在的诸边规则，影响了 GATT 体制的完整性和协调性。GATT 肯尼迪回合谈判所达成的有关反倾销措施的协议，就是由于缔约的国家过少而不具有实际意义；而东京回合的谈判尽管在更加广泛的范围内达成了关于反倾销措施的协议，但是由于 GATT 体制本身并不具备国际组织通常所具有的决策机制，这个《反倾销协议》也没有成为具有适用于 GATT 体制范围内的普遍意义的国际反倾销规则。

（二）GATT 的法律效力存在着一定的局限性

GATT 的法律效力的局限性首先表现在 GATT 从生效时起就是一个临时性的协定，但是这种临时适用并不表现在适用时间的长短上，而是表现在 GATT 法律效力的不稳定性方面。根据 GATT 的《临时适用议定书》第 1 条的规定，最初签署 GATT 的 8 个（澳大利亚、比利时、加拿大、卢森堡、法国、荷兰、英国和美国）缔约方政府保证：①

> 假定该《议定书》不晚于 1947 年 11 月 15 日被以上述所有政府的名义签署，则在 1948 年 1 月 1 日及其后临时适用：
>
> (1)《关税及贸易总协定》第一部分和第三部分；
>
> (2) 在不与现有立法相矛盾的情况下，最大限度地适用《关税及贸易总协定》第二部分。

作为临时适用的协定，《临时适用议定书》还规定 GATT 对其他参加方开放签署，并规定任何国家可以在提前 60 天通知的情况下退出，而 GATT 本身规定的退出通知期间是 6 个月。

从对 GATT 的法律效力的影响方面来看，这种临时适用的做

① *See* Protocol of Provisional Application of the General Agreement on Tariffs and Trade. Website: http: //www. marxists. org/history/capitalism/gatt/ch41. htm, visited on 25/10/04.

法，主要造成了两种后果，一是缔约方可以在较短的时间内退出GATT；二是GATT规定的义务只在不与缔约方现有立法相矛盾的最大限度内有效。前者允许GATT缔约方在较短的时间内退出的规定，从另一个角度印证了GATT的缔约方对这个体制所应当具有的灵活性和务实性的期望，但是这种期望的代价就是牺牲了GATT作为国际条约所应当具有的稳定性。① 后者的规定则表明了GATT的效力低于国内法。《临时适用议定书》规定的“在不与现有立法相矛盾情况下，最大限度地适用《关税及贸易总协定》的第二部分”意味着，缔约方在适用GATT的第二部分规定时，对于在1947年10月30日（《临时适用议定书》所规定的日期）之前存在的全国性的、强制性立法与GATT规定发生的矛盾，缔约国适用国内法律的规定并不违反该国承担的国际义务。②

GATT临时适用方式的上述影响在很大程度上造成了国际贸易体制的不稳定性。特别是给适用涉及一般贸易规则的GATT的第二部分的实施带来了较大的障碍，这种情况在一定程度上造成了GATT的缔约方在降低关税的同时，通过提高边境的或者内部的非关税性质的壁垒来实施贸易保护主义政策。

（三）GATT所涉及的内容具有较大的局限性

GATT的主要目的是提供实质性的关税减让机制。GATT的这种功能来源于19世纪以前就开始使用的国家之间的《友好通商条约》，而GATT的产生来源于美国将它的《对等贸易协定》形式扩大的愿望。这种《友好通商条约》或者是《对等贸易协定》的形式从条约法的角度来看多属于专门性的国际协议，根据GATT筹备工作期间的解释，GATT仅仅是一个具有具体目的的有限的契约。尽管GATT在其后的发展过程中不断加强了关税减让以外的其他一

① 参见［美］约翰·H.杰克逊著：《GATT/WTO法理与实践》，张玉卿、李成钢、杨国华等译，新华出版社2002年版，第22～23页。

② 参见［美］约翰·H.杰克逊著：《GATT/WTO法理与实践》，张玉卿、李成钢、杨国华等译，新华出版社2002年版，第24～26页。

些内容，比如对于非关税壁垒的限制，以及对贸易规则的发展，但是 GATT 的主要功能仍然是通过缔约方的谈判降低关税，开放缔约方的国内贸易市场。这一点可以从 GATT 1947 条款的内容和 GATT 谈判主要回合的议题看出来。

GATT 1947 的第二部分从第 3 条到第 23 条主要规定了能够影响国际贸易水平的各种非关税的国际贸易规则，内容涉及：

第 3 条　国民待遇；

第 6 条　反倾销与反补贴税；

第 7 条　为海关的目的所进行的货物估价；

第 8 条　海关管理程序；

第 9 条　原产地标志；

第 11 条 数量限制；

第 16 条 补贴；

第 17 条 国家贸易垄断。

但是这些条款的规定都有一个明显的特点，即这些规则多是一些概念性的规定，不具备执行的条件。因此，从这个意义上来看，GATT 的管辖能力实际上是有限的。GATT 管辖能力的革命性变革发生在东京回合谈判。在东京回合谈判中以对非关税壁垒的限制和制定贸易规则为议题的多边贸易谈判（multilateral trade negotiation，MTN）达成了一系列协议，包括：

《贸易技术壁垒协议》

《政府采购协议》

《关于解释和适用第 6 条、第 16 条和第 23 条的协议》(《补贴协议》)

《关于牛肉的安排》

《国际奶制品安排》

《实施第 7 条的协议》(《海关估价协议》)

《进口许可程序协议》

《民用航空器协议》

《关于实施第 6 条的协议》(《反倾销协议》)

这些贸易规则的制定，使得 GATT 管辖国际贸易的能力达到了其原有能力的 4 倍。① 但令人遗憾的是，由于 GATT 体制本身的缺陷，以上多边贸易规则的适用效力受到了减损。从 GATT 作为国际条约的规则层次来看，它是一项行政性的协议，而上述有关贸易规则的协议所涉及的内容通常需要立法机关的批准或者转化才能够成为适用于缔约方国内的法律，因此属于行政机构职权范围内的关税减让义务，是通过缔约方行政机构就能够执行的；而多边贸易规则多需要通过立法机关的批准才能实施，这使得这些规则的实施比关税减让义务更加困难。

二、WTO 体制的特征

GATT 的乌拉圭回合谈判是世界贸易体制发生重大变革的转折点。在这一回合的谈判结束后，世界贸易体制从其管理的范围到体制的法律性质都发生了重大变化。

GATT 的乌拉圭回合谈判于 1986 年正式开始。尽管在谈判最初的议题中并没有涉及 GATT 体制的有关问题，但是由于这一回合开始时货物贸易关税的减让经过 7 个回合的谈判已经使得 GATT 项下的商品关税大幅度降低，同时，工业化国家服务产业的增长，促使这些国家提出了将货物贸易的开放体制向服务贸易领域拓展的建议，在这种情况下 GATT 的乌拉圭回合谈判实际上面临一场变革。

1986 年 9 月在乌拉圭埃斯特角举行的部长会议发表了《彭塔宣言》，该宣言包括了服务贸易、知识产权等“雄心勃勃”的议题。② 尽管涉及世界贸易体制的有关谈判包括了争端解决规则和 GATT 体制的未来，但是所谓 GATT 体制的未来只以贸易中的货币问题和 GATT 与 IMF 之间的关系为主，并没有包括任何建立全新国

---

① 参见［美］约翰·H. 杰克逊著：《GATT/WTO 法理与实践》，张玉卿、李成钢、杨国华等译，新华出版社 2002 年版，第 60 页。

② 参见［美］约翰·H. 杰克逊著：《GATT/WTO 法理与实践》，张玉卿、李成钢、杨国华等译，新华出版社 2002 年版，第 49 页。

际贸易组织的议题。

随着乌拉圭回合谈判最后期限的临近，如何实施谈判也成为了人们关注的问题。1990 年加拿大提出了关于建立新的世界贸易体制的政府建议，这个建议得到了欧盟的赞同。但是 1990 年完成乌拉圭回合谈判的目标，由于农业谈判没有能够取得进展而没有能够按期完成。此后，在 GATT 总干事邓克尔的推动下，过去 6 年谈判所形成的各种建议的文本被综合成为一个被称为“邓克尔草案”的总的建议草案，这一草案经过各缔约方的分析，大多都得到了普遍的接受，特别是在最后经过了四五个月对体制问题的集中谈判后，1994 年 4 月，谈判各方在马拉喀什签署了关于建立 WTO 的协议草案，乌拉圭回合谈判到此结束，国际贸易的新体制——WTO 宣告成立。

与契约性质的 GATT 体制相比，作为国际组织的 WTO 体制具有两个最突出的特点。

(一) WTO 具有一个完整统一的单一组织框架

如上所述，WTO 的框架既包括了传统的货物贸易的开放体制——关税减让，也成功地将新型的服务贸易开放机制纳入了世界贸易体制之中。

通过建立 WTO 的协议，世界贸易体制发展出了一种伞型的法律结构：建立 WTO 的协议作为一个根本性的文件，尽管它只有十页，但是却把 GATT 乌拉圭回合谈判议题所达成的各项协议联系在一起，成为一个规则系统的关键。有关 GATT 乌拉圭回合谈判的四项重要成果的协议则作为建立《WTO 协议》的附件被纳入 WTO 系统：多边贸易协议（附件一）、争端解决谅解备忘录（附件二）和贸易政策审议机制（附件三），以及四个在体制上具有特殊性的贸易协议，这四个协议合起来作为建立《WTO 协议》的附件四被称为诸边贸易协议；而多边贸易协议中既包括了当今国际贸易的三个主要方面的开放规则：有关货物贸易的 12 个协议、服务贸易协议、与贸易有关的知识产权协议。这样，在有关建立 WTO 的协议的支撑之下，所有乌拉圭回合谈判所达成的协议统一成为了一个完整的体系。

另外，由于乌拉圭回合的全部协议被纳入了建立《WTO 协议》这一根本性的文件体系之中，作为一个单一的整体，WTO 的成员方必须接受乌拉圭回合所达成的一揽子协议，而不能选择性地接受其中的任何协议。所谓一揽子的观念就是指所有期望加入 WTO 这一新的机构的成员必须接受一个统一的、详尽的关于世界贸易规则体制的文本。① 这种一揽子的方式一方面提高了一个国家加入世界贸易体制的标准，也就是说，一个申请加入 WTO 的国家，仅仅同意按照关税减让表承担降低关税的义务不足以使它成为世界贸易组织的成员，它必须接受有关非关税壁垒的所有协议、服务贸易开放的条件，以及其他关于国际贸易规则的条件。尽管该国可以通过相关协议中的有关免责条款减少它所承担的义务，但是对于有关协议本身对它的适用并不存在例外。另一方面这种一揽子接受乌拉圭回合全部协议的要求，也在极大的程度上确保了世界贸易体制的完整性。尽管成员方之间可以通过《WTO 协议》第 13 条规定的互不适用规则排除《WTO 协议》在某些成员方之间的效力，但是这并不影响 WTO 框架的整体性，这种相互的不适用仍然遵循一揽子协议的观念。

除此之外，由于《WTO 协议》是正式生效的一揽子协议，因此不存在 GATT 由于其临时适用性所带来的缺陷——“祖父条款”或现有立法的例外。这一点也确保了《WTO 协议》效力的稳定性和完整性，避免了前文所提到的 GATT 的临时适用造成的协议条款实施的困难和歧义。

（二）争端解决机制的强化对 WTO 体制从决策到实施制度起到了巩固和完善作用

WTO 的争端解决机制是在强化 GATT 的争端解决规则的基础上发展而来的。它对 GATT 争端解决制度的强化主要表现在以下方

① 参见［英］布瑞恩·麦克唐纳著：《世界贸易体制》，叶兴国等译，上海人民出版社 2002 年版，第 51 页。

面。第一，“反向一致”的争端解决机构决议的通过体制，使得争端解决机构的裁决更具有适用性，加强了争端解决机制作为 WTO 各项规则实施的监督机制的作用。GATT 的争端解决机制作为解决缔约方之间的贸易争端存在着诸多体制方面的缺陷，其中公认的最重要的缺陷之一就是对专家组决议必须采取包括争端当事方在内的全体缔约方协商一致同意生效的规则，这种“全体一致”的决策方式不仅成为 GATT 发展的障碍，同时也成为 GATT 相关规则实施中的障碍。WTO 的争端解决机制将争端解决机构的决议通过规则从“全体一致”改为“反向协商一致”或“消极协商一致”。由于消极协商一致从逻辑上看是一种以肯定裁决结果为前提的决策制度——也就是说对于一项提议，除非全体参与决策者协商一致决定否决这项提议，否则这项提议获得通过，对于 WTO 争端解决机构的决议，除非胜诉一方恶意阻挠，决议被否决的可能性微乎其微——具有“准自动”通过的性质，① 因此 WTO 争端解决机构的决议得到通过的可能性要比 GATT 争端解决专家组的决议通过的可能性要高得多。尽管这种“反向/消极协商一致”的规则只限于争端解决机构的决策，但是，这种决策制度增加了 WTO 的实体规则适用的机会，使得它能够作为一种成员执行 WTO 规则的有效的监督机制，在较大的程度上加强了世界贸易体制的规则取向，同时也悄悄地影响着 WTO 的决策方向。第二，WTO 争端解决机制对争端解决程序规则的强化，加强了争端解决机制的效率，从实践的角度来看有利于对争端解决机制的利用，从而促进了争端解决机制在维护世界贸易体制中的作用。在 GATT 时期，由于缺乏最后期限的限制，争端解决中专家组制度的作用在很大程度上遭到了瓦解，无限制的讨论协商和繁琐的程序导致缔约方在贸易争端解决的实践中不愿采纳这种程序，这降低了争端解决程序在实践中的利用率。WTO 的争端解决规则改变了这种马拉松式的解决程序，对争端解

---

① 余敏友等著：《WTO 争端解决机制概论》，上海人民出版社 2001 年版，第 82 页。

决的每一程序的进行都设定了最后期限，从而提高了争端解决程序的效率，使其成为具有实践意义的一种体制。

三、GATT体制与WTO体制之间的关系

尽管从体制的性质和法理的角度来看，WTO是一种全新的世界贸易体制，它是通过乌拉圭回合的新的协议体制建立起来的新的管理国际贸易关系的组织，它不是在修改GATT协议的基础上产生的，GATT的体制已经成为过去，从技术角度看，1947年的GATT也已经不复存在，被代之以作为建立《WTO协议》的附件1A的1994年GATT。① 但是，从世界贸易体制运行和参与方所承担的义务的角度来看，WTO在较大的程度上继承了GATT的衣钵。应当说“GATT死了，GATT万岁”② 很好地体现了GATT和WTO在形式上和实质上的关系。GATT和WTO的这种关系表现在以下几个方面：

第一，WTO的决策程序所采取的形式基本上以“谈判回合”的形式进行。按照余敏友教授的解释，GATT的谈判分为四种，即关税谈判、围绕GATT新领域的谈判、围绕加入关贸总协定的谈判和贸易回合谈判。③ 不过应当说GATT取得任何进展的决策都是以贸易回合谈判为基础的，贸易回合谈判统揽了关税谈判、围绕GATT新领域的谈判和围绕加入关贸总协定的谈判。这种回合式的谈判是由GATT决策的法律程序规则和GATT的关税逐步减让原则直接联系在一起的。所谓GATT决策的法律程序，就是指缔约国全体的共同行动。GATT生效时，出现在其文本中的惟一“组织机

---

① ［美］约翰·H. 杰克逊著《世界贸易体制》，张乃根译，复旦大学出版社2001年版，第52、53页。

② WTO秘书处：《贸易走向未来：世界贸易组织（WTO）概要》，法律出版社1992年版，第12页。

③ 参见余敏友：《论关贸总协定的历史地位和作用》，载《武大国际法评论》第一卷，2003年第一期。

构”就是缔约国全体（CONTRACTING PARTIES or Contracting Parties）。① 这种通过全体缔约国共同行动来决定国际贸易事务的体制通常只有通过一种贸易外交形式——贸易谈判才能取得效果，解决实体上的问题或确立解决实体问题的新程序。“在 GATT 中，当用尽它所提供的一切法律手段仍无济于事，或者无法再达成任何协议，或者借助公认的规则也不能解决某项争议时，有关的缔约国就只有诉诸于谈判了。”② 另外，GATT 核心目标——关税的逐步降低和关税减让表的制度也从实践上提供了 GATT 缔约方不断进行谈判的合理性基础。尽管 GATT 体制日常运行中也存在着 GATT 缔约国之间进行利益调整的谈判，但是有关 GATT 发展的关键决策还是通过“贸易谈判回合”的方式达成。WTO 的成立并没有根本性地改变上述状况，在建立 WTO 的协议第 9 条中明确规定：“WTO 将继续根据 GATT 采用协商一致的决策惯例。”该条款的注释还进一步说明：“如果在作出决定的会议上，没有任何成员就准备作出的决定正式提出反对，有关机构将通过协商一致，决定所讨论的问题。”因此，以回合谈判的形式达成决议的做法仍将在今后的国际贸易体制中扮演重要角色，WTO 也会继承 GATT 的作用，扮演世界贸易磋商论坛的角色。

第二，GATT 的众多原则中有一些原则不仅在 WTO 体制之下继续作为原有的国际贸易关系规范的基础得以适用，同时，随着 WTO 调整的贸易关系的范围的扩大，还适用到货物贸易和关税问题以外的，诸如服务贸易、与贸易有关的知识产权等新领域。GATT 的大部分实体规则被纳入 WTO 的法律框架，在今后的世界贸易中也继续作为 WTO 成员的行为守则（Code of Conduct）。

---

① 参见［法］奥立维尔·朗著：《关税与贸易总协定（GATT）概论》，张杰、陆跃平译，中国对外经济贸易出版社 1989 年版，第 54 页，注释［15］。

② 参见［法］奥立维尔·朗著：《关税与贸易总协定（GATT）概论》，张杰、陆跃平译，中国对外经济贸易出版社 1989 年版，第 24 页。

在GATT众多原则中，WTO选择性地沿用了一些核心性的原则，比如WTO的非歧视原则是在综合GATT的最惠国待遇原则和国民待遇原则的基础上产生的；自由贸易原则则是在一般地禁止数量限制和逐渐降低关税的基础上形成的。当然随着GATT体制转变为WTO体制，以及其调整的贸易关系范围的扩大，WTO也形成或者说进一步明确了GATT中没有的或者并不清晰的原则，比如鼓励发展和经济改革原则、透明度原则和促进公平竞争原则。同时，由于WTO的法律体系是通过《WTO协议》将GATT乌拉圭回合的谈判成果纳入WTO体制而形成的，因此GATT原有的行为规则框架仍然构成WTO实体行为规则的基础。这些规则包括：反倾销和反补贴规则、海关估价规则、原产地标志规则、保障措施规则、有关数量限制的规则及国家贸易垄断等，上述这些规则中有些在乌拉圭回合之前的谈判中就已经形成过规则文本，比如肯尼迪回合的《反倾销守则》和东京回合的《反倾销守则》，WTO的相关规则只是在这些规则基础上进行了必要的修正；另一些规则则是通过乌拉圭回合谈判才形成具体文本，比如保障措施协议，即使这些所谓新形成的规则文本也是GATT相关条款的基础上达成的具体实施规则的文本，并没有脱离GATT的基本框架体系。

四、反倾销制度在多边贸易体制中的发展

反倾销作为一种特别关税措施，在以关税逐步减让制度为中心的GATT体制中占有一席之地。1947年的《关税与贸易总协定》第二部分第6条规定了有关倾销和反倾销的基本问题。与后来在肯尼迪回合和东京回合形成的关于反倾销制度的两个守则和乌拉圭回合作为WTO的一项贸易制度的《反倾销协议》相比，1947年GATT的反倾销条款只是一种原则性的规定，一般被认为构成了世界贸易体制中反倾销制度的基础和依据。国际反倾销制度在多边贸易体制中的发展与上述反倾销条款在GATT中的地位和作用紧密相联。

正如笔者在前两部分讨论过的，GATT的体制是以关税的逐步

减让制度为中心的，如果从这种观念出发，与这种关税减让义务相联系的GATT关于贸易规则部分的规定既可以理解为这种关税减让义务的各种例外，也可以理解为规范缔约方国内市场上的限制性贸易做法。但是，必须说明的是，1947年的GATT的第二部分与没有生效的《ITO/哈瓦那宪章》的规定相似内容的第四部分“商业政策”不同，关于属于贸易规则条款的这一部分并没有正式的名称，因此对它的性质的把握在实践中往往会产生混乱。将这部分内容理解为关税减让或者自由贸易的例外规则主要是考虑到了这一部分规定了几种在贸易过程中的特殊情况下所允许的GATT义务的暂时免除规则，这些情况发生的原因不尽相同，它们都对正常的开放贸易秩序产生了干扰的后果，如果不加以调整会使贸易秩序恶化。GATT提供的这些例外规则的依据包括外汇支付平衡、市场扰乱和“非公平”竞争。①但同时，1947年的GATT的第二部分还对国际贸易中的一些限制性做法进行了规范，比如从这个角度看1947年GATT的第二部分也是关于取消或控制缔约方在国际贸易中的限制性做法的规则。应当将GATT的第二部分理解为缔约方所应当承担的贸易规则义务，还是在GATT体系当中享有的例外免责权利，在具体规则的性质明显的情况下当然不会在实践中产生问题，但是对于1947年GATT的第6条有关反倾销的规则，应当将其理解为自由贸易义务的一种合法的例外，还是将它理解为影响公平竞争的一项制度，各个缔约方存在着不同的理解，这种争议也成为反倾销制度在GATT体制中发展的一个障碍。

除了上述困难外，GATT体制本身的缺陷也给反倾销制度在GATT体制下的发展造成了阻碍。1947年GATT第6条中关于反倾销的规定应当说是一种缺乏实施细节的原则规定，这种状况在从GATT临时生效的1948年到肯尼迪回合开始的1967年的20年的时间里，随着关税的逐步降低造成GATT缔约方越来越多地将国内的

① *See* Rainer M. Bierwagen, GATT Article VI and the Protectionist Bias in Anti-dumping Laws (Kluwer, the Netherlands, 1990), p.10.

反倾销立法作为实施贸易保护主义政策的工具。在这种情况下，一些 GATT 的缔约方认为有必要制定一个规则更加明确的缔约国反倾销立法的行为准则。但是，这种行为准则与 GATT 第 6 条的反倾销规则是一种什么样的关系这一问题在缔约国之间产生了不同的意见。一些缔约方认为新的行为守则应当是对 GATT 第 6 条反倾销规则的一种解释，而另一种意见则认为新的守则是对 GATT 第 6 条反倾销规则的一种进一步的限制。① 根据 GATT 的规定，如果要对 GATT 的任何条款进行修改必须严格遵循第 25 条规定的程序，这种程序要求全体协商一致才能够进行，如果将《反倾销守则》理解为对 GATT 反倾销条款的进一步的解释，那么只要全体缔约方最终取得一致，守则就构成世界贸易体制的一项规则。因此，GATT 的缔约方将制定《反倾销守则》作为一种对 GATT 第 6 条反倾销规则进行解释的行为。尽管《反倾销守则》的制定被列为肯尼迪和东京两个贸易谈判回合的议题，但是，由于 GATT 体制要求任何决议必须缔约方全体协商一致才能生效，两个谈判回合形成的《反倾销守则》都没有最终成为完全意义上的 GATT 反倾销制度，尽管两个《反倾销守则》由于接受的国家的数量不同造成了它们在适用的影响方面的较大差异，但是从性质上来讲，二者都不构成真正意义上的 GATT 反倾销制度。

肯尼迪回合缔约方开始讨论制定有关反倾销的规则，但是下述三个方面的原因使得肯尼迪回合《反倾销守则》的作用受到了很大的限制。首先，由于 GATT 第 6 条关于反倾销规则的文字表述非常宽泛，对它的解释有可能存在较大的差异；其次，1947 年 GATT 的适用是采取了一种临时适用的方式，受到了“祖父条款”的影响，在解释 GATT 第 6 条时也容易因此产生争议；再次，对 GATT 原始条款的变更需要缔约方全体的参与，做到这一点是非常困难的。基于上述困难，一致接受肯尼迪回合的《反倾销守则》，并在

① *See* Rainer M. Bierwagen, GATT Article VI and the Protectionist Bias in Anti-dumping Laws (Kluwer, the Netherlands, 1990), p. 23.

国内立法中予以实施只是极少的一部分缔约方，也正是由于这一点，这个《反倾销守则》对于 GATT 管辖下的世界贸易体制并没有什么实际意义。特别是肯尼迪回合的《反倾销守则》在处理与 GATT 的关系方面，很大程度上脱离了 GATT 的体制。这一《反倾销守则》要求其缔约国放弃“祖父条款”的权利，按照守则的规定修改国内反倾销法律，同时要求守则的缔约方将有关反倾销的争议提交根据守则建立的、由守则缔约方代表组成的反倾销委员会进行磋商，而不是根据 GATT 的规定争端解决条款处理。

东京回合中，GATT 的缔约方以多边贸易谈判（MTN）的方式进行包括反倾销议题在内的贸易规则和非关税壁垒谈判。从缔约国的数量上来看，东京回合的《反倾销守则》似乎比肯尼迪回合的《反倾销守则》取得了更大的成果，但是这种成果是以更加脱离 GATT 的体制为前提的。首先，东京回合的《反倾销守则》规定该守则向非 GATT 的缔约方开放签署；其次，《反倾销守则》的缔约方要向反倾销委员会报告国内法中有关反倾销规则的执行情况和变化，而不是采取肯尼迪回合的《反倾销守则》的做法向缔约方全体报告；再次，这一个《反倾销守则》规定了争端解决的规则，并且要求如果缔约方就有关该守则规定的权利义务产生争议，应当在根据 GATT 规定的权利解决争端之前先根据该守则的规定完成争端解决程序。此外，守则甚至还规定了接受和修订规则。东京回合《反倾销守则》与 GATT 的关系实际上只限于 GATT 秘书处作为守则管理者和年度审议者所提供的服务。①

乌拉圭回合谈判结束后 WTO 建立，反倾销制度脱离 GATT 体制整体的状况，由于批准协议的“一揽子”的要求而发生了重大变化。所有乌拉圭回合谈判的参与方将这一轮谈判所达成的所有协议置于关于建立 WTO 的总的协议之下，所有希望成为 WTO 成员的国家或关税地区都必须批准所有的乌拉圭回合协议。尽管由于乌

① *See* Rainer M. Bierwagen, GATT Article VI and the Protectionist Bias in Anti-dumping Laws（Kluwer, the Netherlands, 1990）, pp. 23-25.

拉圭回合谈判所达成的《反倾销协议》是在东京回合《反倾销守则》的基础上形成的，在内容上仍然存在与 GATT 相冲突之处，GATT 体制中原有的由互惠原则而产生的分割谈判所达成的成果的效力模糊的状况仍然影响着 WTO 的新体制，比如贸易规则适用于协议规定的商品领域还是普遍适用于所有商品领域的问题，① 但是由于整个与贸易有关的各种制度通过建立 WTO 的协议被置于更广泛的体系之内，包括反倾销制度在内的世界贸易制度体系至少在形式上得以在一个统一的 WTO 体系的基础上运行。

五、反倾销制度的性质与世界贸易体制

多边反倾销体制作为世界贸易体制的内容之一所起作用受到世界贸易体制的特点和发展方向的影响。由于世界贸易体制发展的影响，反倾销体制在现存的世界贸易体制中所扮演的角色并不是很明确。这种状况的存在有反倾销问题本身缺乏经济学理论基础和现实贸易活动中经济效益合理性的支持的原因，也有世界贸易体制本身的局限性所造成的原因。

基于上述限制，理解现有的 WTO 反倾销制度在世界贸易体制中所扮演的角色，可以从以下几个方面出发。

（一）关税减让义务的一种例外

从反倾销和世界贸易体制本身的内容来看，反倾销制度是现有的自由开放的国际贸易制度的一种例外规则，而这种例外的性质主要体现在两个方面：一是反倾销措施作为一种有条件的特殊关税措施，允许在认定出口商倾销的情况下，由进口国提高针对该外国出口商的特定产品的关税。这种有条件的提高关税，实际上是一种进口成员方根据 1994 年 GATT 应当履行的关税减让义务的例外。二是反倾销措施一旦被确认，进口国的反倾销调查当局是根据特定的外国出口商的倾销幅度征收反倾销税，以抵消倾销给本国同类产业

① ［美］约翰·H. 杰克逊著，张乃根译，《世界贸易体制》，复旦大学出版社 2001 年版，第 57 页。

造成的损害，这种对出口商征收反倾销税的特定性，使得进口国政府能够对来自不同国家的同类产品实施差别待遇，因此反倾销措施同时也是世界贸易体制最重要的一项原则——普遍最惠国待遇原则——的一种例外措施。最惠国待遇原则对保证关税减让的效力起到了辅助作用，而从最惠国待遇的无条件的关税减让效力的意义上来看，反倾销制度对这种无条件的效力构成了一种例外。

GATT 从其诞生之日起就是以关税的逐步减让制度为中心的，乌拉圭回合谈判以后，虽然新建立的 WTO 体制扩大了国际贸易开放的范围，但是并没有改变这种以关税的逐步减让，或者从包括服务贸易开放的角度来看，是以开放成员市场的制度为核心的世界贸易体制。因此关税减让义务，或者说开放市场的义务仍然是 WTO 成员方在国际贸易关系中的一项主要义务。从这个意义上来看反倾销体制仍然在 WTO 体制中扮演着成员方履行自由开放贸易义务的例外规则的角色。

（二）在世界贸易体制中的作用不明确

作为世界贸易体制中成员方履行义务的一项例外规则，反倾销制度存在的基础并不明确。与其他自由贸易义务的例外不同，反倾销作为例外规则的合理依据并不是很明确。根据世界贸易体制的原则和有关规定，开放自由贸易的例外只有在自由市场经济体制的运行受到某种因素的作用而发生扭曲时，为了进行调整，避免扭曲的恶化，才会适用例外规则。正如前文讨论过的，这种合理性依据包括国家安全、外汇支付平衡的紧急情况（Balance of Payment Emergency）、市场扰乱（Market Disruption）和非公平竞争（Unfair Competition）。反倾销措施性质的这种模糊性，在 GATT 的反倾销条款和相关的《反倾销协议》中都有体现。从 GATT 的角度来看，它的第 6 条规定并没有指明倾销行为的性质。它允许进口国采取反倾销措施，但并不要求缔约方的国内法律限制本国企业的出口倾销行为，因此有些学者把反倾销条款理解为对倾销措施使用的限制规则。世界贸易体制中的几项贸易自由化的例外规则中，只有反倾销制度，由于它兼具贸易保护的政策意义和竞争政策的意义，因此反倾销作为例外的依据也就在WTO成员方中引起了争论。

一种观点从GATT第6条关于反倾销认定规则中保护国内产业的要求出发，认为反倾销制度实际上是一种保障措施，它旨在抵消由于进口产品的竞争而对进口国相关产业造成的损害，换言之，反倾销制度是对由于价格歧视而产生的进口国同类产品市场扰乱的一种补救措施，基于这种认识，反倾销制度在世界贸易体制中被视为一种开放贸易的安全阀。但是，反倾销制度作为世界自由贸易体制安全阀是不是有存在的必要，又成为一个争议的问题。因为明确地作为世界自由贸易体制安全阀的规则已经存在，这就是保障措施制度。一般认为，与反倾销制度相比，这种制度更少有歧视成分存在，也就是说将带有歧视性的反倾销制度作为世界自由贸易的安全阀，是在破坏两项WTO的重要制度和原则的基础上建立起来的，这种代价是否有必要。

另一种观点从价格歧视的角度出发，认为反倾销制度提供世界贸易规则的例外是由于外国出口商在出口时所实施的价格歧视行为属于限制性的商业行为，有悖于“公平贸易”的准则，因此它不应当享受开放贸易所带来的利益。这种观点严重依赖公众对于公平竞争的理解。现代的竞争观念倾向于认为具有经济效益、能够促进经济发展和消费者福利的竞争都是自由的竞争行为，也是公平的，而反倾销制度的实施有悖于这种公平竞争价值观念，仅仅是价格歧视行为并不能证明不公平贸易行为的存在。价格歧视的原因有多种，关于这一问题，笔者已经在本书第一部分中讨论过，这里不再赘述。这些原因大多不能作为不公平行为的佐证，因此从公平贸易的角度出发来说明反倾销制度在世界贸易体制中所扮演的角色，也同样无法说服持有第一种观点者。

反倾销制度在世界贸易体制中所起的作用的模糊状况，导致了反倾销规则的模棱两可，或者说双重性：既要承担保护公平竞争的责任，又要起到保护国内产业的作用，而公平竞争的价值观与保护国内产业在世界贸易体制的前提下具有矛盾的一面。在进口国的国内市场中，商品价格低者具有竞争的优势，不具备竞争优势者被淘汰正是自由贸易的目的和市场机制的核心功能，仅仅为了国内产业的生存而打乱自由贸易秩序与世界贸易体制的根本价值观和存在的合理性基础不相符，同时也是损害竞争的做法。如果以竞争的目的制定反倾销规则，则许多低于出口国市场价格销售的情况都不属于应当限制的倾销行为，这样就不能有效地保护国内产业。

（三）世界贸易体制中的货物贸易规则

尽管 WTO 的全部协议是作为一个统一的整体而适用于所有的成员，但是从 WTO 的这些协议内部关系的角度来看，它们之间的关系并不明确。换言之，这些协议之间的效力是否具有等级关系，或者它们之间是补充关系还是解释关系，多边贸易协议之间的关系是自成系统，还是存在着某种联系，这些问题在 WTO 的协议中都没有明确规定。

反倾销体制是货物贸易体制中的一种贸易规则，如果将其作为一种公平竞争规则来理解，其竞争政策意义在贸易方式不尽相同的服务贸易领域是否适用存在着疑问。反倾销制度从其一个世纪以前诞生之日起就是规范货物贸易价格竞争行为的规则，在 GATT 乌拉圭回合谈判将服务贸易的开放纳入世界贸易体制后，反倾销制度是否适合规范包括服务贸易在内的所有贸易形式的竞争行为？从贸易形式的角度来看，《反倾销协议》本身的规则通常只能适用于货物贸易，对于服务贸易，由于《反倾销协议》规则形式与服务贸易形式特点上的冲突，现行的《反倾销协议》无法适用。问题是未来的 WTO 的多边贸易体制是要形成一种统一的体制，还是要形成一种货物贸易和服务贸易相对独立的体制？对这一问题的处理关系到未来世界贸易体制竞争规则的统一性。

服务贸易的壁垒是以体制性的障碍为特征的，主要是一个市场准入的问题。例如《服务贸易协议》（General Agreement on Service，GATS）的第 6 条对于影响服务贸易的国内规制在采纳和实施方面的限制。在这种情况下以提高关税作为抵消倾销产品的救济措施的反倾销法显然无法适应服务贸易的形式。如果将反倾销制度作为货物贸易的公平竞争规则，对服务贸易是否也需要制定相应的竞争规则，在现行的统一的世界多边贸易体制中是否有必要制定两种贸易竞争规则、两种规则如何协调等都是世界贸易体制的发展所面临的必须处理的问题。

综上所述，WTO 的反倾销制度不仅仅是一项贸易规则制度，而且与世界贸易体制的发展存在着密切的联系。一方面，反倾销制度的发展受到世界贸易体制发展的影响；另一方面，反倾销制度的完善对世界贸易体制的发展方向也会产生重要的影响。因此 WTO《反倾销协议》的改革不仅是反倾销规则本身合理化的问题，也是一个关系到世界贸易体制的问题，必须将它放置在整个世界贸易体制的范围内来思考。

第五章　现有的关于改革出发点的建议

正如笔者在上一章中讨论过的，WTO《反倾销协议》存在着一个不同于世界贸易体制其他规则的重大缺陷：作为一种贸易规则它在世界贸易体制中扮演的是怎样一种角色，有关世界贸易体制的理论如何证实它在体制中的合理性和适当性，就目前的《反倾销协议》的文本内容来看，这一点并不明确。这种不明确导致了各成员方在反倾销立法和法律实施的实践中的争议，甚至滥用。因此，我们认为，进行《反倾销协议》的改革必须首先明确反倾销制度在世界贸易体制中以什么样的角色出现，并且这种角色如何适应并且有利于世界贸易体制的发展。

对于WTO反倾销制度的改革，世界贸易的主要参与方美国、欧盟、日本和发展中的显现市场经济体（Emerging Market Economies）采取了或者完全不同的立场，或者相似而不同的立场，这些观点影响着反倾销制度改革的进程。

反倾销调查活动在21世纪初的前两年中达到了一个前所未有的高潮，WTO成员在2001年一共提起了366项反倾销调查，创造了有相关统计数字以来的新纪录。① 这种状况引起了WTO成员方的担心：反倾销制度到底在多大的程度上影响了贸易的开放？反倾销措施的滥用是否是由反倾销制度引起的？反倾销制度是否需要改

① *See* AD Initiations: By Reporting Member: From 01/01/95 to 30/06/04. Website: http: //www. wto. org/english/tratop_ e/adp_ e/adp_ e. htm. , visited on 10/08/04.

革？如果需要改革应当如何进行？尽管这种关切的程度随着2002年全球范围内反倾销调查数量的减少而有所降低，但这种关注程度的降低并不会消除已经存在的问题。特别是每当世界经济形势恶化的时候，反倾销调查对自由贸易造成的压力都会上升。问题并不因为现象的缓解而消失，反倾销的改革已经构成了国际社会完善世界贸易体制任务的一部分内容。

WTO也在多哈回合贸易谈判开始时明确表达了对上述问题的关切，认为尽管全球的反倾销调查数量在2001年达到历史新高以后已经有所下降，但是越来越多的国家以歧视性的反倾销措施单方面地保护国内产业的做法，似乎仍然与WTO的原则不相符。因此，WTO多哈回合谈判会将反倾销规则的完善作为一个问题，并集中讨论WTO成员什么时候和怎样实施临时的贸易保护措施。

一、反倾销制度作为自由贸易的安全阀

（一）安全阀观点的主要含义

将反倾销制度作为自由贸易的安全阀（safety valve）或者减压阀，尽管被WTO成员公认为一种反倾销制度应当在世界贸易体制中所扮演的角色，但是，这种观点主要来自于美国政府的观念；而美国的这种观念与它的政治制度中利益集团的作用是分不开的。由于利益集团的作用，美国政府在实行对外贸易政策时，常常会受到来自相关产业的各种势力所组成的利益集团所倡导的保护主义压力。一般认为，作为自由贸易安全阀的反倾销制度，由于在面对国内受到开放贸易的影响而不得不应对激烈的竞争的产业时，能够为相关的国内产业提供一种暂时的补偿，因此像美国这种立法和政策受相关利益集团的政治影响严重的国家，经常将反倾销法律用来实现对国内产业的保护，减轻这些国内产业所面临的外国产品竞争压力，维护它们的利益，以期缓解政府在执行自由贸易政策时受到的来自相应的国内产业的政治压力。反倾销制度的这种作用一直被许多发达国家的政府，特别是国内政治受利益集团影响较大的美国政

府，视为能够保持其对 WTO 所承诺的自由贸易政策的一种有效方式。① 换言之，《反倾销协议》作为合法的安全阀可以分散要求实施贸易保护主义政策的压力强度，因此从反倾销措施能够成功地防止另外的更加不合理的贸易保护手段的角度来看，实施这种并不公正的贸易保护措施还是合理的。②

在 1998 年进行的一次美国政府与 WTO 的交流中，美国政府代表就提出了关于非经济因素的反倾销制度存在的合理性的论点，这种论点虽然以一种较为复杂的形式表达，但是其核心在于说明反倾销制度的适用对维持世界贸易体制所倡导的自由和开放贸易制度的意义。在交流中美国提出“与一些经济学家（主要是世界银行的一些资深经济学家，如 Stiglitz，Michael Finger 等）的假设相反，反倾销规则不是要对商业企业的掠夺性的定价实践提供补偿，或者对任何私人的其他受到竞争法打击的不正当竞争行为提供补偿。相反，反倾销规则是 WTO 成员都同意的维持多边贸易体制的一种贸易救济措施。没有这种救济措施和其他的贸易救济措施，就不可能有更广泛的 GATT 和其后的 WTO 的关于市场开放的一揽子协议，特别是考虑到多边贸易体制所具有的非完善性（情况就更是如此）”。③

美国的这种反倾销政策在 WTO 体制的范围内引起了连锁反应，在具有左右世界经济形势能力的美国的反倾销调查所形成的压力之下，其他国家也纷纷将反倾销措施作为一种“安全阀”，随时准备利用它来开启保护主义的阀门。在这种形势下，反倾销措施与其说是为了保持自由贸易政策而适用的缓解压力的工具，不如说是

① Lewis E. Leibowitz, Safety Valve or Flash Point? The Worsening Conflict between U. S. Trade Laws and WTO Rules, (CATO Institution; June 21, 2001), p. 1.

② Richard Boltuck and Robert E. Litan, eds., Down in the Dumps: Administration of the Unfair Trade Laws (Washington: Brookings Institution Press), p. 13.

③ U. S. Government, “Observation on the Distinctions between Competition Laws and Antidumping Rules”, World Trade Organization WT/WGTCP/W/88, August, 1998, Geneva, p. 3.

WTO 成员在自由贸易政策对其产生压力时，为了政治利益而随时实施保护主义的一种借口。从事实上看，反倾销措施的实施已经与保持 WTO 成员对世界贸易体制的承诺毫无关系，相反，它倒是成为 WTO 成员不时为了政治利益而不断违反 WTO 的自由贸易政策的工具。这是因为，每一次反倾销调查的浪潮，并没有导致更加开放的国际贸易关系，相反反倾销浪潮给 WTO 成员带来更多政治和经济上的紧张关系，在这种紧张关系之下，开放的自由贸易政策很难取得实质性的进展。正是由于这种背景，参与 WTO 的多边贸易谈判机制的成员开始讨论《反倾销协议》是否应当作为新一轮谈判的议题。西雅图部长会议涉及的一个重要问题就是 WTO 的谈判是否应当包括贸易救济规则。美国强烈反对这种谈判，尽管日本、中国香港、巴西和其他国家或地区都主张将这样的议题包括在新的谈判议题中。虽然包括反倾销制度在内的贸易救济规则最终作为多哈回合的规则谈判的一个主要内容，但是将反倾销制度作为“减压阀”的国家并不真正支持对现有的 WTO《反倾销协议》进行实质性的改革。

在多哈回合中欧盟向多边贸易规则谈判组提交的关于《反倾销协议》的分析意见中就提到：“连续的多回合贸易谈判已经使贸易自由化取得了相当关键的成绩。WTO 的那些已经实施了贸易自由化和正在进行对外贸易自由化进程的成员似乎选择了增加适用反倾销工具的情况，以便能够处理不公平或者损害性的贸易实践活动。”①澳大利亚政府在谈判中也表示：“澳大利亚同等地认为反倾销措施不应当被用来作为伪装起来的贸易壁垒。（但是）国内产业进行（反倾销措施）申诉所造成的贸易冷却效果不应当被低估。这种导致反倾销措施适用的程序在应对国内受到倾销损害的产业的起诉时是非常重要的。一旦国内产业的反倾销申诉提出，一国的反

---

① WTO Negotiating Group on Rules, “Submission From The European Communities Concerning The Agreement On Implementation Of Article Vi Of Gatt 1994 (Anti-Dumping Agreement)”, TN/RL/W/13, 8 July 2002, p. 2.

倾销的调查机构就有义务考虑是否存在初步的启动调查的基础。持反倾销活动的增加意味着伪装的保护主义的增加的观点的人必须认识到，是国内产业向他们的政府或者调查机构提出了适用反倾销措施的申请。"① 可以看出，尽管澳大利亚政府意见的表达方式比较复杂，但是它也认为反倾销措施是缓解国内产业保护主义压力的一种有效工具。

采取上述观点的不仅是像美国、欧盟、加拿大和澳大利亚这样的反倾销措施的主要使用国家，还包括一些实行开放贸易的发展中国家。比如，埃及认为反倾销诉讼数量在全球范围内的大幅度增加是经济全球化背景下许多发展中国家加入 WTO，并开始积极使用 WTO 赋予它们的权利来防止损害性的倾销进入它们国家的市场的结果，并且认为这种权利的使用保证了公平贸易。埃及同时认为，《反倾销协议》的问题在于，它还没有能够使更多发展中国家真正开始使用 WTO《反倾销协议》的规则来获得它们应当享有的权利。②

即使是所谓支持对现行的 WTO《反倾销协议》进行深入改革的"反倾销谈判之友"（Friends of Antidumping Negotiation）的成员国家和地区③也并不否认这种反倾销制度的"安全阀/减压阀"

---

① WTO Negotiating Group on Rules, General Contribution To The Discussion Of The Negotiating Group On Rules On The Anti-Dumping Agreement, Submission from Australia, TN/RL/W/86, 30 April 2003.

② WTO Negotiating Group on Rules, Position Paper to be Presented by the Arab Republic of Egypt on the Doha Declaration Concerning the Negotiations on the anti-dumping Agreement, TN/RL/W/55, 10 February 2003.

③ "反倾销谈判之友"是指由一些支持在新的一轮贸易自由化谈判中对现行 WTO《反倾销协议》进行深入改革的国家和地区——特别是韩国和日本——推动所组成的谈判集团，它们在一些情况下会共同提出关于《反倾销协议》改革的意见和建议。"反倾销谈判之友"的成员主要包括巴西、智利、哥伦比亚、哥斯达黎加、中国香港、以色列、日本、韩国、墨西哥、挪威、新加坡、瑞士、中国台湾独立关税区、泰国和土耳其。

作用。

反倾销制度作为 WTO 贸易开放政策安全阀的观念就是在上述情况下成为了 WTO 成员的一种普遍的观点。不可否认，反倾销措施在世界贸易体制中可以向为履行条约义务而迅速实施贸易自由化的国家提供一种有效的缓解压力的政策工具。发达的工业化国家，主要是美国和欧盟，基于自身的利益，似乎比发展中国家更关心这种有条件的、单方实施的国内保护措施在国际贸易逐步自由化的过程中所起到的关键作用；但是国际贸易关系的实践表明，在一些国家利用反倾销制度缓解进口在其国内所造成的政治和经济压力的同时，它们也在国际贸易关系中创造出一种新的政治和经济紧张状态：艰苦的贸易谈判将透明的、稳定的关税壁垒降低以后，WTO 的成员却代之以歧视性的和不可预见的反倾销调查和反倾销税。因此，即使 WTO 的成员普遍认为反倾销制度可以作为一种缓解贸易自由化所带来的国内政治经济压力的方法，反倾销措施的滥用还是遭到了发展中国家的批评。经济发展结构方面的特性，使得它们在发展的过程中对出口的依赖较深，因此发展中国家通常在面临货物贸易市场准入的动荡时会表现得更加脆弱和难以适应。

另一方面，这种安全阀的作用并没有使美国的贸易开放政策顺利实施，反而加剧了美国贸易救济法律与其开放市场承诺之间的摩擦。WTO 的贸易开放制度与 GATT 的制度存在着较大的差异。前者的开放制度已经不仅意味着关税的逐步降低，尽管这种关税的逐步降低仍然是 WTO 的一个中心制度，它还意味着贸易开放程度的整体水平的提高，因此除了关税的减让以外，非关税壁垒的消除、管制制度的放松程度都是提高贸易开放整体水平的考量因素。

（二）作为“安全阀”的反倾销制度与 WTO 保障措施制度的关系

反倾销制度可以作为多边自由贸易体制的安全阀，似乎已经为 WTO 的多数成员方所默认。那么，明确作为自由贸易的安全保障制度的《保障措施协议》，在世界贸易体制中与反倾销制度又是怎样一种关系，二者的角色是否存在重复甚至矛盾的地方，为什么多边贸易体制需要两种安全保障制度？这些问题不仅从另一个角度引发了 WTO 成员对反倾销的基本原则的再次思考，也引起了有关研究者对这一问题的关注。一些 WTO 成员因此提出了以 WTO 的保障措施制度代替反倾销制度。

1947 年的 GATT 就有关于贸易自由和开放义务的紧急免责条款，即 GATT 第 19 条“对特定产品进口的紧急行动”，通常这一条被称为“例外条款（Escape Clause）”或者“保障条款（Safeguard Clause）”。根据第 19 条的规定，如果进口对国内生产商造成损害或者造成严重损害的威胁，该产品的进口缔约方可以采取紧急行动限制该产品的进口；如果随后的与该产品的出口缔约方的协商不能达成满意的补偿协议，那么出口缔约方可以对实施紧急限制措施的一方采取报复行动。

将反倾销措施作为产业保障的手段与利用 WTO 所提供的保障措施工具相比，前者有许多方便之处：①

第一，使用反倾销措施可以是提出申诉的国内产业和进口国政府挑选应当使用反倾销措施的特定出口商，换言之，GATT 或 WTO 并不要求反倾销措施具有多边的适用体制。

第二，反倾销措施的实施是国际贸易关系中的一种单边的行为，GATT 或者 WTO 的规则也不要求采取这种行动的进口国作出补偿，或者就其关税义务进行重新谈判。这一点与 WTO 的保障措施制度的要求存在着根本性的区别。

第三，在国家的实践中，反倾销的损害认定比保障措施诉讼中的损害认定更加具有弹性。

第四，从现象上看，反倾销制度从诞生以来就与竞争的公平要求，或者说公平贸易联系在一起的，无论反倾销制度的相关规则在本质上是否具备辨别公平和不公平贸易的功能，反倾销措施的适用都是以对不公平贸易行为进行补偿的贸易救济措施面目出现的。

---

① *See* Michael Finger, Francis Ng and Sonam Wangchuk, Anti-dumping as Safeguard Policy, 2001, pp. 3-4.

第五，反倾销和自愿出口限制（VER）的适用证明了它们之间是有效的相互补充的措施，也就是说，威胁使用根据反倾销法律规定的措施可以为出口商接受“自愿的出口限制”起到一种促进的作用；尽管VER已经为WTO的制度所禁止，但是反倾销措施对出口商和出口国所造成的压力仍然可以起到一种对出口商的出口定价策略和出口策略进行限制的目的。

第六，反倾销调查过程本身就能够阻碍进口。由于现行的反倾销制度要求出口商承担调查中大量的法律和行政性的成本，而且进口商还要承担不确定的反倾销税的风险，这样，即使调查的结果是否定性的，调查启动给出口商和进口商带来的风险都足以导致调查产品进口的大幅度下降。

第七，反倾销规则中并没有规定“一事不再理”规则，换言之，如果原诉方对出口商的申诉所得的裁决结果是败诉，关于案件的一些不重要的方面的考虑还可以为原诉方提供重新申诉的理由。

可以看出以上的因素促使反倾销制度成为全球自由贸易体制下的一种产业保障制度，这些因素与反倾销措施对进口国国内产业进行保障的合理性和必要性无关，这些激励因素主要是从规避当前世界多边贸易体制的原则和规则出发的，因此，现行的反倾销措施在很多情况下不仅不能提供一种对开放贸易体制有益的产业保障措施，相反在一定程度上为保护主义者利用反倾销措施对一些有组织的或者甚至垄断性的产业实施不合理的保护提供了机会。反倾销制度作为自由贸易政策的“减压阀”也存在着关键性的弱点，一是反倾销规则的技术结构并不能够区分促进进口和损害国内经济利益的情况；二是现行的反倾销规则出于政治目的将外国出口商定性为不公平贸易的强化因素而不是自由贸易的促进者。

基于上述因素，现行的WTO的《反倾销协议》提供的实际上并不是一种经济的规则，它实际上的目的是要提供一种进口限制在什么情况下应当被允许的标准。但是现行的WTO反倾销制度的标准是模棱两可的，或者说采取了双重标准的规则。确定反倾销措施的合理性基础时，保护主义者强调反倾销制度对公平贸易的保障作用，但是在制定征收反倾销税的规则时，反倾销法则是以如何实施进口限制为出发点。这种关于反倾销措施适用目的和原则上的双重标准导致了对反倾销措施的滥用。造成了在国际贸易实践中，反倾销措施的适用既与执行合理的经济政策无关，也与合理地适用反倾销措施的安全阀功能无关，WTO《反倾销协议》所赋予成员方的实施反倾销措施的权利，在国内和国际政治的压力下，成为了一种确定在多大程度上限制进口的政治工具。

从上述分析来看，改革 WTO《反倾销协议》的理由实际上并没有集中在"安全阀"这个出发点上，相反，许多 WTO 的成员方还是将反倾销制度作为一种保障公平贸易的措施。

二、作为拉平国际贸易竞技场的措施

"拉平竞技场"（leveling the playing field or leveling the playing ground）是美国在 20 世纪 80 年代开始的促进外国市场开放、以促进美国的出口贸易，并在此基础上保证国际贸易在"公平竞争"的水平上进行的贸易政策的一部分。尽管这种政策在开始的时候并没有明确的定义，而且随着时间推移和国际贸易关系状况的变化也有所调整，但是这种贸易政策的核心一直是以加强贸易救济的立法和实施，对受外国进口商的不公平竞争影响的企业进行补偿为内容的。

20 世纪 80 年代，美国商业界向国会、美国政府提出一个主张："在一个水平的竞技场上，我们能够和任何国际竞争对手进行竞争。但是，我们必须有一个水平的竞技场。"① 美国国会、商务部和贸易代表都对这一呼声作出了反映：从 1984 年开始国会先后修改了贸易和关税法、综合贸易和竞争法，加强了美国的贸易救济立法，以便对来自国外的"不公平竞争"进行补偿。美国商务部

① Michael P. Ryan, Leveling the Playing Field: Settling Pacific Basin disputes regarding unfair East Asian trade practices (Ph. D. Thesis, The University of Michigan, 1990), p. 1.

对来自外国进口商的以非公平的低廉价格在美国销售的产品进行反倾销调查。美国贸易代表则对在国际贸易中实行保护政策的国家的政府提出抗议，以便美国商人在海外市场上能获得公平竞争的机会。

这种观念有一个致命的缺陷，即关于“公平竞争（fair competition）”并没有一个标准的答案，所谓公平竞争会根据人们的基本价值观、行为的目标、行动的范围的不同而不同。笔者并不准备在这里对“公平价值”的文化基础进行深层次的探讨，仅就美国政府对公平贸易的理解做一简单的分析，这种分析有助于理解“拉平竞技场”的政策在实践中的意义。有些研究者认为“公平”可以一般地被理解为“不受偏见、欺诈或者‘不公正的’一个人的行为；平等而不利用他人获取不应当获取的利益”。有些人用“正直”，或者向竞争者提供平等的条件和机会来理解公平。而按照美国人的传统，公平首先意味着遵守规则，其次公平也意味着衡平（equity）。① 可以看出，公平是一种带有意念性的概念，因此有些学者也将公平称为“公平意念”（notion of fairness），并且试图用福利经济学的方法对公平进行测量，但是这些学者也承认，公平意念的测量非常容易产生偏差。②

公平的这两种含义实际上是盎格鲁—萨克逊传统价值观的体现，按照这种对公平的理解，在世界贸易体制的范围内理解公平首先意味着所有参与者都要遵守共同的贸易规则，这种规则在 20 世纪 80 年代首先意味着遵守 GATT 的自由和开放贸易规则，只有所有世界贸易的参与者都平等地开放市场，各个参与者才能获得平等的机会，公平贸易才能够实现。因此，从世界贸易体制的范畴来

① Michael P. Ryan, Leveling the Playing Field: Settling Pacific Basin disputes regarding unfair East Asian trade practices (Ph. D. Thesis, The University of Michigan, 1990), p. 2.

② Louis Kaplow and Steven Shavell, Fairness Versus Welfare, Vol. 114, Harv. L. Rev. pp. 1324-1330.

看，各国遵守 GATT 的规则通过减税开放国内市场是公平贸易的基础。但是，按照英美价值传统的理解，遵守 GATT 的开放和自由贸易的规则并不是公平贸易含义的全部，由于 GATT 本身基本上是一个降低关税壁垒的体制，其规则并不涉及各个参与的“竞技者”市场内部的竞争规则，而有些竞技者内部市场的规则没有提供自由竞争的条件，从更广泛的自由市场经济作为福利经济的理论基础这个角度来看，这种不同市场竞争规则的差异实际上影响了世界贸易体制中各个竞技者之间竞争的公平性。因此要克服这种现象所造成的竞争效果的差异，实现竞争的公平性，并遵守 GATT 的开放规则，就必须通过某些救济手段达到市场开放效果的平衡。尽管美国并没有对其“拉平竞技场”作出官方的解释，但是从其政策实践的情况来看，以上述推理为基础保证对等的市场开放效果是这一政策内容的核心。

基于上述对公平贸易的理解，美国在整个 20 世纪 80 年代采取了一切 GATT 体制允许采取的，或者并不禁止的单边贸易救济措施，这些措施包括美国主要的贸易救济法律所能够提供的措施，即反倾销法、反补贴法、保障措施法和规定对外国政府的不公平贸易制度和措施进行单方面制裁的贸易法案 301 条款。实际上 20 世纪 80 年代见证了美国政府在“拉平竞技场”的旗帜下进行的一系列实施上述贸易救济法律的高潮。

从 20 世纪 80 年代初开始，美国的“拉平竞技场”的政策就主要指向以日本为首的东亚国家，其中包括韩国等新兴的工业化国家，以及后来实行经济改革政策取得一定成功的中国。

20 世纪 90 年代以后，特别是 WTO 成立以后，反倾销措施的滥用在世界范围内的扩散使得改革 WTO 反倾销体制的呼声越来越高，美国和欧盟不得不正视这种要求，在这种情况下，美国重申对反倾销体制的改革不应当影响美国依据反倾销法律来“拉平竞技场”并促进公平竞争的能力。在这种观念的指引下，美国的克林顿政府和布什政府都对“拉平竞技场”的含义作出了必要的说明。在多哈回合中，美国于 2002 年 10 月向 WTO 提交了一份题为《贸易救济规则的基本概念和原则（Basic Concept and Principles of the Trade Remedy Rules）》的立场性文件，在这份文件中美国政府认为根据多哈声明的要求，谈判应当将对“贸易扭曲做法”（trade-distorting practices）的约束作为谈判的范围，因此多哈谈判中关于贸易救济规则的内容应当将贸易扭曲做法的问题作为一个中心目标，因为这种扭曲通常会导致“不公平贸易”，加强对贸易扭曲做法的约束可以降低对贸易救济措施的使用。① 从美国政府的这一表述中，可以看出 WTO 成员内的贸易扭曲做法是不公平贸易的根源，包括反倾销法在内的多项贸易救济法律对于抵消这种“贸易扭曲做法”的不公平后果是必要的。

此前美国在克林顿政府时期曾经向 WTO 的贸易和竞争政策工作组（Working Group on Trade and Competition Policy）提交过一份题为“竞争法律和反倾销规则之间区别的观察”（Observations on the Distinctions between Competition Laws and Antidumping Rules）的报告，在报告中，美国政府认为关于扭曲市场的行为主要是某些政府的产业政策或实践所引起的。由于这些政策或者实践不直接或者不完全属于任何 WTO 所禁止或者约束的范围，这样 WTO 的成员无法根据 WTO 的规则消除这些非公平的政策或做法。在另一些情况下，这种政府产业政策或者实践又有可能不是完全符合 WTO 的规则，或者至少使得 WTO 所有的成员在市场开放和透明度方面不能站在同一条起跑线上。② 对于这种不遵守 WTO 规则，甚至不属于 WTO 规则范围内的“扭曲市场”的做法，美国认为：③

---

① *See* “Basic Concepts and Principles of the Trade Remedy Rules”, Communication from the United States to the WTO Negotiating Group on Rules, TN/RL/W/27, October 22, 2002, p. 1.

② Communication from the United States to the WTO Working Group on Interaction between Trade and Competition Policy, “Observations on the Distinctions between Competition Laws and Antidumping Rules”, WT/WGTCP/W/88, August 28, 1998, p. 2.

③ *Ibid.*, pp. 2-3.

“这些政策是应当予以反对的，因为它们扭曲了市场结构或市场运作过程，并且造成了对进口国市场中生产者的人为的竞争优势（而且通常是以进口国市场上的消费者的付出为代价）。这些人为的竞争优势普遍地转化为出口国生产商在其本国市场上的利润增长，而这种利润增长由于各种原因可以鼓励这些生产商在国外市场进行有害的倾销。”

美国的报告接着指明了这些扭曲市场的政府政策的类别。美国认为：①

“这些应当反对的政府产业政策可以分成几个类别。首先，而且也许是最普通的一类，是政府可能通过使用东道国市场准入壁垒来对抗外国竞争和限制国内竞争并举的方法来寻求对一个国内产业的保护和支持。这些相同的保护形式可以因为缺乏有意义的、执行合理的国内竞争法律而产生。或者，政府可以通过使用价格控制达到相同的（保护和支持）的结果，比如，在保护性的市场上为一种产品建立一个不符合实际的膨胀的（inflated）国内价格，或者（在该产品的）投入方面创造一种人为的国内低价。政府还可以通过对国内产业的补贴或直接支持来达到同样的效果，或者它可以使用一种安排，这种安排可以使国内产业以抬高的价格向国有贸易公司销售产品，但是国有贸易公司则通常以低价格将这些产品出口。”

除了上述扭曲市场的政策以外，美国的报告还特别提出了世界贸易体制中所存在的“非市场经济成员”和“转型经济成员”的情况，认为这些成员方的经济运行方式从根本上不具备市场基础，因此应当采取必要的措施加以纠正。

“……反倾销规则还可以使由于国家经济体制的不同而产生的

---

① Communication from the United States to the WTO Working Group on Interaction between Trade and Competition Policy, “Observations on the Distinctions between Competition Laws and Antidumping Rules”, WT/WGTCP/W/88, August 28, 1998, pp. 2-3.

不公平得到平衡。即使这些国家的国际贸易已经自由化。例如，对就业和次就业的社会和法律安排的不同，或者经常使得政府对银行系统的非直接干预成为可能的对债务平衡结构和债务负担的社会和法律安排的不同，这些都能够使出口国生产商在与进口国生产商进行竞争时获得好处，并且导致损害性的倾销。其他的导致损害性的倾销的情况包括某些私人的禁止竞争的行为，由于合法的海外商业的组织和运营而导致的交叉补贴，以及在非市场经济或一些转型经济的情况下，出口导向和价格与成本并不是完全建立在市场原则的基础上。"①

美国的上述报告将扭曲市场的做法和"倾销"联系了起来，这样就证明了损害性倾销的不公平贸易属性，以及在WTO现有的规则制度下，利用反倾销措施消除不公平贸易所造成的损害——"拉平竞技场"的必要性。美国认为：

"反倾销规则是一种实用的，尽管不是直接的，对这些贸易扭曲政策的回应。反倾销规则允许所有成员方面对这些政策所导致的有害结果时，通过征收抵消税，比如：对从这些政策中受益的生产商在出口市场上进行的有害的倾销征收反倾销税，作出反应。反倾销税就是设计用来从数量上抵消这种出口国生产商所实现的人为竞争优势，以便进口国生产商可以，至少在进口国的市场上，在与出口国生产商同等的起跑线上进行竞争。"②

"值得注意的是，不论倾销是否产生于政府的带有扭曲市场性

---

① Communication from the United States to the WTO Working Group on Interaction between Trade and Competition Policy, "Observations on the Distinctions between Competition Laws and Antidumping Rules", WT/WGTCP/W/88, August 28, 1998, p. 3.

② WTO Working Group on the Interaction between Trade and Competition Policy, "Observations on the Distinctions between Competition Laws and Antidumping Rules", Communication from the United States to the WTO Working Group on Interaction between Trade and Competition Policy, WT/WGTCP/W/88, August 28, 1998, pp. 3-4.

质的产业政策还是不同的国家经济体制，或者两者都包括，严格按照《反倾销协议》执行的反倾销法律实际上帮助政府通过向虽然实行贸易自由化，但是受到进行着不公平贸易实践的外国企业损害的国内企业提供救济的方式能够使自由贸易措施得以继续。从这一意义上看，反倾销规则在获得和维持必要的公众对多边自由贸易目标的支持方面是一个关键性的因素。"

美国政府再次重申了贸易救济规则作为"拉平竞技场"的措施对建立一个公平的世界贸易体制所起的作用。对于 WTO 成员和企业的哪些贸易实践属于"扭曲的贸易实践"，美国在上述文件中所作的解释是政府人为地通过政策的倾斜而创造优势利益，这种人为的政府政策会导致扭曲市场机制作用，换言之，就是使市场显示最能盈利企业的信号发生扭曲，这种扭曲一方面导致低效生产商的经常性过度供给，另一方面也导致了其他高效率和具有竞争能力的企业的关闭。这种结果使得世界贸易体制建立的基础——比较优势/利益失去了意义。①

通过以上两个向 WTO 的相关工作组提交的报告中的陈述，美国清楚地表明了其关于反倾销规则在世界贸易体制中所扮演的"拉平竞技场"的作用的主要内容。并且，从上述报告中还可以看出，美国将这种"拉平竞技场"的原则与将反倾销制度作为"多边贸易体制安全阀"的观念结合了起来，构成了美国政府关于 WTO《反倾销协议》改革的立场的基础。

美国政府的这种观点得到了欧盟谈判代表的支持。②欧盟的代表认为竞争法律的适用和贸易自由化之间是一种相互补充的关系。

---

① *See* "Basic Concepts and Principles of the Trade Remedy Rules", Communication from the United States to the WTO Negotiating Group on Rules, TN/RL/W/27, October 22, 2002, p. 3.

② *See* WTO Working Group on the Interaction between Trade and Competition Policy, "Report on the Meeting of 27-28 July 1998", WT/WGTCP/M/5, September 25, 1998, para. 35.

竞争法的有效实施的缺失会导致贸易自由化的停滞，以及作为贸易自由化成果的利益消失。① 欧盟的代表认为对于国内市场的规制所引起的不公平竞争，需要反倾销措施的实施，以便抵消其效果。②

三、反倾销制度作为国际贸易中的保护自由竞争的措施

反倾销规则与竞争政策之间的关系，恐怕是贸易与竞争政策领域中最复杂的一个问题了。这种复杂性主要表现在反倾销规则的所扮演角色的双重性方面。笔者在本书的第一部分曾经对这种双重性进行过探讨。笔者认为反倾销制度在执行一种贸易政策工具的同时也具有一定的竞争政策意义，这种意义体现在反倾销规则上可以成为一种对非正当的竞争行为，主要是价格扭曲行为所造成的损害进行救济的措施。但是，从反倾销规则内容的本身来说，除了关于控制掠夺性倾销的企图具有竞争规范意义之外，它的一切规则都是建立在一种报复措施的基础上，因此这些规则本身多是以反竞争措施的面目出现的。

与上述反倾销规则的复杂性存在一定的联系，在关于 WTO 反倾销规则改革的意见中，还存在着另一种与上述意见相反的观点，这种观点从反倾销所具有的贸易保护政策工具的认识出发，认为反倾销规则虽然能够修补各国国内市场体制不同，或者由于扭曲市场的政策而造成的不公平的贸易的后果，但是对于促进自由经济制度本身并没有起到任何积极的作用，相反由于反倾销规则本身是一种当今世界自由贸易体制的例外，WTO 的各个成员方在开放贸易的压力下会倾向于将这种例外规则作为规避 WTO 开放贸易义务的借口，因此这种制度有害于世界自由贸易体制。在这种情况下，以直接规制市场竞争的法律规则替代现有的 WTO 的反倾销规则，从公

---

① *See* WTO Working Group on the Interaction between Trade and Competition Policy, "Report on the Meeting of 27-28 July 1998", WT/WGTCP/M/5, September 25, 1998, para. 35.

② *Ibid.*, para. 39.

平贸易理论的角度来看，似乎更加具备合理性。以此为出发点，这种观点主张对反倾销体制的改革应当更加彻底，用更加符合 WTO 原则的竞争规则机制替代规则本身与世界贸易体制的原则相违背的反倾销体制，或者至少以促进自由竞争为原则，修改 WTO 的反倾销规则。

日本的代表在 WTO 贸易和竞争政策互动关系工作组 1998 年 7 月举行的会议上提出，贸易和竞争政策既具有相互补充的作用也会产生相互对立的效果。他认为 WTO 关于贸易和竞争政策关系的讨论应当集中在后一个问题上。换言之，日本的代表强调某些贸易政策措施会直接对促进竞争产生负面效果。日本政府的代表特别指出，所谓贸易措施（trade measures）“自然”地对贸易产生限制效果，这些限制又对竞争产生不利的效果。日本的代表认为，反倾销措施就是一种临时性的自由贸易原则的例外，而这种例外却经常被企业利用作为在市场上限制或消除竞争的工具。① 日本政府的代表认为，反倾销规则和竞争规范都有限制掠夺性价格的作用，只不过竞争规范限制的是国内统一市场中的掠夺性价格，而反倾销措施限制的是国际贸易中的掠夺性价格。这一点能够从美国的《1916 年反倾销法案》和《罗宾森—帕特曼法案》（Robinson-Patman Act）的规定中找到。美国《1916 年的反倾销法》和价格歧视行为的《罗宾森—帕特曼法》都规定构成掠夺性定价应当具备掠夺的意图。

日本政府认为，类似美国《1916 年反倾销法》的规则能够真正地体现反倾销制度规范竞争的意义，但是这种反倾销规则被 1921 年的反倾销规则所代替后，由于确定掠夺性价格不再要求定价者的市场掠夺性意图，因此受到惩罚的违法的价格歧视的认定范围被扩大了，实施反倾销措施也就更加容易，所有高于平均可变成

---

① *See* WTO Working Group on the Interaction between Trade and Competition Policy, “Report on the Meeting of 27-28 July 1998”, WT/WGTCP/M/5, September 25, 1998, para. 42.

本而低于出口商的国内市场价格的销售都会被认定为倾销行为。实际上，按照国内市场上的竞争规则，并不是所有价格歧视都会被认定为非法，有相当一部分生产和销售商的定价差异策略属于正常的商业行为。然而，WTO 的《反倾销协议》采纳了后一种反倾销制度，致使几乎所有国家的现行的反倾销法律也都采纳了后一种规则，这种反倾销制度最终导致了一种“倒脏水同时倒掉婴儿”的不合理现象，使得 WTO 反倾销制度失去了其经济合理性基础。尽管欧美的主张认为反倾销措施在对抗出口商由于受保护的国内市场而实施的价格歧视方面具有合理性，但是日本政府认为，反倾销规则本身并没有对纠正这种歧视性的保护措施起到任何积极的作用。

基于上述分析，日本政府主张改革 WTO 的反倾销制度应当从竞争政策的立场出发，“更准确地说，倾销案件中的价格标准应当是平均的可变成本，并且倾销调查当局还应当证明（倾销者的）掠夺的意图，以及未来继续掠夺的可能性”。①

一些新兴工业化国家和地区的政府代表支持日本政府的上述观点，认为现行的 WTO 反倾销制度从它“对竞争者进行保护”的角度来看是与竞争规则的“保护市场的可竞争性”的出发点相违背的。② 韩国代表认为，与反倾销规则通过对不公平的贸易行为进行救济而抵消不公平贸易影响的作用相比，现行反倾销制度的反竞争的保护主义效果更应当受到反倾销体制改革者的关注。

中国香港的代表则从 WTO 体制和规则本身的角度出发，论证现有 WTO 规则，包括反倾销规则改革的基本问题，这就是香港代表团称之为“WTO 方法（WTO Approach）”的观点。这种观点要

---

① *See* WTO Working Group on the Interaction between Trade and Competition Policy, “Report on the Meeting of 27-28 July 1998”, WT/WGTCP/M/5, September 25, 1998, para. 43.

② *See* WTO Working Group on the Interaction between Trade and Competition Policy, “Report on the Meeting of 27-28 July 1998”, WT/WGTCP/M/5, September 25, 1998, para. 45.

求 WTO 的成员在讨论有关贸易与竞争的关系，以及 WTO 规则的改革的问题时，以 GATT 和 WTO 的有关先例为中心。① 以这种“WTO 方法”为基础进行分析，香港代表认为从贸易和竞争政策的冲突对多边贸易体制所起的负面作用的角度来看，对包括反倾销规则在内的 WTO 现有规则的改革，应当实施一种“以竞争为本的现有的 WTO 规则的改革”（competition-oriented reform of existing WTO rules）。这种改革的核心应当是“保证贸易自由化的利益不会由于各个成员的政府根据现有的 WTO 规则而实施反竞争的措施而减损”。②

香港的代表还指出，由于现有的 WTO 规则和传统的竞争规范都不禁止“价格歧视”（price discrimination），因此香港代表认为仅对价格歧视行为实行“贸易救济”的措施——比如反倾销规则的情况——是否有必要是“存在疑问的”，因为反倾销措施，还有其他贸易保障政策，通常并不直接涉及受到指控的贸易和竞争问题的根源，这种观点直接反驳了美国和欧盟的主张。③

上述三种关于 WTO《反倾销协议》改革的出发点的意见之间存在着较大的冲突，一定程度上造成了 WTO 多哈回合中关于反倾销制度改革的谈判停滞不前。

---

① Working Group on the Interaction between Trade and Competition Policy - Communication from Hong Kong, China, WT/WGTCP/W/64, March 6, 1998, p. 1.

② *See* WTO Working Group on the Interaction between Trade and Competition Policy, "Report on the Meeting of 27-28 July 1998", WT/WGTCP/M/5, September 25, 1998, para. 46.

③ *Ibid.*, para. 46-47.

第六章 改革出发点与《反倾销协议》的作用和原则

反倾销制度本身的复杂性，使得这种制度在不同的环境中可以以不同的面目出现，因此世界贸易体制的研究者和国家贸易政策的制定者从不同的角度观察这一制度可能会对反倾销规则的性质及其所扮演的角色得出不同的，甚至是相反的结论；同样 WTO 不同经济发展水平的成员，从各自不同的经济利益出发，对反倾销制度所应当起的作用也提出不同的要求，这种状况也会促使各国政府对 WTO 反倾销制度的改革提出各自不同的立场和观点，凡此种种都增加了 WTO 反倾销制度改革的复杂性。在这种复杂的背景之下，把握改革的方向必须以世界贸易体制为中心，以世界贸易体制的价值、原则和体制的继续完善和发展及其经济有效地运行为基础和标准作出判断。

基于上述考虑，笔者在对此前本书介绍的关于改革出发点的意见和观点进行分析和评论的基础上，将提出有关 WTO《反倾销协议》改革出发点的建议。

一、损害自由贸易体制的“减压阀”观点

将反倾销制度作为开放贸易政策的“安全阀”或者“减压阀”、作为美国倡导的 WTO 反倾销制度的基本原则与美国国内的政治体制和政治需求是分不开的。理解这种“减压阀”的作用和效果也就不能脱离开这一点。

根据美国政府的解释，反倾销制度的这种减压阀的作用是以维

护 WTO 的继续开放体制为目的的。其理由是对于因履行开放贸易的承诺而导致的对国内产业的竞争压力，必须提供减压措施，否则美国政府在国内产业的压力下，可能会改变自由贸易的政策，恢复采取各种贸易保护措施，重新引入贸易壁垒，阻碍国际贸易的开放进程，甚至导致多边自由贸易政策的倒退。

从上述对减压阀的解释来看，反倾销制度所减轻的压力包括两个方面的内容：一方面是国内产业对 WTO 成员政府所施加的政治压力；另一方面是 WTO 成员国内政治对世界贸易体制所产生的压力。尽管反倾销制度的目的是通过降低国内产业对成员方政府的压力来最终降低贸易保护主义对世界贸易体制所产生的压力，促使 WTO 成员履行对世界贸易组织的承诺，但是国际反倾销调查的实践表明，由于反倾销规则本身所存在的贸易保护性质，这种减压阀非但没有减轻 WTO 成员国内的贸易保护主义所施加的压力，反而在某种程度上增加了对世界贸易体制的压力。这种增加压力的效果主要表现在以下两个方面。

一方面，从反倾销调查实施的经验方面看，WTO 成员方国内的反倾销法律及其实践在许多情况下并没有能够促使有关成员方遵守 WTO 的规则，相反却成为 WTO 成员违反多边贸易规则的一个主要渠道。

美国作为“减压阀”观点的提倡者和主要的支持者，对来自其国内产业的保护主义压力不但没有因为反倾销法律的实施而降低，反而由于其实施反倾销法律过程中的保护政策而不断地违反多边贸易体制的规则。这一点可以从美国政府在多边贸易谈判中的立场，以及 WTO 争端解决机构关于涉及美国的反倾销调查的争议裁决结果中看出来。

按照美国政府的设想，WTO 所允许的贸易救济法律可以对它在多边贸易体制中作出进一步开放的承诺起到互补的作用，但是，与美国政府的这一愿望相反，它们之间形成了一种对抗甚至是不相容的关系。① 以美国的钢铁产业为例，从20世纪60年代开始，面临激烈国际竞争的这一产业就开始积极地寻求政府的干预，以便确保该产业在进口的持续竞争中受到保护，这样美国的钢铁产业也就成为美国贸易救济法律，主要是反倾销和反补贴法的使用者。Bown根据他的统计和计算模型进行研究的结果显示，从1989年开始到2002年，美国钢铁产业和工会对有限的十几个国家的钢铁产品出口商提出了上百次反倾销和反补贴申诉。这些申诉使得出口商的出口增长率降低了54.3%，而没有受到任何调查的出口国家受到负面影响的比率只是23.9%，也就是说不论调查后的裁决结果是肯定性的还是否定性的，仅仅提起反倾销和反补贴申诉程序就足以对受调查出口商的国家的出口增长构成干扰。另一方面，作为减压阀的反倾销法律的期限比同样起到临时性的保护措施作用的贸易保障措施持续的时间要长，这使得消费者有时间发现和习惯使用价格更高的商品，从而使得反倾销措施比保障措施起到更明显的保护作用。② 可见，从美国的贸易救济法律实施的经济效果方面来看，它并不能起到维护美国政府根据GATT的关税减让谈判所作出的降低关税的承诺，相反这种贸易救济法的实施损害了关税减让所带来的经济效果，从这个意义上说，美国政府并没有因为反倾销法的实施而取得遵守GATT谈判成果的效果。

从履行多边贸易体制的法律义务的角度来看，美国的反倾销立法和执行反倾销法律的有关调查行为的合法性也成为WTO成员方

---

① *See* Lewis E. Leibowitz, Safety Valve or Flash Point? The Worsening Conflict between U. S. Trade Laws and WTO Rules, CATO Institute, November 6, 2001, p. 3.

② *See* Chad P. Bown, How Different are Safeguards from Antidumping? Evidence from US Trade Policies Toward Steel, No. F13, JEL, p. 4.

指责的中心。① 尽管 WTO 反倾销规则本身存在的缺陷使得其他国家的针对美国反倾销法律和调查实践的诉求在 WTO 争端解决机制中经常被否决，但是专家小组还是在许多争端案件中发现美国的反倾销法律及其适用违反了 WTO 规则。② Lewis E. Leibowitz 在其文章中指出了有关美国反倾销调查存在的几个主要的违反 WTO 规则的问题。③ 这些问题包括作为比较因素的出口价格的确定、向利害关系方的销售问题、计算倾销幅度的加权平均值中的“归零”做法、另外可获得信息的使用、反倾销税的撤销、关于国内控制生产中产品的市场销售问题，以及关于将征收的反倾销税用于补偿国内相关产业的 Byrd 法案所存在的问题等。在关于可比较的出口价格的确定方面，美国的商务部通常会把由于一些意外情况而造成的美国消费者没有付款的出口商的销售按照 WTO《反倾销协议》第 2.4 条规定的“根据销售合同的条款的不同”而调低出口价格，而对于出口商国内的市场价格则并不作类似的调整，比如在“韩国不锈钢”一案中，美国将韩国一出口商由于美国客户破产而没有支付货款的情况适用上述第 2.4 条的规定调低了该韩国出口商有关交易的出口价格。利用这种调低出口价格的方式，美国的反倾销调查机构可以“创造”出倾销的情况。在这一问题上，美国的做法被 WTO 争端解决机构裁定为与 WTO 规则不相符。

关于向利害关系方的销售问题，美国的调查机构建立了一种特殊的认定程序，对于在比较市场上出口商向其分支机构的销售，在销售价格低于向非关联机构的平均销售价格的 99.5% 时，会被排除在“正常交易过程”之外，而这种标准只在高价的关联机构销

---

① *See* Lewis E. Leibowitz, Safety Valve or Flash Point? The Worsening Conflict between U. S. Trade Laws and WTO Rules, CATO Institute, November 6, 2001, p. 2.

② *Ibid.*, p. 3.

③ *Ibid.*, pp. 3-9.

售情况下才适用，在低价的关联机构销售中却没有适用。这样，WTO 争端解决机构在“日本热轧钢”一案中裁定这种“非均衡(uneven-treated)”检测标准不符合 WTO 规则。美国的调查机构通过这种“非均衡”的标准将较高的关联价格排除在比较市场价格的“正常交易”范围之外，使得认定倾销的结论更加容易。

关于计算倾销幅度时的“归零”做法，是指美国在最后认定出口商的倾销幅度时，把出口商的倾销调查结果为负值的交易认定为倾销幅度为 0，计入最后计算的各项交易倾销幅度的加权平均值的计算过程，造成了裁定的出口商的倾销幅度向上倾斜。这种做法在许多关于美国反倾销法律和实践的争议中，遭到了其他国家的投诉，尽管 WTO 争端解决机构关于这一问题的裁定通常视个案的具体情况而定，但是美国利用 WTO《反倾销协议》中有关规定的不明确，滥用不同的倾销幅度平均方法抬高裁定的倾销幅度的方法在一些争议中被裁定为非法，“韩国不锈钢”案就是比较典型的一例。

在关于另外可获得事实的适用中也存在类似平均倾销幅度问题中的情况，美国调查机构滥用关于另外可获得事实，特别是对不利的另外可获得事实的适用的裁量权的情况在一些争议中被争端解决机构裁定为与 WTO 规则不相符。

关于反倾销税征收的撤销程序，WTO 的争端解决机构在“韩国 DRAMS”一案中认定美国复审规则中关于“只有在证明倾销在撤销反倾销税的情况下‘不可能’重新出现”的规定不适当地将证明责任转嫁到被告一方，违反了 WTO 的“反倾销税对于抵销倾销的后果是必要”的这一规则的意义。关于控制生产中产品的商业销售问题，美国的反倾销法中要求调查机构在考虑倾销对国内产业所造成的损害时，对于发生垂直合并的产业，其进口同类产品的销售如果除了用于下游生产以外也用于商业销售，调查机构应当将注意力主要集中在这部分商业销售上。尽管 WTO 争端解决机构在有关的争议中并没有直接裁定美国法律的这种要求违法，但是还是要求调查机构应当同等考虑其他部分销售的情况，以便提供只考虑某一部分销售的合理解释。

关于美国 Byrd 法案的问题，WTO 争端解决机构在最近对澳大利亚、巴西、欧盟、日本等国提出的有关申诉作出的裁定中，认定美国的这项法律违反了 WTO 规则，对国内产业提供了超出了 WTO 反倾销规则范围的救济方式。被 WTO 争端解决机构裁定为与 WTO 规则不符的美国反倾销法律的规定和实践只是美国政府反倾销调查及其规则明显不符合 WTO 规则的一部分。除此之外，美国调查机构在反倾销调查中还存在一些违规性质并不是很明显的“灰色区域”做法，这些做法虽然从 WTO《反倾销协议》规则的文字角度来看并不违反《反倾销协议》文本中的规定，但是，这些规则的实施，从某种角度来看，与《反倾销协议》的一贯性，或者与 WTO 规则的一贯性不相符。比如，在多起提交 WTO 争端解决机制的关于《反倾销协议》日落条款的适用的争端中，美国将日落复审程序作为完全不同于反倾销的原始调查程序的一种调查程序，在调查过程中实行与原始程序完全不同的规则，尽管从《反倾销协议》本身的规定，以及上下文的形式上的联系的角度来看，将日落复审程序作为一种与原始调查完全不同的程序具有规则形式上的合理性，但是从反倾销调查程序规则内容的一贯性的角度来看，这样理解割断了反倾销原始调查程序和反倾销的日落复审程序的本质上的相关性，为保护主义滥用反倾销措施作为其工具提供了条件。①

另一方面，现行的 WTO 反倾销规则不仅没有降低多边贸易体制所面临的保护主义压力，相反由于作为贸易大国的美国本身就不能遵守 WTO 的规则，以及反倾销措施的保护性质，在特定的环境下反倾销规则的适用反而增强了多边贸易关系中的紧张程度。这一点可以从全球范围内贸易保护措施适用的频繁程度观察到。

---

① *See* The Appellate Body Report, United States—Sunset Review of Anti-Dumping Duties on Corrosion-Resistant Carbon Steel Flat Products from Japan, WT/DS244/AB/R, 15 December, 2003.

首先，从统计数据上看，反倾销调查程序启动的数量从《WTO协议》生效的1995年起就一直处于上升的趋势。

表　**1995~2003年WTO成员方报告的反倾销调查启动数量统计**①

年代	1995	1996	1997	1998	1999	2000	2001	2002	2003
数量	157	224	243	256	355	294	366	310	231

资料来源：选自WTO：AD Initiations：by reporting members，from 01/01/95 to 30/06/04

在《WTO协议》生效的1995年，WTO成员方报告的反倾销调查启动的数量为157件，到2001年达到了创纪录的366件。尽管在此后的两年中各国启动反倾销调查的数量有所下降，在2002年和2003年分别为310件和231件，但是从历史的角度看，反倾销案件在全球范围内的数量的增长基本上呈现了一种波浪式的增长趋势。也就是说，在某一个阶段，由于世界经济形势，或者其他外部条件的影响，反倾销案件的数量可能会突然增多，而当特定的条件缓解时调查发生的数量可能会有所下降，但是当条件再次发生变化时，反倾销措施适用的数量又会在新的水平上提高。特别值得注意的是，多边贸易谈判并没有因为保护措施的适用而取得任何进展。相反，反倾销数量显著增长的时期也正是多边贸易谈判经历的特别困难的时期。实际上，反倾销规则作为保护措施的适用不仅没有为贸易的进一步开放提供适合的环境，减缓保护主义在开放贸易过程中的阻力，相反，反倾销措施本身成为贸易关系紧张程度增加的一个主要承受点，当这种紧张程度达到一个极限时，整个反倾销体制的崩溃有可能是难以避免的，而这种崩溃会在多大程度上对世界贸易体制本身造成损害，也是WTO成员方无法预测的。

---

① *See* http：//www.wto.org/english/tratop_ e/adp_ e/adp_ stattab2_ e.xls，visited on 24/10/04.

其次，有关统计显示，反倾销措施频繁使用的现象正在从发达国家向发展中国家扩散。根据 WTO 的统计，印度在 2003 年启动反倾销调查的数量为 46 件，在所有报告的国家和地区中占据首位，实际上，印度从 1999 年反倾销调查的数量达到 65 件起直到 2003 年，其发动的反倾销调查的数量一直占据所有报告的国家和地区的首位。尽管印度启动调查的数量在 2004 年上半年有了显著的下降，但是 2004 年上半年土耳其启动的反倾销调查数量却达到了 13 件，仅次于美国的 21 件，与欧盟处于同一水平，在所有报告的国家和地区中占据了第二位。在 2004 年上半年启动的 101 件反倾销调查中，发达国家调查的数量为 40 件，占总数的 40%，与 2003 年下半年的 40%（115 件中的 46 件）基本持平。

从以上全球范围内的反倾销数量统计数字可以看出，反倾销规则越来越成为贸易保护主义所造成的多边贸易紧张关系的承受中心。正像 Lewis E. Leibowitz 所指出的，反倾销规则在 WTO 成员不断紧张的贸易关系的重压下，不仅不能起到减压阀的作用，反而可能会成为贸易保护主义的爆发点（flash point）。

二、“拉平竞技场”缺乏 WTO 规则上的正当性基础

与美国提出的减压阀观点相联系的“拉平竞技场”的反倾销规则的基础是美国极力主张的 WTO 反倾销制度作用的另一个观点。尽管这种观点以反倾销规则所具备的竞争政策意义为基础，从对不公平贸易行为提供救济措施的角度出发，将反倾销制度作为保障世界贸易体制的公平原则的一种手段，但是由于现代反倾销规则和 WTO 体制本身的局限性，这种愿望在多边贸易关系的实践中并不能够得到贯彻。造成这种状况的原因在于以下两个方面。

首先，现代的反倾销法律并不能判断贸易行为的“公平”与否。虽然反倾销法的产生与国际贸易交往中进口国基于定价政策的公平竞争愿望有着密切的联系，早期的反倾销法律也多把在国内市场上构成不正当竞争行为的竞争者的掠夺性定价行为作为控制和惩罚的对象，但是由于世界贸易市场的分割性和对定价的掠夺性意图

调查的技术上的困难，反倾销法律在20世纪20年代后普遍改变了将出口商的掠夺性的定价作为反倾销规则规制的中心的做法，形成了现行的反倾销规则模式。

在20世纪20年代以前的反倾销法中，在认定倾销的行为时，许多限制竞争的因素被作为关键性的倾销行为的认定因素。例如，澳大利亚的1906年的《工业保护法》将(1)购入产品的价格低于生产地的通常生产成本；(2)进口商在澳大利亚市场销售的价格不足以使进口商在外国公平市场价格和包括关税在内的所有支出基础上获得公平利润作为认定倾销的两种情况。美国1916年《反倾销法》也规定了认定倾销应当探求倾销行为者的掠夺性定价的意图。然而20年代主要贸易国家的反倾销法基本上都把产品在进口国市场上的销售价格低于"公平价格"作为认定倾销的基本标准。

这种改变的原因一方面来源于世界贸易市场的特性。在19世纪国际贸易开始发展的时期，世界市场是处于分割状态的，这种状态在其后的一个多世纪的发展过程中并没有发生根本性的变化，尽管经济全球化在20世纪有了很大的发展，但是以地理边界和主权国家为基础的分割的市场仍然是目前世界市场的状态，统一的世界市场并没有形成。从理论上看，在这种分割的市场状态下，出口商实施掠夺性定价政策从而实现在某一个海外市场上获得垄断地位并获得高额垄断利润存在着极大的困难，除非实施倾销定价的企业有能力获得世界性的垄断地位。否则，倾销商即使通过倾销在进口国市场获得垄断地位，它仍然要面临来自其他市场的出口商的竞争。① 另一方面在认定倾销的过程中，调查出口商的生产成本，或者判断出口商定价策略中是否存在掠夺的意图都存在实施方面的困难。

根据GATT 1994第6条第1项的规定，倾销是指一个国家的产品以低于该产品正常价值的价格进入另一个国家的商业领域。这种行为如果引起缔约方的国内产业的实质性损害，或者是国内产业遭

① 参见[美]雅各布·瓦伊纳著：《倾销：国际贸易中的一个问题》，沈瑶译，商务印书馆2003年版，第106~107页。

受实质性损害威胁，或者实质性地造成了国内产业的建立的延迟，这种倾销行为就是应当受到谴责的。而对于低于正常价值的认定，第6条第1项特别规定了两种情况，即（1）产品的出口价格，在正常贸易过程中，低于同类的用于消费的产品在出口国中的可比价格；（2）在没有这种“正常贸易”价格的情况下，出口产品的价格低于向任何第三国出口的最高的正常贸易价格，或者产品在原产国的生产成本加上合理的销售成本和利润。

通过以上规定的倾销认定标准，GATT的反倾销条款将价格歧视行为，而不是掠夺性的定价作为反倾销规则打击的行为，这种认定标准在较大的程度上偏离了反倾销法背后所具有的竞争政策意义。因为根据经济学上的分析，价格歧视并不都出于限制贸易或者“不公平贸易”的目的，在正常的商业活动中，企业或商人都会根据不同的情况采取有差别的定价政策，而这些定价的差异并不都是出于限制竞争的目的，或者会导致“不公平贸易”的结果，而上述反倾销规则并不提供认定限制竞争或不公平贸易意图的方法或者标准，因此它所提供的对倾销者征收反倾销税的救济措施并不纯粹是对不公平贸易行为提供的救济。

其次，从世界贸易体制的角度来看，尽管1994年WTO建立以后，世界贸易体制的组织性更强了，并且由于争端解决机制的强化，处理国际贸易关系的规则取向随之加强，但是WTO是在GATT的体制上建立起来的，世界贸易体制仍然具有GATT体制的许多特点。特别是WTO仍然以GATT的贸易开放机制为中心，有关贸易规则也主要是以边境措施——包括关税壁垒和非关税壁垒——为主要内容，并不涉及市场内部的规制。在GATT的体制下，多边贸易体系的成员根据GATT所规定的关税减让表，通过相互谈判逐步降低关税，达到开放贸易的目的，尽管GATT对于非关税壁垒也达成了相关的规则，但是这些规则主要涉及的也是边境的限制规则，比如关于进口贸易许可的规则、卫生检疫的规则以及反倾销的规则，等等。至于服务贸易总协定（GATS），其内容也主要是关于服务贸易市场开放，其规则主要限于市场准入条件，多边贸易体制的成员方也是根据 GATS 规定的市场准入条件的降低幅度，通过谈判逐步降低服务市场的准入条件。只有《反补贴协议》和《知识产权协议》涉及 WTO 成员方内部的市场规则。前者对以补贴形式表现出来的政府干预经济的措施作出了协调性的和限制性的规定，而后者则是针对各成员市场内部保护知识产权的规则制定了规制的标准。但是，WTO 体制中并没有制定成员市场的运作体制和单个市场内部的竞争规则的规制标准，换言之，WTO 并没有对市场体制的不同进行协调，实际上国际贸易中的竞争是商人们在各个分割的、发展不平衡的市场上的竞争。简言之，WTO 体制不是一种市场一体化的体制。基于不平衡的规则的竞争当然会产生不平衡的效果，从这个意义上讲，“拉平竞技场”的主张是具有合理性的。不过，这种不公平并不根源于竞争效果上的差异，而是来源于规则的不平衡，因此通过适用包括反倾销规则在内的贸易救济措施拉平竞争效果的做法是一种治标不治本的做法。换言之，WTO 规则中的贸易救济措施所针对的不公平贸易行为在 WTO 体制中并没有依据，特别是反倾销规则，它主要是根据进口国国内与进口产品相竞争的产业个体的公平意念而制定的，与世界自由贸易体制下的公平竞争，以及以所有成员方国内的生产商、销售商和消费者为基础的公平贸易意向的含义并不一致。

关于世界贸易组织成员的经济体制的差异和市场运行发展不平衡所产生的问题，现行的世界贸易体制通常是通过成员之间的逐一谈判来处理的。比如，对于非市场经济国家，由于经济运行的方式并非基于经济自由化的理论，通常无法融入以自由经济为原则的世界贸易体制，因此对于完全的非市场经济国家，作为自由经济体制国家间组织的 WTO 通常不会接受这些国家加入世界贸易体系。但是对于经历经济体制转型的国家，由于它们以自由市场经济体制为其发展方向，市场运行的过程中已经具备相当多的自由经济因素，各成员方通过谈判来设定具有一定特殊性的贸易条件后，通常会接受与之发展自由贸易关系。这种特殊条件往往会造成一种贸易体制的双轨制现象，这种特殊的条件与世界贸易体制的规则并没有直接的关系，往往是体制所允许的一种规则例外。关于这一问题及其影响，笔者会在后面的章节中进一步加以说明。

从法律体制的完整性的角度来看，法律上的救济措施都是针对不法行为或错误所造成的损害的救济，没有法定的不合理行为的救济，在法律制度的框架下通常无法通过法律救济手段来进行补偿，除非有关法律框架失灵或失效。特别是贸易救济措施主要是通过违反 WTO 的贸易自由化原则的贸易保护措施来进行补偿的，因此它不仅不能拉平竞技场，反而会减损自由贸易所带来的利益，甚至对自由开放的世界贸易体制造成损害。对没有法律明文规定的行为进行救济，应当说来源于英美法系以判例为基础的衡平法的观念和做法，它以盎格鲁-萨克逊文化为背景在包括来自各类法系成员方在内的世界贸易体制中并不具有代表性。

三、"竞争为本"的改革出发点与反倾销措施裁决的困难

基于反倾销法律中所具有的竞争规则内容和它所具有的竞争政策意义，以及在贸易关系的现实中反倾销规则实现上述目标的失败，以一些新兴工业化国家为代表的 WTO 的成员方主张从竞争规则的角度出发考虑反倾销规则的改革方向，更准确地说，是以竞争为本改革现行 WTO《反倾销协议》。

欧盟的反对意见认为，像反倾销和反补贴税这样的反不公平贸易的措施，其目的是消除倾销或者补贴的贸易扭曲效果，并且恢复有效的竞争。它们适用于特定的市场环境。在欧盟的代表向 WTO 的竞争和贸易政策互动关系工作组提交的意见中，欧盟的代表指出：①

> "必须明确的一点是竞争法和反倾销法是适用于不同的经济、法律和机制的环境下的。竞争法适用于一个一体化的市场

① WTO Working Group on the Interaction between Trade and Competition Policy, "Report on the Meeting of 27-28 July 1998", WT/WGTCP/M/5, September 25, 1998, para. 39.

环境内。相反，反倾销法适用于一个以边境措施和其他的规制障碍和国际贸易的扭曲为特征的经济环境中。换言之，反倾销法适用于市场之间的定价做法，而不是市场之内的做法。统一市场的形成不仅仅意味着消除所有边境措施，而且意味着对服务、投资和劳动力的完全自由流动的保证。只有在这种特定的环境中，竞争法才能够评估有关定价实践的合法性。另外，竞争法的有效适用要求建立一个竞争主管当局，这个主管机构拥有完全的调查和强制执行权力，并且有司法机构或共同的仲裁者对竞争法律作出统一的解释。适用反倾销工具可能发生的错误的考虑则完全可以通过严格执行 WTO《反倾销协议》来解决。不过，可以预料只要市场的一体化进一步发展，反倾销诉讼就会随着时间的推移而不断减少。"

按照上述意见，欧盟首先声称反倾销法和竞争法适用于不同的经济法律环境条件，二者的区别是根本性的，但是也不能否认，反倾销法确实具有竞争规则和竞争政策上的意义。尽管竞争法律体制不能在国际贸易这种分割的市场条件下适用，但是反倾销法所具备的竞争规则在国际贸易的条件下同样有效。尽管瓦伊纳认为国际贸易中的掠夺性价格在理论上只有实现世界垄断的企业才可能产生，但是瓦伊纳同样指出在实践中，在具有区域地理性质的市场上也可以发生掠夺性定价的情况，因此由于竞争政策的倾向所产生的保护性的市场是会导致掠夺性倾销行为发生的。反倾销规则并不意欲替代整个竞争法规则，而只是对国际贸易中，由于市场竞争政策发展不平衡所造成的价格歧视作出调整。

以竞争为本的《反倾销协议》改革方案难于执行的关键性问题在于调查实施的困难。

首先，以竞争为本的反倾销规则要求认定倾销时出口商的出口价格低于平均可变成本，而对于进口国主管倾销调查的机构来说确定外国生产商的出口产品的平均可变成本具有较大的难度。早期的反倾销法中都将产品的生产成本作为确定出口价格是否属于倾销价格的主要标准，但是在调查中全面确定外国产品的生产成本存在实际困难。根据会计的目的，成本估价具有不同的目的，有的成本估价是为了确定销售价格，有的成本估价是为了给未来的生产提供参考，有的成本估价是为了比较某一个产业的不同部门的效率，如果为某一个特定的目的进行成本估价，通常比较容易操作，但是这个成本估价结果用于其他的目的则可能产生偏差，或者不适用。除上述问题之外，反倾销调查机构在进行调查时还存在一些特殊的问题，比如，外国生产商的全面的生产成本记录就无法获得，要准确地确定外国生产商的生产成本也存在很大的困难。特别是确定外国生产商的生产成本中有一些特定的无法克服的困难，“被调查的产品生产成本，像间接费用的分摊，在会计制度上存在很多政策选择的空间”。① 比如区分实际支付的工资和利润；确定一个适当的折旧率；借入资本和投资资本各自的利息资本是否应当计入成本；产品产量的不同组成部分的生产成本变化如何确定，等等。一般认为，为了确定倾销的目的而确定外国的或本国的生产成本，“是一个难以实现的梦想，即使是部分地实现也是不可能的”。②

由于上述问题的存在，进口国的反倾销调查机构通常不能有效地确定出口产品的生产成本，并在此基础上确定倾销是否存在，这样，反倾销法律往往不能产生预期的效果。

其次，以竞争为本的反倾销规则要求认定出口商适用的价格政策具有独占进口国市场、排挤其他竞争者的“掠夺”意图。这种意图的判定对作为一个域外的调查权受到其管辖权限制的外国政府的调查机构几乎是不可能的。因此，通常要求以掠夺性意图作为认定倾销条件的规则，并不对外国出口商的意图进行判定，而是断定进口商低价销售的掠夺意图。

为了确定进口商的倾销行为的反竞争性质，美国 1916 年《岁

---

① 颜延著：《反倾销司法会计》，中信出版社 2003 年版，第 33 页。

② ［美］雅各布·瓦伊纳著：《倾销：国际贸易中的一个问题》，沈瑶译，商务印书馆 2003 年版，第 253 页。

入法》通过把倾销者进行倾销的不正当竞争意图作为倾销构成的一个必要因素而严格地把要惩罚的倾销行为限定在掠夺性倾销的范围之内；也正是由于这种规定缺乏可操作性，该法律规定在实践中基本上陷于一种没有效用的状况。

如果作为反倾销国际规则的 WTO《反倾销协议》将调查进口商在国内市场倾销的掠夺性意图改为调查出口商的掠夺性意图，或者要求提供进口商倾销中与他人（主要是出口商）进行共谋的意图，那么这种规则不仅不会减少对掠夺性倾销进行调查的难度，相反，由于这种规则要求进口国的反倾销调查主管机关证明外国出口商在进口国以外的地区的生产经营行为存在限制竞争或者垄断意图，会增加调查的难度，甚至可能会由于管辖权的冲突而无法执行。另外，这种规则在国际范围内执行的困难还在于，在 WTO 的法律框架内并不存在一个统一的或者协调的竞争规则，竞争规则由 WTO 成员的立法机构和政府确立和执行，因此从法理的角度来看，一个成员方的法律认定为限制竞争的行为，在另一个成员内可能属于完全合法的行为，因此，上述反掠夺性倾销的规则可能会造成一种赋予一个国家的法律以域外执行的效力的结果，这是与一般国际法规则不相符的。

基于上述分析，笔者认为，尽管反倾销法律具有竞争规则方面的合理性基础，但是在没有竞争规则的协调或者合作框架基础的情况下，反倾销法律在 WTO 体制的框架内作为竞争规则来执行存在着技术上和法理上的诸多困难。因此，以竞争为本来改革 WTO 的反倾销规则必须以协调 WTO 成员方的竞争政策和竞争法律为基础，从这个意义上说，欧盟关于竞争法律和反倾销法律的关系表述在一定程度上体现了反倾销规则执行竞争规则目标的困难性。

四、《反倾销协议》作为世界贸易体制运行的稳定机制

新制度主义经济学的目的之一是寻求对政治、经济、历史、社会和法律制度的存在进行经济上合理的解释。道格拉斯·诺斯认为各种体制在确立对经济发展具有深远影响的各种条件与制约方面起

着重大作用。道格拉斯·诺斯在解释体制和体制的变迁对经济表现的影响时指出，制度对经济的影响后果是非常不同的，一些经济体发展的制度带来了生产的增长和经济的发展，而其他的经济体发展的制度则可能阻碍经济的发展。① 目前作为世界贸易体制的一种安排，WTO 对各国贸易增长乃至全球经济发展不可避免地产生着重要影响。作为构成这一体制框架一部分的反倾销制度，也会对这一体制的发展变化及其执行的绩效发生重要影响。从这一角度出发，笔者认为 WTO 反倾销制度的改革应当以整个世界贸易体制的框架的合理性，以及世界贸易体制的效率和效益为出发点，在考虑反倾销制度与整个世界贸易体制的协调性，以及它对世界贸易体制发展的影响的基础上，确定反倾销制度改革的基本原则。

（一）世界贸易体制的未来发展方向

世界贸易体制从 GATT 发展到更具组织性的 WTO，其内容和形式都发生了重大变化。但是这一体制仍然面临着各种新的问题，国际社会对这一体制的发展也提出了新的要求。这些新的发展要求有些直接与反倾销制度的发展方向有关，另一些问题则通过影响整个世界贸易体制的原则、制度而影响反倾销制度的发展。这些问题既包括直接影响国际贸易开放的竞争规则的问题，也包括贸易开放和竞争所带来的贸易与劳工标准、贸易与环境等社会问题，既包括涉及 WTO 基础的贸易自由化的合理性问题，也包括体制框架的发展问题。这里笔者在对 WTO 的原则性质和体制的发展与反倾销制度的关系进行分析的基础上，为 WTO 反倾销制度的改革提供一个合理性基础。

作为国际贸易宪法的 WTO 体制。“自由贸易政策，以及实施这些政策的机制，正处于一个转折点上。”②世纪之交，面对越来

① *See* Douglass C. North, Institutions, Institutional Change and Economic Performance (1991).

② John O. McGinnis and Mark L. Movsesian, The World Trade Constitution, Vol. 114, HLR 2000, p. 511.

越突出的现行 WTO 体制所不能解决的，诸如环境问题、劳工权利问题和安全问题等自由贸易中的新问题，国际社会开始考虑世界贸易体制的未来发展方向。为了在维护自由贸易原则的基础上有效地解决上述与自由贸易价值观产生冲突的新问题，学术界、社会活动者和贸易政策的制定者都提出了对未来有效的 WTO 体制发展方向的设想和主张，甚至相关的理论。综合这些设想、主张和理论，其中心思想可以分成三类，即（1）主张维持、甚至削弱现有的 WTO 的体制，反对一切削弱国家规制经济主权权利的改革措施，希望通过加强国内治理来解决自由贸易所面临的新问题；（2）主张对现有的 WTO 体制进行较为激进的改革，建立强有力的 WTO 的规制权力，通过 WTO 的这种规制权力为国际贸易创制统一的规则体系；（3）主张对现有的 WTO 体制进行改革，通过减少或者消除体制中的歧视因素，加强体制的民主来发展一个更加公正、开放的世界贸易体制。

第一种主张实际上来自两个方面的考虑。一种意见认为，现行的 WTO 体制以及这个体制不断加强的权力对作为其成员方的国家的主权构成了严重的威胁。WTO 是一个非民主的和非责任性的（unaccountable）体制，它单纯地促进贸易自由化发展而忽视了其他社会问题的解决，并且由于 WTO 的决策过程是由非民主性质的组织机构来完成的，它削弱了通过民选产生的国内政府促进整个国内社会的整体福利的能力，因而将世界各国的人民福祉置于自由贸易所带来的各种社会问题的风险之中。另一种意见从 WTO 所涉及的经济自由化范围的不断扩展趋势的角度出发，认为这种不断扩展的规制范围削弱了一个国家根据自己国内经济发展水平，调动可使用的资源规划经济发展方式，选择经济发展道路的能力。尽管上述两种意见几乎是从相互冲突的角度来看待现行的世界贸易体制所带来的影响，但是它们的基本观点是一致的，即 WTO 体制严重地威胁了国家的主权，认为有关国家的发展，不管是经济的还是社会的，应当由一国的主权者来决定，否则会构成对民主或者发展权利的损害。因此，采取这种立场者多反对 WTO 体制的进一步加强，或者不希望看到这一体制在管辖内容和范围上的扩大，希望 WTO 的基本体制维持现状，持有前一种意见者甚至主张 WTO 体制的倒退。

第二种意见与第一种批评正好形成对立。一些 WTO 的成员的声明暗示了实质性地扩大 WTO 组织机构的权力。在目前的 WTO 体制之下，其组织机构并没有制定国际规则的权力，它只能对其各个成员的法律进行监督，以保证这些法律不会对外国贸易构成歧视，从而违反条约义务。这种意见意图通过建立一种 WTO 内的规制形式，授予 WTO 规制国际贸易关系的权力，以便制定全球范围内的劳工、环境、健康、安全和竞争标准。支持建立这种规制模式的主要意见认为，这种规制模式可以通过制定环境、健康、劳工权利、安全以及公平竞争的标准，使得上述问题与自由贸易的发展取得一种平衡，从而促进世界贸易体制向更加民主化的方向发展；另一些观点则从 WTO 现行体制所导致的国内规制竞争产生的"向底线赛跑（race to the bottom）"的效应出发，认为 WTO 现行的贸易自由化体制促使各个成员争相放松或降低国内的影响贸易竞争能力的规制标准，以吸引商业活动，保持在全球经济活动中的竞争力。还有一些观点从减少保护主义对国内贸易政策的影响的角度出发，认为通过在世界贸易体制内建立一种规制模式可以防止贸易保护主义者通过国内的政治运作过程影响成员方政府的贸易政策的决策结果。

第三种主张是在批判第二种主张的基础上建立起来的。这种主张认为建立一个具有规制国际贸易权力的模式并不能促进世界贸易体制的民主化，防止国际贸易中的保护主义，相反，由于这种规制权力并不直接来自于人民而损害决策的民主性，并因此使得其决策失去公信力。① 基于这种认识，一些学者主张通过加强世界贸易体制的反歧视机制来防止贸易保护主义对自由贸易政策的侵蚀，同时通过这种反歧视机制在保证 WTO 决策的民主性的同时促进自由贸易。这些学者建议 WTO 适用一种权力有限的评判体制，来解决有

---

① John O. McGinnis and Mark L. Movsesian, The World Trade Constitution, Vol. 114, HLR 2000, p. 518.

关对贸易中的歧视性措施提出的申诉。这种模式并不要求改变现有的 WTO 规则体制，而是通过加强 WTO 对其成员的规则实施程序的监督和评价，从而在保证国内民主体制的决策权力之下限制保护主义利益集团的对决策的影响，达到促进自由贸易的目的。①

第一种主张或者忽视了 1947 年 GATT 生效以来自由贸易体制世界经济发展所带来的显著成绩，或者忽视了随着经济发展而产生的国际社会所面临的新问题。这种观点基于片面的观察而作出消极的主张实际上是在要求国际经济合作领域的一种倒退，会对世界贸易体制产生损害，因此这种主张与其说是提供解决问题的办法，不如说是表达了一种对现行世界贸易体制所存在的缺陷的不满。第二种观点尽管在面对国际贸易领域的新问题时，主张以积极的改革措施通过完善世界贸易体制，加强 WTO 的作用和权力来解决这些新问题，但是这种主张过于理想化，忽略了 WTO 成员方不同的经济和社会发展水平，企图以统一的标准来解决不同发展环境里的所有问题，这种愿望在现有的条件下可能会损害自由贸易体制。不过，这种主张对 WTO 体制的模式保持着一种开放性的态度，这种态度有利于世界贸易体制的新发展。第三种观点由于并不主张改变现行 WTO 的规则体系，从某种角度来看与第一种主张存在相同的内容，是一种保守的观点，但是与第一种主张相比，它至少提出了面对国际贸易关系中的新问题应当采取的措施，尽管这种改革建议并不能从根本上解决上述新问题。这种主张的缺陷在于过分强调了 WTO 规则适用的程序方法的作用，希望在加强国民待遇、减少规则适用的歧视性基础上，由 WTO 成员方的政府通过加强国内的规制能力来解决本国的开放的贸易政策对国内经济和社会的发展所带来的问题，但是这种建议忽视了一个问题，有些与自由贸易的作用效果直接相关的问题，没有一定程度上的实体规则的协调与合作标准是无法解决的。比如，在竞争政策与贸易的关系领域内，WTO 成员方

① John O. McGinnis and Mark L. Movsesian, The World Trade Constitution, Vol. 114, HLR 2000, p. 519.

内部的经济规制措施所导致的贸易扭曲对出口的影响，内部市场的竞争规则的缺失所造成的价格歧视对出口的影响等问题都不是只依靠规则实施的程序措施就能够解决的。

基于上述分析，笔者认为完善世界贸易体制既要以现行的 WTO 规则为基础，同时也应当保持 WTO 所涉及的议题和其体制模式本身的开放性，毕竟 WTO 是在 GATT 的基础上发展起来，它的谈判体制不仅提供了关税减让的机制，也提供了一个自由贸易的论坛。只有保持 WTO 规则体系的开放性，世界贸易体制才具备不断完善的基础。

(二) 现行 WTO 体制内制定协调竞争法律规则的困难

WTO《反倾销协议》的改革应当在 WTO 体制完善的基础上进行。就像笔者在前文中讨论过的，不论是将反倾销规则作为"拉平竞技场"的救济措施，还是将反倾销规则作为国际贸易中的价格竞争规则，或者成员方在国际贸易市场上进行竞争的价格竞争政策的平衡机制，《反倾销协议》的改革应当在合理的和可行的基础上进行。

作为"拉平竞技场"前提的对扭曲贸易的做法的认定，WTO 规则中予以限制的只有补贴一种形式。而补贴只是针对所谓市场经济制度中政府对经济的直接干预，在现实的经济制度还存在着多种 WTO 规则中并没有明确规制的政府干预经济的形式。特别是对于许多市场经济制度并不完善的发展中国家，或者正在处于经济改革阶段的所谓转型经济国家，其经济的运行中的许多方式并不都符合市场经济的典型特征，政府干预经济的方式也体现为多种形式。比如，政府直接控制企业的经营管理，政府对基础经济部门的价格控制等，对于这些扭曲贸易的措施，WTO 并没有制定标准性的规范，因此对许多贸易扭曲做法对自由贸易所产生的负面影响的救济只能根据贸易救济措施实施国的调查机构的裁量来认定。

对于非市场经济成员方和转型经济成员方，现行的 WTO 规则只是基于其经济运行体制的特殊性，原则地规定对所谓非市场经济成员方，或者转型经济成员方可以实行特殊的规则，但是 WTO 并没有规定什么条件构成非市场经济或者转型经济，更没有规定在WTO规则中规定应当适用于非市场经济或者转型经济的具体规则。在规则的具体执行过程中，由有关的国家根据双方的协议，适用适当的国内法律。

如前文所述，现行的WTO体制并不是对一种成员方内部市场进行规制的体制，要使WTO这种以贸易边境措施和市场准入条件为主要规范内容的体制向市场内部的规范体制过渡，需要对WTO的体制进行根本性的改革，要明确WTO的成员是否准备好了改变这种协商一致的体制，或者更具体地说，WTO的成员是否已经准备好了接受一种限制成员政府对国内市场进行规制并对国内经济发展方式作出决策的权力。换一个角度来看，在目前的国际经济政治关系的环境中，是否有必要在WTO体制内部解决所有的规制的协调问题，WTO的成员间存在着较大的分歧。因此，在相当长的时间里，WTO都会维持现行的基本体制。

在现行的体制下，WTO不会以单纯的国内市场作为规范的对象，不会对国内市场环境制定统一的或者协调标准，因此，除非能够直接确认特定的、会产生负面影响的贸易扭曲做法，比如政府补贴，贸易救济措施不能直接规制应当予以救济的不正当或者说是不公平的贸易行为。在这种体制下，由于现行WTO反倾销规则并不能够分清价格歧视是否出于限制竞争的不公平目的或者是合理的正常商业做法，因此反倾销制度不可能成为真正的公平贸易的措施，反倾销规则只能针对一成员的企业在对外贸易中的价格歧视做法。这种规则所能扮演的角色是平衡各个成员方执行自由开放贸易政策所获得的利益，而不是拉平竞技场的。

竞争政策的协调问题在1996年12月于新加坡举行的部长会议期间提出，并决定建立贸易和竞争政策互动工作组来讨论贸易和竞争政策的关系。在这次部长会议之后，这一工作组开始在理论的层面上探讨竞争和贸易之间的互动关系。直到2001年11~12月期间举行的多哈第四次部长会议之前，讨论没有涉及任何协议。在多哈的部长会议期间，WTO成员决定为开始贸易和竞争政策互动的谈判建立法律的基础。多哈部长会议声明的第23段授权WTO成员在2003年夏季举行的第五次部长会议后，通过谈判建立一个以提高竞争政策对国际贸易和发展的贡献为目的的多边框架。在这一段时间中，澄清关于骨干卡特尔的核心原则，包括透明度原则，非歧视原则和程序公正原则以及关于骨干卡特尔的条款；自愿合作的方式；以及通过能力建设支持发展中国家加强竞争制度，成为竞争和贸易政策互动工作组的中心议题。

WTO的贸易和竞争政策互动工作组所主持的一项研究认为，尽管从表面上看，通过贸易和投资改革而进行的国家市场一体化的过程可以使私人的国际卡特尔实行垄断高价的政策更加难以实施。但是国际卡特尔在20世纪90年代初涌现的事实情况表明，市场力量本身并不能完全保护市场的竞争者免于卡特尔的威胁。① 这项研究还根据WTO有关成员方提供的意见和建议，以及有关国际组织的研究结果提出了有关竞争政策的多边框架的内容的建议。根据这一研究，竞争政策的多边框架，应当包括以下内容：

> 有关竞争规则的核心原则。竞争政策的多边框架的核心原则应当包括透明度原则、非歧视原则、公正程序原则和特殊的差别待遇原则。
>
> 有关骨干卡特尔的规则。WTO成员方中支持骨干卡特尔规定者认为WTO应当接受禁止骨干卡特尔的规定以支持国内立法，以及对这些法律的实施，并鼓励竞争法律执行的政府机构在调查卡特尔时的合作。关于骨干卡特尔的规则的内容，根据WTO成员方的建议，主要包括：（1）卡特尔法律的范围，涉及非法行为的类型、单位以及规则应当涉及的经济部类，上

① WTO Working Group on the Interaction between Trade and Competition Policy, Study On Issues Relating To A Possible Multilateral Framework On Competition Policy, Note by the Secretariat, WT/WGTCP/W/228, 19 May 2003, para. 287.

述范围的例外；(2) 惩罚的性质，包括罚款和对个人的监禁；(3) 违法行为应当根据规则本身确定；(4) 调查程序和获得信息的类型，包括负责执行竞争法的机构，负责机构是否可以利用其他机构，应当规定一种赦免程序以鼓励调查者向调查机构提供信息；(5) 卡特尔法的执行主管当局是保持现有的机构还是建立新的机构作为主管机构。

自愿合作的模式。多边框架应当提供自愿合作的模式，而合作模式应当包括四种工具：通知、交换信息、执行中的互助合作和合作中的原则。

这种竞争政策的多边框架涉及复杂的法律规则制定和执行体系，而大多数发展中国家本身并没有一贯统一的竞争政策，更不用说需要强大的执行和法律适用体系的竞争立法了。多边竞争政策的框架在 WTO 体制内的建立会增加这些国家的执行成本，在规则执行的过程中加大发展中国家和发达国家的差距和不平等。基于上述原因，发展中国家强烈反对在新一轮谈判中讨论实质性的多边竞争框架协议。这样，2003 年 9 月举行的坎昆部长会议新一轮的讨论无功而返，竞争规则，特别是关于骨干卡特尔的条款的协调问题被搁置。

从竞争规则领域内的合作困难的角度来看，以竞争为本改革《反倾销协议》的建议是难以执行的。反倾销规则中关于掠夺性定价的确定，以及实施有效的调查必须以出口国国内具有相应形式的竞争法体制为基础，否则进口国调查机构的调查就会遇到与受调查出口商所属国家进行法律合作的困难的限制，在无法进行有效的调查的情况下，反倾销措施是难以实施的，这样的反倾销规则也就不可能成为有效的规范国际贸易中价格公平竞争的规则。

（三）WTO《反倾销协议》改革的出发点

基于上述情况，探讨反倾销制度在现行世界贸易体制中的合理性基础应当从平衡贸易开放政策所得的利益的角度出发。这种利益平衡从经济理论的角度来看是一种违背自由贸易原则的措施，但是从体制本身的角度来看，这是一种安全保障措施，对由于利益的突然倾斜造成的经济结构的变化提供调整和适应的条件。由于这种措施的适用能够区别不同的国家，因此对于进口国的政府来讲是一种更有针对性的措施，这种差别待遇的做法实际上是一把双刃剑，一方面可以根据进口国政府的贸易政策，针对保护性的市场适用，另一方面它也有可能在进口国的竞争产业的保护主义压力下作为保护性的工具，抹煞由于比较优势而产生的正常竞争利益。在这种情况下，利用反倾销措施在对价格歧视措施所造成的对进口国市场的价格冲击和由此引起的进口国经济和社会负面影响进行处理的有效性，并减少这种措施实施所造成的对自由贸易所带来的利益的减损，就成为反倾销规则改革所要完成的任务。

要达到上述目的，WTO 的反倾销制度的目的就不是公平竞争或者是为某一成员方政府所利用的政治减压阀门。它应当成为 WTO 体制的稳定因素，而能够使作为开放贸易工具的 WTO 体制稳定的基础就在于减少自由贸易的成本，使自由贸易制度实施的绩效最大化。

WTO 的经济合理性基础源自大卫·李嘉图的比较利益的分析，而这种分析又是建立在自由经济的基础之上的。1947 年 GATT 的缔约方作出这种减让关税的机制安排时考虑的主要问题就是自由贸易对世界经济增长的促进作用，缔约者并没有认真考虑相关的国内制度对自由贸易的影响。然而，随着这种关税减让安排的规模的不断扩大和世界经济的不平衡增长的现实，这种促进自由贸易的关税减让安排机制的实施遇到了前所未有的困难。

世界贸易体制尽管在乌拉圭回合以后发生了很大变化，以更加紧密的规则体系和更为有效的规则执行保障体制为代表，其组织性更强了，但是这一体制的核心仍然是以 GATT 的关税减让谈判机制为中心的贸易开放体制。从经济分析的角度来看，这种开放体制是基于新古典经济学所建立的研究模式而得出的结论。市场和价格竞争能够有效地解决资源配置问题是新古典经济学的基本看法，但是在现实中存在着许多因素干扰这种基于完全竞争环境所得出结论的实现。按照新制度经济学的观点，交易费用、私有产权的残缺和非货币收入是主要的影响因素。在新古典经济学的完全竞争世界里，交易费用为零，私有产权是健全的，非货币收入可以忽略不计，因此市场的看不见的手可以使资源配置达到最优化的目的。也就是说，在交易费用为零的世界里，制度、产权、法律、规范等可有可无，一旦交易费用为正，那么这些变量在经济运行中就是非常重要的了。① 根据西方新制度经济学的这种交易成本的分析范式，WTO的关于关税减让的这种制度安排基本上是基于一种理想状态下经济运行的模式而建立的。尽管这种基于古典经济的模型建立起来的关税管理性质的交易安排具有合理性，但是由于这种制度安排没有考虑到交易成本，或者说没有考虑到关税减让的过程和贸易自由化进程执行这种管理型的交易为它的 WTO 成员带来的不仅是经济的增长，还有相应的成本，在 WTO 的体制下，这种成本来源于贸易自由化安排给成员方的经济运行带来的经济方面和社会方面的冲击。如果这种冲击不断增强，超过了贸易自由化为成员方经济所带来的发展，WTO 的体制安排可能就无法继续，市场的开放安排也就无法发生。因此，从新制度经济学分析范式的角度来看，WTO 的关税减让安排需要更多的制度安排来减缓这种冲击，降低贸易自由化的成本，使得贸易自由化的进程能够平稳地继续。按照新制度经济学的交易成本的分析方法："在指出交易的特性之后，从交易费用最小化的能力方面探讨可能采用的治理结构。在简化形成的假设基础上，建立交易与治理结构的匹配，并通过实证研究予以确认。"②也就是说，制度环境，包括政治法律制度、法律法规、习俗、规范等，是导致治理成本变化的参数，这些参数发生变化治理成本也会相应地发生变化。

综上所述，WTO 的体制结构是基于古典经济学中的理想模式

---

① 参见卢现祥主编：《新制度经济学》，武汉大学出版社 2004 年版，第 51～52 页。

② 同上，第 56 页。

而建立的。在经历了两次世界大战后，特别是由于经济危机所引发的贸易保护矛盾为导火索之一的第二次世界大战后，世界渴望繁荣和安定，在这种情况下，人们愿望的统一，这种非正式的制度，使得世界贸易体制所倡导的贸易自由化及其所适用的 GATT 的关税减让机制安排得以顺利运行，同时 GATT 最初的缔约方，其内部的经济体制相类似，这就减少了体制之间的摩擦，也为这种关税减让机制安排提供了平稳运行的条件。随着关税水平的不断降低，世界贸易体制成员数量的不断增加，各成员经济发展水平的差异和发展模式的不同给关税减让机制的运行带来了更多的困难。换言之，GATT 以及后来的 WTO 的关税减让机制安排的运行过程中，由于上述原因而更多地、也更容易产生摩擦，从而增加关税减让机制运行的费用。在这种情况下，仅有 GATT 的关税减让机制安排是不够的，世界贸易范围内的体制创新是必要的，一方面，这种制度缓解自由化进程给成员经济带来的冲击，另一方面，这种机制本身不会引起成员贸易关系的过度摩擦和贸易战，导致自由贸易体制的运行费用的增加甚至体制的崩溃。

目前，能够提供这种缓解措施的 WTO 的规则机制主要就是 WTO 的反倾销措施和保障措施协议，以及与这些规则相联系的 WTO 争端解决机制。

这一点可以从美日间贸易关系的变化对世界贸易自由化的影响看出来。

20 世纪 70 ~ 80 年代之间，国际贸易关系以美国和日本之间贸易关系的紧张为特征。尽管双方的关系紧张程度并没有真正达到严重的贸易战的程度，但是这种贸易摩擦确实给 GATT 体制的进程带来了负面影响。在 20 世纪 70 ~ 80 年代之间，美国国内的一些大型的杰出的产业，比如汽车工业、消费电子工业和半导体工业，受到来自日本的公司的冲击。由于当时流行的观点认为日本的经济体制的保护主义性质是使得日本经济在当时取得成功的主要原因，以至于在 20 世纪 70 ~ 80 年代，美国一些有影响的贸易观察家得出结论认为偏离正常的自由贸易规则对于避免日本控制世界经济是必要的。在这种认识下，美国应当在对日贸易关系中实现一种管理型的，或者说以结果为本的贸易关系。换言之，美国政府应当对来自日本的进口实行高关税和数量限制措施，并且在这种情况下，美国政府采取了多次单方面的措施来对日本进行贸易制裁，或威胁进行制裁。首先，美国建立了新的进口障碍，在里根当总统的阶段，美国规定的属于限制范围的进口从12%上升到25%，其中大部分的限制目标是针对来自日本的进口。这些限制措施包括汽车、钢铁和机械设备等产品的自愿限制出口协议以及大量的针对日本进口的反倾销案件。① 尽管这种贸易摩擦并没有带来GATT体制的崩溃，但是确实给GATT体制在20世纪80年代的实施带来了巨大的困难。美国和日本在1986年达成的半导体协议，实际上被日本视为是一种灾难，在这个协议中，美国要求日本政府保证为外国半导体产业的供应商让出20%的市场份额。同时，美国在20世纪80年代也多次试图适用单方制裁的方式保护本国的受到日本相关产业竞争的家用电子、汽车和机械设备等一些关键工业，但是这种方式并没有能够使本国的工业免遭日本企业的竞争，甚至没有为美国的国内产业带来平稳调整的机会，到20世纪90年代，美国家用电子企业退出了市场，美日间的这种贸易摩擦，也造成了20世纪70～80年代期间，国际贸易关系的紧张气氛，导致贸易自由化进展的缓慢。所幸的是，对GATT体制的改革代替了让这个体制崩溃的想法，经过乌拉圭回合的艰苦谈判，WTO在20世纪90年代初建立。这种体制创新，特别是最为人们所称道的WTO的争端解决机制为减少导致贸易摩擦的机会提供了一种成本相对较低的有效工具。美国在20世纪90年代试图与日本政府就胶片市场的开放问题进行谈判遭拒绝的情况下，没有再使用单方面制裁的方法，而是将其提交

---

① *See* Brink Lindsey, The Changing Nature of U. S. -Japan Trade Tensions, remark to the conference on Deregulation in the Global Marketplace: Challenges for Japan and the United States in the 21st Century, April 6, 1998, *see* www. cato. org, visited on 12/03/2004.

WTO 的争端解决机制进行裁决，尽管美国并没有达到其迫使日本开放胶片市场的目的，但是 WTO 所提供的体制，在提供解决争端的一种正式制度的前提下，避免了贸易摩擦和贸易报复或制裁措施所带来的贸易争端的扩大化。

但是，WTO 的争端解决机制作为世界贸易体制中的一种程序性的制度形式，它需要实体性质的权利分配规则来支持，如果没有明确的权利分配规则，这种制度的存在很可能会带来更多的争端，从而增加 WTO 体制执行的成本，成为这种体制运行的一种负担。

五、现行 WTO《反倾销协议》存在的主要缺陷

WTO 的反倾销体制在 GATT 时代最初是作为一种保护国内产业不受外国出口商或者生产商掠夺性定价做法的损害的规则，是战后国际贸易组织（ITO）设计者眼中的公平贸易规则之一。但是，ITO 的设想并没有成为现实，而 GATT 体制本身的局限性，以及 GATT 第 6 条有关反倾销规则的不完整性，使得反倾销措施成为了各国国内不同工业进行产业保护限制外国竞争者的工具。比如，欧共体在 20 世纪 80 年代曾经使用反倾销法律作为工具，成功地保护了欧洲的家用电子工业免于日本同行业企业产品的激烈竞争；美国在吸取其家电产业消失的教训的同时，在 20 世纪 80 年代也对来自日本的钢铁、汽车配件和机械工具等进口产品频繁地使用反倾销措施，以对国内的相关产业进行保护。尽管随着 WTO 的建立，反倾销措施的使用标准在 WTO《反倾销协议》所确定的规则和 WTO 争端解决机制运行的基础上，其协调性和一致性有所改善，但是由于 WTO《反倾销协议》的规则本身所存在的缺陷，这一措施成为引起争议最多的一种制度。这种情况一方面导致了反倾销措施的不适当的使用，另一方面也增加了 WTO 运行的成本。造成这种现象的主要缺陷表现在以下几个方面：

一是《反倾销协议》并没有明确反倾销措施适用的合理性基础，或者说这种措施适用的基础并不明确。WTO《反倾销协议》的第一条规定的所谓原则实际上并没有提供明确的反倾销措施适用

的合理性基础，只是规定了《反倾销协议》与GATT1994之间的联系，在这种原则之下，反倾销措施适用的一般条件是价格歧视、对国内产业的损害以及二者之间存在因果关系。而这种条件与贸易自由化所要实现的目的之间存在着不可调和的逻辑上的矛盾。按照比较利益的理论，价格差异是资源配置效率的最直接体现，不分缘由地抹煞这种差异，比较利益的意义也就不复存在，这显然动摇了世界自由贸易体制的合理性基础。不可否认，GATT 第 6 条和 WTO《反倾销协议》关于反倾销制度的性质的这种回避态度是 WTO 成员方协调各自利益的结果，但是，同样不能否认的是，这种对反倾销制度性质的回避态度也导致了反倾销措施认定和实施的具体规则确定上的模棱两可，以及由此而产生的对反倾销措施的不适当的使用。就像本章前文所分析的，一些成员把反倾销制度作为一种公平贸易制度来理解，将反倾销措施作为一种对“贸易扭曲做法”的救济措施，但是由于 WTO 体制本身并不对成员方内部的经济规制进行管理，或者制定协调的标准，这种救济措施的规则基础实际上并不存在。各国只能根据自己的理解或本国的规则来判断，并把这种观点引入价格歧视的认定规则中，导致反倾销措施实施上的倾向性或者说歧视性做法。而所谓“减压阀”的理解则更是公开地将反倾销制度作为保护主义势力的泄洪口，利用反倾销规则为保护主义提供活动空间，使得反倾销制度成为一种贸易保护主义的工具，最终导致对世界自由贸易进程的损害。

二是由于上述性质方面的不明确，导致反倾销制度本身存在着与《WTO 协议》规定的基本原则和宗旨不相符的不合理的规则。

首先，WTO 的宗旨是通过降低成员国之间的贸易壁垒，创建一个更加自由的国际贸易环境，以保证消费者和生产者能够享有供应保障和对制成品、原材料和服务的更多选择，从而最终促进成员国的人民的福利。① 这种福利应当是建立在更加自由的世界贸易关

① WTO 对该组织的解释。参见 WTO 官方网址：http://www.wto.org/english/thewto_e/whatis_e/inbrief_e/inbr00_e.htm，2004 年 3 月 15 日访问。

系的基础之上的，是在保证制成品、原材料和服务能够更加自由、平稳和可预见地流动的基础上实现的。对这种福利的理解应当建立在全球利益的角度上，而不是某个成员方的某些团体的利益，尽管这种全球的角度并不能完全与 WTO 成员的单独的利益完全割裂，但是 WTO 作为一个全球性的贸易自由化组织，考察它的具体制度必须以全球性的公共利益为出发点。目前的 WTO《反倾销协议》只是规定了反倾销措施实施的基础是对国内的有关产业的保护，并没有考虑到实施反倾销措施的成员的整体利益，导致目前的反倾销制度成为“成员方国内产业用来击退外国竞争者的大棒”。① 现行的《反倾销协议》所规定的保护是以生产商的利益为基础对进口国的特定产业提供的保护。确定反倾销税的实施与否只考虑倾销对国内同类产业的影响，这种以国内特定产业为保护目标的规定，一方面由于忽视了其他相关产业和消费市场的需要，而不能反映进口国经济发展的整体需要，忽视了增进国家福利的方面，从而无法达到使国内产业进行合理的调整以适应新的竞争条件的目的；另一方面，由于反倾销制度单纯针对某一产业，它通过征收反倾销税人为地提高外国同类产品的价格，创造有利于本国产业的竞争条件，使得本国产业获得竞争优势，或者维持本国不具有比较优势的行业，这种保护实际上所起的作用只会扭曲这一产业的竞争条件，使保护措施对自由贸易利益的减损扩大化。

其次，从 WTO 的基本原则的角度来看，根据 WTO 官方的解释，WTO 体制的基本原则包括：（1）非歧视贸易原则；（2）自由贸易原则；（3）通过有效的规则实现可预见性的原则（透明度原则）；（4）促进公平贸易原则；（5）鼓励发展和经济改革的原则。纵观现行 WTO《反倾销协议》，存在着大量的违反上述原则的规

① Yeomin Yoon and Robert W. McGee, The Problem with the WTO's Antidumping Provision, see on website http://www.iaes.org/conferences/past/philadelphia_52/prelim_program/f20-2/yoon_mcgee.htm, visited on 03/15/2004.

定，这些规定在一定程度上导致了公众对 WTO 反倾销制度合理性的质疑。从保护国内产业的出发点来看，WTO《反倾销协议》与保障措施相比带有歧视性。由于它只对来自某个特定国家的价格歧视的进口产品征收特别的关税，因此，从形式方面看，这种保护是选择性的，违反了 WTO 的要求平等地给予其他国家的进口以特定优惠关税待遇的最惠国待遇的原则；同时，由于反倾销税的征收是一种由 WTO 成员政府根据国内的反倾销法律而采取的措施，因此，作为一种保护性的制度，它是一种单边的保护措施，这种单边的保护性救济措施的实施，在一定程度上违背了 WTO 的多边主义精神。从对外国的贸易扭曲做法所导致的价格歧视进行救济出发点来看，《反倾销协议》中并没有规定导致价格歧视的具体的贸易扭曲做法，而是把价格低于出口商本国市场，甚至第三国市场的情况一律认定为需要采取救济措施的条件——倾销，换言之，《反倾销协议》并不规定扭曲贸易的标准，因此，从本质上来看，WTO 的反倾销规则并不能真正促进公平贸易。特别是从转型经济的角度来看，现行的 WTO《反倾销协议》允许各成员方国内的反倾销法律对来自非市场经济成员方，或者转型经济成员方的进口商品采取有别于《反倾销协议》规定的倾销认定方法，这种《反倾销协议》的双轨制忽略了非市场经济国家所具有的比较优势，造成了反倾销措施适用中的歧视性，将保护主义的压力不公正地转嫁给了实施改革开放政策的转型经济成员方，不利于转型经济国家经济改革的进行。《反倾销协议》的这种规则至少是对前述 WTO 基本原则中关于鼓励经济改革原则的一种偏离。

再次，现行反倾销制度将竞争和保护两个存在价值冲突的目标作为出发点，使得一些反倾销规则缺乏整体上的协调性，扩大了保护的条件。按照《反倾销协议》规定的倾销的认定方法，其目的是保护由于本国的同类产业免于进口产品的低价销售行为所造成的损害，而并不以维护自由竞争的市场秩序为目标。尽管所有的价格歧视行为都被认为是不公平的竞争行为，但是由于现代的竞争理论是以自由竞争为其合理性基础的，这种自由竞争的价值观并不将简单的价格差异的现象作为不正当竞争的基础，因此从遵守竞争规则的意义上看简单的价格差异并不构成不公平竞争，反倾销规则将一切价格歧视行为作为应当谴责的行为，并不符合现代公平竞争的价值观，不是以保护竞争秩序为其合理性基础的规则。然而，在反倾销的措施实施规则中，反倾销税被作为一种纠正倾销行为的法律救济措施，以纠正倾销或者补偿损害为目的，而不是一种保护性措施，以缓解价格冲击为目的，这样从法理上看，反倾销税的撤销就可以不以时间为限制，而是以是否达到纠正倾销行为或补偿损害为限度，以致出现所谓"日落规则"中规定的反倾销措施终止制度流于形式，这种规则之间不协调的结果是延长了保护措施的时间，成为鼓励贸易保护主义者通过反倾销规则实现保护主义目的的一个因素。

最后，现行的WTO《反倾销协议》由于赋予成员方的反倾销调查当局以过大裁量权，从而影响了WTO的成员方执行《反倾销协议》的透明度，给贸易保护主义滥用反倾销措施提供了较大的空间。按照新西兰代表在多哈回合谈判中关于《反倾销协议》的透明度问题所表达的意见，透明度是指要求WTO成员方公开它们执行《反倾销协议》的措施和程序，各成员方的反倾销规则的透明度是以WTO的规则的明确性来保证的。新西兰的意见认为由GATT第6条构成的最初的反倾销规则缺乏详细的规则，使得缔约方基本上可以自由地根据本国已有的反倾销法律和程序来执行GATT的第6条，结果造成了各缔约方的反倾销法律和政府的调查程序在许多方面都不一致。① 尽管后来的WTO的《反倾销协议》为成员方的反倾销政策提供了一个执行框架，但是《反倾销协议》中仍然为成员方内部的反倾销法律的执行留有较大的裁量权空间，比如，关于"正常"价值的确定标准、"同类"产品的范围的认定、实质性的损害或实质性的损害威胁中"实质"的判定，许多成员方的反倾销法律都通过国内的法

① WTO Negotiating Group on Rules, The Role of Transparency in the Anti-Dumping Agreement, Submission by New Zealand, TN/RL/W/137, 15 July 2003, pp. 1-2.

规、反倾销调查当局的裁量权为反倾销政策的执行提供了超出 WTO《反倾销协议》规定的细节。根据 Bruce A. Blonigen 的对美国执行反倾销法律中裁量权的研究表明，正是这种执行 WTO《反倾销协议》和成员国内反倾销法律的裁量权的适用，使得反倾销调查的数量不断增加，同时也使得影响反倾销税征收数量的倾销幅度不断上升。① 另外，裁量权的过度使用会使得反倾销法律规则执行的可预期性程度下降，导致法律规则执行过程缺乏公正性和准确性，而这种反倾销法律规则的可预见性、公正性和准确性的降低，又会影响出口商根据反倾销规则进行商业决策和采取行动的效率和效果，并且最终导致对反倾销措施的滥用。

WTO《反倾销协议》的上述缺陷在一定程度上导致了 WTO 体制内反倾销措施争端发生频率的上升。

因此，考虑 WTO《反倾销协议》的改革议题，首先应当从反倾销制度在 WTO 体制内的合法性和对 WTO 运行的效率的影响的角度出发，澄清有关《反倾销协议》的概念性的基本问题，以及明确《反倾销协议》在 WTO 整个体制中所扮演的角色或者所起的作用；在此基础上，对《反倾销协议》中不合理和缺乏透明度的规则进行改革。

六、建议：《反倾销协议》的作用和原则

本章的有关分析已经表明，《反倾销协议》在现行的 WTO 体制中仍然扮演着重要的角色，尽管从竞争经济理论的合理性角度来看，反倾销制度并不能作为一种促进自由竞争的工具，也不能在自由贸易的体制下起到规范不公平竞争行为的效果，但是，从减少 WTO 的关税减让机制运行所带来的成本和摩擦的角度来看，这一制度是能够起到重要作用的。首先它所确立的特殊关税的征收措施为不断进展的贸易自由化过程所产生的成本，或者说是价格冲击所

① Bruce A. Blonigen, Evolving Discretionary Practices of U. S. Antidumping Activity, August 2003, pp. 3-4.

带来的成员方整体经济表现的下滑和由此而产生的国民福利的降低提供了一个缓冲的方法；其次《反倾销协议》作为一种贸易自由化机制中的保护性规则制度，为一项贸易制度的实施带来的冲击在WTO成员方之间的分担提供了一种平衡途径；最后，WTO的《反倾销协议》作为一种关于解决成员方之间贸易争端的实体规则和WTO的争端解决备忘录所规定的程序规则一起，构成一种正式的市场开放机制的保障体制，促进了国际贸易争端解决的法治化。因此，反倾销制度在现行的WTO体制之内扮演着保护和保障制度的角色。

根据反倾销制度的上述特征，WTO《反倾销协议》的改革应当从澄清反倾销制度在世界贸易体制中所应当扮演的角色出发，并在以下原则的基础上进行。

首先，《反倾销协议》所确认的规则应当与WTO的宗旨保持一致。这一改革的原则首先意味着反倾销规则的适用应当尽量避免对世界贸易体制的合理性基础——即在自由贸易的条件下，比较利益可以促进世界经济的增长，并在全球范围内增进人民的福利——造成损害。在这种前提下，WTO《反倾销协议》所确认的保护规则首先应当确保它保护的是WTO成员方的整体经济利益，以及与之相联系的消费者的利益，而不应当仅仅起到保护与外国出口商或生产商相竞争的本国产业的直接利益。因此，进行WTO《反倾销协议》改革时，成员应当考虑引入必要的公共利益考量因素；另外，WTO的反倾销制度作为一种平衡自由贸易利益的保护性措施，应当不同于执行自由竞争政策或者公平竞争政策的反倾销制度的目的，前者提供的救济措施，即对倾销产品征收高于一般关税水平的反倾销税，其目的是为了给受到外国出口产品的价格竞争冲击的国内经济提供一种缓冲措施，以便其进行调整；这种救济措施与后二者的惩罚性或者补偿性救济的本质完全不同。基于WTO反倾销制度的这种缓冲和调适的目的，反倾销税的征收应当有明确的期限。尽管现行的WTO《反倾销协议》中规定了所谓5年期的“日落制度”，但是这一条款并没有明确这个期限的性质，相反从条款的文字内容分析，这一期限只是规定了成员方的调查当局对生效的反倾销措施进行“到期复审”的义务，而对这种复审的结果，则由有关成员方的调查机构进行裁决，造成了这种“日落条款”在事实上成为一种“日不落条款”，因此，WTO《反倾销协议》的改革，还必须根据反倾销制度所扮演的角色，考虑建立更合理的反倾销措施的失效制度，使之能够与《反倾销协议》的性质相协调。

其次，《反倾销协议》的规则应当尽量保持与WTO基本原则和精神的协调。不可否认，从反倾销制度本身的形式来看，其提供的是一种有选择地对不同的外国出口商或者生产商实行差别关税的机制，但是这种制度是针对价格对进口方市场的冲击而设计的，为了能够更有针对性地调整价格冲击的影响，对实行价格歧视策略的生产商和出口商的产品征收特别的关税是合理的。尽管根据最近的经济统计研究结果，WTO的保障措施制度虽然在形式上对所有的外国有关进口产品在实施有关措施时一视同仁，但是实际上保障措施的实施的经济效果并不比反倾销措施有更少的歧视性。① 因此，在决定征收反倾销税时，价格歧视应当是裁决的基础，而认定的中心内容应当是损害以及损害和价格歧视之间的关系。认定价格歧视的目的是测量倾销的幅度，以便确认价格冲击所引起的损害的幅度，从而最终裁定反倾销税的征收数量。基于上述原因，有关成员方在调查实践中所适用的倾销幅度的认定中的“归零”方法，会导致凭空创造倾销幅度的情况，从而造成反倾销税的计算结果向上偏斜，从平衡利益和适当保护的角度来看，这种做法是不合理的，《反倾销协议》对此应当予以明确禁止。另外，对于价格的比较方法和规则的规定应当更加明确。比如在规定了多种方法的选择时，应当同时设定适用的条件，以避免认定过程中各成员方的调查机构因为选择方法的不同，在同样的案情条件下作出不协调的裁决，造

① *See* Chad P. Bown, How Different are Safeguards from Antidumping? Visited on 28/03/04. *See* http://www.brandeis.edu/~cbown, visited on 20/10/04.

成一种事实上的歧视性结果。同样，倾销与损害之间的因果关系是保证反倾销措施的针对性，并且确保反倾销措施合理性的一个重要因素。因此，有关规则应当更加清晰，并具有确定性。WTO 的《反倾销协议》应当避免市场之间的歧视性做法。由于现行的 WTO 体制以及《反倾销协议》本身并不具备评估市场结构和市场性质的标准性规范，因此将所谓的“保护性”市场经济体和“非市场”经济体作为特殊的群体，在反倾销调查的启动，或者反倾销调查的有关规则中实行事实上的或者法律上的差别待遇，会导致反倾销制度的歧视性。因此，WTO《反倾销协议》的改革应当考虑对有关规则作出修改，以避免上述事实上的歧视和法律上的歧视的发生几率。另外，作为一种 WTO 成员政府单边决定实施的贸易保障措施，尽管从其实施的有效性考虑，不宜将其改造成完全多边或者双边性质的措施，但是，为了避免 WTO 成员政府在贸易保护主义的压力下滥用这种单边性质的措施，通过在决定启动反倾销调查的规则中加入适当的多边或者双边的因素，从而加强对 WTO 成员使用反倾销措施的做法是合理的。

最后，WTO《反倾销协议》的改革，应当建立在透明度原则的基础上。透明度原则既是 WTO 体制的一个基本原则，也应当成为《反倾销协议》的一个原则。防止成员方滥用反倾销法律实施贸易保护主义，一方面要增加 WTO《反倾销协议》规则的精确程度，缩小 WTO《反倾销协议》的裁量权空间，另一方面还应该增加 WTO《反倾销协议》执行的透明度，控制成员方国内反倾销法律执行中的裁量权。

确定《反倾销协议》改革的出发点，澄清《反倾销协议》的目的和作用等概念性的基本问题，不仅具有理论上的意义，还对制定反倾销的具体规则，改革反倾销制度具有重要的意义。基于本章的讨论，笔者认为在 WTO《反倾销协议》改革的过程中提出的三种普遍讨论的意见都存在一些关键性的缺陷，“减压阀”理论由于完全从国内政治需要的角度出发，不仅不能达到降低保护主义的国内政治压力，保持 WTO 的贸易开放制度的目的，相反在屈服于国内保护主义压力的同时，增加了国际政治经济关系的紧张度，对WTO造成威胁。“拉平竞技场”的理论从公平贸易的角度出发，将反倾销规则理解为一种对不公平贸易效果的救济措施，通过将自由贸易利益平均化来得到“公平的贸易效果”，在世界贸易体制中缺乏规定“不公平贸易”行为的规则，而使得反倾销规则所提供的救济措施缺乏法律依据，这种观点最终导致不公平的结果。而最具合理性的“竞争为本”的反倾销规则，则由于现行的WTO的体制环境的限制而无法有效地实施。笔者认为，有效地确定《反倾销协议》改革的出发点，应当从现有的世界贸易体制的特点和性质出发，以确保世界贸易体制运行所带来的利益为基础，将包括反倾销制度在内的所谓“贸易救济”措施作为贸易自由化进程的缓冲器，通过暂时的保护措施降低贸易自由化的成本，从而起到稳定世界贸易体制的作用。

第三部分

WTO《反倾销协议》改革:主要措施

第七章　倾销和损害的认定

倾销和损害的认定是反倾销法律的实质性的核心内容，它是决定采取反倾销措施的两个主要的实质性步骤。倾销的概念从诞生起就缺乏经济学上的精确性，这引起了各方面的争议，因此反倾销法律确定倾销和认定反倾销措施的方法一直处于变化之中。在反倾销法律出现的最初阶段，反倾销措施的认定完全是以倾销的确定为基础的，19 世纪 20 年代后，国内同类产业的损害也成为反倾销措施认定的一个条件。直到第二次世界大战后，多边贸易体制在 GATT 的框架下形成，反倾销措施的认定方法才形成了稳定的基本框架。根据 GATT 第 6 条的规定，缔约方可以使用反倾销税来抵消倾销产品的倾销幅度，如果这种倾销实质性地损害了与其竞争的国内产业或者对其竞争的国内产业造成实质性损害威胁。

尽管反倾销措施的认定有了上述框架性的规定，但是由于各国贸易政策的影响，反倾销措施的认定仍然存在着许多问题，例如倾销的认定标准、损害的认定标准等在各国的反倾销法律中都存在着较大的差别。肯尼迪回合和东京回合的《反倾销守则》以及 WTO 的《反倾销协议》确立了倾销、损害和倾销与损害的因果关系的具体标准。但是多边贸易体制的这两个反倾销规则存在着目的和宗旨不明的缺陷，导致了它们规定的反倾销措施的认定方法存在着许多漏洞。

根据约翰·杰克逊教授的分析，东京回合的《反倾销守则》虽然签约规定了对倾销行为可以实施反倾销措施，但是它并不要求签约国规制它们的国内企业的倾销行为。① 这样，尽管《反倾销守

---

① *See* Jackson and Vermuslt ed. ,Antidumping Law and Practice 1990,pp. 8-9.

则》规定了倾销和损害的确定，以及反倾销措施认定的基本模式，但是仍然存在着反倾销调查影响或扭曲国际贸易流向的情况。

乌拉圭回合中，参与谈判的各方对东京回合的《反倾销守则》进行了大范围的修改，但是《反倾销守则》宗旨不明的根本问题依然存在于新的WTO《反倾销协议》中。对WTO《反倾销协议》的宗旨和性质的认识不同，以及由此而引起的对反倾销措施的期望的不同，引起了WTO成员方和学术界对反倾销措施认定的基本标准的各种批评。这些批评与其说是来源于这些标准本身的不合理性，还不如说是来源于人们对反倾销措施的作用的认识和期望的不同。在这种前提下，在多哈回合中对反倾销措施的认定标准的修订进行任何讨论都是没有实质性的意义的。

基于上述认识，笔者认为任何反倾销措施的认定标准的改革都应当以确定的宗旨和原则为出发点。基于本书第二部分的论述，笔者认为改革认定标准的出发点应当是通过对成员由于外国出口商的价格歧视性行为而造成的市场冲击和由此引起的经济和社会冲击提供缓冲措施，同时保证反倾销措施的适用在最大的程度上不会对自由贸易造成扭曲，有利于世界贸易体制运行的效率和效果，保持自由开放的贸易政策的机制的协调发展。

一、倾销和损害认定标准的经济理论和贸易政策基础

如前文所述，多边贸易体制的成员方以及学术界一直对倾销的概念和反倾销措施的经济合理性问题存在争议，因此对反倾销法律的宗旨和原则的认识并不一致，这种现象导致了倾销和损害认定标准上的模糊，尽管WTO《反倾销协议》对倾销和损害的认定规定了一般的标准，但是这种规定由于缺乏更具体的标准，同时缺乏明确立法的经济理论基础，因此在各成员方的相关法律实践中引起了许多争议。下面笔者分别根据WTO《反倾销协议》中有关倾销和损害确定方法的规定对WTO《反倾销协议》中认定倾销和损害的标准所依据的经济理论和贸易政策基础进行简要分析。

(一) 倾销的确定方法

WTO《反倾销协议》的第2.1条规定了倾销的定义：

"根据本协议的目的，如果一种产品从一国向另一国家出口的出口价格低于可比的、在出口国用于消耗的同类产品在一般贸易过程中的价格，该产品就被认为倾销，也就是指该产品低于正常价值进入另一国家的商业领域。"

而根据《反倾销协议》第2.2条的规定，所谓一般贸易过程中的用于消耗的产品的价格可以理解为在出口国的正常贸易条件下的国内市场价格。第2.2条规定：

> "如果在出口国的国内市场的一般贸易过程中不存在同类产品的销售，或者如果由于特别的市场情况或者同类产品在出口国的国内市场上的销售量太低，而使得这种销售不允许合理的价格比较，倾销幅度应当通过与……的可比较的价格进行的对比来确定。"

可以看出来，第2.1条所指的可比价格是指在出口国国内市场上的销售价格，如果没有这种国内市场的销售，也就不存在第2.1条中所指的可比价格。

所以根据以上定义和解释，倾销的认定方法可以用以下的等式来表示：

倾销幅度＝（正常价值－出口价格）/出口价格×100%

其中，出口商本国的市场价格的确定方法有三种：（1）同类产品在出口国的出厂时的定价；① （2）根据产品向第三国市场的

---

① 参见WTO《反倾销协议》第2.4条的规定。这一条的目的是规定出口价格和出口国国内市场价格的比较方法，根据这一条规定，出口价格和正常价值的出口价格和正常价值的比较，正常情况下应当是在产品出厂的水平上。

出口价格确定;①（3）根据构建的价格确定。② 第一种方法是确定出口国市场价格的基本方法；第二种和第三种方法是确定正常价值的例外方法，应当说是一种推定的出口国的国内市场价值。根据第2.2条的规定和它的注释，在出口市场情况特别或出口国市场上不存在同类产品销售，或者同类产品的销售量太低，用以与出口价格比较的可比价格应当选用出口国向适当的第三国出口同类产品的价格，或者根据原产国的生产成本加上合理的管理、销售和一般费用以及合理的利润来确定可比价格。所谓同类产品在出口国国内市场上的销售量太低是指，在标准情况下出口国国内市场用于消费的同类产品的销售量不足以构成产品在进口国市场销售的5%；但是，如果有证据显示低于5%的比例构成了进行适当比较的足够规模，低于5%的销售比率也是可以接受的。③

构建可比价格的方法除了根据受调查的同类产品生产商和出口商在正常贸易过程中生产和销售的实际的数据来确定以外，在无法使用实际数据的情况下，还可以根据（1）调查的出口或生产商在同一大类产品的原产国国内市场上生产和销售的实际数据；（2）受调查的其他生产商或出口商在原产地国国内市场上的生产和销售数据的加权平均值；或者（3）任何其他合理的方法，只要建立的利润数据不超过正常情况下其他出口或生产商在原产国国内市场商销售同一大类产品的利润。④

出口价格的确定方法则有两种：一是在产品的出厂价格的基础上，根据具体案件所涉及的销售条件和期限、销售水平、税赋、销售量、产品的物理特征，以及任何影响价格比较的因素的不同而调整的价格;⑤ 二是在没有出口价格，或者有关调查机构认为由于出

① 参见WTO《反倾销协议》第2.2条的规定。

② 参见上引。

③ 参见WTO《反倾销协议》第2.2条以及注释2。

④ 参见WTO《反倾销协议》第2.2.2条。

⑤ 参见WTO《反倾销协议》第2.4条。

口商和进口商的联合或与第三方的某种安排而使得出口价格不可靠的情况下，调查机构可以根据进口商第一次再销售的价格构建出口价格。①

从以上 WTO《反倾销协议》规定的倾销确定的具体方法来看，人们通常所说的掠夺性倾销并不是 WTO 反倾销措施所要对抗的主要目标。正如本书第一部分讨论的理论所表明的，在掠夺性的倾销中，大多数倾销者是以低于成本的价格销售产品，以期削弱竞争对手、增加市场份额，掠夺性倾销的倾销者往往也是已经在市场上占有一定支配地位和垄断优势的企业，它们的倾销行为往往是与倾销者的垄断意图相联系的，因此，在早期的反倾销立法中，许多国家把生产成本作为确定倾销的一个标志，以便决定是否对受调查的出口者征收反倾销税。例如，加拿大 1921 年修订的反倾销法律规定，在确定反倾销税的征收时，外国市场价格绝对不能低于同类产品的实际生产成本加上合理的利润，即使受调查的产品的价格没有低于本国国内市场的价格，只要其价格低于实际生产成本 + 合理利润，反倾销调查当局就要对其征收反倾销税。新西兰的法律也有类似的规定。澳大利亚的反倾销法则规定，如果出口商销售给澳大利亚进口商的产品的价格比其生产成本加上 5% 的利润再加上装运成本还要低，澳大利亚就要对该商品征收“低于成本的倾销税”。② 可以看出，对掠夺性倾销征收的反倾销税是以出口商品的同类产品的成本及合理的利润为可比价格的，这种可比价格并不以出口国的国内市场价格为标准。WTO《反倾销协议》的第 2 条规定的倾销的确定标准中虽然也包括根据出口同类产品的成本来选择可比价格的方法，但是，这种计算方法的目的是构建产品在出口国国内市场的价格。这种价格只有在产品的国内市场价格不存在或者受到扭曲时才能够适用。

---

①　参见 WTO《反倾销协议》，第 2.3 条。

②　参见［美］雅各布·瓦伊纳：《倾销：国际贸易中的一个问题》，吴瑶译，商务印书馆 2003 年版，第 251～252 页。

有关研究表明，以低于成本的价格销售产品是一种不理智的做法，因为不具有市场支配地位的企业以低于成本的价格销售来获取市场垄断地位，多数情况下是不能达到目的的，因为其他的企业也能够采取这种措施，这种竞争是一种“向最底层的赛跑”（run down to the bottom），是一种没有最后赢家的竞争，而且即使最后能够获得垄断地位，当垄断者将价格调高以后，其他竞争者又会进入市场；如果具有市场支配地位的企业或者垄断者使用这种方法来削弱它的竞争者，那么它必须具有雄厚的实力来支持长期的无利润或亏损经营。在上述情况下，以掠夺性的定价来认定倾销的方法不再是国内反倾销法律和 WTO《反倾销协议》确定反倾销措施适用与否的主要根据。

尽管低于成本价格的销售的经济学理论基础并不充分，但是在国际贸易环境中，一国的生产者在国内产量和销售量可以补偿其固定成本时，它可以以只包括可变成本和利润的价格在另外一个国家的市场上销售其产品。在这种情况下，只有出口者的产品在国内能够获得垄断或支配地位，从而获得高价销售其产品的机会，它才能够以这种国内市场的高价格来补贴它在外国市场上低价销售的损失。也就是说，国际贸易中保护性市场的存在使得倾销能够存在并且有利可图。例如政府为了支持某一产业的发展而对国内市场进行干预，支持该产业进行长期的倾销以便获得国际地位；或者出口国国内的竞争法律缺失，导致垄断组织获得支配市场价格的垄断地位，比如组建卡特尔，允许几家公司联合控制市场价格，以高价在国内市场销售其产品。这种定价方式产生的倾销是有条件的，也就是说只有在本国市场是受保护的市场，销售到外国市场的商品无法返销回本国市场的情况下才会发生，否则回销的产品价格将削弱本国市场的价格，从而使当地市场遭到破坏。尽管在开放的贸易体制下，关税无法作为保护本国市场的手段，但是国内市场的垄断结构也能够使得出口国的国内市场受到保护，从而产生价格歧视存在的环境。由于当前的多边贸易体制并不涉及竞争法律和政策的协调机制，进口国的反垄断法因为没有域外效力而无法调查这种来自出口商的价格歧视行为，因此反倾销措施就成为对付这种以垄断为基础的价格歧视行为的方法。

在上述情况下，确定倾销是否存在的方法当然是出口价格与出口国国内市场的垄断价格进行比较。从表面上看，WTO《反倾销协议》所适用的倾销确定方法是以对抗垄断、保障公平竞争的反倾销理论为基础的，但是实际上，在外国市场上以低于本国国内市场价格进行的销售并不都是以本国国内市场的垄断地位为支持的，有一些在本国市场上没有垄断地位的生产商也会出于各种目的在国外的市场上进行短期的倾销，比如某企业为使其产品进入国外市场而实施的短期低价销售策略，某些企业为清理库存而在国外市场上短期低价销售产品的偶发行为。这种产品销售中的价格差异，实际上是对进口国的消费者有利的，也有利于进口国的市场竞争，但是以出口国国内市场价格减去出口价格来确定倾销的方法，无法区分这些偶发的倾销和短期的倾销，结果造成了“倒脏水同时倒掉婴儿”的现象。

从上述分析可以看出，现行的WTO《反倾销协议》中规定的这种“倒脏水同时倒掉婴儿”的倾销的确定方法并不是完全从维护公平竞争以及经济和效率的理论出发制定的，保护国内产业的政策需要也是制定反倾销措施认定规则的一个强大的基础。结合本书所讨论的《反倾销协议》在世界贸易体制中所应当扮演的角色，以及由此产生的《反倾销协议》改革的出发点来考虑，倾销的认定规则应当从歧视性的价格是否给进口国的相关国内产业和总体经济发展带来损害出发。

不可否认,提高效率和达到生产可能性边界是竞争的合理性目的,通过这种竞争可以达到收入分配的合理化;但是收入的分配除了应当遵循上述关于市场竞争的经济规律以外,道德因素也是收入分配必须考虑的一个重要问题。根据前文的讨论,世界贸易体制中的反倾销制度应当承担一种缓冲这种自由竞争的贸易所带来的社会问题冲击的作用,是建立在开放和自由贸易基础上的保护性安全措施。

反倾销法律中有关损害确定方法的规定，更加强了这种保护性贸易政策在反倾销法中的存在空间。

(二) 损害确定的方法

根据《反倾销协议》第3.1条和第3.5条的规定，损害（根据《反倾销协议》的注释9，损害是指实质性的损害，也包括实质性的损害威胁、实质性地拖延一产业的建立）的最终确定包括两个条件：一是倾销的进口本身对国内产业的损害情况，二是这种损害的情况与进口的倾销行为之间存在着因果关系。

《反倾销协议》的第3.1条规定：

> “以GATT 1994第6条为目的确定损害应当以确定的证据为基础，并且应当包括对以下两个因素的客观的审查：(a)倾销的进口的量和倾销的进口对国内同类产品市场价格的影响，以及(b)这些进口的影响对国内同类产品生产商所造成的影响。”

可以看出，根据这一条规定，有关调查当局所进行的损害审查应当包括两个方面的内容：对国内同类产品市场的损害和对同类产品生产商的损害。

《反倾销协议》的第3.5条则规定：

> “必须有证据显示倾销的进口，通过第2条和第4条规定的倾销的影响，引起了本协议规定意义上的损害。倾销的进口和对国内产业造成的损害之间的因果关系的确定应当基于对呈给调查机构的所有的相关证据的审查。调查机构还应当审查与倾销的进口同时损害国内产业的其他的所有已知因素，并且这些其他因素引起的损害必须不归责于倾销的进口。这些可能的相关因素特别地包括非以倾销的价格销售的进口的量和价格、消费模式中供求关系的情况、外国的和国内的生产者之间的贸易限制做法和竞争情况、国内产业的技术开发和出口业绩以及生产能力的情况。”

从《反倾销协议》的这一条款规定我们可以看出,国内产业的损害情况和受调查的出口商的倾销行为之间的因果关系不只限于倾销直接引起损害的情况,还包括倾销行为与其他因素共同引起损害的情况,而且从这一条规定的文字来看,并没有显示这样的要求,即确定损害和倾销之间的因果关系时,倾销的原因在众多的引起损害的原因中起着决定性的,或者是关键性的,或者至少是重要作用。

从以上《反倾销协议》有关损害确定的方法的规定来看,国内产业的损害的认定倾向于以产业的损害现象为作出肯定性判断的中心,至于倾销与损害之间的关系,从第3.5条规定的确定倾销与损害的因果关系的方法来看,只要它们之间存在着一种松散的联系,就可以对国内产业的损害作出肯定性的判断。这种规定不能不说与WTO的多数成员将反倾销措施作为一种比WTO《保障措施协议》所规定的贸易保障措施更方便使用的贸易保障工具无关。

正如前文所讨论过的,反倾销措施与保障措施相比,在保护国内产业方面具有更大的灵活性,使用起来也更加方便,实施起来的障碍也比较小,因此许多WTO的成员,特别是经济规模较大的成员方都不约而同地将反倾销措施作为一种贸易保障工具来使用,保障国内产业也就成了反倾销法律中规定倾销和损害确定方法的一种不言而喻的重要的政策基础。

二、乌拉圭回合有关《反倾销守则》中倾销和损害认定标准的意见

在乌拉圭回合中,关于反倾销规则的谈判就有相当多的意见集中在倾销和损害的认定方法上。在谈判中许多反倾销措施的使用国家和地区主要提出了以下几个问题:

掠夺性价格和一般商业实践。新加坡认为,定价的差异可能来自于正常的商业实践,倾销只存在于"不公平的定价实践",打击为正常竞争目的而采取的定价实践的反倾销措施将会在全球市场上损害出口者的比较利益,因此,新加坡建议《反倾销守则》的缔

约方应当对倾销的定义、与正常价值有关的问题进行审查。

低于成本的销售问题。在东京回合的《反倾销守则》中，低于成本的销售可以被排除出正常价值的计算范围，有的谈判方认为，这种在计算正常价值时排除低于成本的销售是不合理的。低于成本的销售应当在其销售量和持续的时间达到关键性的程度时才能够考虑被排除，调查机构在决定低于成本的销售是否应当被排除时，应当考虑特定产业的性质、调查的期间和产业的正常运营周期、资本和开发成本的摊提、成本和利润在合理的时间内的恢复程度，调查当局一旦决定排除特定的低于成本的销售，它应当提供裁决的理由和其他的计算正常价值的方法。

中国香港的代表认为，由于《反倾销守则》中并没有明确规定计算正常价值时对其中低于成本的销售的处理方法，有些国家考虑到低于成本的销售不属于正常贸易过程中的交易，而在计算正常价值时排除低于成本的销售是可以理解的，但是低于完全分配的成本的销售是合乎商业实践的，也是符合一些国家国内的竞争政策，而被这种竞争政策所认可的。其建议低于生产成本的销售但是能够在合理的时间内恢复可变成本，并且这些销售没有超过一定的时间范围和达到实质性的数量，那么这种低于生产成本的销售就应当被视为正常的交易过程。谈判各方就“合理的时间”、“实质性的数量”和“一定的时间范围”达成协议对采纳上述意见是必要的。

可忽略的倾销幅度的标准。东京回合的《反倾销守则》中虽然规定了在确定倾销时，对调查机构计算出来的低于一定程度的倾销幅度应当忽略，但是《反倾销守则》并没有规定具体的可忽略的标准，而是将制定标准的权力交给了各国政府。一些谈判参与方认为这个可忽略的倾销幅度的标准应当由多边贸易体制的反倾销规则来规定。

累积评估倾销的进口量的问题。加拿大认为有关调查进行的规则中应当明确规定将没有造成损害或实质性损害威胁的国家的出口排除出调查范围。累积计算不应当是一种义务性的规定。在调查的任何阶段都可以排除某一国的出口，只要来自该国的进口是可以忽略的并且对国内产业没有造成可辨别的不利影响。韩国认为谈判应当讨论制定一个排除某些进口的市场进入的标准的可能性。

中国香港反对在确定损害时以所有的倾销的进口累积计算来评估倾销的进口的影响，对倾销的进口应当分别进行损害评估，如果是累积评估，则违反常理的情况就会发生，比如来自一个出口国的小规模的、正在下降的进口如果和大规模的正在上升的倾销的进口一起评估，损害的结果就会被调查机构分摊给两个进口来源，即使小规模的、下降的进口并没有造成损害。

损害的因素。《反倾销守则》的第3条描述性地列出了在认定损害的过程中应当考虑的因素。对因果关系的检测应当加强，应当要求提供价格抑制或丧失的销售的情况，以及利润的降低。调查机构应当在认定损害的存在时考虑倾销的幅度的因素。

欧共体认为，损害和倾销的进口之间的因果关系的证明应当基于肯定的证据而不仅仅是假设。考虑到这一点，调查中应当考虑的因素包括倾销的进口量和国内产业市场份额之间的关系以及倾销的进口的价格与国内产业的价格之间的关系。在考虑上述因素时特别重要的是进口量的增长与国内产业的经济状况的恶化或无法进一步得到改善具有同时性。而中国香港认为，如果倾销的进口价格压低或抑制国内产业同类产品的幅度小于倾销幅度，损害肯定是由于比倾销的进口更具损害性的其他因素造成的，在这种情况下，倾销与损害之间的因果关系的存在是值得怀疑的，因此就不应当实施。

倾销以外的造成损害的因素。对于《反倾销守则》第3.4条规定的损害可以由其他的倾销以外的因素引起，这种损害不能归咎于倾销的进口。无论什么时候，有证据显示这种其他因素的出现，调查当局应当特别考虑这些因素，特别是在分析倾销的影响时考虑产业整体的市场条件。而且应当规定调查当局有义务在实质性损害的认定裁决中公布对这些其他因素的评估报告。

同类产品的问题。韩国认为，尽管《反倾销守则》中有关于“同类产品”的定义，但是这一定义还是有可能将“同类产品”解释为调查的产品包括输入的产品（零部件）。韩国认为应当对这一概念的应用予以进一步澄清。欧共体认为，像由于时尚或品质这样的原因造成的产品的不同，不足以构成不同类别的产品。

向第三国出口的价格问题。韩国认为有些国家在倾销的认定过程中更倾向于使用“构建”的方法计算正常价值，而不是使用“第三国的出口价格”这种更易被接受的确定正常价值的基础。而调查机构所使用的构建正常价值的成本和利润通常会超过实际的向第三国的出口交易成本和利润，这种情况显然不利于出口方。韩国建议应当在乌拉圭回合谈判中讨论这一问题，以便寻求使得正常价值的认定更公平的方法。中国香港在它提交的书面意见中也提到了这一问题。中国香港指出尽管《反倾销守则》中规定了在没有国内销售的情况下，调查机构可以适用“第三国出口价格”或者适用构建的方法来确定正常价值，但是，在有些国家的反倾销调查中，调查机构根本就不考虑适用“第三国的出口价格”，甚至当这种价格是可获得的时候，调查当局也不会考虑适用它。中国香港认为，这种做法是不合理的，因为正常价值的确立应当与受调查生产者的定价做法相联系，而不是与构建的价值相联系。中国香港因此建议，关于第三国的出口价格的使用应当修改为在没有国内销售的情况下，应当考虑适用第三国出口价格确定正常价值，在没有第三国出口或向第三国的出口不足以确定正常价值时，才能够适用构建价值的方法确定正常价值。

日本的意见认为，应当进一步澄清“没有国内同类产品销售”和“特殊市场情况”的具体含义，并且应当考虑在使用“第三国出口价格”确定正常价值和使用“构建价格”确定正常价值之间建立一个顺序的可能性。

中国香港还提出了规定明确的选择第三国出口价格的条件，认为只有这样才能增加规则的透明度和可预见性。中国香港认为应当选择受调查的生产商在调查期间所达到的最大出口量的第三国的价格来确定正常价值。

构建价值的问题。按照《反倾销守则》的规定，构建价值包括生产成本加上管理、销售和一般费用，再加上利润。在调查实践中，调查当局经常会加入一些不包括在出口价格中的成本费用类型，而且包括在一般费用中的一些活动的费用，有时是受调查的公司根本没有发生的活动。另外，由于《反倾销守则》对构建正常价值中的利润部分的大小没有规定相应的标准，有些国家在反倾销的调查实践中或者在国内的相关法规中使用或规定过高的、不现实的利润，这些使得倾销幅度因此而发生膨胀。

中国香港代表团提交的书面意见也认为，一些国家在调查之前预先设定构建价值中的利润率的出发点的做法是不合理的。它认为，这种做法没有考虑受调查的生产商的正常经营活动的实际情况，使用这种预先设定的利润率来构建正常价值通常得出比受调查的生产商所实现的实际利润要高，结果会导致计算的倾销幅度的膨胀。因此其建议利润率的确定应当是可预见的，能够反映生产商的实践，它认为应当以受调查的生产者在原产国销售中所实现的利润为基础来确定利润率。

负的倾销幅度的处理。中国香港代表团在其提交的书面意见中提出，在计算受调查的生产者的总的倾销幅度的实践中，某些反倾销调查机构将用加权平均的方法计算的正常价值和单个交易的出口价格相比较。当正常价值高于一项交易的出口价格时，倾销幅度通过这些正常价值超过出口价值的累加而得出。当正常价值低于一项交易的出口价格（也就是不存在倾销）时，这种"负数"的倾销幅度被归零后与其他正数的倾销值累加，而不是直接以负数的"倾销值"与其他的倾销值累加而抵消一些正数的倾销值。这种做法的结果是从技术上很容易发现倾销的存在，而且会使倾销幅度发生膨胀。这种做法被称为"归零"（zeroing）。中国香港代表团认为这种"归零"的做法是不合理的，因此建议修改《反倾销守则》中有关正常价值和出口价值的比较规则来制止这种做法。

美国在谈判中更关心反倾销规则对重复出现的倾销和对已经生效的反倾销措施的规避行为的惩罚。因此，在美国提交的书面意见中，对倾销和损害的认定标准的修改，表达了一种对重复出现的倾销适用更严格的判断标准和更严厉的处罚的态度。基于以上态度，美国提出的对第2.4条的修改意见要求加入一项内容，即在存在损害的倾销重复出现的情况下，同类产品的生产成本应当包括主要输入的产品的成本。① 对第3.3条提出的修改意见则要求在国内产业损害分析所考虑的因素中加入对可能重新出现的倾销对国内产业所造成的影响。

上述意见中的某些内容在乌拉圭回合谈判后被纳入了《反倾销协议》。但是由于规定所使用的语言含糊，这些规定在乌拉圭回合协议生效后的1995～2004年近十年的时间内仍然是WTO各成员方产生争议的焦点。

三、WTO《反倾销协议》执行中关于倾销和损害认定方法存在的问题

尽管经过乌拉圭回合的谈判，《反倾销协议》中对倾销和损害的认定方法发生了一定的变化，但是上述乌拉圭回合谈判中反映出的问题，WTO《反倾销协议》并没有作出根本性的调整，结果是这些问题在《反倾销协议》生效后仍然存在。WTO《反倾销协议》关于倾销和损害的认定规则的执行所存在的问题主要通过WTO《反倾销协议》生效后成员提交争端解决机构的争议所体现。据WTO网站所公布的信息统计，从《反倾销协议》生效的1995年开

① 美国在其提交的书面意见中提出的对第5.4条的修改意见包括对"重复的倾销"进行定义。按照美国的意见，重复的倾销是指在倾销裁决作出后，当调查机构根据随后的调查发现被认定倾销的生产者向进口国输入用于组装倾销产品的部件和零件，或者倾销的生产者将零部件输入第三国组装后将成品输入进口国，而且从倾销的进口国输入的零件或部件的价值低于成品总价值的某一个百分比，或者与倾销的生产商相关联的第三国生产商向进口国出口倾销的产品；或者在同一出口国，出口构成倾销产品主要输入产品超过某个百分比的生产商，且该生产商与倾销的生产商有关联或就是倾销的生产商本身。参见 COMMUNICATION FROM THE UNITED STATES, Proposal for Improvements to the Anti dumping Code (Submitted to the Group on 20 November 1989), pp. 6-7.

始，到本书写作的 2004 年 7 月止，WTO 成员之间涉及反倾销的争议共发生过 57 件，其中绝大多数都涉及了倾销和损害的认定标准。

从有关反倾销的 WTO 成员的争端内容来看，成员在执行 WTO《反倾销协议》中关于倾销和损害确定的问题存在的争议范围主要包括对 WTO 成员的有关调查机构在执行具体调查过程中，其调查行为违反 WTO《反倾销协议》的有关规定；国内反倾销法律规则违反 WTO《反倾销协议》的规定；由于 WTO《反倾销协议》的有关内容没有更加明确的规定而引起 WTO 成员对一些认定倾销和损害的国内反倾销法律规则是否符合《反倾销协议》的规定而产生的争议，其中第三种争议在一定程度上反映了现行的《反倾销协议》中存在的问题。

(一) 倾销认定规则存在的问题

在关于倾销的认定的规则方面，争端涉及的上述第三类争议问题主要集中在美国反倾销法律法规的规定和具体调查中的做法。这些规则和做法主要包括：确定出口产品的正常价值时是否可以排除某些低于成本的销售；计算加权平均的倾销幅度时对“负数倾销幅度价值量”的“归零”处理；可忽略的倾销幅度的标准。

正常价值确定时关于低于成本的销售的处理。在乌拉圭回合谈判过程中，就有谈判的参与方提出修改关于正常价值确定的规定，补充关于排除低于正常价值的销售的具体条件，以避免有些成员在具体的调查中不加鉴别地排除商业经营中所有的低于成本的销售，包括正常的经营定价行为，结果导致正常价值的升高，倾销幅度的膨胀；但是，现行的 WTO《反倾销协议》的有关规定并没有解决这一问题，在 WTO 的有关争议中仍然存在关于在确定正常价值时不适当地只排除低于生产成本的销售。

根据《反倾销协议》第 2.2 条的规定，如果在出口国国内市场的正常交易过程中没有同类产品的销售，或者由于特殊的市场情况或者出口国国内市场的销售量过低，正常价值应当根据构建的价值来确定，同时根据第 2.2.1 条的规定，以低于出口国国内市场或第三国出口的同类产品的生产成本加上销售费用、一般费用和管理费用（SG&A）的价格销售的价格不能被看做正常的销售过程，因而也就不能被作为正常价值对待。可以看出来，根据这条规定，无论是为了确定可比较的正常价值，还是为了构建正常价值，有关的反倾销调查机构应当首先对国内销售的同类产品的成本进行核查。

《反倾销协议》的第2.2.1条以及注释4和注释5对核查的标准提出了基本的要求。按照要求，只有调查当局认为低于成本的销售是在一定的时间范围（这个时间范围根据注释4的解释通常应当是一年，但在任何情况下不得少于6个月）之内，以实质性的数量（根据注释5的解释受调查的交易的销售价格的加权平均值低于加权平均的成本；或者低于单位成本销售的销售量不少于为确定正常价值而考虑的交易量的20%）进行的，并且是以在合理的时间内无法恢复全部成本的价格销售。如果在销售时低于单位成本的价格在调查期内高于单位加权平均成本，那么这种价格应当被视为在合理时间内能够恢复所有成本。

上述《反倾销协议》规定的为确定正常价值而对产品成本进行的检测通常被称为产品成本核查。根据前文分析，这种低于成本的价格核查，其本意应当是为了保证确定的出口国国内的市场价格是一种竞争性的价格，而不是国内具有支配地位或垄断优势的公司为了获得垄断地位而适用的掠夺性价格。但是根据普遍的经济理论分析，国内市场上的掠夺性价格通常情况下是不可能存在的，在确定正常价值时，排除国内的低于成本的销售不但不能获得一个反映实际情况的出口国国内市场的可比价格，反而会人为地抬高确定的正常可比价格，从而使倾销幅度的计算结果人为地膨胀。因此，有些政策分析者认为，应当取消成本价格核查。根据这些政策分析者的观点，① 首先，排除低于成本的销售会造成出口价格和正常价值的比较的不对称。他们认为，根据现行的《反倾销协议》，比较的出口商或生产商的出口价格包括了出口商出口交易的全部价格，而

① Brink Lindsey and Dan Ikenson, Reforming the Antidumping Agreement, Cato Institution Paper, 2002, p. 14.

作为比较价格的正常价值只包括了所有同类产品销售价格中较高的价格，这种比较因素的条件的不同，造成了比较本身的不对称，而这种不对称既增加了倾销成立的机会，同时也会扩大认定的倾销幅度的规模。其次，从WTO《反倾销协议》对抗不公平竞争的目的来看，排除低于成本的出口国国内销售的做法反而扭曲了市场的真实情况，使得反倾销措施无法真正服务于对抗外国竞争者的不公平竞争行为的目的。反倾销措施通过征收反倾销税拉平由于国外市场受控所造成的交叉补贴倾销而导致的外国出口产品在本国市场上销售的不公平价格。① 从实践上看，出口国国内市场上存在低于成本的销售正是该国不存在受控市场的一个表现。受控市场的最终体现是一个受到一个或多个企业控制的高价市场，确定正常价格时排除低于成本价格的做法与其说是纠正了扭曲正常市场价格，还不如说这种做法本身扭曲了市场价格。最后，由于这种确定正常价值而进行的成本检测是一种WTO《反倾销协议》所授权的检测，一些反倾销措施的主要使用国家，将它作为一种保证反倾销措施得以适用的工具，而在反倾销调查中滥用成本检测。② 据这些政策分析者统计，在美国的商务部三年间进行的37起反倾销调查中，有33起在确定正常价值时，通过使用这种低于成本的销售检测排除了一些或者全部出口国国内市场的销售价格，这种情况不能说正常地反映了这些出口国国内市场运行的实际情况。从倾销幅度的计算结果来看，使用了成本检测的案件计算出来的倾销幅度的平均值为16.14%，而经过成本检测没有排除任何价格而使用了纯粹的出口国国内市场价格的案件，其平均的倾销幅度为4%。③

构建正常价值的问题。成本检测的另一个作用是确定市场价值

① 参见本章第一部分的分析。

② Brink Lindsey and Dan Ikenson, Reforming the Antidumping Agreement, Cato Institution Paper, 2002, pp. 14-15.

③ Brink Lindsey, Rhetoric versus Reality, Cato Institution Paper, 2002, Table 2, Appendix.

的可行性。除了成本检测外，确定市场价值的可行性的方法还有所谓“国内市场可靠性检测”（home market viability test）。根据《反倾销协议》第2.2条的规定，如果出口国国内市场没有属于正常贸易过程的同类产品销售，或者销售量不足出口到进口国销售量的5%，调查机构就要使用另外的方法确定调查产品的正常价值。在作为可比价格的出口国本国市场价格不可行的情况下，根据《反倾销协议》的第2.2条的规定，可以采用的替代方法有两种：向第三国出口的价格和构建的正常价值。

构建正常价值方法的使用的第一个问题即产生于这种替代方法的可选择性。

在乌拉圭回合谈判对《反倾销守则》的条款进行讨论的过程中，中国香港代表团和新加坡代表团都提出过以下问题：在不存在可行的国内市场价格的情况下，一些国家首先会选用构建正常价值的方法，而根本不考虑使用向第三国的出口价格，它们认为这种情况是不合理的，因为向第三国出口价格是真实的价值，而构建的价格只是一种对市场价格的推定，在推定的过程中不仅容易产生偏差，而且在构建的过程中对构建规则的使用也容易产生歧义。尽管也有政策分析者从反倾销法律协调竞争政策、“拉平竞技场”的角度出发，认为使用向第三国出口的价格来认定可比较的正常价格不存在任何合理性的基础，因为这种价格与出口国的市场是否受控并没有必然的联系；① 但是当前多边贸易体制的反倾销制度是一种国家贸易政策妥协的结果，世界贸易体制必须考虑各国的贸易政策执行的需要，也就是说，在目前反倾销制度不得不执行一定的保护性的贸易安全政策的情况下，确定可比较的正常价值时考虑将向第三国的出口价格作为可比较的正常价格是有必要的，至少从政策上来看，这种做法满足了竞争者之间要求公平感的心理需要；从经济效率上来看，选用向第三国出口价格作为可比较的正常价值可以减少

① Brink Lindsey, Rhetoric versus Reality, Cato Institution Paper, 2002, Table 2, Appendix, p. 19.

构建正常价值所需的技术难度，有利于简化倾销认定的复杂程度，避免构建正常价值中的一些麻烦。

构建正常价值时存在的问题主要表现在以下几个方面。

第一，确定 SG&A 中存在的问题。WTO 有关反倾销的争端所涉及比较多的一个问题就是成本和费用应当是以公司整体（company-specified）还是以交易模型为基础来分摊。加拿大诉美国——针叶树木材案中所涉及的 SG&A 的分摊争议，在一定程度上与上述问题有关。

加拿大诉美国的关于针叶树木材反倾销调查最终裁决的案件中，加拿大提出的主张之一就是美国的调查机构在确定正常价值时，不适当地排除了加拿大生产商合理的低于生产成本的销售。在申诉中，加拿大提出美国调查当局没有能够在计算具体出口商的成本时合理地计算和分配管理、销售和一般费用。加拿大认为美国调查当局在为了确定在加拿大国内市场销售的价格是否低于生产成本检测和为了计算正常价值的目的而计算加拿大生产商的生产成本时没有包括合理的管理、销售和一般的费用（SG&A）。

《反倾销协议》的规定要求这种成本应当基于出口商保有的或者在调查过程中提供的数据来计算。每个案件中的 SG&A 必须反映与生产和销售有关的实际成本。与生产或销售产品无关的一般费用和管理费用不能包括在出口商的成本中。美国的商务部在计算出口商的成本时，将某些出口商的与生产无关的费用，比如出口商为解决索赔案件而支付的费用，摊入了出口商的生产成本，而对于一些出口商的边角料销售收入、未来合同收入却拒绝摊入费用而抵消产品的生产成本，这种计算方法导致了单个出口商成本和倾销幅度计算结果的膨胀。美国的反驳意见认为，加拿大的意见是基于《反倾销协议》的第 2.4 条规定的出口价格和正常价值的适当的比较，加拿大认为美国调查机构在比较时没有对两方面的数据进行适当的调整，而美国认为，正常价值已经根据有关的规则确立起来，比较时就没有必要再次调整。对于正常价值建立的合法性，美国认为没有将边角料的销售收入和未来合同的销售收入摊入从而抵消成本是因为这些收入都与产品的生产没有直接的关系。作为本案第三方的日本在这一问题上则认为,美国的上述论据是基于具体模型或标准方法所进行的分析,但是,根据《反倾销协议》中有关成本确定的表述,调查机构分摊 SG&A 应当考虑所有适当的证据,日本认为这种要求意味着调查当局应当根据公司的整体情况来评估费用的分摊。专家小组具体分析了每个公司的情况,认为某公司与特定产品有关的诉讼争端解决的费用,由于加拿大没有证明这些费用与公司的特定交易的关系,所以应当属于构建的正常价值中的 SG&A 部分。在构建正常价值的前提下,该公司为特定案件所支付的费用是属于一般的 SG&A 支出还是属于该诉讼争议产品的"独特"支出,是这项费用能否作为费用成本摊入的关键。专家小组支持美国的观点,认为诉讼争议解决的费用发生在争议产品生产和销售完成之后,与生产和销售成本无关,因此只能归入一般的费用。专家小组认为除非这种支出能归入争议产品利润的丧失,而加拿大又没有提出这笔支出应当归入该产品利润的丧失,因此专家小组支持美国的观点和做法,认为其没有违反《反倾销协议》第 2.2.2 条关于构建正常价值的规定。对于未来销售合同的收入能否摊入作为成本抵消,专家小组认为这种未来的销售合同可以在交货期限到来之前转让而实现其利润,而这种利润的实现可能在加拿大本国市场完成,而不一定在美国市场完成,因此与调查产品的生产和销售无关,而且从另一个角度看,这种销售收益也只能作为未来销售的利润,因此这种未来销售合同的收益与产品的生产和销售无关,因此不能作为成本抵消,基于这一点,美国的做法并没有违反 WTO《反倾销协议》第 2.2 条的规定。

可以看出,由于《反倾销协议》对第 2.2 条中规定的认定倾销过程中构建正常价值时确定成本、费用和利润的中的与产品的生产和销售有关这一条件并没有作进一步的明确,各成员的反倾销调查机构对此产生了不同的理解,有的将这种与产品的销售和生产的关联性理解为与特定产品的联系,而另一些成员方则将其理解为应当根据公司的整体情况来判断。这样在反倾销调查中就容易产生争议,而且不利于客观公正的和调查标准实施的一贯性。

第二，构建价值中的利润是否应当作为构建正常价值中的一个因素？根据 WTO《反倾销协议》的规定，构建正常价值包括生产的成本，管理、销售和一般日常支出费用，以及合理的利润。对于这种规定，尽管在实践过程中没有产生过多的争议，但是，从理论上来看，许多学者和政策分析者对这种计算产品正常价值的方法的合理性提出了质疑。

首先，从反倾销制度的竞争政策合理性基础出发，一些研究者认为，使用构建的方法确定可比较的正常价值的前提是不存在国内市场销售，或者国内市场的销售是扭曲的（如果因为低于成本的销售检测排除了所有的国内销售），那么用构建的方法人为地确定一个正常的国内市场是不可能和没有必要的，实际上这种情况与有些政府对非市场经济国家适用替代价格确定可比较的正常价值的做法有相似之处。这些国家的调查机构在调查像来自中国这样的所谓非市场经济国家的进口产品时，即使没有符合条件的正常价值认定的替代国，调查机构也不会使用构建正常价值的方法，其理由就是在非市场经济国家不存在正常的市场，也就不可能使用构建的方法确定一个正常价值，这样做不仅可能导致得出扭曲的数据的结果，而且也增加了倾销认定的复杂性。① 基于上述观点，这些研究者认为，应当废除这种构建正常价值的方法，如果不存在国内销售，那么调查当局应当以产品的全部生产成本作为可比较的价值，以确定是否存在低于成本的销售，并以此来确定低于成本的倾销。

其次，从利润确定的合理性的角度出发，一些研究者认为，根据目前的 WTO《反倾销协议》的规定，构建正常价值包括的合理的费用和利润部分的确定方法是以受调查的出口商或者生产商的有关记录为基础的。根据《反倾销协议》第 2.2.2 条的规定，调查机构应当根据受调查的生产商或出口商的与同类产品的生产和正常贸易有关的

---

①　参见美国商务部关于来自中国的高炉焦炭以低于公平价值的价格在美国销售的最终裁决意见。

实际数据来确定;在无法根据上述基础确定费用和利润的情况下,调查当局可以根据(1)受调查的生产商或销售商的同一大类产品的相关实际实现的数据;(2)受调查的出口商或生产商的同类产品相关数据的加权平均值;(3)其他方法,只要根据这种方法确定的利润超过原产国市场上其他出口商或生产商的正常利润,来确定合理的费用和利润。可以看出,这种利润的确定方法是以出口商或生产商的、在依照完全高于生产成本的价格的销售建立的市场上(正常贸易过程)实现的具体数据为基础的,因此这种数据在一定程度上带有片面性(只考虑受调查的出口商或生产商的情况),并且受到一定的扭曲(正常贸易过程并不完全反映国内市场的情况)。根据这种方法确定的生产商或出口商的合理利润率能够相差十多个百分点。① 因此,这些研究者认为,构建的正常价值中的合理利润应当根据调查产品的有代表性的实际利润率来确定,也就是说应当根据公开的有关整个产业的利润率数据来确定。

倾销幅度计算中"归零"做法存在的问题。"归零"做法出现在通过对比出口价格和正常价值而得出倾销幅度的过程中。由于东京回合《反倾销守则》中没有规定具体的比较方法,各个缔约方的调查机构在国内反倾销调查实践中所采用的具体比较方法中很多都采用了"归零"的做法,即将出口价格与加权平均的正常价值相比较,计算出以百分比表示的每个交易的倾销幅度,然后再计算加权平均的倾销幅度,当单个交易的倾销幅度出现负值时,调查机构会将这种负数的"倾销幅度"以零值计入加权平均的倾销幅度的计算。这样做的结果是除非所有交易的倾销幅度都为负值或零,否则倾销无论如

---

① 在1997年美国对来自中国台湾地区、印度尼西亚的蜜胺餐具的反倾销调查中,美国的商务部在构建正常价值时,确定的中国台湾地区和印尼的两家公司的利润率均为20%以上,而美国的塑料制品行业的利润只有5%左右。*See* Brink Lindsey, Rhetoric versus Reality, Cato Institution Paper, 2002, p. 11, Table 4.

何都会存在。这种“归零”做法在乌拉圭回合谈判中就遭到了中国香港代表团的批评,乌拉圭回合谈判后,WTO《反倾销协议》中规定了具体的比较方法。根据《反倾销协议》第 2.4.2 条的规定,倾销幅度应当根据加权平均的正常价值和所有出口交易的价格加权平均值计算;或者根据每个交易的正常价值和出口价格的比较结果计算。乌拉圭回合以前,调查当局根据每个出口交易的价格与正常价值的加权平均值逐个比较计算倾销幅度的做法,根据 WTO《反倾销协议》第 2.4.2 条的规定只有在单个出口交易模式显著不同于其他出口交易的情况下,并且这种区别无法通过上述两种计算方法表现的时候才能使用。这种规定使倾销幅度的计算方法具体化了,但是并没有禁止计算倾销幅度过程中存在的“归零”做法。特别是在使用交易对交易的方法计算某个出口商或生产商的倾销幅度时,当正常价值高于出口价格时,其间的差额作为这一次销售的倾销数量,而当正常价值低于出口价格时,负数的差额本来应当意味着倾销不存在而应当在计算平均的倾销幅度时不予考虑,但是有些调查机构却将这种负数的倾销额视为倾销为零,而在计算平均的倾销幅度时计入,这样做的结果是,倾销总是会存在的,除非所有的正常价值和出口价格的比较结果都是负数或者结果为零。难怪一些研究者认为这种“归零”做法是一种凭空创造倾销幅度的比较方法。同时,尽管被作为一种例外,现行的《反倾销协议》仍然允许单个交易对平均正常价值的比较,一些反倾销措施的使用大国将这种规定理解为 WTO《反倾销协议》依然允许“归零”做法的依据。这种理解和与此相应反倾销调查中的“归零”做法引起了 WTO 成员方的多次争议。这些争议既包括印度诉欧盟的床单案、欧盟诉美国确定倾销幅度的法律法规(“归零”做法)等对一般原始调查程序中“归零”做法的争议,也包括对复审程序中“归零”做法的争议。值得注意的是几乎任何一个有关复审的争端都会涉及倾销幅度认定中的“归零”做法。①

① 参见 WTO 争端解决机构:日本诉美国抗腐蚀碳钢板材产品反倾销日落复审等案件。

在这些案件中尽管WTO争端解决机制的上诉机构对欧盟床单案关于欧盟反倾销调查中的“归零”做法作出了与WTO《反倾销协议》规定不相符的裁决，但是由于裁决的效力只涉及欧盟的反倾销实践，其他国家，尤其是美国，仍然在反倾销原始调查和复审的实践中保持着“归零”的做法。特别是对于反倾销案件的复审程序，由于反倾销程序规定存在的整体上的不协调，复审规则与原始调查规则形成了相互独立的两类规则，因此，尽管争端解决机构的裁决认为原始调查中的“归零”做法属于违反WTO《反倾销协议》的做法，但是却并没有认定复审中倾销幅度确定的“归零”做法违反WTO《反倾销协议》的规定。

2003年6月，欧盟向美国提出了就美国反倾销法律、法规和调查中的“归零”做法进行磋商的要求，磋商的主要内容包括美国原始的反倾销调查中计算倾销幅度的“归零”做法违反了WTO《反倾销协议》的有关规定；复审（包括日落复审和行政复审）中计算倾销幅度的“归零”做法与《反倾销协议》的有关规定不相符。墨西哥、日本等国先后加入了磋商，到2004年7月为止，磋商并没有取得任何结果，欧盟开始向WTO争端解决机构提交争议。欧盟在2004年2月要求建立专家组，对包括归零方法在内的一些美国使用的倾销幅度的计算方法是否违反WTO《反倾销协议》的规定进行审查。阿根廷、巴西、中国、中国台湾、中国香港、日本等成员作为第三方参加了审理。2005年10月专家组作出报告。专家组一致支持欧共体的意见，认为美国的相关的具体裁决违反了反倾销协议第1、2.4、3、5.8、9.3、9.5、11、18.3和18.4条，违反了GATT1994第6条第1项和第2项的规定，违反了WTO协议第16条第4项的规定。但是否决了美国的法律、法规的规定违反了WTO的相关规则，因为美国的法律、法规中并没有对“归零”作出具体规定。专家组同时拒绝了欧共体的对所有美国调查机构作出的与“归零”方法相联系的裁决进行审查的诉求。① 尽管如此，由于WTO争端解决机制裁决效力的有限性，即使争端解决机构的裁决最终认定“归零”做法与《反倾销协议》不相符，WTO《反倾销协议》的有关“归零”比较结果规定也不会因此而明确化，并不能使WTO的反倾销制度得到最终的完善。因此，根本消除各成员方反倾销法律和调查中的“归零”做法还是应当通过修改《反倾销协议》第2.4.2条的规定，明确禁止“归零”做法。

（二）认定损害时倾销和损害因果关系的确定中的问题

现行的WTO反倾销规则第3条关于损害的认定规则中，除了规定认定国内产业的实质性的损害的存在，还要求确认倾销的进口和这些损害之间存在着因果关系。对于这种因果关系确定方法，《反倾销协议》规定了两个方面的内容。首先，从正面确认倾销和损害之间的关系。根据《反倾销协议》第3.5条的规定，确定倾销与损害之间的因果关系，应当通过分析倾销对国内产业的影响来完成，也就是说要根据《反倾销协议》第3条的第2款和第4款规定的项目，在考察倾销的进口的量、倾销的进口的价格是否与进口国国内同类产品的价格有显著的压价竞争，倾销的进口是否影响了国内产业主要经济指标的情况下，认定倾销与损害之间的因果关系。其次，从反面确认倾销与损害没有因果关系，损害是由于其他因素引起的。根据《反倾销协议》的第3.5条规定，调查当局在认定倾销和损害的联系时，还要考虑倾销的进口以外的其他的引起国内产业损害的因素，包括非倾销的进口的价格和进口量、市场需求或消费模式的变化、外国和国内生产商限制贸易的做法和它们之间的竞争、技术的开发和出口业绩以及国内产业的生产能力等方面的因素，但是这些因素的作用必须是在不能归咎于倾销的进口的情

① WTO DSB, Report of the Panel, United States-Laws, Regulations and Methodology for Calculating Dumping Margins (“Zeroing”), WT/DS294/R, October 31, 2005, pp. 151-153.

况下而产生的作用，而《反倾销协议》并没有规定确定非倾销因素影响的方法、程序和比重，这就给实践中调查机构确定损害是由倾销的进口造成还是由其他非倾销因素造成留有了较大的空间。

可以看出，现行的《反倾销协议》关于倾销和损害的因果关系的认定标准的规定比较宽松，也就是说，在现行《反倾销协议》关于倾销和损害结果的关系认定的规定标准下，调查当局能够轻而易举地将倾销与损害联系起来。

首先，关于倾销对国内产业各个方面的影响的分析，《反倾销协议》并没有作出任何精确度方面的要求。《反倾销协议》并没有规定任何使偶然的联系与实际联系相区别的标准或者原则，① 结果是，有关的调查机构，在认定损害和倾销的关系时，只要能够发现倾销的进口量的增加、倾销的进口在价格方面与国内同类产品存在竞争削价、国内产业的经济指标表现不理想等情况同时或先后出现，基本上就可以将两种现象联系在一起。

其次，现行《反倾销协议》第3.5条要求调查当局在考虑倾销的进口以外的影响因素时，必须确定这些因素的影响“不能归咎于倾销的进口”。正如本章前面所指出的，只要倾销的进口与其他因素共同存在，那么要判断倾销以外的因素与损害的因果关系“不能归咎于倾销的进口”是非常困难的。在这种规定的前提下，要实现客观地认定倾销以外的其他因素与损害的关系，调查当局必须将倾销的影响与其他的因素的影响完全区分开来考虑。② 否则如果调查当局将倾销的进口与其他因素共同考虑，它将无法认定倾销以外的因素的作用不能归咎于倾销的进口。但是，另一方面，在实践中要将倾销的因素与其他因素分开考虑并不容易，特别是在倾销

① Brink Lindsey and Dan Ikenson, Reforming the Antidumping Agreement, Cato Institution Paper, 2002, p. 25.

② 参见美国——来自日本的热轧钢产品一案的上诉机构报告和 Brink Lindsey and Dan Ikenson, Reforming the Antidumping Agreement , Cato Institution Paper, 2002, p. 27.

的进口和国内产业的糟糕表现有着表面上的联系的情况下，将损害的原因完全归咎于倾销以外的因素几乎是不可能的。这一点我们可以从美国国际贸易委员会许多有关损害认定案件的裁决意见中观察到。例如，在来自中国的花园铁栅栏一案中，美国国际贸易委员会在认定损害的过程中考虑了美国花园铁栅栏市场上竞争因素的影响，一些委员认为使市场结构的变化导致了美国惟一的同类产品供应商无法满足客户的需求，使得价格相对较低的来自中国的花园铁栅栏产品在竞争中占据了优势，从而造成美国国内惟一的同类产品生产商丧失了传统的客户，而且占据优势的中国产品在有关倾销的调查中并没有被发现有倾销行为，也就是说，美国国内的生产商丧失客户并不是中国的倾销行为造成的；但是，另外一些委员则认为来自中国的倾销产品压低了整个市场的价格，从而使美国国内产业在失去主要客户的同时也无法在这些主要客户以外的市场上竞争，从而造成了国内产业的损害。因此国际贸易委员会仍然在最终裁决中认定来自中国的以低于公平价值的价格在美国销售的花园铁栅栏产品对美国国内产业造成了损害。在来自中国的汽车挡风玻璃一案中，国际贸易委员会在认定倾销与损害的因果关系时，除了倾销的进口的影响，还考虑了国内产业纵向合并以及产品的生命周期对国内产业表现的影响。① 尽管有些委员认为纵向合并和产品的生命周期对国内产业的糟糕的经营状况负有主要责任，但是委员会最终的裁决还是认定了倾销与损害之间的因果关系，从而最终确定了对中国的汽车挡风玻璃采取反倾销措施。②

综上所述，现行反倾销规则的缺乏确认倾销与损害因果关系的精确标准的情况导致了各国国内反倾销法律中对倾销与损害因果关系的认定缺乏透明度，使得倾销和损害因果关系的裁决成为了有关

① *See* US International Trade Commission, Automotive Replacement Glass Windshields from China, Investigation No. 731 -TA-922 (Final), www.usitc.gov, pp. 12-13.

② *Ibid.*, pp. 23-24.

国家创造反倾销措施、单方面地实施贸易保护主义政策的又一个有力的工具。

四、倾销和损害认定条款的改革建议

基于现行 WTO《反倾销协议》中有关倾销和损害认定规则在反倾销调查实践中出现的问题，WTO 的成员在多哈回合谈判中提出了有关的修改意见，这些意见包括：①

（一）关于倾销的认定规则的改革主要意见

正常销售过程中获得利润能力的检测问题。根据 WTO《反倾销协议》第 2.2.1 条规定对于在出口国本国市场上或者在第三国的销售，如果其单位价格低于成本加上管理、销售和一般费用，调查机构认定这种销售是在一段时间范围内进行的，且销售的数量大，在合理的期限内无法恢复成本，那么调查机构可以在决定正常价值时不考虑这些低于成本的销售。对于这项规定的内容，有关成员主要认为有以下方面的不足。一是关于“合理期间”的规定，一些成员方认为关于“合理期间”的规定不明确，容易导致调查机构滥用裁量权，扩大排除销售的范围。它们认为应当定义价格不能恢复所有成本的销售的“合理期间”（TN/RL/W/6②）。二是关于可以排除的低于成本的销售的认定条件，有关成员认为目前《反倾销协议》的规定没有明确正常贸易过程的检测规则，并且没有特别考虑到特定市场的不同条件，这种状况一方面会导致成员方国内反倾销法有关规定的不一致，另一方面也会因此扩大调查机构的裁量权，所以澄清并改进正常贸易过程的销售的检测规则（TN/RL/W/7），识别成员使用的判断正常贸易过程和特定市场情况的条件，并就此销售的条件和环境达成协议的具体条款（TN/RL/W/47）是

---

① *See* WTO Negotiating Group on Rules, Negotiating Group on Rules Note by the Chairman, TN/RL/W/143, 22 August 2003, pp. 2-18.

② 此编号为 WTO 规则谈判组的文件编号，以下同。资料来源：website：www. wto. org。

必要的。三是对于本条规定的价格能够抵偿成本的一批销售，是否有必要排除某一个或几个价格低于成本的销售，有关成员方认为需要澄清（TN/RL/W/86）。一些成员方认为，确定一些条件以便不排除某些低于成本的销售是可能的。特别是在价格敏感性非常强的产业、农产品和其他的生产者特别依赖价格的商品部类（TN/RL/W/47）。

出口方的关系企业的问题。《反倾销协议》的第2.3条规定了如果调查机构认为出口价格由于出口方和进口方或者第三方企业之间的关联性或者补偿性安排而不可靠，那么它可以根据产品再销售给独立买方或者进口的价格，以及它认为合理的基础构建出口价格。WTO的一些成员认为，这种关联企业所导致的价格的不合理只涉及了进口价格的一个方面，但是在反倾销的调查实践中，一些成员方在认定产品正常价值时也根据这一理由排除国内市场或者第三国市场的销售价格，这种做法会导致对销售价格排除的滥用，因此应当进一步讨论认定正常价值过程中涉及关联供应商的交易的问题（TN/RL/W/10），主要涉及本国市场的销售中应否包括相关联企业的销售，或者在计算正常价值时是否应当排除这些关联销售（TN/RL/W/10）；并且认为应当在《反倾销协议》中建立明确的关于正常价值认定过程中相关公司之间交易如何处理的指导性方法（TN/RL/W/66）；或者分析国内市场中这类关联交易的条件和标准（TN/RL/W/81）。澄清关于一企业对另一企业实施事实上的控制，或者企业之间形成事实上的行为协作，但是并不存在法律关系的情况（TN/RL/W/130），这样做才能协调各成员方或调查机构之间认定正常价值的方法，保证反倾销调查的一致性和连贯性。

调查机构对成本数据选用的裁量权问题。《反倾销协议》的第2.2.1.1条规定了计算倾销幅度时，调查机构应当以调查的出口商或者生产商的会计记录为基础，但是同时又规定了调查机构可以根据有关证据对这些记录的成本数据进行调整。有的成员方认为，这一条规定并没有对调查机构选用这些记录数据的条件作出规定，因此给予了调查机构不合理的裁量权，应当检查在使用成本数据问题上调查机构的裁量权问题（TN/RL/W/86），对调查机构接受生产上会计账目记录的成本数据的条件和情况作出规定（比如，如果会计记录由符合条件的有资格人士或机构进行了审计）（TN/RL/W/10）。

成本的分配问题。《反倾销协议》第2.2.1.1条规定成本的分摊根据生产过程进行。有的成员方认为在有些特殊的情况下，根据这种规定进行分摊会产生不合理的结果，因此提出建议认为《反倾销协议》的这一条应当提供关于成本的分摊的更加全面的指导性规则（TN/RL/W/47），可以规定一些调查产品的制造或生产过程的类型，根据这些不同的类型分别决定成本分摊的方法，比如有些生产过程是一种联合的生产程序，能够生产多种销售价值明显不同的产品，生产同时进行，使用相同的投入，产生相同的平均单位生产成本（在这种情况下，基于销售价值所作的成本分摊比基于生产量所作的成本分摊对于比较成本和价格来说更加有意义（TN/RL/W/47）。

构建价值的问题。《反倾销协议》的第2.2.2条对构建正常价值的方法作出了规定。根据第2.2条的规定，在国内市场不存在正常贸易过程的销售情况下，调查机构可以根据生产成本加上合理的管理、销售和一般费用以及合理的利润来构建正常价值，而正常价值的计算可以根据调查的生产商或出口商的实际数据，也可以根据受调查的其他生产商或出口商的平均数据，或者使用其他的合理的方法。这种构建正常价值的计算方法并不是非常明确，首先对于三种选择，这一条款并没有规定一个等级的标准，或者选择的原则；其次，所谓其他的合理的方法实际上无限制地扩大了调查机构在构建正常价值时的裁量权，会导致成员方之间构建正常价值的方法不一致的扩大化。因此，一些成员建议，关于构建正常价值的计算的规定应当适用更加明确、更加全面和更加有代表性的条件（TN/RL/W/6）；应当明确第2.2.2条规定的三项选择存在着等级和顺序的差别，也就是说在第一项不存在的情况下才能根据后一项构建正常价值（TN/RL/W/26）；并且应当对第三项规定的方法作出限制，以便保证第一项和第二项利润总数的合理性（TN/RL/W/26）。

构建出口价格的问题。《反倾销协议》第2.3条规定了构建出口价格的条件和方法。一些成员方认为这一条款存在的缺陷主要在于它规定的出口价格不可靠的原因——出口商或生产者与进口商存在关联关系——并不是出口价格不可靠的充分的原因，因此，在考虑倾销认定规则的改革时应当检查构建出口价格的问题（TN/RL/W/86），明确规定什么条件构成联合或者补偿性安排（TN/RL/W/29），建立认定联合和再销售价格标准（TN/RL/W/81）；规定识别出口价格不可靠的标准（TN/RL/W/81），考虑调查机构在作出相关决定时，是否应当解释出口价格不可靠的原因，因为只是出口商与进口商之间联合或补偿性安排作为理由并不充分（TN/RL/W/29）。同时澄清适用于构建出口价格的指导原则，以避免不对称的比较（TN/RL/W/10、TN/RL/W/66），也就是说，要求调查机构减去本国市场的利润以实现构建出口价格和正常价值之间对称的成本和费用减除（TN/RL/W/10）。

"归零"的问题。澄清第2.4.2条，明确禁止"归零"的实践（即平均的倾销幅度的认定应当基于所有比较的平均值，包括那些负数的幅度）（TN/RL/W/6、TN/RL/W/26、TN/RL/W/66），补充修正上述条款的规定，明确规定，不论出口价格和正常价值比较的基础（加权平均对加权，或者交易对交易，或者加权平均对交易）如何，原始调查和复审中计算的所有正值的倾销幅度和所有复制的倾销幅度必须加在一起（TN/RL/W/113）。在第2.4条中加入一项规定，以澄清比较的规则，即不管比较的方法如何，如果倾销幅度是在调查期间或复审的整个期间的不同部分分别认定的，倾销幅度必须是整个期间所有进口的单一的倾销幅度（TN/RL/W/113）。

同类产品的问题。WTO《反倾销协议》中关于同类产品的确定并没有规定明确的规则。然而，在调查实践中，同类产品的认定一方面对反倾销措施的最终认定产生重要作用，另一方面对反倾销措施的适用范围也有着重要影响。因此许多成员提出了澄清同类产品以便限制作为单一“同类产品”的产品类型范围（TN/RL/W/47）；建立认定同类产品的标准的建议；并且提出判断同类产品的标准的条件。有关意见认为可以考虑将以下条件作为一种非完全性的条件清单：物理特征和用途；可替代的程度；品质，功能，技术规格；关税分类；使用者的看法；共同的销售渠道；国内市场的地理区域的重复和价格水平（TN/RL/W/81）。或者可以考虑根据日本酒精饮料案中列出的条件建立一个“同类产品”认定的非等级性的、非完全的条件清单（TN/RL/W/91）。另外，澄清同类产品的认定方法，还可以考虑是否应当区分为认定倾销和认定损害的不同目的而确定同类产品的条件（TN/RL/W/91）。这样规定一个更合理和更严格的框架以认定调查产品的范围，以便反倾销措施只适用于那些进行倾销并引起损害的产品（TN/RL/W/10），建立明确而严格的条件来认定调查产品（TN/RL/W/66），限制裁定产品范围的扩大（TN/RL/W/7、TN/RL/W/10）。

（二）关于损害的认定的改革主要意见

损害认定中的累积计算问题。WTO《反倾销协议》第3.3条规定当对来自不同国家的进口产品同时进行反倾销调查时，调查机构可以累积评估这些进口的影响。累积的条件包括每个国家的进口的倾销幅度高于可忽略的水平，并且进口量不属于可忽略的范围；累积的评估是适当的，也就是说进口产品之间，以及进口产品和国内同类产品之间存在着相互竞争的条件。可以看出，这一条款对于可以累积进行评估的竞争条件内容并没有作出明确规定。这种情况在反倾销的调查实践中会导致作出累积评估的任意性，尽管有些国家的行政规则或者调查政策对此规定有一定的标准，但是由于《反倾销协议》对此并没有规定，累积计算的条件在各个成员方之间还是会产生差异。因此，有些成员建议建立一种来自不同国家的进口产品之间的竞争条件以及他们与国内同类产品之间竞争的评估因素（TN/RL/W/6、TN/RL/W/7、TN/RL/W/66），或者确定的标准（TN/RL/W/81）。这种评估因素应当是一种与建议的同类产品的确认条件类似的条件；并且应当建立一个适当的认定可忽略的进口量的参数（TN/RL/W/29）。另一些观点则认为，考虑竞争的条件时应当适用一种灵活的方法/理论（TN/RL/W/86）。同时还应当考虑倾销的进口和补贴的进口是否应当在认定损害时累积计算(TN/RL/W/98)。

认定损害的规则（计算损害的幅度的透明度、进口倾销的影响的检验)。现行 WTO《反倾销协议》关于认定损害的规则是在协议的第 3 条规定的。在第 3 条的 8 款规定中，只有第 3.1、3.2 和 3.4 条是直接关于认定损害存在与否的规则的。这两个条款实际上分别规定了认定损害时，有关调查机构需要考虑的监测指标范围。这种监测指标的范围包括倾销的进口量、倾销进口价格的影响，以及倾销的进口对国内同类产品生产者产生的影响(《反倾销协议》第 3.1 条)。并对每一项指标的判断标准作出了说明(《反倾销协议》第 3.2 条和第 3.4 条)。但是，这种判断标准并不具备法律规则所必需的明确的特征，对于进口量增长和价格的抑制或压低，这一条只规定其程度必须是“显著的”（significant)，而在评估对国内生产者的影响时，第 3.4 条只规定了有关的参考经济指标，这种参考指标的规定提供的并不是一种充分的指标，为调查机构无限制地扩大行使自由裁量权留出了极大的空间。这些规则实际上并不能为各成员的调查机构提供稳定明确的认定标准，因此一些成员方对此提出了意见，认为应当澄清认定损害的规则或者范围(TN/RL/W/1)，设计新的损害分析规则，这种规则应当是一种可以提供更加精确的指导的规则，还应当检查是否有可能找到对一些典型的“极端”案件作出直接规定的规则，比如可以通过对第 3.2 条和第 3.4 条所列出的适用因素提供指导规则来实现，这种指导规则可以通过引入更加量化的因素来完成（TN/RL/W/138)。或者通过建立充分的指导性的损害认定因素的评估规则（TN/RL/W/10）来控制调查机构对裁量权的滥用。也有的成员方建议澄清第 3.4 条以限制调查机构在评估损害时的裁量权（TN/RL/W/66）；澄清第 3.4 条和它与第 3 条其他规定之间的关系（TN/RL/W/10）；或者进一步规定一些保证调查机构评估进口倾销对国内同类产品生产所产生的影响的一致性和可预见性的损害认定参数，比如引入一个条款规定计算损害幅度的范围以便对所谓“显著的”程度提供一定的量化标准（TN/RL/W/26）。这个范围可以包括以下因素：在有关数据保密的情况下，如何保障客观性和透明度；为了计算价格压低的情况，哪些国内生产者应当予以考虑；损害幅度裁决的认定期间；在计算价格抑制的幅度时认定国内产业的合理利润的因素应当是什么；基本价格（landed price）和国内销售价格之间应当如何调整；在何种程度上第 2.4.2 条规定的倾销幅度计算的方法也可以使用损害幅度的计算；“归零”的方法是否在计算损害幅度时也应当禁止（TN/RL/W/26）。有的成员方从调查机构的责任的角度来看，提出了应当考虑是否需要澄清第 3.4 条的规定，以便在调查机构的义务范围内评估相关因素和指数时给调查机构和利害关系方都提供更多的确定性，而不仅仅适用第 3.4 条内明示的因素；并且应当考虑在调查过程中调查机构考虑那些从来没有引起调查机构注意的因素的义务时是否应当有明示的限制（TN/RL/W/130）。

因果关系的判断规则。关于倾销和损害的因果关系的认定，《反倾销协议》第 3.5 条规定，调查机构除了要考虑倾销的进口与损害之间的关系外，还要考虑倾销的进口以外的因素与损害之间的关系，并且列出了这样一些因素：非倾销的进口的影响，需求的收缩或者变化的影响，外国和国内生产者的竞争情况，技术开发和国内产业的出口绩效和生产能力等。但是这一条并没有规定倾销的进口和这些非倾销因素对损害共同产生影响时，判断倾销的进口与损害之间是否存在因果关系的原则或者规则标准。因此，在实践中，调查机构基于它的裁量权可能在其他因素对损害也产生影响时仍然认定倾销与损害的关系的存在，这样就不可避免地导致了反倾销措施的滥用。而且在一些成员的反倾销调查实践中，这种滥用裁量权的做法并不少见。因此，一些成员建议发展关于因果关系分析的程序和指标的规则，以保证：即使存在其他因素，倾销的进口和损害之间的因果关系存在也是基于二者之间清楚的实质性的联系（TN/RL/W/6）。发展第 3.5 条，以便为调查机构在区分其他损害性的因素和倾销引起的损害性的因素时提供适当的指导；另外，关于使用反倾销措施，有必要具体规定建立倾销的进口和实质性的损害之间的因果关系的适当的标准（TN/RL/W/26）。澄清第3.5条的规定，以保证只有在倾销的进口是国内产业损害的充分理由时才能认定因果关系（TN/RL/W/66）。澄清有关规定以便为调查机构提供可行的指导来执行不归责的消极义务，以及这一义务与认定倾销进口影响的关系，并保证任何积极的义务清楚地规定在协议中，并且是调查机构可以执行的（TN/RL/W/98）。

国内产业的问题。《反倾销协议》第4条关于国内产业的规定中，对于国内产业构成的具体条件提供两个方面的判断标准，一是全部同类产品的国内生产者构成国内产业；二是合计的产量构成同类产品全部国内产量的主要部分的生产商可以构成国内产业。这项规定中存在一个重大的不足，即产量的主要部分的规定并不明确；另外，在什么情况下调查机构可以不根据第一项标准确定国内产业，这一条款中也没有作出明确规定。因此，一些成员方要求检查国内产业的定义问题（TN/RL/W/86），建立关于“主要部分”这一术语定义的明确指标（TN/RL/W/10）（TN/RL/W/66）；或者提供更加具体的参数，比如构成“主要部分”的国内生产的最低百分比数（TN/RL/W/47）；并且建立有关指标来认定在什么样的例外情况下调查机构可以不使用“国内生产者作为同类产品的整体”这一条件（TN/RL/W/10）。有些成员方还建议澄清在国内和外国生产者存在有限的销售季节的情况下国内产业的定义（TN/RL/W/72）。考虑第4.1条是否应当澄清，以便特别地禁止将损害分析只限制在那些支持反倾销申诉的企业范围内的做法（TN/RL/W/98）；考虑是否要澄清有关规定以保证调查机构履行它的在调查期间有限、国内产业中生产者特别多的情况下获取可靠和客观数据的义务（主要是考虑的问题可以包括调查机构对来自产业组织或者政府统计机构信息的依靠）（TN/RL/W/98）。考虑建立有关规则，在两个条件之间建立一种等级关系，即：只有在调查机构不可能获得“同类产品整体作为国内生产者”的有关信息的情况下，才使用所有生产的主要部分作为国内产业（TN/RL/W/104）。有的成员方考虑到《反补贴协议》与《反倾销协议》同类问题规定的差异，认为还应当考虑《反倾销协议》和反补贴协议有关排除国内产业中生产者本身作为同类产品进口商的规定上的不对称是否合理（反补贴协议第16.1条有这样的规定；而《反倾销协议》中没有类似的规定）（TN/RL/W/104）。

（三）有关改革的建议

根据上述对现行《反倾销协议》中关于倾销和损害认定条款中所存在的问题的讨论，我们可以发现，改革倾销和认定的条款中的有关规定主要应当从两个方面入手。其一，现行《反倾销协议》中关于倾销和损害认定条款的规定不合理，造成有些成员利用这些规定制造倾销，创造使用反倾销措施的机会，实现贸易保护主义的目的，最终导致对反倾销措施的滥用。其二，现行《反倾销协议》中有关倾销和损害认定条款的规定不够明确，导致成员方的有关国内反倾销调查机构或者迫于国内贸易保护主义的压力，或者为了执行保护主义的政策而滥用案件调查中的裁量权，导致反倾销调查中关于倾销和损害的认定缺乏预见性和一致性。因此，倾销和损害认定条款的改革应当改变上述两方面的状况。

第一，修改关于正常贸易过程的规定，取消将低于成本的销售排除出正常贸易过程的做法，使得确定倾销中的可比较的正常价值反映出口国国内市场的真实情况。前文的讨论中已经指出，由于现行的《反倾销协议》关于正常贸易过程范围的规定将低于成本的销售排除在正常贸易过程之外，从而在确认正常价值时不考虑出口者在国内的低于成本的销售。这种规定并不具备竞争理论上的合理性基础，同时人为地提高了出口国国内市场价格，制造了倾销的成立的机会。要使正常贸易的规定合理化，避免实践中创造倾销的做法，就应当修改《反倾销协议》第2.2.1条的规定，确认只有特定的不合理的国内市场销售才属于非正常贸易的范围，可以在确定正常价值时不予考虑，本条规定还可以通过列举的方法特别认定一些具体的不合理的、应当被排除在正常贸易范围之外的国内市场交易类型，而且，《反倾销协议》的第2.2.1条应当特别规定，不能因为国内市场的销售价格低于全部成本就被列入非正常的贸易过程，在确定正常价值时不予考虑。

第二，修改关于构建正常价值的条款，使得构建正常价值中利润的确定更加合理。尽管根据前文的讨论，构建的正常价值中包括利润部分并不完全符合有关竞争合理性的理论，但是由于现代反倾销理论是建筑在将倾销定义为出口价格低于国内市场价值的基础之上，与这一理论相适应，构建正常价值也应当以推定国内市场价值为基础，因此构建的正常价值不可避免地要包括合理的利润；但是根据现行的《反倾销协议》第2.2.2条构建利润的规定完全是建立在出口商或生产商的数据的基础上，这样不仅导致了计算结果的片面性，而且由于根据现行《反倾销协议》关于正常贸易过程的规定，在计算中排除了低于成本的销售，构建的利润率也会产生偏差，从而造成构建的正常价值中利润率偏高的情况。因此，应当修改《反倾销协议》第2.2.2条的规定，将根据出口商或者生产商的实际数据计算利润，改为根据产业的平均利润率计算一个有代表性的利润率，作为构建正常价值的基础。

第三，修改第2.4.2条的规定，禁止倾销幅度计算中的“归零”做法。由于《反倾销协议》第2.4.2条的规定虽然明确了计算倾销幅度时出口价格和正常价值的比较方法，但是并没有明确排除比较中“归零”做法的非法性，这造成一些成员方的国内反倾销法律和调查机构在调查中使用“归零”做法。根据这种情况，修改《反倾销协议》第2.4.2条的规定应当明确禁止倾销认定中的“归零”做法，避免凭空制造倾销的情况。

除了修改上述不合理规定以避免人为制造倾销或提高倾销幅度的情况以外，对于现行《反倾销协议》中关于倾销和损害认定的规定缺乏精确标准而导致国内调查机构滥用裁量权可能性的条款，《反倾销协议》的修改应当补充制定更为精确的标准。

首先，对于《反倾销协议》中已经规定了调查机构所应当考察的指标范围，但是没有规定明确的判断方法和条件的情况，在改革中应当考虑制定更加详细的指标使用条件和考量标准。这种条款主要是因为协议的规定不明确造成的，其最终会导致倾销和损害的认定缺乏透明度，引起调查机构滥用倾销和损害认定的裁量权的后果。这类条款包括三种情况，一种是《反倾销协议》对于有关倾销和损害认定的某项内容的裁决方法没有提供任何规则或者指导性的原则。比如，在倾销认定过程中关于同类产品的确认标准，《反倾销协议》只是一般地规定产品之间的特征相同或者近似，并没有规定任何必要的进行产品比对的方面。正如前文所分析的，这种不明确的规定，为调查机构扩大倾销产品的认定范围，最终扩大反倾销税的征收范围提供了条件。第二种情况是对于考量条件的判断标准规定过于模糊，比如销售成本/利润检测中“合理期间”的规定，关于国内产业中产量构成国内全部产量的“主要部分”的规定，以及认定损害时对于进口倾销的进口量、价格和对国内生产者的影响程度规定过于模糊。尽管这种指标不宜在《反倾销协议》中确定一个固定的参数作为损害是否构成的标准，但是 WTO 的成员仍然可以在有关谈判中达成关于某种安排的协议，通过增加认定程序和依据的透明度的方法来控制调查机构裁量权的滥用，加强损害认定中各个成员方之间标准的一致性和协调性，同时加强裁决结果的可预见性。第三种情况主要是指《反倾销协议》的有关条款中规定了调查机构在进行裁决的过程可以选择使用的方法，但是这种选择的范围并不是一种确定的和充分的范围，这种范围实际上只是调查机构作出裁定的参考性指标或者条件；同时，有关条款通常对这种选择的条件并不作出规定，这种规定实际上为调查机构行使自由裁量权留出了过大的空间，为成员国内的贸易保护主义势力对裁决施加实质性的影响提供了条件。这一类条款包括构建的正常价值的计算中，对生产商可比价格有关数据的选择（《反倾销协议》第 2.2.2 条）；认定损害时，调查机构需要考虑的有关条件的充分性问题（《反倾销协议》第 3.1、3.2、3.4 条）。对于这种缺陷，可以通过规定选择的等级性来对调查机构的选择裁量权进行控制，也可以通过尽量预先规定特殊案件情况的方法，对所谓“其他”

可以使用的条件作出限定，这样，可以在较大的程度上避免调查机构为了某种政治性目的，在裁决过程中选用有利于某种政治目的的做法，从而导致倾销和损害认定的泛滥和对反倾销措施的滥用。

其次，修改第3.5条的规定，明确认定倾销与损害因果关系的精确标准，增加倾销和损害的因果联系应当是实质性的而不是偶然性的内容，并明确规定倾销的进口量的增长和国内产业经济指标下降的情况同时出现并不必然导致调查机构作出关于倾销和损害因果联系的肯定性裁决。正如本章前文所分析的，《反倾销协议》的第3.5条虽然规定认定反倾销措施必须以倾销的进口是引起国内产业损害的原因为前提，并且规定了调查机构在调查的过程中必须考虑非倾销进口的其他因素和国内产业的损害之间的关系，但是这一条并没有规定这种非倾销进口的影响与倾销进口影响之间的关系。换言之，在倾销进口和非倾销进口因素共同作用的情况下，应当如何认定倾销进口是否构成国内产业损害的原因。缺乏这种规定会造成这样一种不合理的结果，即：只要倾销的进口在进口量、价格的抑制或压低和对国内产业的生产者的影响等方面指标的检测中都表现出一种积极的结果，那么不论这种数量的增长、价格的压抑和国内产业的糟糕业绩是否主要由于其他因素造成，调查机构都可以认定倾销的进口引起了国内产业的损害，从而作出对进口实施反倾销措施的裁决。这种情况在一定程度上构成了滥用反倾销措施的一个原因，使得反倾销制度在某种程度上成为实施贸易保护主义的工具。因此，在考虑对《反倾销协议》中认定倾销和损害的规则进行改革时，应当考虑在调查机构对反倾销调查作出肯定性裁决时，将倾销进口对损害的影响与非倾销进口因素对损害的影响的关系予以明确，换言之，《反倾销协议》的第3.5条应当明确倾销的进口是造成国内产业损害的实质性的原因，或者至少应当是主要原因。这样才能在最大程度上保证反倾销制度从价格歧视的角度对多边贸易体制所推进的自由贸易产生的消极影响作出合理的控制和调整，实现《反倾销协议》的目的。

现行《反倾销协议》应当以对价格歧视所引起的消极影响进

行合理的控制，并作出必要的调整为出发点，尽量减少由此而产生的WTO成员之间的摩擦，保证世界自由贸易体制的平稳运行。因此，《反倾销协议》中有关倾销和损害的认定规则尽管应当在一定程度上不损害世界贸易市场上的自由竞争，但是维护竞争并不是《反倾销协议》的目的；因此，现行的《反倾销协议》中有关反倾销措施的认定规则的基本结构并不是《反倾销协议》改革的主要内容。但是，《反倾销协议》中有关倾销和损害认定规则中存在的一些制度上的缺陷和缺乏透明度的基本特征，使得反倾销措施的实施在各个成员之间产生差异，并由此而引起保护上的不平衡，导致贸易摩擦。这些制度缺陷和缺乏透明度的规则才是《反倾销协议》改革的主要内容。

第八章　反倾销调查中程序性规则的问题

程序是反倾销调查内容实现的保证。由于程序性规则不仅涉及反倾销调查的透明度和反倾销调查规则的公正执行，调查的效率和成本的问题，调查程序规则还直接影响到 WTO 成员的贸易政策的实施，以及反倾销调查中各利害关系方的利益，因此反倾销调查规则中的程序性问题是包括 WTO 的发达和发展中国家在内的许多成员在《反倾销协议》改革过程中关注的主要问题。一些成员方要求保持反倾销调查程序规则的弹性，而另一些成员方则更加强调调查程序的标准化；一些成员更关注调查程序中的信息披露规则，而另一些成员则关注的是反倾销调查程序规则中对信息提供要求的合理性；一些成员希望通过对反倾销调查规则的改革消除某些成员对反倾销措施的滥用，并且减少不必要的反倾销调查所带来的负担，而另一些成员则希望通过强调反倾销调查程序的灵活性来保持反倾销措施作为贸易救济规则的有效性。

以上关于反倾销调查程序规则改革的不同要求来源于对反倾销制度的性质和对改革出发点的不同认识。持有强调反倾销措施的补偿作用的观点的成员，在有关调查程序的改革方面似乎更关心有关调查机构对调查过程的掌控权利；而认为反倾销制度是一种促进自由竞争的规则，从而主张限制反倾销措施所带来的贸易保护主义效果的观点的成员则认为一种更加明确的、清楚的调查程序规则标准有利于制约贸易保护政策对反倾销调查程序的滥用。

基于上述情况，改革反倾销调查的程序性规则，必须围绕多边贸易体制中反倾销制度建立的出发点，以及反倾销制度中的实体规则，否则反倾销调查程序规则的改革就是一种空谈。

一、WTO《反倾销协议》中的程序性条款

现行的 WTO《反倾销协议》是一种实体规则和程序规则兼备的文件,《反倾销协议》的内容既包括了反倾销的实体性的规则也包括了程序性规则,而且《反倾销协议》的文字本身并没有明确哪些条款是实体性条款,哪些条款是程序性条款,《反倾销协议》中的有些条款既包括了程序性规定也包括了实体性的规定,比如日落条款。根据一般的认识,笔者把与调查步骤和调查过程的进行有关的要求、规则以及与调查过程中利害关系方的权利义务有关的条款作为反倾销调查的一般程序性条款。根据这一划分原则,现行的 WTO《反倾销协议》中的一般程序性条款包括第 5 条:调查的启动和调查的进行;第 6 条:证据规则;第 7 条:临时措施;第 8 条:价格担保协议;第 12 条:公示通知和裁决的解释;第 15 条:司法审查。这些条款的内容主要涉及调查的启动条件,作为证据的事实的提供或者获得与使用要求,调查的阶段和调查的中止,以及调查结果的公示要求。① 下面分别对这些内容进行简单介绍。

(一)调查启动的条件

《反倾销协议》的第 5 条主要规定了反倾销调查启动的条件。其中包括提起调查的主体的资格和有关的主张的内容和相关的证据条件。

欧盟的代表在 WTO 的多哈回合关于规则的谈判中提出了关于改革反倾销调查启动程序的意见和建议。欧盟的代表认为,经验和争端解决报告清楚地表明,调查的主管机构在调查中没有适当地考虑企业的程序权力,欧盟认为改善调查的透明度和当事方的权利是改革《反倾销协议》的根本。而调查的启动的本身对出口商、进

① 除了上述一般的程序性规则以外,《反倾销协议》还在不同的条款中加入了一些特定的程序性规定,这些特定的程序规定包括第 9 条中规定的新出口商复审;第 11 条中规定的一般行政复审程序和反倾销措施的到期复审程序。

口商和国内的产品使用产业都构成了一项沉重的负担。这种负担要求澄清一项调查启动的条件，而澄清的方法，欧盟代表建议建立一种快速争端解决机制。通过这种快速的争端解决机制对成员方调查主管机构启动反倾销或者反补贴调查的决定进行某种程度的审查。①

欧盟认为，反倾销或者反补贴调查程序对有关的公司构成了相当的压力。实际上，在一项反倾销调查开始时，相关的公司不得不回答问卷（这种问卷通常还是由公司所使用的母语之外的语言制作完成的），它们不得不接受耗时的实地查证，而且不得不向调查机构提供敏感的或者机密的公司商业数据。更重要的是，在许多案件中公司还要为此支付昂贵的法律咨询费用，并且对公司当前和未来的商业活动和计划产生深远的影响。②

显然，由于调查的启动能够对受调查的出口商和相关产品使用产业产生上述负担，控制反倾销调查启动的泛滥现象就成了改革《反倾销协议》，特别是反倾销调查程序规则的一项重要内容。

根据《反倾销协议》第 5 条第 1 款和第 4 款的规定，申请提起反倾销调查程序的主体主要是国内产业或者国内产业利益的代表。根据第 5.1 条的规定，反倾销调查的程序应当根据国内产业方或者代表国内产业的利益一方的书面申请启动。第 5.4 条进一步对国内产业的含义作出了规范。根据第 5.4 条的规定，国内产业是指同类产品的国内生产者。符合条件的国内产业或者国内产业利益的代表则是指产量之和超过所有不论表示支持或者反对申请的国内生产商生产的同类产品总和的 50%；但是不论在什么情况下，如果支持

① WTO Negotiating Group on Rules, Submission from the European Communities Concerning the Agreement on Implementation of Article VI of GATT 1994 (Anti-Dumping Agreement), TN/RL/W/13, 8 July 2002, p. 2.

② WTO Negotiating Group on Rules, Negotiations on Anti-Dumping and Subsidies - Reflection Paper of the European Communities on a Swift Control Mechanism for Initiations, TN/RL/W/67, 7 March 2003, pp. 1-2.

启动调查申请的国内同类产品生产商生产的产品产量不足国内产业生产的同类产品的总和的25%，就不应当启动调查。也就是说，从同类产品产量所占的比例来看，支持提起反倾销调查程序申请的国内产业方最少要符合两个条件，一是支持者应当超过所有表示意见国内同类生产者的产量的半数；二是申请的支持者应当超过国内同类产品生产者的25%。

除了上述国内产业的代表以外，有关的调查当局也可以主动提起反倾销调查程序。根据《反倾销协议》的第5.6条的规定，在特定的情况下，有关当局如果有倾销、损害和它们之间因果联系的充分证据证明启动调查的必要性，在没有收到国内产业一方书面申请的情况下，也可以决定启动调查。

关于反倾销调查程序启动的证据条件，《反倾销协议》的第5.2条规定：

> "根据第1款作出的申请当包括（a）倾销；（b）GATT 1994第VI条规定的并根据本协议的解释的含义内的损害；（c）倾销的进口和指控的损害之间的因果联系的证据。简单的、没有充分证明力和相关性的证据的简单断言不能认为是足够地符合本款要求。申请应当包括申请人合理地获得的下列方面的信息：
>
> 申请人的身份和申请人同类产品国内生产的产量和价值的描述。当书面申请是由代表国内产业的利益国内产业作出时，申请应当明确申请所代表的国内同类产品生产商的名单（或者同类产品国内生产商联合体），并且在可能的范围内，提供这些生产商的同类产品国内的产量和价值。
>
> 受指控的倾销产品的完整描述，包括调查的国家名称或者原产地国或出口国的名称，已知的每个出口商或者外国生产商的身份及进口调查产品的已知进口人的名单。
>
> 调查产品在原产地国或出口国国内市场销售的价格信息（或者，产品从原产地国或出口国向第三国销售的价格，或者

产品的构建价值）以及出口价格的信息，或者产品第一次销售给进口成员方境内的独立购买者的价格。

受指控的倾销的进口量的变化信息，这些进口对国内市场同类产品价格的影响和由此产生的进口对国内产业的影响，这些影响由相关的包含国内产业状况的因素和指标来显示，比如第3条第2款和第4款中列明的那些因素。”

根据以上的规定我们可以看出，《反倾销协议》并没有规定调查程序启动的具体条件。尽管这一条款一般性地要求申请者所提出的有关倾销、损害以及二者之间因果联系的证据应当是充分的和具有相关性的，而不是简单的断言，并且提供了申请所应当涉及原告、被告和其他利害关系方的情况，受到指控的进口产品的国内销售和出口价格情况、出口量的情况，以及受指控的进口对国内产业所产生的影响的情况等四个方面的内容，但是这一条并没有具体规定所谓“充分证据”的标准。对于启动调查程序申请中所提供的证据是否充分和具有相关性的决定权，根据《反倾销协议》的规定，应当属于反倾销的调查当局。这一点我们可以从《反倾销协议》的第5.3条的规定看出来。第5.3条规定：

“当局应当审查申请中所提供的证据的准确性和充足性以便决定是否存在充分的证据证明调查启动的合理性。”

也就是说，反倾销调查程序启动申请中有关证据的充足性和准确性是否符合《反倾销协议》第5.2条规定的要求属于WTO各个成员方调查当局的裁量权的范围。

除了调查启动的条件，《反倾销协议》的第5条还规定了调查启动程序随后的调查进行的一般规则。其中包括倾销和损害的证据考虑程序（第5.7条）、反倾销调查程序终止的规则（第5.8条）以及调查程序的时限（第5.10条）。关于反倾销调查程序进程的一些具体规则和反倾销调查程序中所使用的证据规则，《反倾销协议》的第 7 条和第 8 条以及《反倾销协议》的第 6 条作出了比较详细的规定。

（二）反倾销调查的证据规则

《反倾销协议》第 6 条是关于反倾销调查所使用的证据比较详细的规则。这一条的内容涉及反倾销调查中所使用的调查程序中证据的提交、证据信息的披露、证据信息的查证和证据的采纳以及利害关系方。

第 6 条所规定的有关反倾销调查中证据的提交，主要涉及证据提交的形式和证据提交的期限。根据第 6.1 条规定，证据的提交主要应当采用书面的形式，根据第 6.2 条的规定，反倾销的调查当局可以在调查的过程中根据要求举行听证会，所有的利害关系方也可以在这种听证会上以口头的形式提供案件的有关信息和意见，但是由于这种听证会是非义务性质的，利害关系方是否出席这种听证会不应当对他们的权利的行使造成不利影响，在这种情况下，《反倾销协议》第 6.3 条虽然规定调查当局应当考虑利害关系方以口头的形式提供的信息，但是这种对口头信息的考虑必须满足一定的条件，即这种口头提供的信息应当随后制作成书面的形式，并且提供给其他利害关系方。对于有关案件信息提交的期限，《反倾销协议》第 6.1.1 条规定，出口商或者外国生产商对反倾销调查中的问卷的回复期限是 30 天，并且这一期限可以根据出口商或者外国生产商的要求，在可行的情况下再延长 30 天。一利害关系方向调查当局提交的所有书面信息，除了属于保密的范畴之外，都应当立即提供给其他参与调查的利害关系方。调查启动的书面申请还应当提供给所有已知的出口商和出口国的主管当局，并且在其他有关的利害关系方提出要求的情况下向他们提供该书面申请。

关于证据信息的披露，《反倾销协议》的第 6.4 条和第 6.5 条分别对一般的非保密信息和保密信息的披露作出了规定。一方面，对于一般的非保密的信息，根据《反倾销协议》第 6.4 条的规定，调查当局应当在任何可行的情况下及时地提供机会让所有利害关系方了解与其有关的、调查当局在调查中所使用的、所有非保密性质的信息，并根据这些信息准备其辩论意见。另一方面，对于保密的信息的披露，《反倾销协议》的第6.5条作出了一般性的规定。根据这一条的规定，性质上属于保密的信息，或者由当事方以保密为基础提交的信息，在没有提交信息的当事方特别的许可的情况下不能够披露。至于什么是保密信息，《反倾销协议》的有关条款并没有作出明确的界定。不过，根据第6.5条的文字表述，我们可以将属于保密范畴的信息分为两类：一是信息本身属于保密性质，根据第6.5条的例举，这种保密信息可以包括该信息的披露会使竞争对手获得竞争优势；或者该信息的披露会对提供信息者或信息来源者造成关键性的不利影响；二是调查当事方以保密为基础提供的信息。虽然对于保密信息的处理原则是不予披露，但是在得到信息提供者特别的许可的情况下，这些信息也可以根据特定的方式予以披露。《反倾销协议》的第6.5.1条和第6.5.2条规定了有关保密信息的披露规则。根据第6.5.1条的规定，调查当局应当要求提供保密信息的当事方就保密信息制作非保密性质的信息综述，这种综述应当具备足够的细节以便其他有关各方对保密信息的实质有一个合理的理解。只有在例外的情况下，有关当事方在说明理由的情况下可以表明无法对保密信息提供综述。对于当事方要求作为保密信息对待的信息，如果没有获得调查当局的准许，有关当事方又不愿公开该信息或者对该信息以非保密综述的形式的披露不予授权，调查当局可以不考虑这一信息，除非调查当局从适当的来源证实了该信息的正确性。从上述规定我们可以看出两点：首先，保密信息的认定权属于反倾销调查的主管当局，而当局认定保密信息的基础是信息本身的性质和信息提供一方的请求，《反倾销协议》并没有规定明确的认定标准；其次，保密信息本身原则上是不予披露的，但是这种原则并不意味着与保密信息有关的情况不予披露，凡是保密信息原则上都要以非保密的信息综述形式予以披露。

关于证据信息的查证和采纳。根据《反倾销协议》的第6.6条规定，调查机构在调查期间应当确信它们作出调查结论所根据的利害关系方提供的信息的准确性。基于这一条规定的原则，调查当局可以第6.7条的规定决定是否对信息的可靠性进行实地查证。《反倾销协议》的附件I对调查当局对证据信息的查证程序作出了规定。根据《反倾销协议》的有关规定可以看出，调查当局的这种查证是选择性的。《反倾销协议》附件I的第7项规定表明，反倾销调查中的实地查证的主要目的有两个：一是查证有关调查当事方提供信息的准确性和真实性，二是通过实地查证获得有关信息的细节，因此实地调查应当在有关利害关系方对调查当局的问卷作出答复之后进行。这种实地进行的信息查证在某些情况下对调查当局决定有关利害关系方所提供的信息是否能够采纳起着重要的作用。

除了对利害关系方所提供的信息进行实地查证以外，《反倾销协议》还规定调查当局应当对证据信息提供的方式和形式进行审查，对于提供方式和形式不符合规定者，调查当局有权决定对提供的有关信息不予采纳。根据《反倾销协议》第6.8条的规定，任何利害关系方如果在合理的时间内不能提供必要的信息，调查当局有权决定根据另外可获得的事实作出裁决。关于使用另外可获得信息的基本条件，《反倾销协议》的附件II的有关条款作出了规定。

根据《反倾销协议》附件II的第1条，调查当局在调查启动后，向有关的利害关系方要求提供信息时应当提出有关信息的内容的具体要求以及信息所采用的形式，并且应当说明如果在合理的时间内没有按照要求提供信息，调查当局有权考虑根据另外可获得事实作出裁决。换言之，调查当局应当使提供信息的利害关系方了解提供信息的具体要求以及不按照要求做的后果。

《反倾销协议》附件II的第3条对可采纳的、利害关系方提供的信息规定了基本的条件。这些条件包括：（1）所有的信息都是可以验证的；（2）用恰当的方式提供从而可以在调查使用的过程中不会产生不必要的困难；（3）按照规定的期限提供；（4）根据案件的具体情况，信息在必要时应当以当局所要求的媒体或计算机的可读语言的形式提交。根据第3条的规定，最后一项关于信息提供的媒体的要求是有条件的，并不一定适用于所有案件。①

尽管《反倾销协议》对另外可获得事实的使用前提条件作出了上述基础性的规定，但是并没有规定调查当局使用另外可获得事实的具体条件。这种具体条件一般都是由 WTO 成员国内的反倾销法律来完成。

对于另外可获得信息的要求，《反倾销协议》附件 II 的第 7 条规定：

> "如果调查当局必须根据间接来源的信息，包括调查启动申请中所提供的信息，作出调查结论，包括关于正常价值的调查结果，调查当局应当谨慎地使用这些信息。在这类案件中，调查当局应当在可行的情况下根据其可获得其他独立的信息来源，诸如：出版的价格目录、官方的进口统计数据和海关的反馈，以及在调查期间从其他利害关系方处获得的信息对这些信息进行检查。但是，显然如果利害关系方不合作，并且因此使调查当局无法获得相关的信息，这种情况可以导致比当事方合作更为不利的结果。"

从以上条款的规定可以看出，首先，一方面这一条规定要求有关调查当局适用另外可获得的信息应当遵循审慎的原则，在可行的情况下对这种间接的信息进行必要的核查，但是另一方面却又没有对此作出绝对的要求，或者说不对间接信息进行核查可以作为一种例外情况。其次，根据这一条的规定，对于在提供信息时不合作的

① 按照《反倾销协议》附件 II 的第 2 条规定，以调查当局所要求的媒体形式或者计算机可读语言的形式提供信息并不是一种强制性的条件。该项规定要求调查当局提出信息的媒体要求时应当考虑提供信息的利害关系方的具体情况，这种要求的提出不应当给有关的利害关系方带来不必要的负担，这种负担既包括费用支出方面的负担也包括一般的麻烦。因此，如果出现本条规定的情况，有关信息提供的第（4）项要求将不适用。

利害关系方，调查当局在适用另外可获得的事实时，可以适用对该不合作利害关系方不利的信息或事实。

对于提供信息的利害关系方，《反倾销协议》的第 6 条也作出了规定。根据第 6. 11 条的规定，反倾销调查的利害关系方包括三类当事方，第一类是出口商和外国生产商，也包括进口调查产品的进口商；第二类是出口成员方的政府；第三类是进口成员方的同类产品生产商或者在进口成员方境内从事同类产品生产的贸易或商业协会的大多数成员。但是，以上有关利害关系方的范围的规定并不妨碍调查当局在调查过程中考虑其他国内或者国外的当事方作为利害关系方参与调查程序。按照《反倾销协议》第 6. 12 条的规定，调查当局应当向调查产品的产业用户，以及在产品普遍属于零售销售的产品的情况下，代表消费者的组织提供机会来提供相关信息来供调查考虑倾销、损害和二者之间的联系。这种允许出口商、进口商、国内生产商以外的其他当事方作为利害关系方参加调查程序的规定一方面与确定反倾销措施的事实需要考虑倾销以外的引起国内产业损害的原因有关，另一方面，允许其他调查产品的工业用户和消费者参与调查程序提供意见也是一些 WTO 成员方希望反倾销调查程序能够考虑"公共利益"的观点的表现。

除了上述关于调查程序的启动、进行和调查证据的相关规则以外，在《反倾销协议》中涉及反倾销调查程序的规则还包括第 7 条关于临时措施的规定和第 8 条关于价格担保协议的规定，以及第 12 条关于公示通知和裁决解释的规定。临时措施的实施主要是反倾销调查的肯定性初步裁决的后果。根据第 7. 1 条的规定，临时措施只有在反倾销调查开始后利害关系方已经获得了提交信息和作出评论的充分的机会，并且在肯定性初步裁决作出后，调查当局认为有必要防止调查期间引起进一步的损害时决定实施。第 8 条规定的价格担保协议，从调查程序的角度来看，实际上是一种中止调查程序进行的一种必要条件，但是价格担保协议并不一定导致调查程序中止的结果。①《反倾销协议》第 12 条的规定则是一种对反倾销调查程序的公开要求，实际上是保证调查程序透明度的一种规则。根据第 12 条的规定，调查当局作出启动调查的决定和关于反倾销调查的任何裁决都应当公布其裁决的事实和法律依据，并作出相应的说明。这种公示规则保证了调查程序的公正。《反倾销协议》的第 13 条要求 WTO 成员方调查主管机构所实施的反倾销调查应当属于司法审查的范围，要求 WTO 成员方的司法机制提供对反倾销调查机构实施的反倾销调查案件的审查程序。

在以上所有关于反倾销调查程序的条款中，有一些由于没有作出明确的规定，各国的国内反倾销立法在执行这些规则的过程中出现了问题，引起了成员方之间的争议，甚至对开放的贸易产生了不良影响。这些问题主要集中在以下两个方面：反倾销调查启动前对证据准确性和充分性的审查标准和另外可获得事实的适用条件。

二、反倾销调查程序规则的国内法律规定

（一）反倾销调查程序启动的条件

由于《反倾销协议》并没有规定明确的标准，反倾销调查启动的这种判断权利被理解为给予成员方的调查机构。换言之，对于反倾销调查程序启动的有关证据是否具备准确性和充分性，属于反倾销调查机构的自由裁量权范围。这种规定使许多 WTO 成员国内的反倾销法律没有规定反倾销调查程序启动的具体条件，而是把这种裁量权完全交给了反倾销的调查当局，或者说使得 WTO 成员的国内的反倾销调查启动程序缺乏透明度。

美国 1930 年《关税法》中第 732 节关于反倾销调查程序的发起的规定分为两个部分。第一部分（a）是关于调查当局主动发起反倾销调查程序的规定。这一规定中并没有明确规定发起的条件，只是在这一条的第一项一般规定中指明，当调查当局根据现有信息确定正式调查，可证实征收反倾销税的必要因素确实存在时，应当

① 参见 WTO《反倾销协议》第 8.4 条。

发起反倾销调查。① 第二部分（b）是关于经过国内产业或者国内产业代表申请发起反倾销调查程序的规定。在这一项规定中，除了要求申请中主张反倾销税征收的必要因素已经具备，并提供了申请人合理掌握的支持该主张的信息以外，还要求申请应当获得一定的产业支持。② 根据美国商务部进口管理局发布的反倾销程序手册的说明，商务部在对申请进行分析时通常要审查价格和成本的有关信息，一般商务部会要求最近的价格信息，这些价格信息的来源可以是公布的价格清单、实际的发票、书面的证言、销售人员的电话报告、市场研究机构提供的市场研究信息或者在某些情况下美国同意关税体系中的相关统计数据。信息获得方法的说明也是商务部审查的范围。商务部还会审查进口统计数据的情况，为了审查产业支持的情况，申请人应当在申请中对其所代表的产业进行界定，并且应当包括国内同类产品产量和价值的信息和申请人的同类产品的产量和价值，以及每个了解到的国内生产者的身份。申请人还要对产品的规格和范围作出尽量详细的说明。尽管这一手册的说明并不具有法律的效力，而且只是以一种申请文件内容说明的形式表现出来，但是这种说明还是有助于理解美国的调查机构作出申请中的证据是否充分和准确结论的主要考虑因素。

欧盟的《反倾销条例》（384/96 号条例）的第 5 条关于调查程序的启动规则中的第 2 款也列明了 4 项类似的内容，但是与美国不同的是，欧盟的反倾销条例只根据《反倾销协议》第 5. 2 条的规定对审查的项目作出了规定，并没有对这四项内容的信息来源作出进一步说明。

加拿大《特别进口措施法》(Special Import Meseaure Act, SIMA）的第 33 条关于反倾销调查程序的开始的规定明确地指明，调查主管根据自己的判断决定申诉书所主张的倾销引起损害的证据是否合理。虽然在 SIMA 的相关法规中对调查程序启动申请文件的

---

① 参见美国《关税法》第 732 节（a）（1）的规定。

② 参见前引第 732 节（b）的规定。

必要内容作出了规定，但是并没有对有关信息的准确性和充分性作出任何说明。

澳大利亚的反倾销法律要求申请启动反倾销调查程序的文件应当包括以下内容：对倾销商品的识别，对出口国家的识别，对相关的澳大利亚产业的识别，估算的正常价值和出口价格的信息以及倾销的计算，国内产业遭受的实质性损害的证据以及倾销和损害之间的因果关系；同样，对于证据的准确性和充分性的认定标准，澳大利亚的调查机构并没有作出公开的说明。

直到20世纪90年代，美国、加拿大、欧盟和澳大利亚都是反倾销调查启动最多的几个国家，但是随着WTO《反倾销协议》的实施，一些发展中国家适用反倾销措施的情况开始增多，根据联合国贸易和发展大会（United Nation Conference on Trade and Development，UNCTAD）的统计，从1995年到1999年间全世界启动反倾销调查的数量为1229件，其中651件是由发展中国家发起的，而阿根廷、巴西、墨西哥、韩国、印度和南非占据了发展中国家案件发起数量的主要的部分。

这种情况表明，发展中国家的反倾销法律中有关反倾销调查程序的启动条件的规定值得进一步深入研究。

上述主要发展中国家的反倾销法律中关于反倾销调查程序的启动规则虽然存在一定的区别，但是有关反倾销调查程序启动的条件的认定却是基本相同的，对于申请启动的文件中所提供的信息和证据的准确性和充分性的判断都属于调查机构的裁量权范围，并且没有对判断的依据作出任何说明。虽然韩国的反倾销法律中列出了调查当局驳回调查启动申请的条件，但是这些条件中多数都是关于申请的形式方面的要求，虽然其中第2项是要求申请人提交倾销和损害事实的充分证据材料，但是也没有对证据材料的充分性标准作出相应的说明。印度的反倾销法律中关于反倾销调查程序启动申请规则虽然提供了固定的表格，因此对申请内容的要求制定了必要的框架，但是仍然没有对实质性的条件的判断作出说明。

综上所述，不管是发达国家还是发展中国家，反倾销法律关于调查启动条件的规定都缺乏比较明确的判断标准，或者缺乏关于这一问题裁量权适用的说明，这种状况不能不说与WTO《反倾销协议》的规定无关。

（二）另外可获得的信息（facts otherwise available）的规则

根据WTO《反倾销协议》的规定，另外可获得信息的适用并不是义务性的，而且WTO《反倾销协议》所规定的另外可获得信息的适用条件并不明确，在国内调查中，有关另外可获得信息的适用规则由国内的反倾销法律规定。

美国的1930年《关税法》中有关另外可获得信息的适用规则包括了两个方面的内容，一是一般的可获得信息的使用；二是不利的可获得信息的适用。根据美国1930年《关税法》第776条（a）的规定，使用另外可获得信息的条件包括利害关系方提供的信息记录中没有相关的信息，或者利害关系方拒绝向调查当局提供有关信息，或者没有按照规定的期限或按照要求的方式或者形式提供信息，并且在相当的程度上阻碍了调查程序的进行或者利害关系方提供的信息是无法查证的。在适用另外可获得信息的情况中，对于某些情况，美国的《关税法》还规定了适用惩罚性的不利的另外可获得信息（adverse facts otherwise available）。根据《关税法》第776条（b）的规定，利害关系方没有与调查机构合作的事实是由于该利害关系方没有尽最大努力按照调查机构的要求提供相关信息所造成的，那么调查机构可以在可获得的信息中使用不利于该利害关系方的信息。

欧盟的《反倾销条例》规定在利害关系方不合作时，调查当局可以适用另外可获得的信息。与美国《关税法》关于另外可获得信息的适用规则不同的是，欧盟的《反倾销条例》中并没有规定适用所谓惩罚性的“不利的另外可获得信息”的条件。根据欧盟第384/96号规则第18条关于利害关系方不合作的规定，对于利害关系方拒绝或者没有在规定的期限内提供必要的信息，或者损害了调查的情况，反倾销调查当局可以根据另外可获得信息作出裁决，这种不合作包括利害关系方提供虚假或者误导性的信息；① 但

① 参见欧盟理事会第384/96号规则的第18.1条。

是如果利害关系方已经尽了最大的努力，尽管提供的信息并不完全符合要求，只要这些信息不会在作出具有合理准确性的裁决结论过程中对调查当局调查造成不适当的困难，那么调查当局也可以不排除适用利害关系方所提供的信息。① 尽管欧盟的《反倾销条例》的第 18 条中并没有明确规定不利的另外可获得信息适用的条件，但是却在对另外可获得信息的使用效果说明中将不利的结果包括在了适用另外可获得信息的结果中。②

从欧盟的反倾销法律的有关规定，我们似乎可以看出，其中关于另外可获得信息的规则从文字上看更接近 WTO《反倾销协议》的文字规定，但是，根据这种规定，调查机构在调查的过程中适用另外的可获得信息时，对不利信息的适用并没有明确的规则。从有关规定的文字表述上看，凡是适用另外可获得信息的情况都可以适用不利的信息。

另外，在 WTO 成员的反倾销调查实践中，有关调查当局倾向于对来自非市场经济国家的调查进口产品适用另外可获得的信息来处理。一方面这种情况与非市场经济体制国家的出口商或者生产商的管理体制与国际一般企业的管理存在较大差异有关系，另一方面也不能忽视反倾销体制中的所谓非市场经济规则的歧视性在其中所起的作用。

三、WTO《反倾销协议》的调查程序规则中的主要问题

从《反倾销协议》生效后，WTO 成员方就反倾销规则向 WTO 争端解决机构提交争议内容和有关的批评意见来看，程序规则的争议和主要问题集中在调查启动的条件和另外可获得信息的适用两个方面。

（一）反倾销调查启动的条件中存在的问题

前文已经介绍过，WTO 的成员无论是发达国家还是发展中国

---

① 参见上引第 18.3 条。

② 根据欧盟理事会第 384/96 号规则的第 18.6 条规定："如果一利害关系方没有合作，或者只是部分地合作，因而造成隐瞒相关信息，这一当事方所获得的调查结果可以比它合作所产生的结果不利。"

家的反倾销法律对于反倾销调查的启动条件都没有明确的规定，这一点主要体现在国内的调查机构对调查启动申请中所提交的证据信息的准确性和充分性的断定权。由于《反倾销协议》对申请所提供的证据信息是否准确和充分并没有提供任何判断标准或者原则，因此反倾销调查的启动权利基本上由各国的调查机构来掌握，这种状况不仅容易引起成员方之间的争议，同时还会为 WTO 成员方的政府在世界经济形势或者国内政治的压力下利用反倾销措施实施贸易保护主义政策提供方便。

在 WTO 争端解决机构处理的关于墨西哥玉米糖浆一案中，墨西哥在它的申诉中提出的主张之一就是墨西哥的反倾销调查机构在 1997 年 2 月公布的一项关于对来自美国的玉米糖浆进口发起反倾销调查的决定与《反倾销协议》第 2 条、第 4 条和第 5 条规定的墨西哥应当履行的义务不符，墨西哥原告在申请启动有关反倾销调查程序的申请书中没有提供《反倾销协议》第 5 条所要求的信息。美国认为墨西哥调查当局没有充分的关于墨西哥糖产业受到进口玉米糖浆的实质性损害威胁的充分证据，也没有被指控为倾销的进口与指控的威胁之间的因果联系的充分证据来证明发起调查的合理性。美国认为，由于墨西哥糖业商会要求启动反倾销调查的申请中缺乏关于被指控倾销的美国进口产品可能对其国内产业造成的影响和相关的经济因素和指标的情况的充分证据，同时，申请中也没有提供损害威胁与被指控倾销的进口之间的因果联系的充分证据，所以申请不符合第 5.2 条中所规定的有关实质性损害威胁的充分证据要求。在这种情况下，墨西哥调查当局没有拒绝申请，并且根据《反倾销协议》第 5.8 条的规定否决调查程序的启动，而且也没有主动收集有关充分信息，因此墨西哥调查当局有关美国糖浆案的这一决定与 WTO《反倾销协议》规定的关于调查启动的规则不符。美国指出墨西哥申请启动调查程序的糖业商会在申请中没有对墨西哥政府的标准申请表中提出的许多问题作出回答，其中包括损害的有关信息，损害威胁的有关信息，以及因果联系的信息；调查产品主要客户的信息和这些因美国糖浆而丧失客户的数据，以及销售政策的信息。① 墨西哥一方则认为，《反倾销协议》第5.2条之规定了申请发起反倾销调查的申请人只需要提供它能够合理获得的证据，而在美国糖浆案中，墨西哥糖业商会所提供的证据是他们能够合理获得的证据。墨西哥一方认为，糖业商会在它的申请中提供了《反倾销协议》第5.2条中所规定的四个方面的信息，至于第5.2条第（iv）项中所列举的产业相关的经济因素和指标的信息，墨西哥认为这只是一种列举性质的说明，并不是严格的规则要求，因此糖业商会在申请中没有提供产业经济指标的有关信息是否构成提供的证据信息不充分，根据WTO《反倾销协议》第5.3条的规定，这种评估权利属于调查当局，而墨西哥的调查当局在评估中认为申请中所提出的证据信息对于启动调查来说是充分的，因此作出了启动调查的决定，墨西哥的这种做法与《反倾销协议》的有关规定是一致的，并没有违反它应当履行的义务。②

专家小组在裁决意见中分析了第5.2条的相关规定，认为虽然这条规定要求损害后果的信息证据，这些信息证据应当有具体内容，但是这一条规定在提到产业经济因素和指标的信息时使用的"相关（relevant）"和"诸如（such as）"这类词语，意味着申请中所提供的信息并不一定要包括所有的因素和指标的情况。因此，专家小组的裁决认为，申请中提供的信息的质量和数量不需要按照作出损害初步裁决或者最终裁决时所要求的信息的数量和质量。而且，申请只需要提供合理的可获得的相关因素。尽管专家小组认为第3.4条中所列出的产业经济因素因为与国内产业有关，所以在通常情况下作为申请人的国内产业方是应当能够获得这些因素的信息

① Mexico - Anti-Dumping Investigation of High Fructose Corn Syrup (HFCS) from the United States Report of the Panel, WT/DS132/R 28 January 2000，第40页，第5.156段。

② Mexico - Anti-Dumping Investigation of High Fructose Corn Syrup (HFCS) from the United States Report of the Panel, WT/DS132/R 28 January 2000，第51~53页，第5.192~5.197段。

的，但是，专家小组并不认为与《反倾销协议》第5.2条的要求相符合的申请不一定会包括根据第5.3条的规定启动调查所需要的充分证据。①

从以上争议中我们可以看出，WTO《反倾销协议》对成员启动一项反倾销调查的要求只限于最低的形式上的标准。根据专家小组裁决意见的理解，《反倾销协议》第5.2条对发起调查申请所要求的四项有关信息的内容的数量和质量并没有设定判断标准。这种状况造成了许多不必要的反倾销调查程序的发生，对出口商的正常出口贸易造成了干扰，尽管这种情况也是出于保护国内产业和国内经济的目的，但是这种手段是一种骚扰性质的，因此缺乏公正性与正当性。特别是一些发展中国家，在其行政过程普遍缺乏透明度的情况下，会造成对这种裁量权的滥用，导致发展中国家滥用反倾销调查。WTO最近有关反倾销调查启动的统计数据也部分地显示了这种趋势。

反倾销的发起：根据成员的报告

（1995年1月1日～2003年12月31日）②

成员方＼年度	1995	1996	1997	1998	1999	2000	2001	2002	2003	总计
美国	14	22	15	36	47	47	76	35	37	329
欧盟	33	25	41	22	65	32	29	20	7	274
加拿大	11	5	14	8	18	21	25	5	15	122
澳大利亚	5	17	42	13	24	15	23	16	8	163

① Mexico - Anti-Dumping Investigation of High Fructose Corn Syrup (HFCS) from the United States Report of the Panel, WT/DS132/R 28 January 2000，第194～195页，第7.70～7.74段。

② 参见网址：http://www.wto.org/english/tratop_e/adp_e/adp_stattab2_e.pdf，2004年8月7日访问。

续表

年度 成员方	1995	1996	1997	1998	1999	2000	2001	2002	2003	总计
印度	6	21	13	24	65	41	79	81	46	379
巴西	5	18	11	18	16	11	17	9	4	109
阿根廷	27	22	14	8	23	45	26	14	1	180
韩国	4	13	15	3	6	2	4	9	3	59
南非	16	33	23	41	16	21	6	4	6	166

资料来源：WTO 反倾销委员会统计数字。

其中印度的上升最为明显（统计两段时间的中期总和数据中发展中国家分别所占的百分比）。

同时，根据美国反倾销政策研究者的统计，在美国启动的反倾销调查中大约有 35% 的调查其倾销裁决或者其损害的裁决是否定性的。这种统计的结果实际上暗示着有 1/3 以上的调查实际上是对正常进口贸易的一种干扰。①

（二）《反倾销协议》中关于另外可获得信息适用规则的问题

从各成员方国内的反倾销法律规定和实际的调查中反映出来的关于另外可获得信息的问题主要存在于两个方面，一是另外可获得信息的适用的性质的问题；二是另外可获得信息的惩罚性的问题。《反倾销协议》第 6.8 条和附件 II 规定了另外可获得信息适用的基本要求，对于这些要求，WTO 的成员国内的反倾销法律的有关条款规定了不同的实施规则。其中的一个重要的不同之处在于当这些条件满足时，反倾销调查机构是否必须在调查中适用另外可获得的信息，换言之，另外可获得信息的适用是否应当是“自动”

① *See* Brink Lindsey and Dan Ikenson, Reforming the Antidumping Agreement, Cato Paper (2002), p. 29.

的。在 WTO 争端解决机构处理的案件中（U. S. —Hot-Rolled Steel），由于另外可获得信息的适用会在一定程度上引起倾销幅度与实际情况偏离，特别是根据经验，利用另外可获得信息为依据计算出来的倾销幅度普遍比利用利害关系方提供的有关信息计算出来的倾销幅度要高。在这种情况下，另外可获得信息的适用条件和使用方法必然成为出口成员关注的一种方法。

在日本提起的美国热轧钢产品一案中，日本对美国在对来自日本的热轧钢产品的反倾销调查中使用“另外可获得的信息”作为认定倾销幅度的根据提出了质疑。日本主张美国仅凭有关“重量转换系数（weight conversion factor）”的信息提交的期限超过规定的期限的事实，在调查中拒绝适用日本企业提供的信息，而适用另外可获得信息的做法违反了《反倾销协议》的第 6. 8 条的规定。美国一方则认为《反倾销协议》的第 6. 8 条允许调查当局根据合理的、预先设定的时间期限来认定提交的数据，美国还特别强调《反倾销协议》的附件 II 规定，利害关系方提供的信息可用的条件之一就是信息必须是以符合时间要求的方式提供的，而符合时间要求就意味着在规定的时间期限之内。专家小组在分析了《反倾销协议》的第 6. 8 条和附件 II 的规定后，认为从调查机构这方面来看，为了保证行政调查秩序应当建立时间限制，但是不应当在所有案件中都僵硬地为了遵守这一期限而对提交不符合期限的信息不予采纳而适用另外可获得的信息，特别是在信息实际上能够被查验的时间范围内，而且实际上也能够被查验的情况下提供的时候，有关调查机构就应当接受这种信息，除非这种做法会损害调查当局在《反倾销协议》规定的期限内完成调查的能力。专家小组认为，《反倾销协议》关于反倾销调查的一个主要原则是保证根据事实作出客观性的裁决。《反倾销协议》的第 6. 8 条和附件 II 保证调查当局在不能获得“最佳”的信息的情况下能够根据“次佳”的信息作出客观的裁决。① 上诉机构进一步解释了美国的调查机构在日本

---

① Panel Report，US - Hot-Rolled Steel，paras 7. 54-7. 55.

热轧钢产品的反倾销调查中对一些日本企业适用另外可获得信息的做法与 WTO《反倾销协议》规定不一致的原因。上诉机构认为《反倾销协议》的第 6.1.1 条、第 6.8 条和附件 II 的第 1 款和第 3 款构成了对利害关系方提供信息的时间要求的框架。上诉机构认为,《反倾销协议》第 6 条和附件 II 的有关规定为利害关系方提供的信息提交的时间框架包括 30 天的规定期限和可以解释的可行的延长时间，这构成了提交信息的合理时间范围，按照《反倾销协议》附件 II 的第 1 款规定，调查当局在信息没有在合理的时间范围内提供的情况下可以适用另外可获得的信息，但是并没有说明什么时候可以启用另外可获得的信息，根据附件 II 第 3 款的规定之一，调查机构对利害关系方提供的所有信息是否在合理的时间范围之内进行检测后才能决定是否启用另外可获得的信息。而这种信息提供时间是否合理的检测，根据《反倾销协议》中有关信息提供时间框架的规定，既包括指定的时间范围，也包括经过解释的、可行的时间范围，因此仅凭规定的时间范围不能确定信息提供的时间是否在合理的时间范围之内，也就是说，超过指定的时间范围并不直接构成启用另外可获得信息的条件。①

在印度向 WTO 争端解决机构提出的美国钢板反倾销、反补贴一案中，申诉方对美国反倾销反补贴法律中关于确认适用另外可获得信息和不利的另外可获得信息的规则及其在印度钢板反倾销一案中的实践是否符合《反倾销协议》第 6.8 条和附件 II 中的第 5 款和第 7 款的规定提出了质疑。印度提出的关于是否尽最大努力提供信息和适用不利的另外可获得信息的主张主要包括两项内容，一是在美国商务部认定的适用另外可获得的信息的相关信息中，印度钢板的美国进口价格一项不符合适用的条件，因而适用另外可获得信息的做法与 WTO《反倾销协议》第 6.8 条和附件 II 的相关规定不符；特别是印度已经尽最大的努力提供这一信息，根据《反倾销协议》附件 II 的第 5 条规定，对于尽最大努力提供的信息，即使

① Appellate Body Report, US - Hot-Rolled Steel, paras 83-89.

并不在所有方面都是理想的也不构成调查当局不考虑这一信息的合理根据。① 二是，如果专家小组认定美国拒绝考虑印度企业提供的信息的做法没有与《反倾销协议》的第6.8条及附件II的第3款和第5款不相符，那么专家小组也应当裁定美国调查当局认定印度出口商没有尽最大努力合作，从而对其适用不利的另外可获得信息的做法与《反倾销协议》附件II第7段的规定不符，印度认为《反倾销协议》的一个基本目的是在可能的范围内根据事实作出裁决，因此在没有其他办法的情况下，《反倾销协议》允许适用另外可获得的信息，这种措施的目的不应当是惩罚提供信息的一方。

对于印度指控的美国调查当局违反《反倾销协议》附件II第3款的规定，专家小组认为，根据双方都不存在争议的事实情况判断，印度出口商提供的信息不符合附件II第3款规定的条件，应当适用另外可获得的信息。至于印度指控的美国调查当局违反《反倾销协议》附件II第5款的规定，专家小组认为，印度主张在认定信息不符合该附件第3款规定的条件的情况下，如果当事方尽了最大的努力提供这一信息不应当不考虑这些信息，这种观点是不能成立的，因为要求调查当局适用不可查证、没有在合理时间内提交的信息或者根本不考虑适用这些信息所带来的困难而适用这些信息，仅仅因为有关当事方尽了最大的努力提供这些信息，这种做法有悖于这样的认识，即调查当局必须能够完成调查，并且根据可能范围内的、精确性能够使调查机构满意的事实作出裁决。

至于对“最大努力”的解释，涉及对利害关系方的合作义务的理解，专家小组认为，在信息收集中的合作是一种调查当局和利害关系方的互动平衡，换言之，合作是双方努力的过程。调查当局在调查过程中期望受调查的出口商作出最大的努力来提供信息，同时调查当局也应当相应地作出最大努力来使用这些信息，但是这种努力并不意味着要求调查当局采取给它造成不适当的困难的措施，也就是说不应当要求调查当局的努力程度超过有关利害关系方提供

① Panel Report, US - Steel Plate, para. 7.45.

信息时所作出的努力程度。①

尽管在对《反倾销协议》有关条款的解释方面，专家小组没有支持印度的主张，但是根据专家小组的解释，美国商务部在调查过程中拒绝适用印度企业提供的出口价格的信息与《反倾销协议》第6.8条和附件II的第3款不符。

由于专家小组作出了上述裁决，因此基于经济的考虑，对于印度的关于美国调查当局对不利的另外可获得信息的适用是否与《反倾销协议》附件II的第7款的规定不符，专家小组并没有进行裁决。在这种情况下，《反倾销协议》附件II中的第7款是否意味着调查当局可以使用不利的另外可获得信息作为对没有合作提供可用信息的当事方的惩罚，在WTO争端解决程序中仍然是一个结论不可预期的问题。

四、《反倾销协议》程序规则中某些条款的改革建议

基于以上分析，笔者认为从国际反倾销制度的稳定性，公正性出发，对于WTO《反倾销协议》中关于程序规则中的调查启动条件和另外可获得信息的启用条件，有必要进一步予以完善。这两方面的条款虽然分别属于《反倾销协议》第5条程序进行条款和第6条证据条款，但是从本质上看，这两条都与调查的证据规则有关。

（一）调查启动规则的改革建议

正如前文在讨论调查启动的条件中所指出的，《反倾销协议》中虽然设定了调查启动的各类条件，包括申请的利害关系方的资格和所获得的支持要求，以及启动反倾销调查的证据要求，但是其中有关证据的要求存在一个主要的问题，这就是满足启动调查程序的证据信息的数量和质量要达到什么样的标准。《反倾销协议》的第5.2条和第5.3条虽然提供了审查证据的框架，但是并没有提供审查证据的标准，各成员的国内反倾销法律也没有提供这种标准，而是由相关调查当局通过裁量权的行使来决定证据是否充分和准确。

① Panel Report, US - Steel Plate, para, 7.64.

这种状况带来了反倾销调查实践中的一些问题，解决这一问题的首要的方法是完善调查启动申请中的证据信息审查规则，在《反倾销协议》的第5.2条中加入更加客观的证据信息准确性和充分性的判断标准。

许多成员的国内法在调查启动申请文件中都采取标准格式提供了申请人应当在申请中提供的信息，但是对于这些信息提供的质量（比如清楚的程度和来源），以及数量（比如数据代表性的程度）则都没有明确的要求，以至于出现申请中所要求的信息提供不完整，或者信息不具有代表性，调查当局仍然决定发起调查程序的情况。但是，改革的问题在于如何确定这种证据的质量和数量标准，或者更进一步，是否存在一个适用于所有成员方情况的标准。从反倾销调查的实质来看，认定倾销的关键信息在于出口商的出口价格和国内市场的价格，对于这些价格信息，《反倾销协议》应当认定其在申请中的必需性。对于这些信息的质量和充分性，在一定程度上是可以量化的。比如，对于出口商的价格信息的质量可以通过出口商信息的具体程度来表示，对于信息的数量可以通过出口商出口量的代表性来表示，比如规定被指控的外国生产商或者出口商的数量或者出口量必须在调查的进口中占有关键性的比例（比如必须达到1/3）。认定损害和因果联系的关键在于进口量变化的情况，进口国市场的价格变化情况，国内产业的情况，其中国内产业所占的国内市场份额、国内产业的盈利情况在诸多显示国内产业状况的经济因素和指标中是非常重要的，因此《反倾销协议》的第5.2条应当确定反倾销调查的启动申请中提供上述有关信息是必须的，而不仅仅限于申请人合理地可获得的信息。这种要求是合理的，而且是可以做到的，因为这些信息基本上都是涉及申请人自身的情况，申请人对自身的情况应当了解。

与上述修改相呼应，《反倾销协议》的第5.3条也应当确定有关的反倾销调查当局应当根据上述标准认定反倾销调查的启动申请信息的充分性和准确性，并据此决定是否发起反倾销调查程序。

当然，这种标准只是最基本的判断启动调查证据的标准，发起调查的证据的充分性和准确性不应当以调查程序中认定倾销和损害及因果联系的证据标准为标准，这是不必要的，也是不合理的，发起调查的申请由于是国内产业一方根据自己的能力了解的情况，因此对有关其他利害关系方的信息不可能了解得像出口商或者外国生产商那样准确、充分，但是申请人提供的信息满足一定的最低标准还是必要的，否则调查依据臆断的情况而发起，不仅造成资源的浪费，更重要的是造成了对出口商正常出口活动的干扰，对出口商和外国生产商是不公平的。

除此之外，欧盟代表和中国代表分别在关于《反倾销协议》改革的谈判中还从程序的角度提出了改革的建议。

欧盟的代表在他们向 WTO 规则谈判小组提出的一项有关文件中阐述了关于通过在 WTO 中建立一项快速争端解决机制（swift dispute settlement mechanism）对成员的反倾销调查启动个案作出评价。欧盟的建议包括三种模型。

一是所谓"快车道启动专家小组"（fast track initiation panels）。这种专家小组会在实际实施反倾销措施之前发出它们的建议。这种快车道类的专家小组应对三个方面进行评审：根据《反倾销协议》第 5.4 条作出的申诉人资格条件的评审；根据第 5.2 条的第（i）～（iv）项规定的申诉的形式要求；以及与倾销、损害及其关系相关的证据是否准确和充足。

二是"拘束性的仲裁"（binding arbitration）机制。这种机制用来解决在存在明确和直接的规定的前提下产生的争议问题。这些问题可能包括，比如，缺乏证据、没有按照规定通知，或者提供的证据不适当，等等。

三是在传统的争端解决机制之外，建立一种"常设顾问机构"（standing advisory body），其作用是为了就反倾销调查或反补贴调查的启动在 WTO 法律的合法性问题上提供一种非拘束性的意见。①

澳大利亚政府对欧盟的建议提出了自己的意见。澳大利亚政府

① Panel Report, US - Steel Plate, pp. 2-4.

对这种利用新型的争端解决方式实际上还是提出了一个调查启动标准的重要性的问题，而这个启动标准的问题是一个复杂的问题，它涉及证据的标准，也涉及定义方面的实质性问题，不是简单的争端解决方法的改善就能实现的。①

中国代表在2005年7月向多哈回合规则谈判组提交的建议中提出，在反倾销调查启动后和调查机构发出调查问卷之前的期间内，增加一个为期20天的出口商评议期，由受调查的出口商对调查启动公告中的信息（包括申请调查的国内产业的代表性、调查产品的范围和启动调查的证据的充分性）进行评论。这种规则在程序上给予了调查成员政府和国内产业以外的出口商一方对启动调查发表意见的权利。② 尽管这种规则并不直接规定调查启动的条件，但是通过允许出口商发表意见，反倾销调查的启动增加了透明度，有利于限制进口成员不适当地使用反倾销措施，避免对反倾销措施的滥用。

（二）关于证据规则的改革建议

证据信息在调查过程中的适用规则是影响调查结论的准确性的又一个重要因素。从另外可获得信息的启用和不利的另外可获得信息的启用的范围来看，现行的《反倾销协议》中关于证据信息采纳的规则缺乏明确的目的，因此从协议的条款上来看并不是很明确。避免这种情况的方法在于两个方面，一是明确证据采纳的基本目的和原则；二是修改《反倾销协议》相关条款，使之符合采纳证据的基本目的和原则。

根据WTO争端解决机构在处理成员之间的有关另外可获得信

① WTO Negotiating Group on Rules, Comments from Australia on the European Communities' Paper: Reflection Paper on a Swift Control Mechanism for Initiations (Document TN/RL/W/67), TN/RL/W/75, 19 March, 2003, p. 1.

② WTO Negotiating Group on Rules, Communication from China, Proposal on Establishment of Responding and Comment Procedure After Initiation, TN/RL/GEN/55, 4 July 2005.

息的适用争议时对判断证据信息是否适用的出发点的解释来看，采用证据的出发点和目的应当是使有关调查当局能够在可能性允许的范围内，以事实的情况为依据作出裁决。但是，实际上由于争端机构裁决范围限于个案的争议问题，而且裁决的效力只限于相关的个案，因此上述解释从 WTO 反倾销体制的意义上看，并不是决定性的；同时，从现行的《反倾销协议》的有关条款来看，并不能完全印证这种解释。例如，《反倾销协议》附件 II 的第 7 款的规定就为不利的另外可获得信息的适用提供了依据，而不利的另外可获得信息的使用与争端解决程序对证据采纳规则目的和原则的认识是不一致的，不利的另外可获得信息的适用带有某种惩罚性。

从反倾销制度的改革出发点和 WTO 争端解决机制的有关案件裁决来看，反倾销措施应当是对遭受价格冲击的进口国的同类产业所造成的冲击的一种临时性的救济，其本身并不具有惩罚性。至于对调查过程中，有关利害关系方没有尽最大努力合作提供证据的行为是否应当通过适用不利的另外可获得信息予以惩罚的问题，虽然并不能根据反倾销措施的性质来认定，但是从反倾销措施的目的来看，如果适用这种惩罚性措施，会导致反倾销税的数量的计算与真实的情况之间产生偏差，造成反倾销措施实施的错误，从逻辑上看，这种利用不利的另外可获得信息的启用来惩罚有关利害关系方在程序行为方面的错误的做法是不合理的。因此即使对利害关系方调查中的不合作行为进行惩罚也不应当用启用不利可获得信息作为裁决依据的方法。

基于上述分析，笔者认为修改《反倾销协议》有关另外可获得信息的第 6.8 条和附件 II 的有关条款时，应当加入证据信息的采纳的目的和原则应当是“使有关调查机构能够在最大的可能限度内依据事实作出裁决”。并且修改《反倾销协议》附件 II 的第 7 款，补充相关内容以确保第 7 款的规定不被 WTO 各成员方理解为对利害关系方提供证据信息中的不合作行为适用不利的另外可获得信息作为惩罚。

第九章　反倾销调查中的公共利益

在反倾销法诞生的一个世纪的时间里，尽管学术界和贸易政策的制定和实施者对它的合理性基础一直存在争论，但是无论是作为国内法还是在多边贸易体制诞生后，作为多边贸易体制的政策工具，从反倾销制度的内容来看它所关注的重点都是进口产品的价格歧视和这种价格歧视给国内同类产业所带来的冲击。

一些观点从竞争行为公平性的角度出发，认为外国出口商利用掠夺性的低价销售行为会挤占本国同类产品市场，反倾销制度的目的是为了维护公平竞争的秩序；而另一些观点从缓和世界贸易体制的开放政策给国内经济带来的压力的政策角度出发，认为反倾销制度是国家贸易政策的一种工具，国内产业在受到低价进口产品过分的竞争压力而受到损害时，应当允许进口国利用反倾销措施缓解这种压力。

可以看出，不管是哪种出发点，反倾销制度关注的焦点都是进口同类产品的国内产业，这种关注在实践上对诸多方面的利益造成了负面影响，甚至是伤害；同时，有关研究表明，反倾销制度本身也缺乏经济理论上的合理性基础，具有损害市场竞争的经济效果，因此应当从平衡利益的角度合理地使用反倾销措施，纠正反倾销制度实施所带来的偏差。反倾销规则中的公共利益检测（public interests test）也就成了限制反倾销措施的滥用、纠正反倾销制度的实施偏差的主要工具。

主张在反倾销制度中实施公共利益检测的一般的观点，从两个角度来理解公共利益所包含的范围。一方面，从竞争的经济效果的角度理解，公共利益代表了自由经济制度所推崇的市场竞争及其所带来的经济效益的最大化，而反倾销制度却保护了国内效率相对低下的产业，造成了自由竞争制度运行经济效果产生偏差；另一方面，从利益选择的角度理解，公共利益应当包括代表社会福祉的广大消费者的利益和影响国家整体经济发展的其他产业的利益，反倾销措施的认定规则没能够考虑上述方面的利益，因而反倾销税的征收会对整个社会的福利产生不利影响。

目前，有一些国家的国内反倾销法律中已经规定了公共利益检测的内容，但是作为反倾销措施最主要的使用国的美国和协调各国反倾销制度的 WTO《反倾销协议》并没有实质性地规定公共利益检测的内容和标准。在本章中，笔者将对把公共利益检测标准纳入 WTO 反倾销制度的必要性和可行性进行探讨。

一、法律和经济规制（economic regulation）中的公共利益的概念

公共利益（public interests）是一个在法律和政治领域中经常使用的概念。这个概念严格来说来自英美法系。大陆法系中也存在着关于“公共秩序和善良风俗”（ordre public et morality）的理论，但是这种理论中所谓的“公共秩序”和“善良风俗”的含义与英美法系中的所谓公共利益的含义并不完全一致。

（一）公共利益

英美法系中的公共利益的概念源于中世纪时期。在中世纪时期，公共利益被定义为君王的安宁，是一种统治者可以为了王国和它的主体的利益而主张介入权利的法律领域。① 随着西方资产阶级革命的完成和现代法治理念的建立，王权从属于法治逐渐被认同。因此在 1688 年之后，议会承担了皇家的上述权利主张，成为“公共利益”的代表。但是，随着市民社会的发展，公共利益的内涵

① Dale H. Porter, The Victorian Development of the Idea of “the Public Interest”, *See* http://www.victorianweb。org/history/ porter12. html, visited on 12/13/04.

更加具体，公共利益分类更加细化。公权力是否能够完全代表“公共利益”也就成为一个问题。例如，在19世纪里，随着英国社会都市化发展，工业立法的发展和公共建设计划的发展使得地方和王权之间的关系复杂化。公共财产的所有权者是谁，由谁来代表这些不属于个人的财产及其所产生的利益就成为一个问题。同时，随着公共事务的范围的扩大，行政机构行使代理立法权的情况增多，在实行三权分立政体的国家，行政机构的立法权能否代表公共利益也成为一个值得关注的问题。在公共机构对一些私人领域的规制中，规则的实施会对普通公民和消费者的利益产生影响。在这种规制中，普通公民和消费者的利益应当占有什么样的地位，也就成为法律和经济规制领域里公共利益的一个重要问题。公共利益的含义已经不再限于公权力所代表的内容。这种状况增加了英美法系中公共利益问题的复杂性，在现代法律领域中，公共利益的裁决通常通过法庭在处理案件的过程中根据具体案件所确定的框架由裁判者行使裁量权。在这种情况下，公共利益的基本内涵是指确定和直接代表集体利益。但是，对所谓集体利益的理解也有所不同，有的理论主张多数利益说，有的理论主张共同利益说，有的则主张整体利益说。多数利益说认为公共利益是指社会大多数成员的利益；共同利益说则认为公共利益是指社会全体成员的共同利益；而整体利益说则强调全社会利益所遵循的价值的统一性，也就是说各种不同的利益都来源于一种同一的道德强行规则（比如自然法），以及最高的合理性标准。前两种理论以数量的多寡来确定公共利益，而后一种理论则更加强调共同价值的本身。①

（二）公序良俗

大陆法系中关于公序良俗的规则与英美法系中的公共利益的概念并不完全相同。大陆法系中的公共秩序（ordre public）是指保证整个社会或者社会的一部分平稳有效运行的规则。这一概念来自于法

① V. Held, The Public Interests and Individual Interests (1970)，转引自 Mike Feintuck, The Public Interests in Regulation, 2004, pp. 10-11.

国的法律,与英美法律中公共利益概念的不同在于这种公共秩序的概念更加强调与市民社会保持完整一致的结构性的事务有关。除了公共秩序以外,善良风俗习惯(morality)构成了法律执行过程中必须考虑的另一个因素。这个概念是指与善良道德准则相符合的程度。

与英美法系的公共利益的概念相比,公序良俗的概念是与对民法所保护的私人权利的概念相伴随而产生的。1804 年的《法国民法典》的第 6 条中就对此作了明确规定:个人不得以特别约定违反有关公共秩序和善良风俗。但是,大陆法系的民事法律制度主要是对资本主义市场经济的保障,它所确立的财产私有制度和契约自由原则保证了处于平等地位的当事人之间自由安排权利义务关系。在崇尚绝对个人主义和自由主义的自由经济时期,公序良俗不过是对契约自由原则作例外的限制,其适用范围较窄。随着自由资本主义经济向垄断阶段的发展,民法所保护的契约自由、个人意思自治在垄断权力的影响下逐渐失去了它的实质意义。在这种情况下,公序良俗的概念在国家干预经济的过程中,逐渐扩大了它的影响,成为现代民法的一项基本原则。

与英美法系中的"公共利益"的概念相类似的是,公序良俗的适用并没有明确的、具备足够细节的判断规则,在实践中,衡量的标准基本上可以归为"社会正当性"这种原则性的规定。尽管有些意见认为公共秩序和善良风俗等同于强制性的法律规范,但是同样也有所谓"裁判性"的公序良俗的存在。① 从公序良俗概念适用的目的来看,它除了具有保护性的目的以外,还可以在实现公共政策目的的过程中扮演一定的角色。

从上述有关公共利益或者公序良俗的概念和适用的情况来看,尽管两个概念存在于不同的法律体系,产生的根源有所不同,具体的内容也有所差异,但是它们适用的基础具有共同的方面,这种共同之处在于在法律和法规的适用应当保证其社会正当性,不管这种

① 参见赵万一:《契约自由与公序良俗》,载《现代法学》2003 年第 3 期,第 50 ~ 57 页。

正当性的衡量是根据多数或者全体社会成员认同标准来判断，还是以“最高的道德准则/自然法”为标准来判断，公共利益或者公序良俗的适用都是为了在私人的经济安排或者政府的经济规制活动中保障或者实现社会统一的价值或利益。

反倾销法律所规范的是一种政府干预贸易关系的行为，在政府干预或者规制经济某一领域的过程中，相关国内产业的经济利益无疑是政府关注的焦点，但是根据公共利益和公序良俗的原则，与该国内产业相关的其他经济领域和公民、消费者的利益等与整个社会利益相关的其他利益不能说与政府的干预的效果无关，在这里，即使是民选政府，它的干预行为本身也不能代表公共利益。

二、反倾销制度中公共利益检测规则的理论基础

理解反倾销制度中的公共利益的理论基础，必须以对反倾销制度性质的理解为基础。普遍的观点认为反倾销规则并不是为了促进自由贸易而制定的，相反从其实施的效果来看，这种制度在客观上对进口产品的国内同类产业起着保护的作用。这种保护性的制度之所以能够在多边贸易体制中占有一席之地，既存在着理论上的合理性，同时也是出于协调贸易政策的需要。正如前文所述，近期的有关竞争制度的经济分析已经动摇了反倾销制度保护竞争的理论基础，对反倾销法律的经济分析显示，它不仅不能够保护自由竞争的市场结构，反而因为保护了效率相对低下的国内产业而瓦解了自由竞争的经济效果。因此，在自由开放的多边贸易体制不断发展的前提下，取消反倾销法而代之以竞争法被作为使多边贸易体制中竞争协调制度合理化的一种根本的解决方案。然而，国际政治经济关系的现实阻碍了这种根本解决方案的实施，反倾销措施作为向实行开放贸易政策的 WTO 成员提供临时性的贸易保障工具，在降低自由贸易体制的运行成本方面，仍然具有较大的作用空间。

在上述情况下，一些学者和自由贸易的促进者认为，公共利益检测是反倾销措施合理化的次好的选择。反倾销制度中的公共利益检测的合理性主要体现在以下两个方面。

（一）保证自由竞争的经济效果在世界贸易体制中的实现

众所周知，反倾销法的经济理论基础是掠夺性价格的不公平性和偶发的倾销行为在长时间内给消费者利益带来的损害。但是20世纪60～70年代的研究表明国际的掠夺性定价政策是不可行的，基于对抗掠夺性价格而建立的反倾销制度只能是扭曲出口商本来合乎经济规律的经营决策。而偶发性的“倾销”从其定价的目的（扩大市场份额或保持生产规模）本身来看是促进竞争或者至少在国内市场是合法的竞争行为；由于世界贸易中国界的存在而形成国家的利益，使得这种偶发性的倾销表现为一国获得经济利益而另一国丧失经济利益。尽管从世界贸易体制的范围内来看，全球经济可能从这种“一失”和“一得”中获益，但是一国为了国内政治的需要和国家的经济利益，却宁愿选择“损人利己”（beggar-thy-neighbor）的政策而适用反倾销法来维护本国的利益。因此从世界市场和多边贸易体制的角度来看，反倾销是一种限制竞争、保护局部利益的制度。也就是说，反倾销制度的存在与其说是以经济上的合理性为基础，还不如说是以国家利益和公平感为基础，虽然这种国家利益和公平感在当今国际社会的条件下证明了反倾销法律存在的必要性，但是反倾销法律从根本上说是与当今世界贸易体制所赖以存在的理论基础相违背的，反倾销措施的过度运用会损害自由贸易体制下所应当产生的全球性的经济增长。

基于上述理论，WTO的成员实施反倾销法应当在考虑保护本国产业利益的同时，把对全球经济的伤害降到最低程度。不过，鉴于这种全球经济利益并没有特定的和相对统一的代表体，要求在反倾销制度中纳入检测这种全球性的公共利益的标准是不具备可行性的。全球经济增长和全人类的福祉只能通过对自由贸易体制本身的维护来实现。因此，这种公共利益理论是一种广泛意义上的公共利益理论，它证明了对反倾销措施作为国家贸易政策工具进行必要的限制的需要。

（二）平衡国内相关利益，避免反倾销调查中的“寻租”行为

根据公共选择理论，国际贸易中的保护主义行为是一种“寻

租”（rent seeking）行为的典型例证，国内产业组织起来，通过游说立法机关而促使其以牺牲有效组织的一般公众利益为代价而使自身获利。反倾销法从这个角度来看，就是“寻租”行为的后果，国内产业利用反倾销法强制性地提高国内产品的价格，以损害消费者的福利而获得利益。

另外，从保护国家经济利益的角度看，一国的经济利益不能以单独的某个产业为代表，国家经济利益应当是所有经济部门的利益的总和。一项反倾销措施由于其决定过程只考虑了国内同类产业的情况，其实施可能保护了与进口产品同类的国内产业的利益，其他相关产业可能因这种保护而丧失利益，从而对国家经济的整体发展产生不利影响。基于这种现象，WTO 的经济学家 M. Finger 形象地把公共利益称为反倾销制度的“私生子”。他认为，改革这种不合理现象的方法就是在评估反倾销措施的影响时考虑国内进口产品用户和消费者各方的利益，在调查中给予所有利害关系方以同等的作为受害方的权利和机会。①

将公共利益引入反倾销裁决机制不仅使得受反倾销措施影响的各方在反倾销措施裁决的过程中享有了平等的权利和同等的机会，同时也减轻了调查机构根据反倾销法作出采取限制进口措施的压力，并在一定程度上保证了因采取反倾销措施而取得的利益不仅仅被国内某一产业获得，而是最大限度地有利于国家利益。

基于上述理论，许多国家在其国内反倾销法中规定了公共利益检测规则。尽管这些公共利益检测的标准和方法不同，实施的严肃程度也不同，但是它们都在一定程度上限制了保护主义政策对反倾销措施的滥用。

三、国内反倾销法中公共利益检测的规定和实践

WTO 多哈回合贸易谈判开始前，反倾销法中规定了有关公共

---

① *See* J. Michael Finger and Andrei Zlate, WTO Rules That Allow New Trade Restrictions: The Public Interest is a Bastard Child (2003), pp. 15-16.

检测内容的反倾销措施使用的主要 WTO 成员包括加拿大和欧盟。

（一）欧盟反倾销法律中的公共利益检测规则

规定欧盟反倾销制度的理事会第 384/96 号规则（欧盟《反倾销条例》）第 21 条，以共同体利益（community interests）为名对反倾销中有关公共利益的检测作出了规定。但是，欧盟反倾销法并没有对公共/共同体利益检测的标准作出明确规定，或提供标准性的指导原则。欧盟的反倾销法律中关于公共利益检测的程序和证据标准只存在一般性的规定。

根据这一条款的规定，在反倾销调查中，要求共同体的利益介入的决定应当是基于所有各种不同利益的整体，包括共同体内部产业及所有使用者和消费者的利益。同时，根据该条款作出的公共利益检测的裁决必须是在所有当事方全部获得了陈述意见机会的条件下。在公共利益检测中，应当特别地考虑消除损害性的倾销对贸易所造成的扭曲影响和恢复有效的竞争的必要性；如果调查机构明确地得出反倾销措施不符合共同体的利益，调查机构可以不适用相关的反倾销措施。

欧盟《反倾销条例》第 21 条第 2 款规定，调查机构作出有关反倾销措施是否符合共同体利益裁决的合理基础是在裁决的过程中能够考虑所有的观点和信息。调查机构作出裁决的合理基础应当包括申诉方、进口方和能够代表他们的联合组织，能够代表使用者和能够代表消费者的组织。这些当事方在反倾销调查的启动通知发出后的特定时间内，可以向委员会提供有关信息。这些信息，或者信息综述，应当同时提供给其他调查的参与方，而且这些参与方有权对信息作出回应。

第 2 款中规定的当事方可以要求进行听证。这种要求如果在规定的期间内提出，而且有关当事方提出了应当举行共同体利益听证的理由，调查机构应当按照要求举行听证会。

当事方在有关共同体利益的听证程序中可以对任何实施的临时反倾销税的适用提出意见。在该临时措施开始适用的一个月内收到的这种意见才能够作为裁决的依据，而且该意见应当提供给有权获得它的当事方。

委员会应当审查当事方按照要求所提供的信息和代表的范围，分析的结果及其依据应当转交顾问委员会。在根据第9条规定作出建议时，委员会应当考虑顾问委员会内的各种观点。

当事各方可以要求向他们提供最终裁决中所可能考虑的事实和理由。这种信息应当在可能的范围内，并且在不对委员会和理事会今后的任何决定造成不利影响的条件下提供。

只有由充分有效的实际证据支持的信息才能被纳入考虑的范围。

（二）加拿大反倾销法律中的公共利益检测规则

加拿大的《特别进口措施法》（Special Import Measures Act, SIMA）的第45部分是关于公共利益检测的规定。尽管这一部分的标题并没有使用“公共利益”的词汇，但是该条规定适用于代表公共利益的利害关系方。

根据第45部分规定，意欲代表公共利益的利害关系人在调查机构进行实质性损害裁决时获得进行代表的程序通知。

根据提交的文件，裁判法庭应当形成关于是否存在进一步调查价值的公共利益存在的意见。如果裁判法庭认定不存在相关的公共利益，它将公布其裁决结果的解释理由。如果裁判法庭认定应当继续调查的公共利益，它将公布包括理由综述和调查程序时间表的调查通知。

在调查中，裁判法庭可以发出调查问卷，接受来自当事方的提交，并举行听证。在作出调查后，如果裁判法庭的意见是不应当减少或取消反倾销税，它应当公布作出这种裁决的理由。但是，如果裁判法庭的意见是存在减少或取消反倾销税的公共利益，它应当向财政部长发出包括具体建议的意见报告。报告应当在《加拿大政府公报》（Canada Gazette）上公布。在接到裁判法庭的报告后，财政部长必须决定是否应当减少反倾销税。

根据SIMA第45部分进行的公共利益检测应当依照《裁判法庭公共利益调查指导原则》（Tribunal's Guidelines for Public Interest

Investigation）进行。

利害关系人可以就特定的损害在裁判法庭中作公共利益代表。

根据SIMA第41部分的规定，利害关系人包括：调查产品或者调查的同类产品的生产者、购买者、销售者、出口者和进口者，以及代表这些群体利益的个人、联邦竞争政策署的官员和消费者及消费者联合组织。

与欧盟反倾销法律中关于公共利益检测的规定不同的是加拿大反倾销法律有关公共利益的检测的规定似乎更有"诚意"。这一点可以从它不仅规定了公共利益的代表权利、公共利益调查启动程序，并且还规定了公共利益的调查应当依据一定的标准，并且明确指出，调查标准遵循裁判法庭的有关《调查指导原则》。尽管这一《指导原则》并不是具有完全效力的法律或规则，但是这种公布的调查指导原则在一定程度上增加了公共利益调查的透明度和反倾销调查机构的署名责任。

《调查指导原则》除了对SIMA第45条关于公共利益调查的程序性规定提出了具体的要求，使得公共利益调查更具操作性，同时还对裁判法庭据以作出裁决，以及所应当依据的事实因素作出了规定。

这些事实因素包括：①

1. 相同规格的产品是否可以从不受反倾销措施拘束的国家或出口商处获得；

2. 征收完全的反倾销税是否已经或可能产生以下的后果：

①实质性地减少了同类产品在国内市场上的竞争，

②对使用该货物进行其他货物生产的和服务提供的加拿大生产商造成关键性的损害，

③由于限制了以下事物的获得而关键性地限制了竞争：用做生

---

① *See* Tribunal's Guidelines for Public Interest Investigation, effective April 15, 2000 APPENDIX II on website http://www.citt-tcce.gc.ca/publicat/PubInt_e.asp, visited on16/07/04.

产其他货物或者提供服务的货物，或技术，

④关键性地限制了消费者以竞争性的价格选择或者获得货物的能力，或者不出现上述情况就会导致对他们的显著伤害；

3. 减少或取消反倾销或反补贴税是否会对国内生产者再生产同类产品时的投入，包括初级产品，引起关键性的损害；以及

4. 其他在有关条件下的相关因素。

在关于考虑这些因素的说明中，《调查指导原则》还特别指出，裁判法庭要考虑任何它认为相关的因素，包括上述因素。这种表述似乎意味着裁判法庭除了《指导原则》规定的因素外，也可以根据其裁量权考虑其他相关因素，而且，当事方在他们的要求和答复中，也可以提出他们认为相关的因素。① 尽管《指导原则》在规定这些因素时，并没有提供量化的判断标准，但是上述考虑因素的明确在最低限度上为公共利益检测的标准提供了一个框架。

从以上加拿大反倾销法中关于公共利益调查的规则可以看出，加拿大反倾销案件中的公共利益调查程序基本可以分成两个阶段，负责调查的加拿大国际贸易裁判所（CITT）应当通过调查程序作出两部裁决。第一步，CITT 在 SIMA 的公共利益调查条款规定的利害关系方提出有关公共利益调查的请求及相关信息后，应当对是否存在值得进一步调查的公共利益问题作出裁定；第二步，如果在前一步程序中，CITT 作出了肯定性裁决，认为存在需要进一步评估的公共利益问题，CITT 会进一步对公共利益的影响能否构成降低或取消反倾销税作出评估，在这一阶段 CITT 会对公共利益受反倾销税影响的程度进行评估，并得出是否降低或取消反倾销税的结论，并对建议应当征收的反倾销税数额。

（三）国内反倾销法中关于公共利益规则的比较

对比欧盟反倾销法和加拿大反倾销法中关于公共利益调查的规则，笔者发现，从规则的内容来看，二者所包含的内容范围有很大的不同。欧盟的反倾销法制规定了公共调查的程序规则，而加拿大

① *Ibid.*, in section "Factors To Be Considered In A Public Interest Inquiry".

的 SIMA 的公共利益调查条款，除了规定了调查的程序要求，还涉及裁决的内容框架。尽管 SIMA 的第 45 部分本身并没有详细规定裁决所应当考虑的实质因素，但是在 2000 年生效的 SIMA 修正案中却明确规定了 CITT 在公共利益调查中应当根据《公共利益调查指导守则》提供的相关因素的指导来考虑作出裁决结果。另外，欧盟反倾销法中规定的公共利益调查是一种普通程序，欧盟委员会可以在反倾销调查的任何阶段，根据规定的利害关系方的意见作出裁决；而加拿大的 SIMA 中规定的公共利益调查程序应当说是一种特别的程序，也就是说，调查机构 CITT 根据当事方的公共利益调查要求，作出是否有必要进行公共利益的进一步调查，这种程序并不普遍存在于所有的调查中，只有规定的当事人提出要求，并且由调查机构作出特别的裁决后才能完成。

作为反倾销措施最大使用国的美国，其反倾销法律中没有任何关于征收反倾销税应当考虑公共利益的规定。如果商务部认定倾销，而且国际贸易委员会也认定了倾销对国内产业造成了损害，商务部会发出按照完全的倾销幅度征收反倾销税的指令。尽管 ITC 的有些委员会在损害调查中提出有关市场竞争的问题，或者会考虑到消费者利益的问题，但是由于这些因素并不是考虑损害是否存在的法定因素，因此 ITC 在作出最终裁决时通常都不考虑这种意见。

（四）公共利益检测规则的实施情况

反倾销法律中有关公共利益检测规则的规定生效后到 2004 年 4 月 23 日，加拿大共有 11 次启动了公共利益检测程序，其中有 10 个调查涉及反倾销案件，3 个调查结论是肯定性的裁决，即已经认定的反倾销税的完全征收会影响公共利益，从而建议降低反倾销税；另有 3 个调查作出了否定性的结论，认为反倾销税的完全征收不足以影响公共利益而作出降低或取消反倾销税的建议；其余 4 个调查，加拿大的国际贸易裁判法庭认定没有足够的继续进行公共利益调查的理由。

例如，在 2000 年 8 月进行的对来自美国的冰箱、洗衣机和烘干机的反倾销调查中，加拿大的一些分销商、零售商和消费者协会分别向加拿大国际贸易裁判法庭提交了关于对来自美国的冰箱、洗衣机和烘干机征收完全的反倾销税会影响多方面的公共利益的意见。在他们的意见中，受到影响的公共利益包括以下几个方面:①

1. 加拿大的分销商和零售商会由于反倾销税的征收而导致的经济损失而受到关键性的损害。

2. 反倾销税的征收还会损害加拿大的市场竞争。

3. 价格会上升。

4. 反倾销税会使加拿大消费者支付能力降低，特别是对于新产品和低收入消费者来说。

5. 消费者会被迫为加拿大的两个生产商提高它们的业绩支付学费。

6. 反倾销税的征收还会对环境造成影响。由于美国进口产品价格的升高，消费者不得不购买污染高、能耗和水耗更高的便宜产品而对空气和水资源造成损害。而且由于产品能耗的上升，消费者不得不支付更高的产品使用成本。

7. 技术创新引进市场的时间会被延迟。

8. 反倾销税的征收会销售、市场推广等工作机会造成损害。

9. 新建家居费用会上升，从而对加拿大的住房市场造成抑制作用。

CITT 根据《公共利益调查指导守则》的规定，从非倾销产品的可获得性、对竞争的损害、对技术创新进入加拿大市场的拖延、认定的倾销幅度的规模以及消费者不得不选择不利于环保产品情况等角度，评估了反倾销税的征收对公共利益所造成的影响是否值得进行进一步的公共利益调查。在本调查的考虑因素中，关于非倾销产品的可获得性、对竞争的损害、技术创新的获得都属于《调查

---

① CITT, Refrigerators, DISHWASHERS AND DRYERS, "Tribunal's Consideration of the Requests for a Public Interest Investigation", Public Interest Investigation No.: Pb-2000-002。Website: http: //www. Citt-Tcce. Gc. Ca/Dumping/Interest/Consider/Pbin02_ E. Asp, visited on 06/07/04.

指导守则》中明确的因素，而产品的环境特性和倾销幅度规模等因素的分析则是属于本调查的特点所造成的相关因素。经过对上述所有因素的分析，CITT 作出裁决意见，认为不存在值得进一步调查的公共利益问题。

从本调查中 CITT 进行类似初步裁决时所考虑的依据来看，公共利益的范围通常会包括《调查指导守则》中明确提供的诸如产品的可获得性、对竞争的影响等几项因素，至于该守则中所规定的其他相关因素，我们通过考察有关的案例认为 CITT 和有关调查的利害关系方会根据案件的特点，比如征税的产品的特点、相关产品的特点和反倾销税的规模特点等考虑某些因素的相关性。

欧盟反倾销法中的公共利益调查，也被称为“共同体利益(community interests)”，由于是一种普通的程序，调查机构根据案件的需要和利害关系方的意见，从反倾销税征收的必要性的角度来认定公共利益的影响。基于上述规定的性质，欧盟反倾销调查机构会在每一次调查中发出调查问卷，换言之，共同体利益的调查程序会在每一次反倾销调查程序中启动，如果相关的利害关系方就共同体利益的问题提出相关意见，调查机构会根据当事方的意见作出分析。

尽管欧盟的反倾销法律中并没有规定进行共同体利益调查所应当考虑的因素，但是调查机构在具体的调查案件中形成了具有一定的稳定性的一般做法。

根据欧盟反倾销调查的具体案例，作为调查机构的委员会，通常在认定反倾销措施后进行共同体利益分析。委员会在对这一问题进行分析时，通常分别从共同体同类产业的利益、共同体内其他使用同类产品的相关产业的利益、共同体进口商或交易商的利益、共同体消费者的利益的角度考虑以下因素：产业经营业绩、对于共同体进口商或贸易商的利益，非倾销的同类产品的可获得性，产品价格竞争的情况。除上述不同群体的利益外，在有些案件中，委员会还会考虑反倾销税的征收是否会对共同体市场的竞争和贸易产生扭曲作用。在认定这一问题时，委员会会考虑反倾销税的征收对共同体市场内的竞争者数量的影响，共同体同类产业是否会因反倾销税的征收而获得市场独占地位。

美国的反倾销法律中由于没有关于公共利益的规定，在对是否采取反倾销措施作出裁决时，调查机构只能考虑国内产业的利益。尽管，如前文所指出的，调查机构的有些官员在作出裁决的过程中会倾向于考虑进口产品对美国市场竞争的影响，但是由于竞争并不是反倾销调查所考虑的法定因素，同时也由于调查机构面临着美国国内产业的保护主义压力，这些调查官员的意见很难被采纳。保持市场竞争和消费者的利益在美国的反倾销调查中无法找到自己的空间。

笔者曾经对美国在1998～2003年间对中国的冶金机械产品进行的反倾销调查进行过个案研究，发现其中有些案件的情况是，反倾销税的征收显然会损害国内市场的竞争，损害消费者的利益。其中比较突出的一个案例是对来自中国的花园铁栅栏产品进行的反倾销调查。

美国商务部于2002年发起了对来自中国的花园铁栅栏的反倾销调查。在初裁阶段，商务部和国际贸易委员会都作出了肯定性的初步裁决结论；并且商务部在最终裁决阶段也作出了有关倾销的存在的肯定性裁决，在国际贸易委员会进行的关于国内产业实质性损害裁决时，调查小组的两名委员考虑了市场竞争结构对国内产业业绩的影响。

在国际贸易委员会的最终裁决阶段，调查小组的三位委员认为调查的中国的倾销进口产品是导致美国国内惟一的生产商失去主要客户，销售量下降的主要原因。这些委员认为，国内市场对于草地和花园铁栅栏的需求，在调查期内大幅度增长，而且这种需求的增长主要是由几家大型的家庭用品零售商驱动的，但是作为美国国内惟一的草地和花园铁栅栏生产和供应商的原告（钢城公司，steel city）非但没有从中获利，反而失去了客户，而且其客户转向了销售进口的中国产品。调查小组的三名委员认为这是由于中国产品的进口在调查期内的大量增长造成的，调查小组的这三位委员认为从调查数据上来看中国产品的进口量无论是从绝对意义还是从与国内同类产品所占的市场份额的相对意义上来看，都达到了关键性的水平，尽管从总体上说，在调查期内没有明显的显示出低于美国国内产品的价格销售，但是，原告要求特别考虑某一进口商的定价数据，因为该进口商直接进口倾销产品。调查小组的三位支持作肯定性裁决的委员实际上也发现没有显著的进口产品的价格低于国内产品的价格销售的情况，也没有发现进口商品的价格压制和压低国内产品的价格的情况。但是，在考察进口的影响时，这三位委员认为尽管进行公平贸易的进口产品在美国市场上的进口产品中占绝大多数，可是，这些进口在销售量方面的增加和市场份额方面的扩大，是以国内生产者丧失销售量和市场份额为代价的，因此，三位委员认为进口量的增长和市场份额的增加，导致了国内产品销售量的下降，继而导致国内产业财务状况以及经营状况的恶化，因此裁定，调查的倾销进口造成了国内产业的实质性损害。①

国际贸易委员会调查小组的另外两位成员则从美国国内市场竞争的情况出发，认为导致原告失去传统客户、销售量显著下降的根本的和主要的原因在于这个美国国内惟一的草地和花园栅栏的生产商无法满足由于家庭用品销售中心的零售形式的发展而带来的产品市场需求迅速扩大的形势，满足不了客户日益增长的需求，才导致其传统的客户转向从中国进口的产品，而且这些客户购入的进口产品都是公平贸易的产品，因此，不能断言倾销的进口造成了国内产业的实质性损害。②

显然美国国内生产商业绩的下降主要是由于它不能满足市场需求，无法适应新的竞争格局。对花园铁栅栏征收反倾销税惟一的效果是保护美国国内的惟一生产商，尽量恢复它在外国产品进入美国

① USITC, Lawn and Garden Steel Fence Posts from China, investigation No. 731-TA-1010 (final), March 2003, pp. 7-10. Website: www. usitc. gov.

② USITC, Lawn and Garden Steel Fence Posts from China, investigation No. 731-TA-1010 (final), March 2003, pp. 19-20. Website: www. usitc. gov.

市场之前的垄断地位，在这种情况下，反倾销税如果达到了它的效果，显然会损害由于国外产品的进入而形成的竞争局面，损害消费者的利益。然而，由于反倾销法规定的认定倾销的损害的因素只有进口量、价格影响、国内产业影响三个方面，进口量的增加、价格的下降和没有竞争力的企业的业绩下降都是市场竞争的正常表现，而这种正常表现却是反倾销调查中确定国内产业损害的完全条件，本调查中持反对意见的两位委员从保护竞争的角度考虑，反对认定国内产业的实质性损害的努力必然会落空。解决这种矛盾的措施是在反倾销调查的裁决过程中增加公共利益这一考量因素，毕竟竞争的效果是提高经济效率，从而增加全社会的福利。

四、WTO《反倾销协议》中的公共利益问题

尽管 WTO《反倾销协议》中并没有实质性的有关公共利益检测的规定，但是这并不意味着谈判各方都不关心反倾销规则中的公共利益问题。从 WTO《反倾销协议》生效前的乌拉圭回合谈判到正在进行中的多哈回合谈判，公共利益检测问题是许多成员方关注的问题。为什么 WTO 的《反倾销协议》没有任何涉及公共利益问题的实质性规定？要理解这种现象，首先应当了解关于公共利益问题的反倾销规则的谈判情况。

（一）乌拉圭回合反倾销规则中关于公共利益问题的讨论

在乌拉圭回合关于反倾销规则的谈判中，诸如澳大利亚、加拿大这样的反倾销措施的主要使用成员方，以及中国香港、新加坡这样的从开放贸易中获益较多的主要成员方都提出了有关公共利益问题的意见。

澳大利亚的意见。在 1990 年前的乌拉圭回合关于反倾销的谈判中，澳大利亚曾经在它向谈判小组提交的有关反倾销规则的意见中表示，反倾销规则应当谴责缔约方对反倾销程序的滥用，反倾销措施被作为惩罚工具或保护主义者的工具的现象，以及被作为折磨

进口商或威慑、阻止潜在的市场进入的方法的现象都应当被消除。① 可以看出，澳大利亚的意见暗示，为了防止成员方滥用反倾销措施，反倾销规则必须考虑国内同类产业以外的进口商的利益和对市场竞争的保护。

加拿大的意见。加拿大在东京回合谈判中形成的《反倾销守则》生效后，就在其反倾销法中加入了有关公共利益调查的规定。在乌拉圭回合谈判中，加拿大提出了改善反倾销措施使用标准就应当在认定反倾销措施的过程中考虑公共利益的因素。加拿大认为经济体之间的相互依赖性的不断增长意味着倾销的进口对国内生产者的损害需要在一个更广泛的范围内进行考量。“反倾销诉讼可以产生作为一个整体的国家经济所不希望的结果。”反倾销法律“应当规定一个范围，以便使这些更广泛的经济利益在反倾销调查中得以提出和考虑”。加拿大的意见还指出：“尽管损害性的倾销裁决是基于国内同类产品生产商的情况作出的，但是反倾销税的征收却是能够对其他产业、消费者和经济整体产生影响的。”② 因此，加拿大建议修改反倾销规则，规定正式的程序，以便确定特定反倾销税的征收是否符合公共利益。加拿大并且建议，这种公共利益调查程序应当安排在损害裁决完成之后。

从上述加拿大的意见可以看出，由于加拿大的反倾销法律中已经有了关于公共利益调查程序的规定，所以相对于澳大利亚所提出的关于公共利益问题的意见，加拿大的意见不只限于表明一种立场，它还提供了一定的可操作性。

中国香港的意见。中国香港地区是乌拉圭回合中反倾销规则谈

---

① Negotiating Group on MTN Agreements and Arrangements, Amendments to the Anti-Dumping Code, Submission by Australia, MTN. GNG/NG8/W/66, 22 December 1989, Special Distribution, pp. 1-2.

② Negotiating Group on MTN Agreements and Arrangements, Amendments to the Anti-Dumping Code, Submission by Canada, MTN. GNG/NG8/W/65, 22 December 1989, Special Distribution, pp. 4-5.

判的积极参与者，在它提交的多次书面意见中，不仅提出了香港的关于反倾销规则修改的基本观点，还对其采取这种观点的原因和有关理论基础作出了详尽的分析和说明。

关于反倾销措施实施中的公共利益问题，香港在它向谈判组提交的两次书面文件中分别作出了详细阐述。在 COMMU46 中，香港认为当时施行的《反倾销守则》，由于限制了进口竞争而没有能够对公共利益予以充分考虑。香港认为竞争法或者反托拉斯法在维护竞争方面反映了广泛的公共利益；它认为“即使是对最大的经济体来说，进口竞争也是国内经济维持其效率和竞争性的必要的基本因素。”而当时的反倾销制度“主要反映的是特定的生产商对获得额外保护措施的兴趣”。香港认为，虽然反倾销制度的本意是以防止掠夺性的竞争为目的的，而防止掠夺性的竞争制度的本身已经存在着公共利益的考量，但是香港也认为，在现实中的众多反倾销诉讼中并没有多少案件涉及了真正的掠夺性竞争。①

随后在 COMMU51 中，香港就如何修改《反倾销守则》，引入公共利益考量提出了具体建议。香港提出，应当在修改的反倾销规则中加入一条：“反倾销的实践应当包括更广泛的公共利益的平衡考虑。”并对此作出解释，认为这样的规定意在鼓励反倾销的调查当局在更广泛的关联条件下考虑反倾销的投诉。当局不仅应当考虑国内（域内）产业的利益还应当考虑进口产品使用者所代表的产业的利益、消费者的利益，以及反倾销的成本对整个经济的影响。②

新加坡的意见。新加坡在其向谈判小组提交的反倾销规则修改

① Negotiating Group on MTN Agreements and Arrangements, Principles and Purposes of Anti-Dumping Provisions, Communication from the delegation of Hong Kong, MTN. GNG/NG8/W/46, 3 July 1989, Special Distribution, p. 4.

② Negotiating Group on MTN Agreements and Arrangements, Amendments to the Anti-Dumping Code, Communication from the Delegation of Hong Kong, MTN. GNG/NG8/W/51 12 September 1989 Special Distribution, p. 2.

的书面建议中，特别提出加入一项“公共利益条款”，这一条款应当建立适当的程序，以便使反倾销调查在考虑与反倾销措施直接相关的当事方的利益之外，还能够考虑更广泛的公共利益。① 新加坡在对这一条建议作出解释时指出，需要建立一个“公共利益条款”的理由在于：（1）当时实行的反倾销法律以消费者的利益为代价保护与进口产品相竞争的国内同类产品生产者；（2）当时的反倾销实践对国家经济产生不利影响，并增加了国内经济的成本，比如：对进口国价格结构的不利影响、增加其他产业获得产品供应的困难。对于公共利益条款的目的，新加坡认为公共利益条款应当保证调查机构在更广泛的范围内考虑反倾销的投诉，不仅要考虑遭受影响的国内产业，还应当包括使用产品的产业利益、反倾销介入国家经济的成本。至于如何规定公共利益条款，新加坡建议谈判小组在讨论公共利益的概念和将公共利益的概念转化到确定的反倾销规则中的方法。新加坡认为建立适当的程序是公共利益条款的关键内容。这种程序或者能够让更多的相关当事方在反倾销程序正式启动之前参与其中并提供意见；或者在反倾销调查过程中要求调查机构考虑国内产业的竞争行为的合法性。

另一些谈判参与方对反倾销调查中引入公共利益条款持反对态度。有些谈判的参与方从根本上否定了公共利益审查的必要性，认为反倾销法律的实施并没有损害贸易，同时维护了公平贸易，它本身就公权力行使的结果，已经代表了公共利益，因此反倾销调查中根本不需要，也没有必要再考虑所谓公共利益。

另外一些谈判参与方尽管也认为在反倾销调查中引入公共利益检测机制具有一定的合理性，但是对于引入公共利益审查的方式却存在着争议。有一部分意见认为从实施的角度来看，在调查中引入

① Negotiating Group on MTN Agreements and Arrangements, Proposed Elements For A Framework for Negotiations: Principles and Objectives for Anti-Dumping Rules, Communication from the Delegation of Singapore, MTN. GNG/NG8/W/55, 13 October 1989, Special Distribution, p. 2.

倾销和倾销损害以外的其他考量因素会在调查裁决过程中加入许多政治、外交和安全政策方面的因素。因为公共利益不仅仅指经济利益，它还包括国家安全、社会公正等多方面的考虑。如果调查机构反倾销调查中必须考虑公共利益因素的话，它没有理由将这种国家安全、社会公正等利益排除在公共利益的考量范围之外。而将这些公共利益的因素加入反倾销适用与否的裁决过程，也就增加了反倾销裁决中的政治和外交政策的因素，无疑会增加裁决的复杂性，同时由于政治和外交政策通常都属于行政机构的裁量权范围，因此会增加反倾销调查规则中的主观成分，从而影响反倾销调查的透明度。同时，由于这种规则的不透明和复杂性，增加了国内产业无法通过反倾销措施获得适当救济的可能性，这种可能性的累积会导致对一种非法律的保护程序的恢复。因此，即使在多边贸易体制的反倾销制度中引入这种公共利益审查条款，也不应当是一种义务性的、强迫性的，而应当是一种建议性的或指导性的。一些缔约方认为这种公共利益的问题应当交给各国的立法机构自己决定，公共利益审查的必要性应当由国内的利益集团来决定。另一些缔约方则主张公共利益条款应当具有弹性。

还有一些反对意见认为，将公共利益审查条款作为一项法定的反倾销调查内容会增加反倾销调查的成本。因为公共利益审查条款扩大了反倾销调查机构的考量范围，使得任何利害关系方都有可能提出利益受损害的申诉，一个加工商可能会因为反倾销税使得它所使用的进口初级原材料涨价而提出其利益受损的申诉，如果公共利益审查条款对这类申诉也进行评估的话，无疑会加重调查机构的负担，增加反倾销调查的成本。

对于公共利益审查是否会影响反倾销调查程序的透明度，以及公共利益条款是否应当是强制性的，还是应当作为政府的裁量权范围内的事项的问题，有些观点认为，贸易裁判机构有权自己决定或者根据任何利害关系方的要求决定是否进行公共利益审查。从公共利益的性质来看，相同的条件在不同的环境下可能对公共利益产生不同的影响，公共利益审查的必要性和效果主要应当依靠公共利益条款在实践中的如何适用，这样将公共利益检测作为一种自动进行的程序是没有必要的。对于这种非自动的、属于调查机构裁量权范围的公共利益审查的启动方式，如果其审查程序有一定的法律框架约束，就不会影响这种审查程序的透明度。

对于公共利益条款增加了调查成本的意见，反驳的观点认为，调查机构通过其自主的裁量权决定某种利益是否足够代表公共利益，因而是否有进行进一步检测的必要性的规则，可以限制由于某一方利益的要求而增加调查成本的可能性。

上述意见在谈判中没有得到认可。在1990年的几次小组会议中，谈判小组表达了关于公共利益问题的意见。

在1990年11月的一次总结会上，各方对谈判中的观点进行了总结。最后得出了否定性的结论。

在这次会议中，参与谈判的各方代表对前一阶段的谈判中有关公共利益条款的意见进行了总结。这次谈判中关于公共利益条款的观点主要包括以下几个方面的主要问题：

第一，关于修订的多边贸易体制中的反倾销制度是否应当包括公共利益条款，以及条款的性质。一些谈判方认为公共利益已经体现在反倾销法律本身的目的之中，不需要再引入一个特定的公共利益条款。另一些谈判者认为公共利益条款是否应当加入反倾销法律应当属于各国的裁量权范围，多边贸易制度的反倾销规则不应当作出强制性的规定。有的谈判方认为这种公共利益检测程序会使反倾销调查政治化，而另一些国内反倾销法中已经包括了公共利益条款的国家认为，公共利益条款可以有效运行，它只是在某些体制下才会瓦解调查程序的客观性和公正性；同时，由于世界生产和贸易关系的日益复杂化，国家经济利益是相互依存的，相互影响的，任何一个国家不能完全单独地决定它的贸易政策，这种状况不仅在公共利益问题方面有所体现，在其他条款中也有所体现，因此多边贸易体制的反倾销制度应当鼓励成员方的国内反倾销法律包括公共利益审查规则。

第二，关于公共利益审查应当在反倾销调查的哪一个阶段完成。有些谈判参与者主张在调查的开始阶段进行公共利益调查；而另一些谈判者则主张在倾销和损害裁决完成后进行公共利益调查。

第三，关于公共利益所应当涉及的范围。有些谈判者根据其国内法的实践认为，公共利益的范围应当包括产品的用户产业和消费者；另一些谈判者认为反倾销制度已经发展成了一种贸易政策工具，使得这种措施包含了许多政治因素，一般性的评估就足以作出最佳的满足公共利益的反倾销税的结论。有的谈判者认为从国际法的角度来看，公共利益在国际法中并没有规定，而是由各国根据本国的利益来决定，因此什么是公共利益属于国家主权范围内决定的事，如果加入的反倾销条款规定更详细的公共利益项目，那么它应当对其含义作出详细的解释，并对在实践中的运作作出说明。

第四，关于公共利益调查程序的指导原则。谈判各方的意见包括：公共利益的调查程序应当提供所有利害关系方表达意见的机会，应当对调查的各个利害关系方都是公平的。

由于谈判中提出的问题和意见过于复杂广泛，尽管这些问题大致可以分为上述几个方面，但是每个方面当中有包括许多需要解决的小问题，而这些小问题并不集中。因此，谈判各方认为反倾销调查已经是一种具有很高的复杂性的程序，如果将公共利益条款作为强制性的规定纳入反倾销规则，则会进一步增加调查机构执行的复杂程度和困难。

（二）多哈回合中对于《反倾销协议》中公共利益问题的讨论

与关于《反倾销协议》的其他条款的谈判不同，公共利益问题在WTO《反倾销协议》中没有任何实质性的和有意义的规定，因此多哈回合关于公共利益条款的谈判就比《反倾销协议》其他条款的改革谈判更具有复杂性：WTO的成员无法根据国内反倾销法律实践中暴露的具体问题来提出改革意见；关于公共利益条款内容的谈判由于没有任何先前规定的基础而必须从零做起，因此涉及的内容和问题比较广泛和复杂，这就大大增加了达成共识困难，这一点我们可以从乌拉圭回合关于《反倾销守则》的改革谈判中看出来。

在多哈回合谈判开始时，各国政府和许多私人团体、机构都对《反倾销协议》中公共利益的问题提出了意见。尽管至今尚未见有关谈判方向有关 WTO 谈判组提交正式的意见，但是有许多关于这方面的官方的和非官方的意见通过不同的渠道表达出来。这些意见普遍认为 WTO《反倾销协议》中应当加入一项公共利益条款，并对公共利益条款的内容发表了意见。

例如，对于加拿大来说，由于加拿大的反倾销法中已经存在关于公共利益调查的规定，而且公共利益调查在反倾销调查实践中也起到了一定的作用，因此在这一问题上加拿大希望 WTO 的成员方接受一个与加拿大的公共利益调查规则相似的公共利益条款。巴西、墨西哥、智利、韩国、中国、中国香港特区、中国台湾地区、日本、新加坡、泰国等一些成员提出的意见认为应当通过澄清和改善诸如公共利益条款、倾销启动要求、复审等条款来增加反倾销制度的透明度、可预测性和公正程度，① 这些成员认为 WTO《反倾销协议》的公共利益条款应当是一种更具实质性的条款。②

一些学术研究机构、学者和产业代表组织等非政府的机构也就公共利益条款问题发表看法或向本国政府的贸易谈判代表机构提出建议。例如代表欧洲零售贸易协会的对外贸易协会在它们的建议中提出，反倾销调查的损害确定应当考虑和评估包括进口商、产品的用户和消费者等所有有关利害关系方的利益，它们还认为这种公共利益应当特指 WTO 各个成员方的公共利益。尽管美国政府在国内保护主义的压力下一直对多哈回合中讨论修改包括《反倾销协议》在内的贸易救济制度持反对态度，公共利益条款的改革问题也就无从提起，但是一些支持贸易自由化的政策研究机构和代表保护主义

① *See* WTO Trade Negotiation on Rules, General Contribution to the Discussion of the Negotiating Group on Rules on Anti-Dumping Measures, TN/RL/W/28/Rev. 1, 22 November 2002 (02-6499), pp. 1-3.

② WTO Trade Negotiation on Rules, Anti-Dumping: Illustrative Major Issues, TN/RL/W/6, 26 April 2002, p. 6.

的国内产业利益以外的团体却极力支持反倾销制度的改革，例如代表北美钢铁进口商和出口商的美国国际钢铁机构（American Institute for International Steel, AIIS）就在它的关于多哈回合贸易救济措施谈判的政策建议书中表示，它相信公共利益体条款应当成为WTO《反倾销协议》中的一项义务性的规定，并且公共利益检测应当在反倾销调查开始之前和调查完成、反倾销税实施之前进行。

以上这些意见尽管与乌拉圭回合相比并没有什么新意，但是表明了公共利益条款改革的意义。问题在于公共利益条款的改革必须在相对集中的问题的基础上进行，否则谈判无法进行，结果会像乌拉圭回合谈判一样，在公共利益问题上无所作为。欧盟曾经提出了一个关于WTO《反倾销协议》谈判的先决问题的意见，在提到关于公共利益问题时，欧盟认为进行公共利益条款的改革谈判必须先明确讨论的问题，谈判需围绕这些问题进行。

欧共体提出的问题包括：公共利益检测应当如何进行；这种公共利益条款应当是一种收集特等信息的程序性的要求还是应当包括调查当局应当考虑的实质性条件的条款；如果公共利益条款应当是一种实质性的条款，那么这些实质性的条款应当包括哪些内容。

五、WTO《反倾销协议》的公共利益条款建议

根据公共利益条款在反倾销制度中所起的作用，公共利益条款在一些国家反倾销调查中的使用情况，以及多边贸易谈判中各成员方对反倾销规则中公共利益条款的观点，笔者认为《反倾销协议》的公共利益条款应当解决以下几个方面的问题：

（一）公共利益条款应当是各个成员方国内反倾销法律中的一种义务性的条款，而不是一种由各成员方反倾销立法自由裁量的问题

有的观点认为，反倾销法律是以防止掠夺性的倾销为目的的，它为不正当的和扭曲贸易的行为所造成的损害提供了救济措施，这种立法的目的本身就是从公共利益的角度出发，维护公平贸易。

从理论上看，近期的研究表明所谓掠夺性倾销和偶发的倾销在

自由贸易的体制下都不具有合理性，在自由贸易体制下反倾销法律不能防止不公平的贸易行为，反而由于法律本身对国内产业的保护性规定而产生了一种对国内同类产业的保护利益；从实践上看，由于自由贸易政策和开放贸易所带来的压力，反倾销调查已经发展成一种国家对外贸易政策工具，面对国内产业的压力，反倾销措施在多数情况下成为一种贸易保护主义的工具。从《反倾销协议》改革所确立的出发点和宗旨来看，公共利益审查制度是一种反倾销措施能够实现它的宗旨，真正起到为受到自由贸易进程冲击的国内经济提供缓冲和保障的作用。将公共利益检测纳入反倾销调查的范围的目的是通过平衡国内经济的整体利益来限制国内产业的贸易保护主义压力和国内保护主义政策的滥用，在最大限度内保证自由竞争所带来的经济效果。这种目的与世界贸易体制的开放和自由的政策相一致。从逻辑上看，国内反倾销法律所规定的反倾销调查都是以维护国内同类产业的利益为中心，这种以维护某一特定集团的利益为目的的法律，应当给公共利益留出适当的空间。

基于以上原因，将公共利益条款引入反倾销规则能够限制贸易保护主义对反倾销这种贸易政策工具的滥用，而 WTO 成员有义务限制保护主义；同时由于公共利益最大限度地考虑了竞争的经济效果，它也能够使反倾销规则中促进竞争的意义得到充分的发扬。从以上两点出发，公共利益条款应当作为 WTO《反倾销协议》中的一个义务性的条款。

（二）公共利益条款应当具有实质性的内容，该条款应当规定公共利益的定义和范围

目前实行的 WTO《反倾销协议》并不包括有关公共利益的实质性内容。新引入的公共利益条款是否应当包括公共利益的实质性内容，还是只规定公共利益调查的一般程序，这一问题一直是 WTO 成员方在关于《反倾销协议》改革的谈判中争论的焦点。

有意见认为，国际法中没有关于公共利益的规定，可以说，在目前有效的国际法中，只存在国家利益而没有公共利益，因此什么属于公共利益的范围应当由 WTO 成员根据国家利益和国内法律在

本国国内的反倾销法律中确定。

尽管国际法律中没有关于公共利益的规定，但是从反倾销法律中的公共利益调查的理论基础和实践意义来看，公共利益的范围是可以确定的。根据反倾销制度在世界贸易体制中所扮演的角色的角度来看，一国根据国家利益而确定的公共利益应当是国家的整体经济利益，而不是某个单独行业的利益。而从不损害自由竞争效果的角度来看，不损害国内市场的竞争也应属于公共利益。以国家利益为基础的公共利益不应当超出以上两个范围。至于有的意见认为，国家的公共利益包括国家安全、社会公正等利益，必须承认，这些都是国内法中的一般公共利益，但是这种公共利益由于具有广泛的重要性，因此一国立法机构通常都会通过贸易法中的特别法律来保障，整体的反倾销立法本身就要保证不违反这种公共利益立法，它不需要通过对个别的反倾销案件的调查来完成。

对于判断上述两个方面的公共利益需要考虑哪些因素，则可以根据成员方的裁量权来确定。

（三）公共利益调查的程序应当属于各成员方国内法规定的范围，但是应当符合透明度、公正的原则

关于公共利益调查程序应当在反倾销调查的哪一个阶段实施，《反倾销协议》的公共利益条款将这一权利授予各个成员。由于各成员方国内法中反倾销调查程序的差异，调查机构可调动的资源以及国内经济及市场情况的差异，成员方从调查的效率和效果出发应当具有根据本国的情况安排公共利益检测程序的权利。比如，对于国内调查机构可调动资源较少，不希望反倾销调查的程序过于复杂国家，它们可以根据利害关系方的要求决定是否开始实质性的调查，例如加拿大的SIMA中关于公共利益调查的规定；而对于国际贸易中的产品出口国，或者显现市场（emerging market）的国家，维持国内市场的竞争结构可能是更重要的，那么《反倾销协议》的公共利益检测条款应当允许这些国家将公共利益检测程序安排在反倾销调查程序正式开始之前，这样可以尽量避免本不必要的反倾销调查程序所造成的调查成本。

尽管如何安排公共利益调查程序的启动应当属于国内法的裁量权范围，但是对于保证程序透明度、公正性的规则，《反倾销协议》的公共利益条款应当作出规定。这种规则通常包括给予所有利害关系方表达意见的机会；调查机构应当平等地考虑所有利害关系方的意见；信息和调查意见、结论的公布程序等。

公共利益这一概念在特定的法律框架范围内具有特定的意义。对于 WTO《反倾销协议》所确立的国际反倾销制度来说，公共利益是相对于产业利益而言的。基于改革确立的反倾销制度的宗旨，它对国内整体的经济平稳发展，为社会的稳定提供安全措施。同时对价格歧视对产业市场所造成的冲击提供一定的调整空间。在这种前提下，为保证对一成员方整体利益的保护，应当建立一种包括受调查影响的各方面利益进行考量的有效机制，这样才能保证经过改革的多边贸易体制中的反倾销制度的宗旨真正实现。

第十章 《反倾销协议》中的非市场经济的条款

NME是英文“非市场经济（Non-Market Economy）”的缩写。NME规则和程序通常是指适用于一国政府对来自NME国家的产品的反倾销调查程序。这种调查规则和程序与一般对其他市场经济国家的进口产品适用的调查程序相比，存在较大的区别。其核心内容是在反倾销调查的过程中适用替代国的同类产品的市场价值计算来自NME国家的受调查产品的正常价值。

在最近十年中，反倾销调查中的这种特别的NME程序由于非市场经济国家全球贸易量的增长而引起了来自各界的关注。尽管这种制度得到了WTO的承认，但是它的合理性和公正性受到诸多方面的质疑。

本书试图从WTO反倾销制度的角度，通过考察NME规则在欧美反倾销法中的建立和发展情况，对NME规则进行分析和讨论。作者在这里并不力图寻求问题的答案，而是希望通过对反倾销法中的NME规则的分析，对其实质和相关的问题形成较为清晰的认识，从而为WTO《反倾销协议》中NME规则的改革提供一个可供选择的出发点。

一、反倾销法中NME程序的理论基础和相关立法实践

在反倾销调查中，对涉及非市场经济国家的产品实施特别规则和程序是基于这样一种理论和事实，即非市场经济国家的产品的定价并不取决于产品的成本以及供求关系的变化，而是取决于政府的经济指令。由于所谓非市场经济国家主要是指实行计划经济体制的

社会主义国家，在这样的国家中，产品的生产和定价都是按照计划根据政府的指示完成的，而市场经济国家的产品生产则是根据市场机制来确定的，因此从一般的经济理论上来看，一方面在非市场经济国家和市场经济国家之间确定贸易条件几乎是不可能的，另一方面，这种定价方式很可能会通过贸易关系对外国市场机制运行产生干扰，因此处理与这些国家的贸易关系需要特殊的规则。这种规则的特殊之处，一方面表现在进口国政府对来自非市场经济国家产品对国内产业造成的损害进行调查和控制的程序的特殊性上，另一方面也表现在进口国处理这些国家“不公平贸易”的调查规则的特殊性上。但是，由于在计划经济国家中，对外贸易产品的价格基本上是由政府根据对外贸易能否获得资助本国建设计划所需要的资金来确定的，因此 NME 国家生产的产品的价格既不反映成本，也不反映市场的供求情况。换言之，NME 国家的产品并不存在一个根据市场的供求机制确定的“正常”或“公平”价值。在这种情况下，要将来自非市场经济国家的受调查的生产者或出口者的产品实际价格与“正常市场价值”比较，来确定倾销是否存在是不可能的。因此，从经济理论的角度来看，对来自非市场经济国家的不公平贸易适用反倾销法的一般规定是存在疑问的。

基于上述情况，尽管世界多边自由贸易体制在建立之初就考虑到，并承认了国家控制生产和贸易体制的特殊性，但是并没有确定处理与这些国家贸易关系的具体规则，而是将这一问题的处置权交给了 GATT 的缔约国。

（一）世界多边贸易协议中反倾销条款相关规定

世界多边贸易体制中最早涉及非市场经济国家问题是在关税及贸易总协定 GATT 的缔约方于 1954～1955 年的对 GATT 的各项条款进行审议期间，捷克斯洛伐克在一工作小组内提出了价格比较的困难问题。① 在1955年GATT附件I中关于第6条第一段的补充规定中指出："如果进口所来自的国家实行对其贸易完全或几乎完全的独占制度，而且其所有的国内价格由国家制定时，在进行价格比较时可能会产生困难……在这种情况下，进口国不得不考虑如果严格以该国国内价格作为比较的基础，可能是不适当的。"② 尽管如此，由于实行公有制和计划经济的国家基本上都不是GATT的缔约方，因此，在相当长的时间内，世界多边贸易体制并没有试图解决这一问题，而是把这一问题留给了缔约各方的国内贸易法律和政策去处理。但是，这一附件的说明奠定了后来GATT《反倾销守则》和WTO《反倾销协议》中处理非市场经济国家问题的基调。

在GATT东京回合谈判所达成的关于实施GATT第6条的协议（《反倾销守则》Antidumping Code）第2.7条中规定，在确定倾销的规则时应当适用上述GATT附件I中的规定。也就是说在反倾销调查涉及的国家对其国际贸易拥有完全的和充分的垄断权力，或所有国内价格由国家确定的情况时，允许进口国在有关反倾销调查中对该国企业实行差别待遇。乌拉圭回合后，世界贸易组织的成员方又就GATT的第6条的实施达成了协议，即WTO《反倾销协议》。这一协议的第2.7条仍然延续了《反倾销守则》中关于国家控制国际贸易和产品价格的反倾销调查规则的例外规定。

在乌拉圭回合谈判的过程中，罗马尼亚代表团曾经对上述反倾销规则的第2.7条提出意见。

罗马尼亚提出反倾销规则的制定是为了提供更加一致的和确定的反倾销规则的执行标准；而各缔约方对GATT附件I中对第6条第1款的第2项补充规定却缺乏这种一致性和确定性，各国的反倾销法实践表明了各种不同的针对非市场经济国家进口倾销调查的做

---

① Working Party on Other Barriers to Trade, BISD, 3rd Supp. p. 223, para, 6 (1955)。转引自罗昌发著：《美国贸易救济制度》，中国政法大学出版社2003年版，第150页。

② 同上。

法之间的差异；另外，附件I的规定允许进口的缔约方在某些情况下考虑将进口产品价格与出口国国内价格进行严格价格对比的可能性和必要性，罗马尼亚认为这一规定应当是针对个案情况的，而现在根据各国的实践，对附录I中的这条规定的执行，几乎成为对某些相关国家自动采用的调查方法，而替代了反倾销规则规定的确定倾销的一般方法。这是违背本条规定的精神的。在实践中，有些缔约方的国内法规定在决定来自非市场经济国家的进口产品的正常价值时只能采用特殊的方法，这种差别待遇的规定是对该项补充规定的错误的适用，因而是与反倾销规则的规定不一致的。罗马尼亚的意见还认为，反倾销规则的目的之一就是"为倾销案件的完整的调查提供一个公正和公开的程序基础"，但是多年的贸易实践显示的在决定受调查的非市场经济国家产品的正常价值时，自动使用市场经济第三国的价格进行比较的做法不符合这种公正和公开程序的要求。罗马尼亚建议对 GATT 附件 I 的这项规定作出明确的解释，以限制缔约方国内法对来自非市场经济国家进口的反倾销调查自动排除对倾销确定的一般方法的适用做法。

对罗马尼亚的意见，各缔约方认为附录I中的补充规则并不是强制性的，它只是说明了在价格比较过程中可能存在的特殊困难以及有必要考虑不必进行严格比较的可能性，这一条规定是一项授权性的规定，它并没有排除进口国按照反倾销规则的一般规定执行的可能性。因此，罗马尼亚建议的对该补充规定的解释性规定是不必要的。在乌拉圭回合谈判结束时，《反倾销协议》的第 2.7 条仍然保持了原来的形式和内容。可以说，在 GATT 的乌拉圭回合谈判中，非市场经济国家的差别待遇问题并没有得到缔约方的重视，这种状况不能不说与在世界贸易中占据主要地位的转型经济国家不是 GATT 的成员，无法深入参加谈判的过程有关。实际上，中国和俄罗斯这两个主要的所谓非市场经济国家在加入 WTO 的谈判及其他场合中都表明过对《反倾销协议》中有关第 2.7 条规定的观点。两国认为 WTO 所允许的对待非市场经济国家反倾销调查的特殊程序多是随意性较强的，而且阻碍了这些非市场经济国家正在进行的市场经济改革。不过，由于两国并没有提出具体的依据和建议，这种观点并没有受到主要使用第2.7条国家的重视。尽管欧盟2002年从它的非市场经济国家的名单中排除了中国和俄罗斯，但是在具体的调查中，对非市场经济国家的差别待遇并没有得到实质性的改变。

可以看出，在世界多边贸易体制中，对非市场经济国家参与世界贸易市场所产生的特殊问题，关税及贸易总协定以及后来发展起来的世界贸易组织的基本态度都是由国家根据国内政策和经济运行的需要确定处理的方法。

由于GATT的反倾销条款将有关非市场经济国家进口产品的调查方法的确定权授予了各缔约方，在其后的国际贸易实践中，各国政府主要根据本国的贸易政策选择对涉及非市场经济国家的不公平贸易的调查方法，使得处理非市场经济国家问题的特殊规则完全成为一些国家处理贸易关系的政策工具。

（二）欧美反倾销法中的非市场经济规则

欧美反倾销法中非市场经济规则的确立。欧美适用反倾销法处理来自非市场经济国家的不公平贸易的做法开始于20世纪70年代。随着一些东欧社会主义国家在20世纪70年代初实施的经济改革，这些国家向美国等西方国家的出口不断增长，这种情况促使美国的国内产业利用有效的法律程序采取保护自身利益的行动。从理论上看，可供国内产业选择的程序有两类，一类是反补贴调查程序；另一类是反倾销调查程序。由于从某种意义上讲，所有计划经济国家的产品生产投入都是由政府提供财政支持的，因此适用反补贴法似乎更加符合逻辑。但是，一方面由于冷战造成的东西方敌对关系影响了进口国调查机关获得确定补贴所需要的政府政策和法律的可靠信息；① 另一方面，由于国际贸易过程中的补贴概念的特定意义仅限于政府对私营企业所提供的财政支持，因此在实行公有制

① *See* Greg Mastel, Antidumping Laws and the U.S. Economy (M. E. Sharpe, Inc., 1998), pp. 53-54.

的计划经济国家中，实际上无法在这种意义上确定补贴。

基于上述原因，欧美等西方国家都采用了反倾销调查程序处理来自非市场经济国家的不公平贸易。

由于反倾销法中，倾销的确定是根据产品的出口价格与正常的市场价值的差价幅度来确定的，因此对于产品的生产投入价格和产品的价格都是由政府根据经济计划和需要确定的非市场经济国家的进口产品来说，没有可比较的国内“正常市场价值”，也就无法按照一般的倾销确定方法计算非市场经济国家进口产品的倾销幅度。为了解决这一问题，欧美国家对反倾销法中规定的确定倾销所使用的一般方法进行了调整，形成了所谓反倾销调查中的非市场经济规则。

欧美反倾销法中的非市场经济规则主要包括两个方面的内容：一是非市场经济国家地位确认规则；二是可供比较的产品的替代市场正常价值选择规则。应当指出的是，尽管欧美反倾销法中关于非市场经济国家出口商的调查规则的本质和出发点是相同的，但是在非市场经济地位的确定条件和替代国的选择与价格比较方法方面都存在着差异。

非市场经济地位的确认。对于一国非市场经济地位的确定，美国和欧盟的反倾销法律规定有所不同。与欧盟的规定相比，美国的反倾销法似乎采取了一种规则取向的做法。修订的美国1930年关税法的第771（18）条（B）规定了五项裁决机构应当考虑的因素，这五项因素是（1）货币可转换的程度；（2）工资由市场决定的程度；（3）对外国投资和合资企业的许可；（4）政府拥有企业和控制生产的程度；（5）其他可以适用的因素。确定非市场经济国家的权利由美国的商务部行使，而且，商务部的这种裁量权是一种完全的裁量权，其裁决结果不受司法审查。欧盟的反倾销法则采取了一种非公开的、政策取向较强的方式来确定在反倾销调查中适用非市场经济规则的国家。欧共体理事会在确定非市场经济国家的事项上具有绝对的自由裁量权，这种裁量权不受司法审查也不受其他机构的制约，而且没有公开的可供参照的法定标准。在1988年反倾销条例中，非市场经济国家的确定实际上是根据欧共体理事会在 1982 年公布的第 1765/82（1）和 1766/82（2）号规则，即国有贸易条例的附录 I 中所列出的国家名单确定。在这一条例中，欧洲共同体将当时的阿尔巴尼亚、保加利亚、捷克斯洛伐克、匈牙利、波兰、罗马尼亚、苏联、中国、越南、朝鲜和蒙古等 11 个国家列入了非市场经济国家的名单。而在 1994 年公布的欧盟理事会第 519/94 号条例规定的附录里，则重新确定了 17 个非市场经济国家，这些国家主要包括中国、越南、朝鲜等社会主义国家，俄罗斯和前苏联在中亚地区的加盟共和国，但是并不包括例如匈牙利、波兰、罗马尼亚等东欧的前社会主义国家。

从形式上看，美国和欧洲确定非市场经济国家的规定具有很大差异，但是，从本质上分析，二者并不存在实质性的区别。首先，确定非市场经济国家的裁量权完全由一个部门行使，不受司法审查和其他部门的制约，在这一点上美国和欧洲的做法完全相同；其次，关于确定非市场经济国家的标准，尽管美国的反倾销法中规定了商务部必须应当考虑的五项因素，但是这五项因素并没有量化，因此并不真正构成标准。欧盟委员会可以提出从上述名单中排除一个国家的建议，由欧盟理事会根据欧共体条约的投票规则确认。但是这种建议的提出和决定的最后作出并没有明确和具体的标准。根据欧盟在实践中的做法来看，确认一个国家属于市场经济国家，一般要求该国的产品定价能够反映其成本。但是，这只是一种原则性的一般常识，并不具有标准的意义。这一点可以从欧盟理事会在 519/94 号规则的非市场经济国家名单中排除了罗马尼亚和保加利亚两个尚未完成经济转型国家的做法看出来。

从上述两个国家和地区的反倾销法中关于市场经济地位的规定来看，在反倾销调查中是否适用非市场经济规则，在很大的程度上是一个政策性的问题，而非法律问题。它在更大的程度上与调查国和被调查国之间的经济、贸易甚至政治关系的状态有着密切的联系，而不是与市场经济制度的各种要素在多大程度上起作用有关。这种状况在一定程度上对全球多边贸易体制的规则化发展产生了消极影响。关于这一点，将在下文进行进一步的分析。

受调查进口产品正常价值的确定。反倾销法中的非市场经济规则与市场经济规则的实质性差别就在于与作为出口价格比较标准的调查产品的正常价值/公平价值的确认。

美国的反倾销法中有关非市场经济的调查中受调查产品的正常价值的计算方法开始于20世纪70年代，美国调查当局对从波兰进口的golf cart一案的调查是一个重要的标志。随着波兰向美国出口的电动golf cart数量的增加，美国的国内的golf cart的生产商向美国政府提出了对波兰进口产品的反倾销诉讼，迫使美国政府在反倾销调查的实践中面对实际的价格比较问题。

在本案中，波兰生产的golf cart完全用于向美国的出口，因此既不存在调查产品的国内市场，也不存在波兰调查产品销售的第三国市场。但是问题还不仅于此，由于波兰实行的是计划经济，产量和产品的价格都由政府指令来确定，即使按照传统的倾销幅度的计算方法，由调查机构选择一个与调查的golf cart类似的产品，也无法根据正常的贸易过程，按照反倾销法的要求确定产品在波兰国内的正常销售价值。同样，由于golf cart产品的原料、劳动力和其他投入的成本价格也是由波兰政府的指令来确定，因此适用于市场经济国家进口调查产品的构建价格的计算方法，在本案中也无法使用。

在这种情况下，美国的调查机构采取了一种新的方法来计算正常价值，即根据波兰生产者提供的生产调查产品生产要素（包括钢材、劳动力、电力等）投入量，并选择一个市场经济的第三国作为波兰的替代国，按照这一市场经济第三国有关生产要素的成本和费用结合波兰应诉者提供的数据来确定调查中golf cart的正常价值。在本案中，调查机构根据应诉方的要求确定西班牙为波兰的替代国，并对波兰生产者提供的生产数据进行了实地查证。尽管低于正常价值销售的调查中没有发现波兰生产者向美国倾销，本案就此终止，但是这种选择市场经济替代国，并利用生产要素分析法确定产品正常价值的基本做法，在涉及非市场经济国家进口的反倾销调查中被作为美国反倾销调查机构的调查惯例在其后的案件中适用。

值得注意的是有关规则并没有被立即写入美国的反倾销法律，直到这一规则实施了十多年后，才在美国国会通过的 1988 年《综合贸易和竞争法》的第 1318 条中被予以明确规定，并作为对 1930 年关税法第 773（b）条的修正，同时，第 1318 条还对这一规则作出了一点重要的补充，这一补充要求调查机构选择的市场经济替代国必须实际生产调查产品。这一要求一方面限制了替代国的选择范围，另一方面也在一定程度造成选择的替代国与受调查的非市场经济国家之间的可比性的偏差。后一问题在随后的调查实践中经常成为当事方争议的焦点。

欧洲共同体处理反倾销案件的主要条例包括《1968 年反倾销条例》、《1988 年反倾销条例》和《1996 年反倾销条例》。其中 1988 年的条例和 1996 年的条例都明确规定了有关非市场经济国家反倾销案件调查方法和程序。1988 年条例确立了非市场经济国家调查的基本规则。该规则规定在计算来自非市场经济国家进口产品的倾销幅度时，调查机构应当根据一市场经济第三国：(1)用于消费的同类产品在该国市场销售，或向其他国家出口的实际价格确定正常价值；或者(2)根据该第三国市场情况构建的同类产品价值确定；或者(3)在上述两种价格都不适用的情况下，根据共同体内的同类产品的实际或可支付的价格，并在必要的时候加上合理的利润幅度，作为调查产品的正常价值。这一反倾销条例并没有对替代国的选择标准作出限制，在此后欧共体进行的许多涉及非市场经济国家的调查中，调查机构多采用原告提出的替代国。这种替代国选择的随意性在 1991 年欧洲法院对中国漆刷一案作出裁决后发生了变化。在这一案件中，原告，一德国漆刷进口商，对欧共体委员会在裁决中选用斯里兰卡作为中国的替代国提出了质疑。它认为，斯里兰卡在同类产品的产量和生产方法、原材料的获得等方面都没有满足委员会先前调查惯例中所表明的替代国确定的条件。在这一裁决中，欧洲法院首先指出在反倾销调查中，非市场经济替代国的选择是属于调查机构的裁量权的范围内的事项，但是，尽管调查机构具有选择上的自由裁量权,其选择并没有被排除在法院的司法审查范围之外;其次,欧洲法院的裁决意见认为,根据欧共体理事会的1988年反倾销条例第2(5)(a)条的规定,调查机构必须"以适当的和不是不合理的方式"选择替代国,在本案中调查机构一方面发现所选择的替代国的调查产品产量和生产方式、原材料的获得、国内市场价格等许多因素在作为中国调查产品的替代国方面存在缺陷,另一方面却又并不严肃地或充分地考虑以该国作为中国的替代国的适当性的这种做法是遵守反倾销条例第2(5)(a)条的规定,"以适当的和不是不合理的方式"选择替代国。基于上述理由,欧洲法院的裁决认为调查机构选择斯里兰卡作为中国的替代国是无效的。在执行这一裁决时,欧共体委员会明确了欧洲法院的裁决意见,认为裁决要求确定非市场经济替代国的条件要求包括以下三个方面:(1)比较国的同类产品的价格必须由市场机制来决定,而不应当存在由于脱离市场而产生的扭曲;(2)同类产品在比较国的销售量必须能够代表受调查国家同类产品在欧共体市场的销售量(5%的比例是肯定具有代表性的,但是在特殊情况下低于这一数据的比例也可以认为是充分的);(3)尽管在比较国的同类产品生产过程和原材料的获得与调查国存在区别的情况下,调查机构可以进行必要的调整,但是比较国和调查国的有关条件必须首先具有可比性。

在乌拉圭回合贸易谈判结束后,欧盟理事会制定了新的反倾销条例,该条例基本维持了1988年条例有关非市场经济国家进口的倾销调查的基本规则。但是,该条例对作为确定调查商品正常价值的替代国的选择条件作出了一般性的限制,即:(1)选择不是建立在不合理的方法之上;(2)裁决所依据的信息必须是选择期间可获得的,并且受到时间的限制;(3)如果可能,应当选择同一调查的市场经济第三国的信息。该条例还明确赋予了调查当事方在规定的时间内对调查机构提出的市场经济第三国的选择发表意见的权利。

(三)"资本主义泡泡"("The Bubbles of Capitalism")的影响

20世纪90年代初,随着苏联和东欧社会主义国家的解体,以及中国经济体制改革的深入，几乎所有的被美国和其他西方国家视为非市场经济的国家都在较大程度上进行了市场经济制度的改革。这些国家或者实行了私有化改革，或者实施了放松政府对企业的控制的改革，这种现象对美国和其他国家的反倾销法律中的非市场经济规则的适用提出了挑战：反倾销调查机构在倾销调查中应当如何看待完成了私有化的企业，如何看待已经达到相当程度自由化的产业部门？是将来自这些企业或产业的产品作为按照需求和成本确定价格的产品看待，还是将这些产品作为一个非市场经济国家的产品来看待？

基于这种挑战，美国政府开始考虑在反倾销调查中将非市场经济国家中的一部分与非市场经济国家整体区别对待的可能性。即所谓非市场经济国家中的“资本主义泡泡”或“市场导向的产业”。根据这种认识，商务部在对来自非市场经济国家的产品进行反倾销调查时，开始考虑受调查的非市场经济国家的有关行业是否存在“资本主义泡泡”。这种“资本主义泡泡”的检验，根据商务部的有关政策规定主要包括两个方面：一是法律方面是否存在表明调查的生产企业不受非市场经济国家政府控制的规定；另一方面，商务部还要实际考察受调查的企业在实际上是否受到政府的直接控制，这种考察包括企业是否能够自主决定产品的产量和价格；是否能够自主进行商务谈判并作出是否进行交易的决定；是否能够自主选择企业的经营管理人员。

同时，美国商务部和国会也都认识到非市场经济国家的某些经济部门或地区在改革的过程中会较快地面对市场价格，并根据市场的需要进行生产和定价，这些经济部门和地区按照市场经济机制进行改革努力会导致非市场经济国家中的某一个经济部门的运行更少地受到非市场经济扭曲作用的影响，从而使得该部门的价格和成本在计算倾销幅度时能够产生有意义的结果。根据这种认识，商务部在其调查实践中也确立了一个所谓“市场导向产业”（Market-Oriented Industry, MOI）检测标准，即：（1）在确定价格或产量时几乎不涉及任何政府的权力，政府操纵生产或分配产出则完全排除

MOI 的存在；（2）私人或集体所有制应当是调查的产业的特征，尽管企业中仍然存在少数不确定比例国有企业；（3）主要的产品投入的价格必须是由市场机制决定的。

尽管美国国会和商务部都认可了非市场经济国家中“资本主义泡泡”或“市场导向产业”的可能性，但是在反倾销的调查实践中，确认这种“资本主义泡泡”或 MOI 实际存在的情况并不多。特别是对于中国来说，在 20 世纪 90 年代初的反倾销调查中，美国商务部确认受调查的中国企业不受中国政府控制的情况仅限于位于中国香港、中国台湾地区的企业或者是合资企业，当然这种情况与内地的“中资”企业很少应诉有关。另外，尽管商务部确立了 MOI 的检测条件，但是在这些条件确认后的调查中，几乎没有受调查的非市场经济国家在反倾销调查程序中通过这种检测标准。这种状况一方面是由于美国国内贸易保护主义的压力，另一方面在反倾销程序中确认“资本主义泡泡”或 MOI 存在着法律上和执行上的困难。

美国国内产业认为，如果非市场经济中的生产者在反倾销法中被视为一个市场经济的生产者，那么这个生产者就应当受到反补贴法的管辖，否则国内产业在受到来自非市场经济国家中的所谓市场经济生产者以不公平价格销售的产品的损害时，就无法寻求有效的救济。但是，美国联邦上诉法院在 Georgetown 钢铁公司一案中的裁决表明，反补贴税不能够适用于非市场经济，因为法律意义上的“补贴”是一个只有对市场经济国家才具有重要意义的术语。补贴在一个政府控制企业的生产和经营的非市场经济国家中是无法准确识别出来的。基于联邦上诉法院的这一裁决，美国的商务部认为：

> 如果非市场经济国家中的一个经济部门中的价格和成本是由足够的构成公正市场价格基础的市场导向因素决定的，其结果应当是任何补贴都是有意义的，并且可以被识别和量化……否则，如果商务部能够识别非市场经济国家中的足够的市场导向经济部门，从而能够在反倾销调查中适用该非市场经济国家

的生产者的实际价格和成本，但是国内产业又不能根据反补贴法，按照该生产者所获得的补贴，寻求相应的保护，美国的产业会处于一种不利的地位。①

基于上述认识，美国商务部在涉及非市场经济国家的反倾销调查中使用了较为严格的“资本主义泡泡”或MOI的检测标准。这种严格的标准在另一方面导致了MOI规则的不可执行性。首先，MOI标准的严格程度使得检测在实践中成为一项极为复杂，同时需要高成本的程序；另外其他非正式程序和安排的存在也使得这种检测成为不必要。②

欧盟在20世纪90年代末和本世纪初也采纳了与美国的“资本主义泡泡”的标准类似的标准来判断来自一些前社会主义国家或经济转型国家的进口是否存在倾销。与美国的做法不同的是，欧盟不再将市场经济体制改革较为深入的国家列入上述“非市场经济国家名单”。例如，欧盟在1998年4月通过905/98号法令，将中国和俄罗斯从非市场经济国家的名单中排除，而在反倾销调查中将其作为“转型经济国家”（Economy in Transition）看待，这一决定意味着在反倾销调查中，欧盟调查机构会首先判断“资本主义泡泡”是否存在于受调查的企业中。根据上述法令，判断资本主义泡泡的标准有五项，即（1）受调查的企业在决定价格、成本和投入，比如原材料，技术和劳动力成本，产出，销售和投资实施按照市场供求情况来作出决定，并且在决定过程中不存在任何重要的政府的干预，而且主要的投入成本反映了市场价值；（2）受调查的

---

① *See* Oscillating and Ceiling Fans from the People's Republic of China, 57 Fed. Reg. 24, 24, 019 (Dep't Comm. 1992).

② Cynthia Horne, The Politics Behind the Application of Antidumping Laws to Nonmarket Economies: Distrust and Informal Constraints, University of Washington, Paper prepared for Graduate Student Retreat for Comparative Research Society for Comparative Research, UCLA.

企业具有清楚的基本会计记录，该记录是根据国际会计标准独立审计的，且使用于所有的目的；（3）受调查企业的生产成本和财务状况，特别是与财产折旧、其他的抵消、货物贸易和债务偿还有关的情况，不受此前实施的非市场经济体制的扭曲；（4）有关的企业适用破产和财产法律，这些法律可以保证企业的经营的确定性和稳定性；并且（5）汇率是按照市场汇率确定的。

在欧盟反倾销法中，尽管中国名义上不再被视为非市场经济国家，但是其反倾销调查中对中国适用的调查方法和程序与美国的反倾销法中所适用的非市场经济规则并没有本质的差别。新的法令只是从形式上将以往在反倾销调查中对中国使用的固定的非市场经济调查方法转化为调查方法不确定的“转型经济国家”。结果是，欧盟在非市场经济国家中并没有比美国政府发现更多的“资本主义泡泡”。①

从以上对世界多边贸易体制中有关非市场经济国家的规定和欧美反倾销法有关非市场经济规则的发展和实践来看，反倾销法中适用于非市场经济国家调查正常价值替代国规则并没有坚实的经济理论基础，这种规则与其说是一种理性的法律选择，还不如说是一国根据对外经济贸易关系，甚至是政治关系的需要所作的一种自利的政策选择。

二、WTO《反倾销协议》第2.7条的缺陷

近些年来，随着中国、俄罗斯世界贸易的扩大和不断增长以及市场经济体制改革的深入，特别是中国在2002年加入世界贸易组织，反倾销制度中的非市场经济国家规则成为一个受到关注的问题。有观点主张取消NME规则，认为从政策角度来看，在非市场

① 据报道，从1998年欧盟开始对中国企业的“市场经济状况”逐个审核到现在，仍然只有50%左右的企业被认为“符合市场经济要求”。消息来源参见网址：http：//www.csnn.com.cn/csnn0404/ca249964.htm，2004年5月26日访问.

经济国家完成向市场经济体制过渡的转型过程中，在针对这些国家的反倾销调查中适用非市场经济规则不利于促进这些国家正在进行的经济改革；从确定倾销的技术方面来看，通常在反倾销调查中，NME国家出口产品的正常价值是基于市场经济第三国的生产同类产品的公司的成本来计算的，这种计算方法与判断价格歧视是否存在无关，而只能判断出口商是否以低于成本销售，而低于成本销售并不意味着低于出口商本国的市场价格销售，因此与价格歧视是否存在无关。① 另一些观点则主张保留反倾销制度中的NME规则，认为一方面WTO的《反倾销协议》明确允许NME反倾销调查规则的适用，而且在WTO的争端解决机构也指出，在作出损害和倾销调查时，国家的主管机构应当受到尊重；另一方面，从技术方面看，反倾销和反补贴的确定方法并不是为处理NME的案件而设计的，如果按照标准的反倾销或反补贴方法处理NME案件，会导致抵消关税或者更高的反补贴税的结果，因此从政策选择的角度出发，而且在反倾销案件增多的情势下，改变反倾销调查程序的重要规则，从经济的角度考虑是不适当的，保留反倾销调查中的NME程序才是最佳的和经济的选择。②

根据欧盟和美国的反倾销法律中非市场经济规则的发展状况来看，笔者认为，当前反倾销调查中所使用的非市场经济规则主要存在着两大主要问题，一是反倾销调查中处理非市场经济国家调查的随意性比较大；二是这项制度没有考虑非市场经济国家正在进行的经济改革为其经济体制所带来的重大变化，导致了反倾销调查中的歧视性做法。

对于上述反倾销法律中NME规则存在的问题，笔者认为其根

---

① Brink Lindsey, The U.S. Antidumping Law Rhetoric versus Reality, August 16, 1999, 资料来源：网站 http://www.freetrade.org/pubs/pas/tpa-007.pdf, 2003年12月28日访问。

② Greg Mastel, Antidumping Laws and the U.S. Economy (M.E. Sharpe, Inc., New York, 1998), p.122.

源并不在于各国国内法律和政策的选择，主权国家有权选择它们与其他国家进行贸易的方式，在不违反多边贸易体制规则的情况下，各国可以根据国家利益的需要制定法律和进行政策选择，因而上述问题的根源在于世界多边贸易体制中反倾销规则的缺陷。笔者认为，评价各国反倾销法中有关非市场经济规则的出发点应当是多边贸易体制中反倾销规则的有关规定，而各国反倾销法中的非市场经济调查规则都来源于笔者前文提到的 WTO《反倾销协议》中的第 2.7 条及其所涉及的 GATT 附录 I 中对 GATT 第 6 条第 1 款的补充规定。笔者认为，这一条规定存在着重大的缺陷，导致了各国反倾销法中处理 NME 国家案件的不合理规则。

（一）导致各国国内反倾销法律中关于非市场经济国家调查规则的随意性

反倾销调查中，处理非市场经济国家问题的随意性，使得这项制度完全成为反倾销调查国家处理与非市场经济国家贸易关系的单方面的政策工具，从而损害了世界多边贸易体制所要求的公开性。这种非市场经济规则的随意性主要表现在以下两个方面：

首先，WTO《反倾销协议》的第 2.7 条规定已经脱离世界多边贸易发展的现实。该条规定的内容可以追溯到 1955 年，在近 50 年的时间里，世界多边贸易体制中的反倾销规则从开始作为 GATT 当中的一个条款发展到东京回合谈判的一个《反倾销守则》，直至乌拉圭回合后成为世界贸易体系中一系列多边贸易制度之一，多边贸易体制中的反倾销规则根据世界贸易关系发展的实际情况发生了许多变化，但是关于这一条所涉及的内容却没有任何改变。是否这一条所涉及的内容没有改变的必要？回答这一问题必须首先考察 50 年来世界多边贸易形势所发生的变化。

在 GATT 谈判的初期，谈判各方中市场经济体制和计划经济体制的差别就已经存在，GATT 的基本出发点是建立在市场经济体制和自由贸易的基础上，因此两种经济制度之间存在的许多矛盾无法在 GATT 之中解决。同时，由于“二战”后东西方两大政治集团的对立已经基本形成，东西方国家之间在事实上几乎不存在贸易关系，因此，GATT 把这种矛盾留给了缔约方的国内法律和政策去解决并没有引起实质性的争议。GATT 在其后的三十多年的发展中基本上是以在市场经济国家之间执行的关税和贸易协议的面目出现。在这种背景下，捷克斯洛伐克首先在 1954～1955 年的对 GATT 的评审中提出反倾销调查中 NME 国家和 ME（市场经济）进口国家同类产品价格的比较的问题，各缔约方提出的解决办法就是随后在 1955 年 GATT 附件 I 中关于第 6 条第 1 款的补充规定，这一规定确认了在 NME 和 ME 国家之间进行产品价格的比较时存在不适当情况的可能性，但是并没有提出比较的替代方法，而是将这一问题留给缔约方国内的反倾销调查机构来解决。在这一附件规定形成到 GATT 东京回合进行反倾销规则的谈判之前，欧美等国家的反倾销法律中先后形成了针对非市场经济国家进口倾销的调查规则。在 20 世纪 70 年代，主要的非市场经济国家与市场经济国家的贸易都处于极低的水平上，而且它们中许多都不是 GATT 的缔约方，GATT 的缔约方仍然可以适用关税等措施调整来自非市场经济国家的进口。因此，在 GATT 之内，反倾销规则关于非市场经济国家的规则并没有造成显著的利益冲突。导致这种结果的原因不能说与当时的东西方贸易关系无关。20 世纪 90 年代以后，这种情况发生了根本性的改变，中国、俄罗斯和东欧诸国等非市场经济国家都进行了卓有成效的市场经济体制改革，国内经济的自由化程度不断提高，与欧美等国家的贸易额也显著增长，欧美等国越来越频繁地适用反倾销法律中的 NME 规则对来自转型经济国家的进口产品进行调查，并据此征收高额的反倾销税。在这种贸易形势的基础上，罗马尼亚在 20 世纪 80 年代末和 20 世纪 90 年代初 GATT 乌拉圭回合中缔约方就反倾销规则进行谈判时提出了修改这一附件规定内容的建议。根据罗马尼亚的建议，GATT 的反倾销规则应当确定 NME 国家和 ME 进口国之间的价格比较方法，但是这一建议没有被采纳，GATT 反倾销规则关于 NME 国家的规定仍然属于各国法律和政策裁处的范围。20 世纪 90 年代末，中国开始认真寻求加入世界贸易组织，并于 2002 年正式成为 WTO 的成员方。由于中国经济规模的影响力，多边贸易体制不再仅仅是处理市场经济国家之间贸易的体制，这一体制现在还必须面对转型经济国家的具体情况，考虑多边贸易体制对这些国家经济的影响，以及这些国家对多边贸易体制的影响。在这种背景下，多边贸易体制中的反倾销规则，继续通过《反倾销协议》中的第2.7条和相关的GATT附件I中对反倾销规则的补充规定，将转型经济国家排除在一般的反倾销规则之外的做法，显然是不合理的。

基于上述WTO《反倾销协议》中第2.7条形成的背景，以及当今世界多边贸易发展的新情况，笔者认为这一条的规定已经不足以处理世界贸易组织成员方经济体制的多样化的具体情况，因此WTO的成员方有必要对这一规定进行必要的调整。如果继续以这一条规定为依据，在国内的反倾销调查中对处于转型时期的非市场经济国家实行单方面决定的差别待遇，不仅会损害这些转型国家的利益，更重要的是会损害世界贸易体制的一致性和统一性。

其次，第2.7条的规定为成员方在执行中偏离WTO《反倾销协议》提供了便利。根据WTO《反倾销协议》第2.7条的规定，第2条有关确定倾销方法的规定不能损害GATT1994附件I中对GATT第6条第1款的第2项解释，这项解释承认，在进口来自由政府完全或实质性地垄断贸易并规定国内价格的国家时，为了确定倾销的目的（第6条第1款的规定）而确定价格的可比性会存在特别的困难，在这种情况下，进口的缔约方在必要的情况下可以考虑严格地进行该国国内价格的比较可能并不总是适当的。

可以看出，《反倾销协议》的这一条规定只是承认在对计划经济国家的出口产品进行反倾销调查时，由于这些国家确定价格体制的特殊性，缔约方的调查机构可以不适用一般的价格比较的方法。但是这条规定并没有进一步对调查机构应当采取的比较方法提供具体规则或者指导原则，甚至没有限制进口的缔约以反倾销以外的方法处理来自非市场经济国家的不公平贸易。

正像WTO的成员方所理解的，这一条规定是一项授权性的规定，① 它一方面表明缔约方可以根据反倾销规则的规定，在反倾销调查中适用一般的比较方法；另一方面，这一条规定也暗示了成员方可以选择其他的处理来自非市场经济国家的不公平贸易的有关政策。这个授权性的条款尽管没有排除各国对非市场经济国家适用一般的倾销确定规则的可能性，但是也没有提供成员方选择的任何指导原则，因此，在对待非市场经济国家不公平贸易调查的问题上，各成员方拥有完全的裁量权。具有讽刺意味的是，在实践中，几乎所有成员方都根据本国的利益选择对来自非市场经济国家产品的反倾销调查适用特殊规则。而这些特殊规则并不都符合《WTO 协议》的基础和建立更加自由开放的世界多边贸易体制的宗旨，在许多时候这些规则成了国家实行贸易保护主义的工具。

在多数国家的反倾销法律中，确定和撤销一个国家的非市场经济地位完全由一个机构来决定，而确定的标准或者不明确，或者对标准的执行要求允许了过大的灵活性。例如，尽管美国的有关贸易法规定了四项判断非市场经济体制的确定标准，但是同时也规定了其他因素可以成为确定和取消的一国非市场经济地位的条件，而且这种确定权完全属于美国的商务部，不受司法审查。同时，在美国的法律中即使是所谓确定的标准，也为实践中的执行的随意性奠定了基础。也就是说，所谓四项确定的标准并没有得到量化：货币可转换的程度、自由决定工资的程度、国家拥有和控制企业的程度和允许外国投资的程度只是列出了判断的出发点，并没有规定可执行的具体标准。而欧盟的反倾销法律尽管在 20 世纪 90 年代末取消了俄罗斯和中国的非市场经济地位，但是这种规定并没有实质性地排除在反倾销调查中对这些国家的企业适用非市场经济规则的可能性，而是将美国那种一般性的确定非市场经济地位的做法转换为在具体调查中判定受调查企业中是否存在“资本主义泡泡”，在具体

① *See* Negotiating Group on MTN, Meetings of 31 January ~ 2 February and 19 ~ 20 February 1990, MTN. GNG/NG8/15, 19 March 1990, 第 E/（iv）/A/5 项。

的案件中对有关国家的企业适用非市场经济规则的标准也存在着较大程度的灵活性，这种判断的灵活性实际上为在反倾销调查实践中继续适用非市场经济规则奠定了基础。同时，这些国家非市场经济标准作为一种政策工具的特点，在它们对待非市场经济国家的不同做法中也表现得非常明显。例如，在苏联解体和东欧发生剧变的20世纪90年代初，欧盟从国际政治的需要出发，将东欧的主要前社会主义国家从它的非市场经济国家的名单中排除，而继续保留了俄罗斯和前苏联的中亚地区加盟共和国的非市场经济地位，俄罗斯、中国和东欧的经济制度变革成果到底有多大的差别，其实并不是欧盟决定是否取消上述国家非市场经济地位所要考虑的因素。同样，欧盟和美国在2002年先后宣布了取消俄罗斯和一些中亚前苏联加盟共和国的非市场经济国家地位，并在反倾销调查中对其适用市场经济规则的决定。从经济自由化和市场化的程度来看，中国经济是否真的比上述国家的自由化程度差，这一点值得怀疑，但是中国在对外贸易增长上的成功，确实是因它与这些国家存在的明显的差别，因此不能不说西方工业化国家的所谓非市场经济的判断标准基本上是它们保护贸易的众多政策工具中的一种，而与反倾销法中非市场经济调查规则建立的出发点存在的实质联系已经不多。

不可否认，WTO《反倾销协议》从实质上说，并不完全是从公平贸易的角度出发，它在很大的程度上具有自由贸易的安全阀的性质，从这个意义上来看，为了使进口国同样能够对来自非市场经济国家的进口有效地适用反倾销法律，在反倾销法中应当保留进口国在反倾销调查中对非市场经济国家实行特殊规则的权利，因此，从这个意义上说，WTO《反倾销协议》第2.7条的规定有必要保留。但是，对这种实行特殊规则的选择权力如果不加以限制，则会导致对这种措施的滥用，因而导致与世界多边贸易体制精神相违背的贸易保护主义。

另外，在适用非市场经济调查规则确定调查商品的正常价值时，对于市场经济替代国的选择也存在着较大程度的灵活性。例如，尽管美国的倾销调查机构确定印度为中国的替代国，但是在印度不符合条件（比如，不是同类产品的主要生产国）时，调查机构不仅可以从符合条件的备选的替代国范围内选择，而且由于美国调查机构基本上拒绝适用构建正常价值的方法，法律还允许它从这一范围之外的国家中选择，实际上导致了替代国的选择没有限制的状况。在实践中，南非、埃及等国都曾在确定调查产品的正常价值时，被选为中国的替代国。

这种决策的随意性使得有关的非市场经济国家的企业无法预测自己行为的后果，这种状况与多边贸易体制要求国内贸易法律和政策公开和透明的原则是不相符的。从这个角度来看，反倾销调查中非市场经济规则的随意性，不能不说是对多边贸易体制原则的一种损害。

（二）WTO《反倾销协议》第 2.7 条的规定导致了有关国家反倾销法中的歧视性做法

WTO《反倾销协议》第 2.7 条存在的另一个问题是，该条并没有对符合国家垄断贸易和规定产品价格的具体标准作出规定。这一情况在 20 世纪 90 年代以前也许并不构成执行上的困难，因为实行计划经济的国家，其经济体制具有明显的特征：国家拥有对生产资料的所有权，政府完全控制企业的生产和经营活动，特别是原材料和产品的价格完全根据国家的经济计划来确定。但是这种情况在 20 世纪 90 年代以后发生了重大变化，以前实行计划经济的国家大多实行了以经济自由化为目标的市场经济改革。以中国为例，在 20 世纪 90 年代初实行的社会主义市场经济改革中，政府通过立法改革了国有企业的经营机制，实行政企分开，同时放开了对大多数生产资料价格和消费品价格的控制，并且通过人事制度改革加强了人力资源流动的自由程度。这些变化都使得国家垄断贸易和控制价格的界限变得模糊。而 WTO《反倾销协议》的第 2.7 条没有能够正视这种现实，仍然用 50 年前对待计划经济体制的方法解决新问题：把判断一国经济体制情况的权力交给各个成员国，而各个成员国不可避免地根据自己的利益和贸易政策需要设定判断标准，并不认真考虑相关国家经济体制的真实情况，从而导致在处理贸易关系中的歧视性做法。这种歧视性的做法，在以下欧盟的反倾销调查实践和美国政府对反倾销法律中有关规定的执行都能够观察到。

首先，欧美反倾销法律中尽管规定了市场经济的判断标准，但是这些标准都缺乏足够的确定性，并给予了政府调查部门完全的、不受限制的裁量权。这种情况导致这些国家对同是处于转型时期的国家采取不同的政策，造成在转型经济国家之间的歧视。例如，在2002 年美国先后取消了哈萨克斯坦和俄罗斯的非市场经济国家地位，而对于中国，美国却坚持在与中国达成的双边协议中规定允许美国在中国加入世界贸易组织后的 15 年内，在反倾销调查中对中国适用非市场经济规则。这种做法与其说与中国和俄罗斯在经济改革上存在的差异有关，不如说与中美贸易的情况和美国保护国内产业的需要有关。根据美国商务部网站公布的统计数据，在美国作出取消俄罗斯非市场经济地位的 2002 年，美国从俄罗斯的进口额约为 68 亿美元，贸易逆差为 44 亿美元；而美国从中国的进口额则达到了 1 250 多亿美元；贸易逆差 1 031 亿美元。①

其次，欧美在近十多年的反倾销调查中，受国内贸易保护主义的影响，没有能够认真考虑非市场经济国家改革所取得的成绩对对外贸易所产生的影响，使得反倾销调查中的 NME 规则成为了一种带有歧视性的规则，这种规则的歧视性一方面不利于有关非市场经济国家进行深入的经济改革，另一方面，从更广泛的意义上来看，也损害了世界多边贸易体制的公正性。中国进行经济改革已经有二十多年的时间了，进行市场经济改革也已经有十多年的时间了，在这二十多年的时间里，特别是在最近十多年的时间里中国的经济从封闭走向开放、从计划逐步走向自由，在大多数经济领域里建立了市场机制和相应的市场经济制度，同样的过程也在东欧前社会主义国家和前苏联的各加盟共和国内发生。不容否认，中国在市场经济改革中取得了相当大的成果。然而，主要西方工业化国家的反倾销

① *See* http://ese.export.gov/SCRIPTS/hsrun.exe/Distributed/ITA2003_NATIONAL/MapXtreme.htx; start = HS_ Page4Chart, visited on 15/04/04.

法中的有关非市场经济国家调查的特殊规定在近二十年的时间里却并没有重大改变。尽管在20世纪80年代末和20世纪90年代美国和欧盟都开始考虑所谓计划经济体制中的“资本主义泡泡”的存在，甚至据此在文字上对反倾销法中的非市场经济调查规则作出了相应的调整，欧盟甚至取消了中国和俄罗斯的非市场经济国家地位，但是在反倾销案件的调查实践中，这些国家和地区的调查机构却很少确定这种资本主义泡泡的存在。这种结果并不是因为这些受调查的“非市场经济国家”不存在“资本主义泡泡”，其主要的原因是由于这些国家的调查机构受到了国内产业的保护主义压力的影响，忽视现实中“非市场经济国家”发生的变化，而坚持在反倾销调查中适用不利于这些国家的特殊规则，这不能不说是一种歧视性的做法。尽管20世纪80年代末，世界银行所作出的评估，从调查中非市场经济规则实行的经济效果来分析，认为国内贸易法中的非市场经济并不是一种歧视性的规则，但是在其报告中也发现，在欧美的反倾销调查中，决定对中国产品征收的反倾销税通常要高于平均水平许多，尽管世界银行并不把这种现象归因于反倾销调查中NME规则的歧视性。然而另一项事实统计也在一定程度上说明NME程序的歧视性：在1986～1992年美国发起的反倾销调查案件中，涉及NME国家的案件占案件总数的20%，而这些国家的进口只占美国进口总数的3%。① 另外，在过去的十多年的时间里，几乎所有的非市场经济国家经过改革，经济体制都发生了重大变化，而有关的制度拒绝承认这种变化，无视改革国家中建立的市场因素，导致对这些国家比较优势的抹煞，从而影响了这些国家从自由的多边贸易体制中获得应得的利益，这不仅会影响到转型国家正在进行的经济改革的深入，同时也是一种有损公平贸易的做法，对多边贸易体制产生不利影响。

---

① *See* Peter D. Ehrenhaft, Brian Vernon Hindley, Constantine Michalopoulos and L. Alan Winters, Policies on Imports from Economies in Transition (the World Bank 1997), pp. 12-14.

三、WTO《反倾销协议》中关于非市场经济规则的未来改革方向

从本书上述的分析可以看出，WTO 各成员国国内反倾销法中关于非市场经济规则存在的问题来源于 WTO《反倾销协议》第 2.7 条规定的缺陷，要解决各国国内法中关于非市场经济规则所存在的问题，必须对 WTO《反倾销协议》的第 2.7 条作出必要的改革。笔者根据前述分析和关于非市场经济国家发展的现实情况，提出以下两种可以选择的建议。

（一）取消 WTO《反倾销协议》中的第 2.7 条的规定

鉴于 WTO《反倾销协议》的第 2.7 条是完全基于 50 年前世界经济体制的格局而制定的，国际经济关系格局在 50 年中已经发生了深刻的变化，因此，《反倾销协议》第 2.7 条的规定已经不能反映当前的国际贸易关系的现实，取消 WTO《反倾销协议》第 2.7 条的规定，对处于转型时期的前计划经济国家适用一般的反倾销规则，代之以一定的过渡办法，应当说是改革《反倾销协议》关于非市场经济条款的一种选择。笔者之所以提出这种激进的建议，主要是从目前 WTO 各成员方在处理非市场经济国家地位的现实状况出发。根据笔者统计，到 2003 年为止美国已经取消了俄罗斯、乌克兰、哈萨克斯坦、爱沙尼亚、拉脱维亚、保加利亚等国的非市场经济地位，在美国的主要非市场经济贸易伙伴中只有中国仍然是美国在反倾销调查中适用非市场经济规则的对象；而且，美国取消俄罗斯的非市场经济地位，也将意味着中国将是今后惟一的被适用 WTO《反倾销协议》第 2.7 条规定的主要 WTO 成员国。欧盟也在 2002 年给予了俄罗斯市场经济国家的地位（不同于先前给予中国和俄罗斯的转型经济国家的地位）；而关于给予中国市场经济地位的谈判，到笔者写作本书时，也正在进行之中。在这种形势下，WTO《反倾销协议》第 2.7 条的规定成为了主要针对中国实行露骨的歧视性待遇的通行证。如果 WTO 允许这种露骨的歧视性做法的存在，将是对 WTO 所倡导的公平和自由的多边贸易体制的一种

极大的嘲讽。

当然，不可否认，考虑到美国国内政治体制的影响，其商务部在处理贸易关系中容易受到国内产业的利益的影响，而坚持在其反倾销法中保留对中国适用非市场经济规则是可以理解的，毕竟WTO《反倾销协议》的出发点的一个方面是为各国开放对外贸易提供一个可以控制的安全阀。问题的关键在于，在中国现在的市场经济条件下，是否有可能对中国的进口产品适用反倾销的一般调查规则。对于这一问题，同样不可否认的是，中国已经进行了实质性的市场经济改革，市场经济机制应当说已经基本建立。据统计，近年来中国民营经济每年都以20%以上的速度增长。随着民营企业总体规模的扩大，其在国民经济中的地位逐步提高。2001年末我国民营企业单位数占全部企业数的43.7%，比1996年提高26.9个百分点；从业人员占全部企业从业人员的19.2%，提高了14.8个百分点；资本金占全部企业资本金的10.3%，提高了7个百分点；全年营业收入占全部企业年营业收入的13.2%，提高了11.2个百分点。① 国有企业也大多进行了经营机制的改革，政府对企业经营的干预程度大大降低。同时，中国宪法新的修正案草案中也进一步改善了对私有财产权的保护的原则。在这种情况下，对中国进口产品的反倾销调查依照一般的规则进行调查，不会出现由于政府控制价格和企业经营的影响而导致无法按照国内市场真实情况征收反倾销税的情况。

当然，考虑到经济转型国家的市场经济活动不可避免地受到旧有经济体制影响的现实，完全按照一般规则确定反倾销税存在着产生一定偏差的可能性。对于这一点，WTO的《反倾销协议》可以通过对倾销确定的一般方法的调整来纠正偏差。

就像斯坦福大学的教授Michael McFaul在美国商务部作出取消

① 参见：《国家统计局：私营企业步入快速发展时期》，《中华工商时报》2003年6月2日文，资料来源：http://www.chinagateway.com.cn/chinese/jingji/5349.htm，2004年4月5日访问。

俄罗斯的非市场经济地位的决定后发表的评论中所指出的：市场经济在世界范围内以多种形式存在，他认为商务部的决定是向正确的方向迈的一小步；同时他强调："（俄罗斯）是一个市场经济——这是从与指令性经济相区别的角度来看——但是市场经济前面可以加任何形容词：腐败的、欠发达的、国家主导的。这些市场经济（要达到完善的程度）还有很长的路要走。"①

（二）修改 WTO《反倾销协议》的第 2.7 条和相关的 GATT 附件 I 中的补充规定，明确相关标准

在取消《反倾销协议》关于非市场经济的条款存在一定困难的情况下，修改相关规定，进一步提供非市场经济国家的确定标准范围，并且为成员国国内反倾销法规定确定来自非市场经济国家的倾销规则提供相应的标准或指导原则，也不失为一种有效地纠正 WTO《反倾销协议》第 2.7 条的歧视性和随意性的改革的方案。

如果说完全取消《反倾销协议》第 2.7 条的规定是一种过于激进的选择，在国际经贸关系的现实条件下很难实现，那么修改这一规定应当说是一种可行的改革反倾销法律中 NME 规则不合理之处的中间方法。

首先，一些国家现行的反倾销法律中都在一定程度上存在着判断非市场经济国家的标准。例如，美国的 1930 年《关税法》第 771（18）条规定了确定非市场经济国家的五项因素。欧盟反倾销法中也从适用市场经济规则确定倾销的条件的角度规定了不符合市场经济运行机制的条件。两地反倾销法中规定的因素包括一些共同的内容，例如货币可转换的程度、政府控制生产资料和产品价格的程度、政府控制和干预生产经营的程度。尽管相关的国家在实践中考虑这些因素时，通常带有很大的随意性，但是这些规定仍然提供了判断非市场经济的共同基础。

① *See* http://www.usrbc.org/Members Only/reports/Commercial%20Reports/Market%20Economy/Russia%20Market%20Economy%20news.htm#WPjune7, visited on 16/04/04.

其次，对于价格比较的方法，多数国家普遍适用的正常价值的确定方法是使用市场经济替代国的同类产品国内价格。目前存在的问题是如何更加合理地选择适于比较的市场经济替代国价格。

根据目前各国对非市场经济国家/转型经济国家适用的反倾销调查规则时存在的问题，笔者认为，对 WTO《反倾销协议》第 2.7 条的改革应当从以下几个方面出发。

首先，应当对非市场经济国家的确定提供一定的指导原则，以便控制各国在实践中的随意性。应当承认，市场经济机制是否已经形成在理论上并没有一个精确的标准，判断一个国家的经济体制，一方面要看其制度的规定，另一方面还要考察制度运行的效果。各种研究机构评估所使用的参数存在着差异，根据美国传统基金会的经济自由度报告，中国的经济自由度列第 127 位，俄罗斯则列第 135 位，其评估的项目包括贸易、财政负担、政府干预、货币政策、外国投资、银行金融、工资物价等方面；而根据加拿大弗雷泽研究所的 2000 年的排名中国为第 105 位，俄罗斯为第 116 位，其评估的项目包括政府规模、法律结构与产权保护、货币政策合理性、对外贸易自由度和规制。①中国的研究机构则根据美国反倾销法中确定非市场经济的五个因素，推导和分析出了判断市场经济的 51 个指标。②另外从国家的有关确认市场经济国家的实践来看，大多数国家在授予一个国家市场经济地位时多采取外交程序，这也使得其决定带有很强的政治色彩，比如，欧盟授予俄罗斯市场经济地位主要是通过欧盟和俄罗斯峰会确定的，“主要是一项政治决定”，③ 新西兰授予中国市场经济地位是在进行双边贸易自由化协议谈判的过程中双方让步的结果，因此，与其说这一结果是对中国

① 转引自北京师范大学经济与资源管理研究所：《2003 中国市场经济发展报告》，中国对外经济贸易出版社 2003 年版，第 343 ~ 349 页。

② 参见前引，第 195 ~ 208 页。

③ EU's Recognition Of Russia As "Market Economy", Orgalime Position Paper, 19 September 2002.

经济运行机制的判断，还不如说是双方利益的交换。可以看出，从理论和实践的角度来说，评价一国经济自由度的标准都具有一定的主观性，但是自由度并不意味着市场经济体制是完全不可测评的。

从实践中看，美国的主管机构在授予一国市场经济地位时，通常会适用一定的国内法律程序（包括在普通反倾销调查程序和根据特别请求举行的听证程序），根据其反倾销法中规定的五个因素，对有关国家的市场经济的建立和运行状况进行判定。尽管由于这五项因素本身缺乏确定性，导致判断结果的不确定性，但是在个案中，商务部的主管机构通过将上述因素具体化，从而使得市场经济的判断标准在某种程度上具体化了。例如，美国商务部在2002年对是否授予俄罗斯市场经济地位的裁决备忘录中指出："在评估确定市场经济的六个因素时，商务部认识到仅凭一国的经济不再受国家的控制而将该国作为市场经济看待是不够的。相反，商务部应当考虑是否有事实，也包括法律，现实中该国经济总体上是根据市场的原则运行的。"① 同时，商务部还指出，其作出裁决所使用的方法主要是通过将受调查国家的经济特征与其他市场经济国家的运行进行比较，而不是与理论模型或者完美地实行了自由竞争经济的国家进行比较，并且应当意识到世界上的市场经济存在多种不同的形式和表现。②

在该裁决里，美国商务部在分析构成市场经济的五个因素时强调了私有财产权在市场经济中的地位。它认为："拥有私人财产的权利对于市场经济的运行来说是根本性的，而且私有部门参与经济

① Memorandum: Inquiry into the Status of the Russian Federation as a Non-Market Economy Country Under the U.S. Antidumping Law from Albert Hsu, Barbara Mayer and Christopher Smith through Jeff May to Faryar Shirzad. *See* website: http://www.ia.ita.doc.gov/download/russia-nme-status/russia-nme- decision-final.htm, visited on 16/04/04.

② 同上。

的程度和范围是该经济体由市场驱动的程度的指标(indicator)。"①

可以看出，判断市场经济的指导原则和方法是美国当局作出裁决的基础。WTO《反倾销协议》中关于非市场经济条款的改革，也可以考虑从提供判断市场经济的指导原则和方法出发。另外的判断市场经济的重要因素主要包括两个方面，一是私营经济在国民经济中占一定程度的比重是市场经济的一个主要特征，尽管这一条件并不是衡量经济自由市场化程度的充分条件，但是由于它能够在一定程度上保证经营决策的自由机制，因此而成为实践中判断市场经济的一项最主要普遍标准；二是货币的可兑换程度。在确定上述两个方面的标准范围时，第三方国际经济组织的，比如：世界银行和国际货币基金组织，相关研究和规则可以作为判断的标准。简言之，在WTO《反倾销协议》中规定确定非市场经济国家的标准，一方面应当从判断的原则和方法出发，规定一定的指导原则和使用的方法的基础；另一方面也可以适当地规定私有财产参与经济活动程度和货币可兑换程度的范围标准。

上述规定应当立足于规范化和有利于促进现有非市场经济国家的改革的出发点，避免有关国家过多地依赖政治解决办法，只有这样才会有利于促进国际贸易关系的法治化。

其次，除了上述确定市场经济的指导原则、方法和标准以外，在WTO《反倾销协议》中确定对非市场经济国家适用的调查规则也是必要的。在适用非市场经济调查规则时，应当确定为计算正常价值而选择市场经济替代国的选择条件或指导原则。根据各国目前的反倾销法律和调查实践，选择市场经济替代国是各国反倾销法中

① Memorandum: Inquiry into the Status of the Russian Federation as a Non-Market Economy Country Under the U. S. Antidumping Law from Albert Hsu, Barbara Mayer and Christopher Smith through Jeff May to Faryar Shirzad. *See* website: http://www.ia.ita.doc.gov/download/russia-nme-status/russia-nme- decision-final.htm, visited on 16/04/04.

普遍接受的计算非市场经济国家出口产品正常价值的基本方法，WTO《反倾销协议》的第 2.7 条一方面应当对这一被各国所普遍适用的规则加以确定，另一方面也应当针对各国在选择替代国及其相关价格数据时存在的问题规定相应的指导原则或限制条件，以保证在调查机构选择非市场经济国家产品正常价值的替代国时，尽量避免替代国选择的不适当而造成的偏差。

综上所述，笔者认为目前在国际贸易关系中所产生的关于反倾销法律中非市场经济规则的争议的根源在于 WTO《反倾销协议》第 2.7 条规定。这条规定由于国际经济贸易条件发生的变化而产生了诸多问题，导致了贸易保护政策的滥用和对非市场经济国家的歧视性做法，以至不能够合理地处理传统的计划经济国家和其他多边贸易体制成员国之间的贸易关系，因此，笔者认为，在 WTO 多哈回合的谈判中，各个成员方在对现有的公平贸易规则进行清理时，应当从为各国建立合理的反倾销调查的非市场经济规则提供指导原则出发，对 WTO《反倾销协议》的第 2.7 条及相关规则进行改革，从而避免该条规定成为影响世界反倾销体制一致性和公正性的一个漏洞。

第十一章 WTO《反倾销协议》的日落规则

反倾销措施的日落制度，即决定取消反倾销税征收令的5年期复审制度是建立世界贸易组织（WTO）的乌拉圭回合谈判在反倾销规则方面所取得的一项重要成果。从体制方面看，这一制度的设立是对反倾销措施适用的一种时间效力上的限制。在这一反倾销措施的日落制度成为世界反倾销制度中的一项规则之前，许多国家国内的反倾销法中虽然规定了反倾销税的撤销和终止体制，但是，由于这种体制建立的政策和法理上的出发点不同，各国在实施有关规则的过程中形成了不同的标准和实施政策，并因此造成了实施效果的差异。根据统计，从1989～1997年加拿大的反倾销和反补贴措施的终止率为46%；而1994～1997年，澳大利亚的终止率为56%。欧盟则于1985～1996年期间，在没有经过复审程序的情况下允许反倾销和反补贴措施自动失效。从1985～1990年，欧盟通过适用有关法律而失效的反倾销和反补贴措施的终止率为75%。而美国由于采取不同的反倾销税终止体制，其反倾销和反补贴措施的终止并没有时间限制，对于已经生效的反倾销和反补贴税美国的法律通过复审程序来认定是否有继续征收的必要，根据美国的复审程序撤销的反倾销税征收指令中有46%取得了撤销或终止的效果。① 应当说，WTO《反倾销协议》中所确立的反倾销措施的终止期限制度（日落制度）是在自由开放的世界多边贸易体制中建

① Terence P. Stewart & Amy S. Dwyer, WTO Antidumping and Subsidy Agreement (Kluwer Law International 1998), pp. 54-55.

立合理的反倾销制度过程中的一个进步。但是，由于反倾销措施的日落制度的建立是关注本国利益的多边贸易体制的成员在谈判中妥协的结果，乌拉圭回合的 WTO《反倾销协议》本身的基本原则并不明确，因此有关反倾销税征收指令的有效期限的规定无论从其文字表述还是从其实施的效果来看，都远远没有起到合理适用反倾销措施的目的。

一、日落条款确立规则的两种法理和贸易政策基础

1947 年的《关税和贸易总协定》中第 6 条的有关反倾销的规定及其东京回合所形成的《反倾销守则》（Anti-dumping Code）中，都没有确立关于终止反倾销税的体制。在建立 WTO 的 GATT 乌拉圭回合的谈判中，是否建立一项自动终止反倾销和反补贴措施制度的建议被谈判者提上了议事日程。

与多边贸易体制中反倾销制度的其他具体规则不同，由于各国国内的反倾销法律中关于反倾销措施终止的规定存在很大差异，而且 GATT 1947 和 1975 年东京回合的《反倾销守则》中也没有关于反倾销措施终止方式的规定，因此乌拉圭回合谈判的《反倾销协议》中是否应当包括一项关于“自动”终止反倾销措施的条款，就成了谈判各方争论的一个主要焦点。最后，在当时反倾销措施使用的四个主要的国家和地区，即美国、欧盟、加拿大和澳大利亚的参与下，一项统一的自动终止反倾销措施的制度，即日落规则，才在乌拉圭回合谈判结束时得以形成。

WTO《反倾销协议》确立日落规则之前，反倾销税的征收是没有一定的效力期间限制的，虽然东京回合的《反倾销守则》中存在关于期中复审的规定，但是这种规定并不以是否结束反倾销税的征收为复审评估的目的，因此，不能说是一种反倾销税的终止条

款。① 在这种情况下多边贸易体制成员国的国内反倾销法律中关于终止反倾销措施的制度存在着较大的差异。一些国家终止反倾销措施的制度具有某种程度上的“自动”的性质，即国内的反倾销法律中规定了一项反倾销措施有效的法定期限，反倾销税的征收达到该期限时，如果没有利害关系方的反对，该项反倾销税应当自动终止；而另一些国家则采取“人为”的方式，即由国内的反倾销调查机构发起或由利害关系方根据一定的条件提起终止反倾销措施的复审程序，这样，从规定的逻辑角度看，反倾销税的征收指令可以永远有效，有的国家的反倾销税指令的征收期限可以长达近四十年。②

在乌拉圭回合的谈判中，反倾销税征收的期限问题成为反倾销制度谈判中争论的主要问题之一。

终止一项反倾销措施的规则之所以存在上述差别，主要是由于各国的反倾销法律评估反倾销税的出发点不同。上述两种体制中，前者的反倾销法律评估反倾销税的基础是前瞻性的，或者说其反倾销税是以预防的未来出口倾销的发生为目的的；而后者的反倾销法律评估出口商的反倾销税的基础是追溯性的，或者说反倾销税的征收是以补偿先前因外国出口商的倾销行为而遭受损害的国内产业为目的的。

（一）欧盟、加拿大和澳大利亚的反倾销措施的终止体制的法理和政策基础

在主要的反倾销措施使用国家中，欧盟、加拿大和澳大利亚的反倾销法律中都采取了这种所谓“自动”终止反倾销措施的体制。在这种制度下，由于一项生效的具体反倾销措施的有效性多具有法

---

① *See* the text of Article VI of the General Agreement on Implementation of Article VI of the General Agreement on Tariffs and Trade (The GATT Antidumping Code), Article 11 Retroactivity.

② 美国的生效时间最长的反倾销税征收指令是1966年9月开始对加拿大钢制千斤顶征收的反倾销税。

定的期间限制，因此规定这种制度的反倾销规则被称为“日落条款”。

欧盟在 GATT 东京回合谈判结束后，为了执行东京回合达成的关于反倾销规则的协议——《反倾销守则》，通过了规范反倾销和反补贴措施的第 3017/79 号法规。按照《反倾销守则》的要求，欧盟在这个法规中，采纳了一种对反倾销（包括反补贴）措施进行中期行政复审机制。但是，按照第 3017/79 号法规的第 14 条的规定，这种中期审议/复审机制并不是一种“自动的”复审的机制，这种机制的实施只能根据欧共体一成员国的要求，或者委员会的启动决定，或者任何一个提交了能够证明存在复审需要的肯定性信息（在 1984 年的第 2176/84 号规则中，要求利害关系方提供情况改变而需要进行复审的有关证据）的利害关系方的要求。规定有期限限制的反倾销措施终止的复审，即日落复审机制，是在 1984 年的第 2176/84 号规则中建立的。根据这一规则的第 15 条，如果要求委员会对一项到期的反倾销措施进行复审，利害关系方必须提出如果该项措施失效会再次导致损害或损害威胁的证明。与中期行政复审中利害关系方提出复审要求所需要提供的证明不同，提出日落复审的利害关系方不需要提供条件变化的证据。实际上，在 1988 年以后进行的中期复审中，委员会通常根据计算复审期间的倾销幅度来决定倾销是否会继续，以及是否会继续对欧共体的内部产业造成损害；同样，在日落复审中，委员会则根据对进口产品在今后可能的进口量和价格发展情况来考虑一项反倾销措施的终结是否会导致引起内部产业的实质性损害或实质性地威胁到内部产业的情势。同时，委员会在复审中还会评估维持一项具体的反倾销措施是否符合共同体的利益。

加拿大在 1984 年的《特殊进口措施法》(Special Import Measures Act，SIMA）中确立了正式的日落复审程序。反倾销法的第 16（d）条和《特别进口措施法》的第 76 条规定加拿大进口裁判庭（Canadian Import Tribunal，CIT）具有对 1984 年以前完成的，以及生效 5 年期满的反倾销措施进行复审的权力。1988 年加拿大通过一项修正案，设立加拿大国际贸易裁判庭（Canadian International Trade Tribunal，CITT）来替代加拿大进口裁判庭（CIT），有关反倾销和反补贴措施的初步调查和日落复审由该裁判庭负责。加拿大的日落复审并不根据计算的特定调查期内出口商的倾销幅度来判定到期的反倾销措施是否有理由继续实施。相反，CITT根据加拿大关税和国内税征管部计算的反倾销税有效的5年期间的幅度来作出决定。对于反倾销税的中止协议，加拿大的《特别进口措施法》的第53条规定的有效期限为3年，负责对这种中止协议进行日落复审的机构为国家关税和国内税征管部的副部长。如果在日落复审中决定不再继续执行反倾销中止协议，一切与协议项下的倾销货物有关的调查程序也将终止。

澳大利亚为了履行东京回合的《反倾销守则》在1986年通过了一项对1975年关税（反倾销）法的修正案，该修正案确立了反倾销税的撤销制度，该项制度要求反倾销的调查机构应当定期审议正常价值和倾销税或终止协议继续有效的必要性。按照澳大利亚行政守则的要求，这种复审的期间通常为两年。该修正案并没有规定反倾销税或终止协议本身的期限，因此它只是一种一般的决定是否结束反倾销税的期中复审。

澳大利亚确立完全意义上的日落复审制度的工作是在1992年完成的。由于国内产业对《1975年关税（反倾销）法》整体的不满，澳大利亚政府请求Gruen教授对该法进行审议；根据Gruen教授对该法的审议报告，澳大利亚于1988年建立了一项3年期的日落复审制度，并于1992年将这一期间延长到5年。根据1992年修正案的规定，在反倾销措施到期前8个月，调查机构按照法律规定的程序要求可以提出建议反倾销税继续有效的通告。根据澳大利亚的反倾销措施的日落规则，如果贸易和外交部长认为没有这项反倾销税，他/她也不会要求征收有关的反倾销税，那么他/她可以决定终止这一项反倾销税。在日落复审的过程中，反倾销调查机构应当决定国内产业是否正在经历损害，并重新计算复审期间的倾销幅度。

以上3个国家或区域的反倾销法律中有关撤销反倾销措施的制度都具有以下共同特征。

首先，无论加拿大、澳大利亚还是欧盟，其反倾销法中都规定了一项具体的反倾销措施的实施期限。尽管对于这一期限的长短，各地法律的规定从3年到5年不等，但是按照这些国家和地区的法律，特定的反倾销措施的效力是有一定的期限的。这一点应当说是“日落条款”的最典型特征：就像太阳每到傍晚的时间都要落下一样，特定的反倾销的有效期一到也应当“自动”失效。也就是说，从逻辑上看，反倾销措施有效的时间限制是当然的后果，而效力的延长属于例外情况。

其次，与以上的特点相联系，加拿大、澳大利亚和欧盟的反倾销措施的终结复审（“日落复审”）审议的内容是反倾销措施不能撤销的条件，即一项反倾销措施在到期以后继续存在的必要性。在这种情况下，反倾销调查当局审查的项目就可能存在着差异，只要有关当局认为调查的有关事实能够证明特定的反倾销税是否有继续实施的必要。例如，欧盟的反倾销法规定，委员会应当计算特定期间内的倾销幅度；而加拿大的法律则规定国际贸易裁判庭应当在复审中考虑海关计算的反倾销措施实施5年内的倾销幅度。

再次，由于上述国家或地区的反倾销法要求，申请进行日落复审的利害关系方证明反倾销措施的到期终结会导致对内部产业的损害或损害威胁。这样，日落复审的举证责任主要在国内产业的利害关系方。

最后，从制定日落复审制度的理论基础来看，上述国家通常将反倾销措施作为一种自由贸易体制下的保护性措施，是对由于实行歧视性价格的进口产品对国内同类产品市场所产生的冲击的一种缓解措施，是自由贸易政策实施过程中的一种例外，因此应当是一种临时性的措施。

（二）美国反倾销措施的撤销和终止体制

美国是四个主要使用反倾销措施的工业化国家中惟一实行非期限性的终止反倾销措施制度的国家。在这种制度下，撤销和终止已经生效的反倾销措施主要是由主管反倾销调查的国内的贸易管理行政部门——美国的商务部（USDOC）和国际贸易委员会（USITC）——以及该项反倾销措施的利害关系方，根据反倾销法律规定的条件提起，因此一项反倾销措施的效力持续时间并没有法定的限制。

美国在1979年制定实施GATT东京回合成果的《1979年贸易协议法》之前，有关反倾销的法律中并没有特别规定关于反倾销税的撤销和调查中止协议如何终止的具体制度。反倾销税的撤销主要依靠行使反倾销调查权的政府部门——当时是财政部的海关服务部门——在具体调查中实施的行政规则来规定的。根据这一行政规则，海关变更或撤销反倾销调查可以（1）根据一项表明了在“相当长”（substantial）的期间内存在着情况变化，以及变化细节的申请；（2）根据任何其他显示了倾销调查结果不再存在的理由；或（3）根据海关的自主决定。1976年海关对上述行政规则进行了修订，进一步细化了撤销和变更反倾销调查结果的条件。根据这一修正案，撤销反倾销决定应当根据（1）表明任何低于公平价值的销售已经结束，以及在相当长的期间内的情况的申请；（2）从反倾销调查结束之日起低于公平价值的销售已经不存在达到两年；或（3）如果反倾销裁决已经生效满4年并且不存在恢复低于公平价值的销售可能性（no likelihood of resumption…），海关可以自主决定。对于审议的方式，海关的调查规则要求调查机关复审的期间为可能撤销的裁决作出之日之前的时间。国际贸易委员会可以根据利害关系方的要求，或海关的建议发起对它所作出的有关损害的原始裁决进行复审。

可以看出美国这一时期实行的撤销反倾销裁决的程序是一种带有期中复审性质的程序。1979年，为了实施东京回合的达成的协议，美国制定了《贸易协议法》，其中包括了对1930年《关税法》的第751条进行的修订，根据第751（a）条，美国新的反倾销调查主管机构——美国商务部应当对生效满一年的反倾销税征收指令或中止协议进行复审。根据反倾销法的规定，复审的目的是对前一年进口的货物征收的反倾销税的数量，以及中止协议目前的状况和遵守情况进行审议。期中复审并不对是否撤销反倾销税的问题作出裁决，因此并不是一种日落复审。而第751（b）条的规定涉及了根据变化的情况（changed circumstances）而发起的复审，这种复审以裁决反倾销税是否能够撤销为目的。但是，根据第751（b）条的规定，如果不存在情况的变化，商务部或者国际贸易委员会不能对生效期不超过24个月的反倾销税或中止协议进行这种复审。换言之，终止反倾销措施的可能的最低期限是两年。根据美国商务部随后对有关规章进行的修订，撤销反倾销税的条件包括（1）停止以低于公平价值的价格销售至少两年，并且不存在恢复低于正常价值销售的可能性，而且外国出口商应当作出书面声明；（2）如果不存在进口的可能性、低于公平价值的销售被取消满3年，商务部可以自行决定撤销反倾销税。

1989年，美国商务部有对上述规则进行了两项重要的修订。这两项修订是包括：（1）如果商务部发现生产商至少连续3年没有以倾销价格销售调查产品，并且未来也不太可能（not likely）以倾销的价格销售；（2）将原告已经作出“反倾销税不再对国内产业利害关系方有利的肯定性的声明”或“连续5年不存在复审的要求”作为情况发生变更的事实，从而作出撤销反倾销税的决定。

从以上美国修改撤销和终结反倾销措施的规则的过程来看，在GATT乌拉圭回合谈判之前，美国存在着撤销和终结反倾销措施的制度，但是这种制度与后来乌拉圭回合所形成的《反倾销协议》中所规定的日落规则存在着较大的差别。这种差别表现在以下几个方面：

首先，从逻辑上看，按照美国的反倾销法，生效的反倾销税的存在是没有期限的，要取消已经生效的反倾销税，必须通过美国反倾销主管机构的复审程序，而发起这种复审程序必须具备“情况发生改变”这种特定的条件。也就是说，如果不发生改变情况的事实，理论上一项反倾销税可以永远存在下去。

其次，反倾销调查机构认定的构成“情况变化”的事实包括至少连续3年不存在低于公平价值销售的情况，或者国内产业利害关系方通过明示的声明表示或由于连续5年没有要求复审而默示反倾销税不再有利于国内产业。尽管这种“情况变化”中有关期限的规定类似于反倾销税的效力期限的规定，但是这种期限是有条件的，并不具备反倾销税到期自动终止的性质。

最后，根据美国反倾销法律的规定，主管当局撤销反倾销税主要依据当事人的申请，而当事人可以申请撤销复审的条件是连续3年不存在倾销这样的“情况发生变化”，因此要求撤销反倾销税的举证责任主要在外国出口或生产商一方。

美国之所以采取这种反倾销税的撤销或者终止体制，其理论基础在于，在美国的贸易法律体制中，反倾销法律一直被作为一种不公平贸易的救济措施。从法理的角度来看，作为对特定违法行为或者损害行为进行补救的法律救济措施的实施，只有当有关的违法或者损害行为得到更正，或者其影响得到补偿时，相应的救济措施才能够撤销或者终止。因此，对于作为倾销行为及其损害的救济措施的反倾销税来说，只有倾销停止，并且因倾销而产生的损害得以恢复时，反倾销税才具备撤销或终止的理由，时间并不是终止救济措施的条件或者依据。美国的这种观点成为它在GATT乌拉圭回合有关反倾销规则谈判中反对设置“日落条款”的重要理由之一。

二、日落条款实施的情况

在最后生效的WTO《反倾销协议》中，日落条款（第11.3条）规定：

“11.1（内容没有变更）

11.2 如果存在正当理由，当局应当根据他们自己的决定，或者在确定的反倾销税实施超过合理的一段时间后，根据任何提交了需要复审的具体信息的利害关系方的要求，对继续实施该反倾销税的必要性进行审议。[原稿注释：第9.3条规定的反倾销税的最终责任的裁决本身并不构成本条意义上的复审。] 利害关系方应当有权要求当局审查反倾销税的继续实施对抵消倾销是否必要，如果反倾销税被撤销或改变损害是否有能会继续或重新出现。如果根据本款规定的复审结果，当局认定反倾销税不再具有合理性，它应当被立即终止.

11.3 尽管有第 1 款和第 2 款的规定，任何确定的反倾销税应当在其征收之日（或第 2 款或本款规定的复审的，如果这种复审包括了倾销和损害复审的最近日期）起不超过 5 年的时间内终止，除非在一项有效之日到来之前进行的，由当局自己发起或根据由国内产业方或其利害关系方在合理的期间内提出的足够具体的要求进行的复审中，反倾销税的到期失效可能会导致倾销和损害的继续或重新出现。该反倾销税在复审期间可以继续有效。[原稿注释：如果反倾销税的数额是在追溯的基础上估算出来的，在最近的一次根据第 9 条第 3.1 项所作的复审中作出不征收反倾销税的裁决本身并不要求调查当局终结有效的反倾销税。]”

在乌拉圭回合《反倾销协议》生效后，各国为了实施《反倾销协议》，修订国内的反倾销法。同时对原有的日落规则也作出了调整。

（一）欧盟反倾销法实施《反倾销协议》日落条款的规定

欧盟理事会通过了关于反倾销的第 3283/94 号规则来实施有关的内容。该规则的第 11（2）条规定了有关反倾销措施失效的复审，即日落复审的一般规则。并在 1996 年公布的欧盟理事会第 384/96 号规则中被纳入现行的反倾销制度。

关于日落复审的程序。欧盟理事会第 384/96 号规则的第 11（2）条对日落复审程序的启动方式、程序的透明度要求作出了一般性的规定。对于发起日落复审的主体，该规则第 11（2）条第一段规定，日落复审的发起主要是根据负责反倾销调查的欧共体委员会的自主决定，或者根据共同体内生产商或生产商利益的代表的要求发起。对于发起日落复审的依据，该规则第 11（2）条第二段规定，发起日落复审的要求应当是足以显示反倾销措施的到期终结可能会导致倾销和损害的继续，并进一步解释可能性显示的方式可以是“正面的”，即通过倾销和损害继续着的事实来显示，也可以通过“反面的”事实来显示，比如损害的消失可以部分地或完全地归因于反倾销税的征收；同时还可以根据其他能够显示进一步发生损害性倾销的情况，包括出口商的情况、市场条件等来认定。对于透明度，第11（2）条规定了包括反倾销措施到期通知的期限和方式，以及利害关系方的程序权利的一般规定。①

关于日落复审的裁决标准。对于日落复审中应当裁定的“倾销和损害在反倾销税到期失效的情况下是否会继续或者重新出现”的标准，理事会第384/96号规则并没有作出具体规定。但是，第11（2）条第二段中规定的日落复审的发起所依据的证据标准，以及对这一证据标准所做的列举性的解释，应当也可以理解为日落复审中审查倾销和损害继续或重新出现的“可能性”（likelihood）的指导原则。

关于判定“可能性”的具体标准，欧盟并没有成文的具体规则，有关判定的依据多在具体的调查中说明。这种现象可以理解为欧盟的法律将“可能性”的判定作为一种事实的判定，依据个案的情况来作出结论。尽管在反倾销的调查实践中，委员会也形成了一些具有稳定性的政策标准，但是这种标准从法律上来说不属于应当遵守的判例法性质，也不属于具有拘束力的行政规则。

倾销继续或重新出现的可能性的判定。在日落复审的实践中，委员会对于倾销继续或重新出现的可能性的判断，并不基于复审前计算的倾销幅度，而是重新计算复审日期之前到复审日期之间的一段时间内的倾销幅度。根据上述反倾销规则第11（2）条第二段的规定，委员会在日落复审中还可以将有关外国出口商在第三国倾销的情况作为一种倾销“倾向性”的证据。在确定倾销继续或重新出现的可能性时，委员会还会考虑将反倾销税的吸收情况作为作出倾销可能重新出现的肯定性裁决的证据。②

---

① 参见欧盟理事会规则第384/96号第11（2）条。

② *See* Terence P. Stewart and Amy S. Dwyer, WTO Antidumping and Subsidy Agreements（Kluwer Law International 1998）, p. 77.

损害继续或重新出现的可能性的判定。判定损害（包括实质性损害或实质性损害威胁）的继续或重新出现的可能性的步骤和方法与原始调查中判定损害的存在基本相同。委员会通常要考虑三个方面的因素：一是共同体内产业当前的经济条件；二是通过考察进口量、市场份额、市场条件和销售价格来审查出口商的行为；三是考虑内部产业当前的损害或脆弱性是由调查的进口还是由其他因素造成。

除了根据上述倾销和损害继续或重新出现的可能性裁决反倾销措施是否应当继续有效以外，欧盟的反倾销法中还规定了裁定反倾销措施是否应当继续有效还要考虑所谓共同体利益（community interest)。所谓"共同体利益"包括共同体产业、消费者和进口商的利益。委员会将考虑维持反倾销税是否能服务于共同体的利益。而服务于共同体利益的标志则是能否恢复有效的竞争。①

（二）美国反倾销法中实施《反倾销协议》日落条款的规定

美国在 WTO 成立后，为了实施建立世界贸易组织的有关协议的规定，在 1994 年通过了《乌拉圭回合协议法》（The Uruguay Round Agreement Act，URAA)。关于实施乌拉圭回合《反倾销协议》中关于日落复审的规定，除了上述 URAA 以外，还包括了其所谓立法性历史文件，即包括在参众两院的报告、《行政诉讼说明》（Statement of Administrative Action，SAA）和美国商务部和国际贸易委员会的有关规章制度（regulations）和为具体案件审理提供指导原则的政策公告（policy bulletin)。

URAA 对 1930 年《关税法》进行了修订。该法在第 751 条中增加了（c）款，即关于反倾销和反补贴措施的日落复审规则。根据第 751（c）条对日落复审的一般规则作出了规定。按照这一规则，一项反补贴税、反倾销税或调查中止通知和肯定性的复审裁决

① 根据欧盟理事会第 384/96 号规则（欧盟反倾销法）第 21 条的规定，委员会在评估措施实施中共同体的利益时应当特别考虑"消除损害性倾销扭曲贸易的效果和恢复有效竞争的需要。"

或中止协议在公布之日起5年后应当由商务部的调查机构和国际贸易委员会进行复审，以便决定反倾销税或反补贴税的撤销或中止协议的终结是否可能会导致倾销或补贴及其实质性损害的继续或重新出现。①

关于日落复审的程序规则。1930年《关税法》的第751（c）条还对日落复审的程序作出了一般性的规定，内容涉及复审的发起、应诉的权利和弃权，以及日落复审的时间安排。根据该法中反倾销措施的日落复审规则，复审的发起由主管机关在5年期限到期日前不迟于30天的时间内公布进行日落复审的通知和利害关系方提交的参与复审的声明和撤销反倾销税或终结中止协议的可能的后果的说明。可以看出，在美国的反倾销法律中，日落复审的发起是属于调查机构的权力，这一点与乌拉圭回合的《反倾销协议》中有关日落复审发起权的规定有所不同。根据《反倾销协议》的日落条款，日落复审的发起是有选择性的，这种选择性既包括发起和不发起日落复审之间的选择，也包括根据当局的自主决定还是根据利害关系方的要求发起之间的选择；而美国的反倾销法中的日落复审并不具备这种选择性，日落复审是一种反倾销措施的5年期限到来之前必须进行的程序，复审的发起者也只能是有关当局。② 根据《行政诉讼说明》，这种自动开始的日落复审可以通过由调查机构发给所有未来复审当事方通知，并提供评估所有当事方其利益受影响的水平，以及评估完全复审的必要性等措施来避免给国内产业施加不必要的负担，并促进行政效率。

根据利害关系方对日落复审的反应情况，美国反倾销法律的日落复审条款规定了三种复审的程序。这三种复审程序是（1）在没有任何利害关系方对复审通知作出反应的情况下，有关管理当局应当在复审启动后90天内作出裁决，撤销复审的反倾销措施或终结中止协议。（2）如果来自利害关系方的反应不充分（inadequate

① 参见1930年《关税法》第751（c）条第（1）项。

② 参见1930年《关税法》第751（c）条第（2）项。

response)，管理当局应当实施加速的复审，即在复审启动通知公布120天内，国际贸易委员会应当在复审启动通知公布150日内，在不再进行进一步调查的情况下，根据可获得的事实作出最终裁决；根据《行政诉讼说明》的解释，可获得的事实可以包括先前调查机构的有关调查产品的裁决，以及当事方在其对发起通知所做的回复记录中提交的信息。信息是否充足的裁决属于调查当局裁量权，在作出裁决的过程中应当考虑作出回复的当事方所占的比例和他们所占的市场份额，以及出口商的不同的倾销幅度和进口量的影响。裁决的具体原则由调查机构制定规则或通过实践来形成。根据《行政诉讼说明》，尽管这种不完全的快速复审是为了消除不必要的复审和提高行政效率，但是，如果有参与复审的充足意愿和当事方显示了在整个过程中提交要求的信息的迹象，当局也可以实施完全复审。(3) 在利害关系方提供了充足回复的情况下，有关当局将实施完全的复审程序，在这种复审程序下，商务部的管理当局应当在复审启动240日之内完成复审，如果其最终裁决是肯定性的，国际贸易委员会则应当在复审启动360日内完成复审。如果某些利害关系方声明放弃参与复审的权力，有关当局可以作出裁决，认定撤销声明放弃参与复审权利的利害关系方的反倾销措施会导致倾销和损害的继续或重新出现。①

在实施完全复审的情况下，如果复审涉及的问题特别复杂，调查当局可以决定延长作出复审裁决的时间。但是这种延长不应当超过90日。另外，为了促进调查当局复审效率的目的，国际贸易委员会在咨询商务部管理当局的情况下，可以合并有关反倾销税的日落复审程序。对于合并的复审，国际贸易委员会应当在商务部有关当局公布其最后一项最终裁决通知之日起120日内作出裁决。

1930年《关税法》的第751 (c) 条还对日落复审的合并作出了规定。根据说明的解释，委员会应当合并包括相同国内同类产品的复审，也可以合并相关同类产品或生产者相同或相关的复审。该

① 参见1930年《关税法》第751 (c) 条第 (3) ~ (5) 项。

项决定也属于委员会裁量权的范围之内。如果在商务部发出日落复审通知之前，商务部可以根据原告的要求启动复审。在上述合并复审的体制下，调查机构实际上可以减轻国内产业的负担，并提高行政效率。

关于日落复审的裁决标准。对于倾销和损害继续或重新出现的可能性的判定，美国1930年《关税法》第752（a）和（b）条作出了规定。

根据《关税法》的规定，美国国际贸易委员会对损害的继续或重新出现的可能性进行裁决。国际贸易委员会应当裁定撤销一项反倾销税或终止一项中止协议，是否会在合理的、可预见的将来导致实质性损害的继续或重新出现。为了作出上述裁决，《关税法》的第751（a）条规定，国际贸易委员会应当考虑撤销反倾销税后，可能的进口量、价格影响和调查商品的进口对产业的影响。在考察这些因素的时候，国际贸易委员会应当考虑先前的损害裁决内容；产业状况的任何改善是否与反倾销税的征收有关；反倾销税的吸收情况。在考察进口量时，委员会根据《关税法》的规定应当考虑撤销反倾销措施后，调查产品的进口量的变化是否会是关键性的，包括进口量是否会增加到关键性的程度，或者现有的存货或存货的增加是否会是关键性的，以及美国以外的国家对该产品的进口设置的贸易壁垒的情况和外国进口商转产的潜力。在价格方面，国际贸易委员会要考虑撤销反倾销措施后，调查进口的价格是否会关键性地低于国内同类产品，或者调查的进口产品是否会以压低或抑制国内同类产品价格的价格销售。在考虑对国内产业的影响时，国际贸易委员会应当考虑诸如产量、销售、市场份额、利润、生产能力，投资回报和生产能力利用率；现金流、存货、雇工、工资、吸引投资和资本的能力，对目前产业发展和生产努力所产生的不利影响等。《关税法》的该项规定还进一步说明委员会应当在受影响的产业特定的商业过程和竞争环境中评估上述因素的影响。同时，上述国际贸易委员会在复审中所考虑的因素的任何一项都不是决定性的，也就是说任何上述因素的存在或缺少，都不能决定性地影响委员会的裁决；而且，撤销的影响不一定是“迫在眉睫”的，可以是在一段更长的时间内发生的。

根据《说明》，执行日落复审的国际贸易委员会作出损害继续或重新出现的可能性时所依据的标准与原始调查中的实质性损害或实质性损害威胁的判断标准是不同的。前者是对未来情况的一种预计和推测，而后者是对当前的实施情况或对迫在眉睫的要发生的情况的一种判断。

根据《关税法》第752（c）条的规定，商务部的进口贸易管理当局负责对撤销反倾销措施后，倾销是否会继续或重新出现作出裁定。在作出裁定时，商务部的管理当局应当考虑原始调查和随后的各次复审中认定的加权平均的倾销幅度；调查进口产品在反倾销措施生效之前和之后的进口量；如果存在合理的理由，管理当局还应当考虑其他因素，包括价格、成本、市场或它认为相关的经济因素。先前复审中作出的可忽略的倾销幅度或零倾销幅度的认定本身并不构成要求管理当局作出否定性裁决的因素。管理当局还应当在日落复审中向国际贸易委员会提供撤销反倾销措施后，可能盛行的倾销幅度的规模。

根据《说明》，日落复审的裁决，从其固有的特性的角度来说，是一种预见性和推测性的裁决。这种裁决所作出的撤销反倾销措施的可能的后果的预见和推测结果可能不止一种；而得出其他可能的结果并不意味着肯定性结论是错误的，只要这种裁决是根据该案件的事实合理得出的。

（三）日落条款在多边贸易体制中的适用

随着《反倾销协议》的生效，以及各成员方执行《反倾销协议》规则的国内法律的修改的完成，日落条款所规定的相关规则也开始适用，WTO成员方有关执行日落条款的争议，在WTO的争端解决机制范围内开始增多。笔者以比较典型的“日本诉美国抗腐蚀碳钢板产品日落复审案”为例，对日落条款在执行中存在的争议进行探讨。

WTO《反倾销协议》的日落条款（第11.3条）生效后，各成员方通过修改国内反倾销法律来履行各自承担的国际义务，而WTO的争端解决机制则对这种实施起着一种监督作用。事实上，从WTO《反倾销协议》生效的1994年起到2004年8月的十多年中，WTO争端解决机制受理的有关反倾销的日落条款争议最主要的一个案件就是日本诉美国抗腐蚀碳钢板产品反倾销税日落复审案，另外在有关倾销和损害认定规则和程序的案件中也多有涉及日落复审规则的内容。尽管专家小组和上诉机构对日本诉美国抗腐蚀碳钢板产品反倾销税日落复审一案的处理意见并不构成普遍适用的对《反倾销协议》日落规则的澄清和揭示，但是由于本案涉及了美国反倾销法律中的日落复审制度，同时由于欧共体和巴西、韩国等国家作为本案的第三方对日本和美国之间的争议观点发表了各自的意见，实际上，这一案件的处理过程表明了WTO的一些主要成员方对《反倾销协议》中日落条款的理解。以下笔者将对这一案件的情况和各主要争端解决程序的参与方的意见，以及本案对WTO《反倾销协议》中日落条款规定对各成员实施反倾销的日落复审制度进行介绍和分析。

2000年8月，美国商务部在对来自日本的抗腐蚀碳钢板产品进行的日落复审中作出了撤销反倾销措施可能会导致倾销的继续或重新出现的肯定性裁决，并认定如果撤销该项反倾销措施，可能出现的倾销幅度为36.41%。商务部将此裁决通知了美国国际贸易委员会。2000年11月，国际贸易委员会作出日落复审裁决，认定撤销反倾销税可能会在合理的、可预期的时间里导致对美国产业实质性损害的继续或重新出现。最后美国决定不撤销对从日本进口的抗腐蚀碳钢板产品征收的反倾销税。日本政府认为美国在这一日落复审中的裁决及其裁决所依据的美国反倾销法律和行政规则违反了WTO《反倾销协议》的有关规定。2002年1月30日，日本要求与美国就该案进行磋商，由于磋商并没有能够解决双方的争端，日方于2002年4月提出建立专家小组对双方的争议作出裁决。

在其申诉中，日方提出美国的下述法律和行为违反了GATT 1994第6条和第10条，《反倾销协议》第2、3、4、5、6、11、12

和18条，建立世界贸易组织的马拉喀什协议（《WTO协议》）第26条第4款的规定：(1) 美国关于反倾销税日落复审的法律规定，以及与之相关的《行政诉讼说明》(SAA) 的规定；(2) 美国的日落复审行政规则；(3) 美国的《日落政策公告》(Sunset Policy Bulletin)；和 (4) 在有关来自日本的抗腐蚀碳钢板产品日落复审一案裁决中适用上述法律法规的行为。日本要求专家小组认定(1) 美国法律中关于不需要任何充分证据而自动开始日落复审程序和超过规定期限提供的信息不予采纳的规定。(2) 美国商务部行政规则中关于使用“没有可能性”(not likely) 而不是“具有可能性”(likelihood) 的判定标准的规定。(3)《日落政策公告》中关于进口量在反倾销措施实施后的下降和继续存在构成倾销在反倾销措施撤销后会继续存在的可能性的一般实践和在本复审中的运用。(4) 在本复审案和一般的日落复审案件中确定倾销幅度和损害的一些方法（包括使用WTO《反倾销协议》生效前的反倾销税、对负倾销幅度的归零处理、可忽略的倾销幅度的标准和复审中对进口的累积计算等）与《反倾销协议》、《GATT 1994》和《WTO协议》不符。

本案提出的争议问题主要来自三个主要方面，一是美国反倾销法律和行政规则中关于启动日落复审程序的规定，二是日落复审程序与原始调查程序规则的关系，三是日落复审程序中的证明规则。

本案关于日落复审启动程序和条件的争议。

日本认为美国不仅在它对来自日本的抗腐蚀碳钢板产品的反倾销税复审中适用日落复审法律的行政调查行为违反了《WTO协议》和《反倾销协议》中的义务，而且美国的反倾销法中有关日落复审的法律规定本身也违反了《反倾销协议》中日落条款的规定。

美国政府关于一项反倾销税的撤销的规定和时间都与它的承诺不相符。美国政府在其反倾销法中规定的由政府在反倾销税的有效期限到来之前“自动”启动日落复审的规定，使得一项反倾销税在实施5年后其效力不可能会像日落一样自然消失，而是在政府发起的复审中继续，除非政府在日落复审的审查中发现撤销反倾销税不会导致倾销和损害的继续或重新出现。

日本在其向专家小组提交的申诉书中暗示，美国在其日落复审规则生效后到本案的争端解决程序启动的时间里共进行了305次日落复审，其中只有73次的最终裁决是否定性的，即决定终止反倾销措施，而这73次复审都是由于国内产业方明确表示不参与复审，或者国内产业的利害关系方因缺乏兴趣而没有对复审作出回复，商务部主动作出否定性裁决的情况一次也没有出现过。日本一方暗示这种日落复审制度和实践存在着问题。①

日本在阐述其观点时指出美国1930年《关税法》中关于日落复审启动的规定允许美国政府在反倾销税到期之前，在没有充分证据的情况下启动日落复审程序，违反了WTO《反倾销协议》的第11.1、11.3、12.1、12.3和5.6条的规定。日本认为，《反倾销协议》的第11条日落条款的3款规定是一贯的，应当从上下文一致的角度来看待每一条规定，因此尽管关于日落复审启动的第11.3条没有具体规定日落复审启动的条件，但是结合第11.1和11.2条的规定来看，一项反倾销措施在5年实施期满时应当自动失效，根据这一理解，日本认为启动日落复审并不仅仅是要对继续实施反倾销措施的必要性进行审查，同时也应当对启动日落复审的必要性进行审查。因此，虽然第11.3条没有具体规定复审启动的条件，但是《反倾销协议》第5.6条的规定，也应当适用于日落复审的启动。该条款规定，启动一项调查应当具有充分的证据，由于美国的日落复审启动不需要充分的证据支持而自动开始，其日落复审的启动通知也就无法满足《反倾销协议》第12.1和12.3条的规定。而且由于美国政府在反倾销措施到期前3个月自动启动日落复审，且复审期间最长可持续一年，在复审期间反倾销措施继续有效，这样就使得美国的反倾销措施的有效期延长到了6年，而不是《反倾

① *See* Report of the Panel：UNITED STATES - sunset review of anti-dumping duties on corrosion -resistant carbon steel flat products from Japan，WT/DS244/R，Annex A-1，para. 4，p. 2.

销协议》的日落条款规定的5年。

关于《反倾销协议》中所指的反倾销措施的5年期限，美国并不认为这一期间规定为特定的一项反倾销措施的有效期。根据第11.3条所适用的语言，这一期限仅仅代表日落复审可以开始的期限。因此，美国法律中有关日落复审在5年期限到来之前自动由有关主管当局发起的规定也并不违反WTO《反倾销协议》的日落复审条款。

在美国日落复审法律规定的日落复审启动方式是否给予了美国商务部“不启动日落复审”的裁量权的问题上，专家小组认为日本没有提出这方面的要求和论据，而专家小组根据DSU的争端解决程序要求不能提出这一问题并进行讨论，因此专家小组对此不能发表意见。至于《反倾销协议》第5.6条的规定是否适用于日落复审程序的启动，专家组认为根据《反倾销协议》文本的显示，有关日落复审的规则，只有在有关条款引用原始调查规则的条款时，相关的原始调查规则才能够适用，在本案中，关于日落复审启动的第11.3条并没有引用第5.6条的原始调查的启动规则，因此该条并不适用于日落复审。结果是，基于专家小组在本案中讨论的问题，专家小组最后认定美国规定日落复审的1930年《关税法》的第751（c）条的（1）和（2），以及相关的行政法规没有违反WTO《反倾销协议》的规定。

关于日落复审裁决方法和程序与原始调查的关系及相关问题的争议。

对于美国在日落复审中所使用的倾销幅度和适用的作出裁决的基础是否违反了WTO《反倾销协议》的规定，专家小组适用了与判定日落复审的启动规则是否违反WTO《反倾销协议》所规定的义务的推理过程相似的依据，认为第11.3条和其他相关的反倾销调查的有关标准的条款并没有表明日落复审所使用的倾销幅度应当符合其他相关条款所规定的标准。

与日本一方提出的其他关于美国日落复审裁决的争议有关的另一个基本问题是日落复审的程序是否与反倾销的原始调查程序有联

系，抑或日落复审程序应当被视为一种独立的反倾销程序。尽管日本并没有直接提出这一问题，但是美方认为日方提出的有关复审裁决的所有问题可以通过对上述问题的答复予以解释。

日本认为，美国的自动启动日落复审的规则存在的一个问题是：由于美国的日落复审制度规定，日落复审中主管机构不实施具体的调查，而是通过对以往的行政复审中的有关记录的审查作出撤销反倾销税是否会导致倾销和损害的继续，这样，美国的调查机构在复审中实际上实施了一种“不具有可能性”（not likely）的标准，而第11.3条的规定要求根据“可能性”（likely）进行判断。美国采取“不具有可能性”的标准判断倾销是否会继续的结果就是将证明责任转嫁给了接受复审的外国出口商。外国出口商必须在复审提供倾销在反倾销税撤销后不会继续或重新出现的证据来反驳过去实施的反倾销税在未来实施的必要性。

针对日本的观点，美国反驳的理由主要是日落复审制度是不同于其他反倾销程序（原始调查程序和行政复审程序）的一种程序，WTO《反倾销协议》中的日落条款（第11.3条）规定了日落复审的制度，尽管这一条款规定并不明确，但是由于日落复审是一种具有相对独立性的程序，因此并不能适用规定其他反倾销程序规则的条款。基于这一点，美国认为由于第11.3条并没有要求主管政府当局自行发起的日落复审必须有充分的证据，也没有表明作出日落复审裁决应当采取“可能性标准”，而只是规定根据预见性的分析，反倾销措施是否具有继续实施的必要性。因此美国法律法规中关于日落复审启动的规定以及作出裁决的依据都没有违反《反倾销协议》第11.3条规定的日落复审制度。

至于复审的倾销幅度的确定与《反倾销协议》规定的原始调查中倾销幅度确定的规则不同，美国认为，根据第11.3条的规定，日落复审只是对以前的、到期的反倾销措施进行审查，确定其继续实施的必要性，并没有规定日落复审中确定倾销幅度的方法，鉴于日落复审制度的独立性，复审裁决最后确定的可能的倾销幅度不必依照原始调查的规则执行。

美国同时认为，日本在申诉中简单地将 WTO《反倾销协议》中规定不明确的日落复审程序解释为新的反倾销调查程序等同，而将一般调查和行政复审的规则适用于日落复审是一种力图通过争端解决程序寻求谈判桌上才可以获得的结果，这样做的结果是使 WTO 的争端解决机制替代了成员的制定规则的权利，而这与 WTO 争端解决规则和程序备忘录所规定的争端解决程序的功能不相符。

本案第三方的意见。

参与本案程序的第三方国家大多表示同意日本的观点。欧盟认为美国有关日落复审的法律规定和实践导致了 WTO《反倾销协议》中关于保护性贸易措施的时效期限基本上归于无效。欧共体认为抗腐蚀碳钢板产品日落复审一案反映了美国的日落复审法律和实践中的普遍倾向，即尽量延续一项反倾销措施的实施时间，而不是终止它。日本提供的统计数字就说明了这一倾向。美国法律不管有无国内产业表示其关注，都无例外地延续一项反倾销措施，实际上使得《反倾销协议》第 11.3 条的规定的效果转向了与这条规定意愿相反的方向。欧共体在其陈述中还作出了这样的比喻："就像是在查尔斯五世的帝国中太阳永远不会落下一样，美国当局发出的反倾销税征收指令，这个太阳似乎也永远不会落下。"巴西、韩国等国家也表示了对日本观点的支持。

专家组的裁决意见。

专家组在其最终的报告中对它关于本案的意见作出了说明。首先，专家小组认为《反倾销协议》的第 11.3 条只是涉及主管当局在日落复审中对倾销继续或重新出现的可能性的裁决，该条款并不处理倾销确定的情况，更不用说确定一项特定的倾销幅度了。换言之，专家小组认为《反倾销协议》第 11.3 条规定的日落复审程序不同于其他条款所规定的反倾销调查程序，它们的目的不同，《反倾销协议》文本本身也将它们分别作出了规定，因此其他调查程序中所规定的有关证据标准、可忽略的倾销的标准、累积计算、倾销继续或重新出现裁决的基础（在本案中主要指裁决以整个措施（order-wide）为基础，还是以具体公司（company-specific）为基础）都不适用于日落复审程序。

专家小组认为，美国的法律规定日落复审在特定的反倾销措施的5年期到来之前自动开始是否与WTO《反倾销协议》的日落复审制度相符，应当取决于日落复审的启动是否要求充分的证据。专家小组认为，要对这一问题作出裁决，首先根据WTO《争端解决谅解》（Dispute Settlement Understanding，DSU）的第11条规定确定将有关对日落复审的规则的解释限制在《反倾销协议》的第11.3条之内；随后，专家小组通过对该条款文字的分析得出结论，认为WTO《反倾销协议》的日落复审规则只规定了两种可选择的复审启动方式：一种是由成员国反倾销当局根据自己的决定发起；另一种是根据当事方符合要求的请求启动。其中只有根据当事方要求启动日落复审时，该条款规定了适当的申诉依据（duly substantiate），而对当局决定发起的日落复审，该条款的文字表明只需根据当局的决定就可发起。因此，根据《反倾销协议》第11.3条的规定，当局发起日落复审不需要提供启动的充足证据。至于是否应当参照第5.6条规定的充足证据标准启动日落复审，专家小组认为第11.3条本身并没有表明这样的意图，同时根据第11.4和11.5条明确规定了参照其他条款的情况可以推知，对第11.3条的执行不能参照《反倾销协议》的第5.6条；根据类似的理由，专家小组认为第12.1条也不适用于日落复审程序。

对于日本提出的美国关于日落复审的行政规则中提到的"如果复审机构认为撤销反倾销税"不可能"导致倾销和损害的继续或重新出现，它可以作出决定撤销反倾销税违反了WTO《反倾销协议》第11.3条所要求的根据"倾销和损害可能会继续或重新出现"的判断标准，专家小组认为美国关于日落复审的法律规定采取的是"可能性"标准，而上述行政法规是一种效力低于成文法律规范（statute）的规则（regulation），不属于WTO争端解决程序审查的范围，因此专家小组并不对该规则作出判断。至于在抗腐蚀碳钢板产品的反倾销税日落复审这一具体案件中，美国适用的是"可能性"标准，因此美国对该案的日落复审裁决行为并没有违反

WTO《反倾销协议》的义务。

上诉机构的意见。

专家小组程序后，日本向WTO的上诉机构提出了上诉。在上诉程序中，日本主要就专家小组所作出的美国商务部的日落复审政策公告（Sunset Policy Bulletin）的规定既不是具有拘束力的法律，也不属于惯例，因此不属于争端解决程序审查的范围的裁定提出了反对。

上诉机构就该问题进行了专门的讨论。上诉机构并没有对日落复审政策公告的性质作出认定，相反它首先探讨了专家小组可以审查的有关国内措施的范围，它认为DSU和WTO《反倾销协议》的第17.4条并没有对专家小组管辖的措施范围作出限定。因此，美国的日落复审政策公告应当属于专家小组管辖的范围。但是由于日本没有提供足够的事实以便对日落复审政策公告的规定是否符合WTO《反倾销协议》的规定作出判定，因此上诉机构并没有实质性地改变专家小组的裁决。

对于美国商务部在对日本出口的抗腐蚀碳钢板产品进行反倾销调查中所使用的行政复审中所使用的“归零”方法、根据“反倾销征收令”整体（order-wide）而不是具体公司来确定反倾销措施能否终止等方法，上诉机构在分析具体规则的基础上认为，《反倾销协议》规定的第11.3条（日落条款）没有要求调查机构在复审中决定倾销幅度，因此，尽管其他条款提到对具体公司的倾销幅度的认定，但是，这并不意味着调查机构在按照日落条款进行复审中也要以具体公司为基础作出倾销是否可能继续的裁决。这种认定虽然是基于《反倾销协议》的相关规则，但是这种将日落复审规则与原始调查规则完全割裂的认定，反映了WTO《反倾销协议》关于日落复审的不合理规则。

三、日落条款存在的缺陷

从以上笔者对WTO《反倾销协议》中日落条款的分析和对主要使用反倾销措施的几个成员方实施该条款的国内法律和实践的观

察，可以看出三个方面的缺陷：首先，日落条款规定所使用语言的模糊使得具体反倾销措施的日落规则并没有真正起到使特定的反倾销措施到期失效的“日落”作用，这一条款与其说是对反倾销措施效力期间的一种限制，还不如说是开辟了使特定反倾销措施能够不断延续的一条途径；其次，将反倾销措施的日落复审程序作为一种不同于一般反倾销调查程序来理解，导致了日落复审规则在实际上创制了一种有别于协议规定的反倾销调查规则的另类程序，从而在一定程度上瓦解了《反倾销协议》对各成员方国内反倾销法律和实践的规制作用；最后，将反倾销措施作为一种自由贸易体制中的缓冲机制，为遭受歧视性价格冲击的 WTO 成员方的市场提供临时性的保护，这种反倾销制度的性质，要求反倾销措施的实施具有与其他保护措施相协调的的实施期限，过长的实施期限会导致进口国市场消费者对较高价格的适应，从而加强反倾销措施限制国际贸易竞争的作用。

（一）日落条款文字规定模糊，而且日落复审程序启动的条件过于宽泛，从而导致反倾销措施的“日落期”实际上成为日落复审程序开始的时间，造成 WTO《反倾销协议》关于反倾销措施 5 年期限的规定失去了其本应具有的意义

按照《反倾销协议》第 11.3 条的规定，任何反倾销税都应当在不超过 5 年的时间内终止，但是对这种期限，该条款又通过补充性的解释设定了限制条件，即在官方或根据当事人的要求发起的复审中认定反倾销税的到期可能会导致倾销和损害的继续或重新出现。这种条件限制从文字上来看并不是很明确。首先，对于这一句子的文字所表达的限制条件，人们可以有两种不同的理解：一是在倾销和损害有可能继续或重新出现的情况下，到期的反倾销税不能取消，而这种反倾销税不能取消的决定应当通过某种复审程序来实现；二是一项反倾销税实施 5 年的期限到来之前应当对其进行一种复审程序，当局通过这种复审程序来确定到期的反倾销税是否应当撤销。这种模糊的规则源于《反倾销协议》谈判过程中各国立场的根本分歧。

在谈判中，韩国以及其他一些依赖国际贸易促进国内经济的小国，在乌拉圭回合中关于修改《反倾销守则》的谈判中提出应当规定反倾销措施的有效期限。这些国家普遍认为，由于反倾销调查程序在有些缔约国内历经的期间过长，容易导致反倾销裁决作出时所依据的信息过时，从而使得反倾销措施的实施产生不合理的因素；另外，一项反倾销措施存在的惟一依据是抵御引起损害的倾销，由于反倾销措施的实施，国内产业和市场情况应当不断发生变化，而且从理论上看，随着反倾销措施的实施和国内产业和市场情况相应地发生变化，反倾销措施总是会变得越来越没有必要，在这种国内产业和市场不断变化的情况下，很难证明一项反倾销措施永久存在的合理性。因此，对于生效的反倾销措施应当设定有效期限。①

美国站在主要进口国和反倾销措施的使用国的立场上，认为《反倾销守则》的第9条规定了对反倾销裁决的复审，只是各国使用不同的方法实施了第9条的规定。《反倾销守则》第9条规定的缺陷不在于没有提供反倾销措施的有效期限，而在于缺乏确立透明度的要求。第9条本身没有关于透明度的要求，而《反倾销守则》其他条款中关于透明度的要求很难被纳入第9条中。因此，美国只建议对复审程序的透明度规则进行修改。②

两种理解会导致执行第11.3条规定中的不同做法。就像本章

---

① *See* Agreement on Implementation of Article VI Of The General Agreement on Tariffs and Trade (Anti-Dumping Code): Aspects of the Code Proposed by Korea for Negotiation, MTN. GNG/NG8/W/7, 11 August 1987; Submission from the Nordic Countries, MTN. GNG/NG8/W/15, 16 November 1987, Communication from Japan, MTN. GNG/NG8/W/11, 28 September 1987; Proposed Elements for A Framework for Negotiations Principles and Objectives for Anti-Dumping Rules (Communication from the Delegation of Singapore) MTN. GNG/NG8/W/55, 13 October 1989.

② *See* Proposal for Improvements to the Anti-Dumping Code (Communication from the United States), MTN. GNG/NG8/W/59, 20 December 1989, p. 13.

的前两部分内容中所介绍的，美国在修订的1930年《关税法》第751（c）条和SAA中明确规定，所有到期的反倾销税，都要在到期日之前30天内，由主管反倾销调查的当局发起复审程序，决定反倾销税是否撤销。可以看出，美国的法律是按照后一种理解来执行《反倾销协议》第11.3条的规定。这种理解将《反倾销协议》所规定的反倾销税的5年期限理解为进行日落复审的期限。根据这种理解，反倾销税的5年期限只是意味着当局可以考虑撤销或终止反倾销税，并不意味着反倾销税的效力期限的到来。从《反倾销协议》的日落条款谈判的历史来看，各成员方规定日落条款的初衷似乎是为反倾销税设定一个实施的时间限制。在乌拉圭回合的《反倾销协议》日落条款谈判之前，许多成员国的国内反倾销法律中都有关于反倾销措施有效期限的规定。乌拉圭回合中，日落条款所涉及的一切问题（主要包括复审的发起、证明责任和期间的长短）也都是以反倾销措施的有效期限为基础的。早在乌拉圭回合谈判开始之前的1985年，反倾销实践委员会就要求秘书处对《反倾销守则》缔约方的国内的立法和行政程序中有关日落条款进行汇总，以便考虑在《反倾销协议》中适用日落条款。各国也就此开始准备有关“反倾销和反补贴税的期限问题”的谈判。① 而在谈判中许多国家也表达了具体的反倾销措施应当是一种短期的救济措施，《反倾销守则》中应当规定明确的反倾销措施的期限。② 对于《反倾销守则》第9条中关于反倾销措施的有效性，依据环境条件的需要而确定的规定，应当予以修改，对裁定的反倾销措施确定一个明确的时间限制。③ 美国和欧共体尽管没有提出增加反倾销

---

① *See* Terence P. Stewart and Amy S. Dwyer, WTO Antidumping and Subsidy Agreements (Kluwer Law International 1998) p. 57.

② Amendments to the Anti-Dumping Code: Submission by Australia, MTN. GNG/NG8/W/66, 22 December 1989, Section III (i).

③ Amendments to the Anti-Dumping Code: Submission by Canada, MTN. GNG/NG8/W/65, 22 December 1989, Section II (f).

措施期限条款的意见，而只对《反倾销守则》中有关复审条款的规定的修改提出建议，但是，这并不表明第11.3条的性质和意图不是对裁定的反倾销措施规定有效期限。

不过，由于该条规定所使用的语言的模糊性，有些国家的国内法将日落复审作为一种到期自动开始的复审程序的立法是否与该条规定相符合并没有最终定论。虽然，在WTO争端解决机制2002年的日本抗腐蚀碳钢板产品反倾销税日落复审一案中，专家小组在裁决过程中注意到了这种自动发起的复审所存在的问题，但是由于提出申诉的日本一方并没有要求就自动复审的做法是否与《反倾销协议》第11.3条的规定相一致作出裁决，因此自动启动日落复审的做法在国内法的实践中依然存在。

造成对第11.3条含义的多重理解的另一个原因是，这一条款没有对反倾销主管当局发起日落复审的条件作出限制，这种情况导致的直接后果就是由当局自行决定发起的复审由于没有任何条件限制而成为一种到期自动启动的复审程序。从国内反倾销法律执行日落复审条款的规定我们可以看出，美国反倾销法律中有关日落复审启动的规定正是以此为根据的。由于依照第11.3条的规定，由国内产业方提出日落复审要求需要满足一定的条件，从而对日落复审的成功发起产生不利影响，因此倾向于对国内产业实施保护政策的国家会通过无需任何条件限制的政府当局的日落复审发起机制来延续特定反倾销措施的有期。在这种情况下，日落条款中规定的反倾销措施到期自动失效的规定也就不能不成为一种形式。而从该条规定在多边贸易体制层面的适用情况来看，根据争端解决机构对美国抗腐蚀碳钢板产品一案的裁决，WTO成员的主管当局发起日落复审是不需要充足证据的。

在乌拉圭回合关于反倾销规则的谈判中，有关成员方对于日落复审启动的条件就采取了两种基本立场，一种意见赞成建立一个严格的日落复审规则程序；而另一种意见则主张日落复审的规则应当更具弹性。

赞成确立一个更确定的日落条款的国家主要担心的是：反倾销

措施的主要使用国能够在没有任何检验反倾销税的必要性的行政措施的情况下延长反倾销税的实施期限，而外国生产商则缺乏证明撤销反倾销税效果的能力，或者即使能够这样做也要付出很大代价，或者克服巨大的困难。支持这种观点的国家同时确信 GATT 的第 6 条，即反倾销条款，很难如实地通过反倾销税反映现存的定价实践，因此应当按照环境条件作严格的和限制性的解释。①

相反，赞成确立一个更具弹性的日落复审条款的国家则主要担心，现行的反倾销制度中并没有对遭受损害的国内产业方提供相应的补偿，实际上有些代表团所提的确定实质性损害和和损害威胁条件似的损害的确定更难，再加上这些代表团所提出的反倾销措施的有效期很短，使得国内企业很难在实际上获得补偿，同时，如果撤销反倾销措施时倾销还在继续，国内产业方也缺乏识别外国生产商可能的行为方式的能力，因此这些国家认为让倾销者承担终结反倾销措施的规定是合理的，而且在一个追溯性的反倾销体制中，外国生产商和出口商如果采取变更倾销价格的措施，就不会因为一项反倾销措施的维持而受到惩罚。②

在谈判过程中起草的几个《反倾销协议》草案中，对如何判定倾销和损害的继续作出了修改。③

在最开始的草案 Carlisle I 和 Carlisle II 中，对调查当局在复审中的责任要求使用了查明“措施继续实施的合理的原因(good cause)”这样的词句，而在草案 Carlisle II 中则没有再继续使用“合理的原因(good cause)”这个词，而是具体规定了复审“应当决定反倾销税的继续征收对抵消倾销和防止损害的重新出现是否必要”。在草案

---

① *See* Report of the Panel：UNITED STATES - sunset review of anti-dumping duties on corrosion-resistant carbon steel flat products from Japan，WT/DS244/R，pp. 60-61.

② *See* Report of the Panel：UNITED STATES - sunset review of anti-dumping duties on corrosion-resistant carbon steel flat products from Japan，WT/DS244/R，p. 61.

③ 参见附录《关于〈反倾销协议〉的日落条款的若干草案》。

《新西兰 III》中，则又增加了是否对抵消倾销和防止损害或损害威胁的“继续”或重新出现是必要的这一标准。在 Dunkel 草案中则规定反倾销的调查机构应当决定反倾销税的继续征收对“防止由于倾销的进口而引起的损害的继续或重新出现是必要的”。

美国对于 Dunkel 草案提出了不同意见。美国的不同意见主要包括两个方面的内容：一是将国内产业方以继续实施反倾销措施对防止倾销进口所引起的损害继续或重新出现是必要的为依据提出复审要求，改为国内产业方以存在继续实施反倾销税的合理的理由（good cause）为依据提出复审要求；二是在日落复审条款的规定中明确提出不应当期待任何利害关系方承担证明损害可能或不可能会继续或重新出现的责任。由于美国对 Dunkel 草案的这一规定提出了反对意见，在乌拉圭回合《反倾销协议》的最终文本中，对有关日落条款又一次作出了重大调整。在最后生效的《反倾销协议》中，关于日落复审，第 11.3 条使用了这样的语言：“反倾销税的到期失效可能会导致倾销和损害的继续或重新出现。”

从日落复审规则在起草过程中的变化可以看出，关于反倾销措施是否有必要继续存在的标准经历了一个从严格到更具弹性的过程。在最后协议前的数个草案中都使用了“对于防止……是必要的”这样的语言，而在最后的协议中，有关日落复审的裁决的标准变成了只要倾销或损害“可能会”在反倾销措施失效的情况下继续或重新出现，反倾销措施就可以继续实施。

关于复审的启动，谈判方主张发起复审应当由国内产业承担。有些谈判者主张政府应当有权自行启动日落复审。从有关谈判问题的实质来看，主要谈判问题的关键都在于由国内产业方或者相关的利害关系方还是由外国出口商或其利害关系方来承担证明责任，包括启动复审必要性的证明责任、证明反倾销措施有必要或者没有必要继续存在的责任。

另外，这种日落复审规则条件的不明确，还会导致复审程序中证明责任的争议。关于证明责任，《反倾销协议》谈判者的主张可以分成两个阵营：主张制定一个更确定的“日落复审条款”的国家，以及主张制定一个更具弹性的"日落复审条款"的国家。① 前者认为，国内产业应当承担证明的责任；而后者认为，从理论上说，国内产业及其利害关系方在确定倾销和损害的原始调查裁决中已经承担了证明责任，在复审中如果要求他们承担维护其获得补偿权力的责任则是加重了他们的负担。

根据谈判过程中几个《反倾销协议》草案的内容变化可以看出，这一条款的最后协议中规定并没有表明由谁来承担复审程序中的证明责任。首先，根据这一条的规定，有关反倾销主管当局可以发起日落复审，在这种由当局发起的日落复审中，"反倾销税到期失效可能会导致倾销和损害的继续或重新出现"的证明责任由当局来决定；其次，在由国内产业方发起的日落复审中，要求复审的一方只需提出适当的具体的要求。根据一般的民事诉讼举证责任的要求，通常是谁主张谁举证，本条规定只要求提出复审要求的国内产业方提出包含具体信息的复审要求，从实际效果来看这种要求中的信息只能证明进行日落复审的需要，并不需要证明倾销和损害在反倾销措施失效的情况下会继续或重新出现。

基于上述两方面的原因，《反倾销协议》的第 11.3 条，在有些成员方的国内反倾销法律实践中已经失去了日落条款的意义，反倾销税不会像日落一样，时间一到其效力便自动消失，这种自动启动的日落复审不仅没有限制保护主义对反倾销措施的滥用，反而给贸易保护政策的实施打开了方便的大门。

（二）《反倾销协议》的第 11.3 条将日落复审程序作为一种不同于其他反倾销调查的特殊程序，在客观上造成了瓦解《反倾销协议》对各国反倾销规则所规定的调查规则和方法的协调效果

由于第 11.3 条所规定的复审裁决事项是以预见性的和反证的方法为基础的，也就是说进行复审的当局对撤销或终止反倾销措施所可能发生的后果作出预计，如果当局判断撤销反倾销措施"可

① *See* Terence P. Stewart and Amy S. Dwyer, WTO Antidumping and Subsidy Agreements (Kluwer Law International 1998), p. 60.

能会”导致倾销和损害的继续或重新出现，它将在日落复审中作出否定性的裁决。可以看出，在上述情况下，裁决的作出以调查机构的对事实的主观评估为基础，因此这种“预期性”的判断增强了裁决结果对调查机构裁量权的依赖。

相反，在反倾销原始调查和其他复审中，调查机构作出裁决的方法是“追溯性”的，裁决的基础是对事实的发现和认定。也就是说，按照《反倾销协议》第2条关于倾销和损害的确定规则，在原始调查中，调查机构应当确定倾销和损害的事实是否存在，以及二者之间的关系；这是一种对事实是否存在的认定，而不是一种带有较强主观性的“评估”或“预计”。

然而，由于《反倾销协议》日落条款所规定的复审裁决的事项不同于一般的调查，日落复审程序从根本上有别于一般调查程序，一般调查的规则不能适用于日落复审；加之在《反倾销协议》的整个日落条款中，除了第11.4条明确指明日落复审程序应当适用协议第6条关于证据和程序的规则，对于倾销和损害继续和重新出现的可能性的确定方法和标准并没有作出具体规定，造成了成员方国内调查机构裁量权基本可以不受限制的事实。这种不受限制的裁量权在成员国内经济利益和政治需要的影响下，很容易使日落复审沦为贸易保护主义的政策工具。以美国在1998年到2002年间所进行的日落复审案件为例，在完成的、国内产业参与的263件案件中，商务部在确定倾销继续或重新出现的可能性时，只对其中的四个案件作出了否定性裁决。①

（三）日落条款关于反倾销措施实施期限的规定所存在的问题

根据WTO《反倾销协议》的规定，各成员方调查机构可以对特定反倾销措施的实施进行日落复审的期限为5年。在乌拉圭回合关于反倾销规则的谈判中，有的成员方曾经提出过这个期限应当是3年的意见。这两种意见的分歧应当说来自于对反倾销措施性质的不同认识。支持5年期限的成员方多认为反倾销措施是一种对不公平贸

① 参见美国国际贸易委员会网站www.usitc.gov，2004年7月访问。

易行为提供的救济措施，正像笔者在本章第一部分所分析的，采取这种立场的成员方，并不认为对于以倾销行为代表的不公平贸易的救济应当以一定的时间期限为其效力终止的依据，相反，它们认为这种救济措施的终止应当以制止不公平行为和对损害进行恢复为依据，因此对于反倾销措施的实施从根本上看是不应当设定有效期限的。另一种意见则是以反倾销措施作为一种开放贸易的经济体的一种临时性保护措施为依据，鉴于 WTO 的另一种起到临时性的保护作用的贸易保障措施的实施期限是 3 年，因此同样作为临时性保护措施的反倾销措施的实施期限也应当与保障措施取得一致。同时，作为一种临时性的保护措施，如果实施的期限过长，则会影响进口国相应市场的价格结构，换言之，反倾销措施对低价进口的产品的限制的时间过长，会导致国内市场的买方，特别是消费者，适应较高价格的产品，形成习惯，对反倾销措施终止后的价格竞争反应缓慢，从而对开放贸易的竞争效果产生扭曲，不利于国际贸易中的自由竞争。

四、日落条款的改革建议

从 WTO《反倾销协议》改革的出发点和多哈回合所确定的改革目标来看，改变上述日落条款的缺陷可以从两个方面入手。一是改变日落条款的结构，使得该条款成为真正意义上的反倾销措施实施期满时自动终止的日落条款；或者是通过澄清现有的日落条款的规定，限制各成员方滥用该条款赋予调查机构的裁量权实施保护主义政策。

（一）改变日落条款的逻辑结构

正如前文所做的分析中所指出的，《反倾销协议》的日落条款的逻辑结构是一种预期性的反证结构。尽管这种逻辑结构将反倾销措施的到期失效作为前提，但是它仍然允许例外的存在，即发起日落复审程序，特别是自动发起日落复审的规则，使本应失效的反倾销措施的效力处于不确定的状态，证明倾销和损害继续或重新出现的可能性，从而阻止日落条款的生效。这种例外的存在，使得本应当属于自动性质的反倾销措施失效规则，实际上成为一种“半自动”规则。因此，有些反倾销规则的分析者建议，取消反倾销措施到期失效的例外条件，规定反倾销措施的5年期限到来之时，该反倾销措施将无例外地终止。如果国内产业认为倾销和损害仍然存在，它应当通过提出证据充分的要求，提起新的反倾销调查程序，这样由调查机构根据原始调查的一般规则重新对是否应当采取反倾销措施作出裁决。① 一些反对过度运用反倾销措施的国家和地区的政策制定者也在WTO多哈回合谈判中提出了同样的意见。②

这种改革方法的优势一方面在于它使得反倾销措施的日落条款真正成为一种完全的自动到期条款，避免了现行条款在实施中产生的歧义，这种歧义不仅使得日落复审程序成为一种自动启动的程序，客观上延长了所有到期的反倾销措施的有效期间，同时还使得日落复审程序成为保护主义的政策工具；另一方面在于这种方式可以将现行的延续反倾销措施的复审规则与原始调查的规则协调起来，避免了认定反倾销措施的双重标准。

但是这种改革方法也存在着一定的实施的困难。从日落条款谈判的历史来看，现行的“半自动”的反倾销措施到期规则实际上是主张完全“自动”的日落条款和主张通过复审程序撤销和终止反倾销措施的两组成员方意见妥协的结果，如果在没有新的条件出现的情况下重提该意见，达成协议的可能性比较小。③ 但是，如果《反倾销协议》的改革能够确立缓冲价格歧视冲击，平衡成员法整体经济发展利益的宗旨，将反倾销所谓一种临时性的保护措施，改

---

① *See* Brink Lindsey and Dan Ikenson, Reforming the Antidumping Agreement (2002), pp. 34-36.

② WTO Negotiating Group on Rules, Further Submission of Proposals on Sunset, TN/RL/GEN/74, 17 October 2005, p. 1.

③ 根据多哈回合香港部长会议的声明文本，《反倾销协议》改革的目标是在保留反倾销措施的基本概念、原则、措施的有效性和目的的同时改善规则的明确性和可预见性，增加透明度，以避免反倾销措施的不适当使用。参见 Ministrial Declaration: Annex D, http://www.wto.org/english/thewto_e/minist_e/min05_e/final_annex_e.htm#annexd，2006年2月8日访问。

变日落条款的逻辑结构是必需的。

（二）澄清现有日落条款的规定

在前文的分析中，笔者已经指出，现行日落条款的文字存在着模糊之处，导致了有些成员国在实施该条款时偏离了该条款的本来意图，将日落复审作为执行保护主义政策的政策工具。基于上述情况，笔者建议，从限制保护主义在日落复审规则中的影响的角度出发，对现行日落条款的规定作出以下澄清：

明确启动日落复审的条件，特别是对于国内反倾销机构自行决定启动的日落复审；

对日落复审的裁决标准进一步规定，以避免成员国内日落复审立法授予调查机构过于广泛的裁量权。

尽管以上改革措施不能实现日落条款的完全“自动”生效，无法从根本上限制反倾销措施的无限度使用，但是可以在最大限度上限制日落复审中行政裁量权的广度和深度，从而减少保护主义势力在作出复审裁决过程中所形成的对裁判者的压力。

在新世纪开始的 WTO 多哈回合的谈判中，讨论反倾销规则改革的多边贸易规则小组中，有一些成员方提出了另外的解决方法。比如，加拿大的常驻 WTO 的代表就在一次向规则谈判小组提出的意见中主张，反倾销措施的性质被视为进口国受到价格歧视影响的国内同类产业提供暂时的缓解措施，因此现行的《反倾销协议》第 11.3 条规定的反倾销措施的 5 年的“日落”期限应当是一种严肃的规定，应当具备它应当具有的意义，但是日落复审程序的规定，使得这种期限在进口国贸易保护主义的压力下成为一种名义上的规定，要改变这种状况的关键因素在于进一步澄清日落复审启动的条件，包括规定调查机构在启动日落复审程序是应当考虑的证明因素。①

---

① *See* WTO Negotiating Group on Rules, Submission from Canada Respecting the Agreement on Implementation of Article VI of the GATT 1994 (The Anti-Dumping Agreement), TN/RL/W/47, 28 January 2003, p. 5.

韩国的代表也在其提交的关于《反倾销协议》的修改意见中强调，反倾销措施应当是一种暂时的措施，《反倾销协议》的日落条款必须保证这种暂时的救济措施的性质，但是反倾销措施实施的现实并没有反映出这种暂时的性质，在有些成员方的管辖范围内，有些不再存在任何进口产品反倾销措施仍然保持有效达20年之久。韩国代表认为这种状况是由日落条款的漏洞造成的。因此，韩国代表同意加拿大代表提出的建议，认为规定一个明示的调查当局在进行裁决时应当考虑的因素的清单是一种必要的完善措施。①

同时韩国代表还提出，就现行的反倾销原始调查程序与日落复审程序相互独立的状况而言，《反倾销协议》的日落复审条款应当进一步澄清哪些原始调查规则也应当适用于日落复审，或者其他复审程序。其他发展中国家也在一定程度上采取了韩国的立场，认为《反倾销协议》缺乏关于复审程序的规则细节，多哈回合关于反倾销规则的改革应当提供一种最低的启动复审程序的信息标准，以及倾销或者损害重新出现的基本考量因素。②

（三）修改反倾销措施实施的期限，将5年的期限缩短

笔者认为，根据本书第二部分所讨论的《反倾销协议》改革的出发点和基本原则，反倾销措施应当是一种WTO为保持世界贸易体制的开放进程所提供的缓冲机制，其目的是为了保持全球自由贸易的平稳发展，这种机制的根本性质应当是一种保障性的措施，因此反倾销措施的实施期限应当与保障措施保持一致，这样更有利于整个多边贸易体制的协调。

---

① WTO Negotiating Group on Rules, Korea's Comments on Canada's Submission on the Anti-Dumping Agreement (TN/RL/W/47), TN/RL/W/65, 24 February 2003, para. 10-13.

② WTO Negotiating Group on Rules, Egypt's Paper Containing Comments on the Contributions Submitted in the Framework of the DOHA Negotiations on The Anti-Dumping Agreement and on The Subsidies and Countervailing Measures Agreement, TN/RL/W/126, 17 June 2003, pp. 3-4.

[illegible]《反倾销协议》[illegible]

[illegible]《反倾销协议》[illegible] 20 [illegible]

[illegible]

（三）[illegible]

笔者认为 [illegible] WTO [illegible]

① WTO Negotiating Group on Rules, Korea, "Comments on Canada's Submission on the Anti-Dumping Agreement (TN/RL/W/47)", TN/RL/W/65, 24 February 2003, para. 10-13.

② WTO Negotiating Group on Rules, Egypt, "Paper Containing Comments on the Communications Submitted in the Framework of the DOHA Negotiations on The Anti-dumping Agreement and on The Subsidies and Countervailing Measures Agreement", TN/RL/W/126, 17 June 2003, p. 14.

第四部分

WTO《反倾销协议》改革的影响:中国与改革

第十二章　非市场经济地位与市场经济体制改革

加入 WTO 使得中国的经济在与世界市场接轨的过程中迈进了一大步。随着中国经济与世界市场接轨程度的不断加深，WTO 中的一些歧视性的规则对中国的影响也逐渐显露。特别是 WTO《反倾销协议》中关于非市场经济的规定对中国的对外贸易造成了一定的负面影响。从这种非市场经济地位和它在反倾销调查中所造成的歧视和随意性做法的角度来看，中国成为世界范围内遭受反倾销调查最多的国家不能说与这种规则无关。在这种情况下，反倾销法律中的非市场经济地位问题成为中国对外贸易关系中的一个备受关注的问题。

一、中国的非市场经济地位与 WTO 的双层成员体制

中国的非市场经济地位和中国与其他国家的对外贸易关系的发展，以及有关国家的贸易政策和法律有着直接的关系。

（一）中国与西方国家的经贸关系框架及其影响

在加入世界贸易组织之前，中国的对外经济贸易的法律框架主要由双边的经济贸易协议构成。

中国于 1975 年 5 月 6 日与欧洲经济共同体建立正式关系。1983 年 11 月 1 日，中国与欧洲煤钢共同体和欧洲原子能共同体建立正式关系。至此，中国与欧洲共同体（简称“欧共体”）全面建交。中国与欧洲贸易和经济关系的法律框架由双方在 1978 年签订的《中国—欧共体贸易与合作协议》构成，这个协议被 1985 年经过修改的新版本所代替，1985 年的这个协议至今仍然是欧盟与中国经济贸易

关系的法律框架。这个协议的内容包括了双方的经济和贸易关系，以及中国和欧盟之间的合作项目。在随后的1994年到2002年之间，这个协议又通过中国和欧盟双方的一系列关于建立更广泛的中国—欧盟政治对话机制的交换信件得到了补充。欧盟迄今已发表5份对华政策文件:《中国——欧盟关系长期政策》(1995年)、《欧盟对华新战略》(1996年)、《与中国建立全面伙伴关系》(1998年)、《欧盟对华战略——1998年文件实施情况及进一步加强欧盟政策的措施》(2001年)、《走向成熟的伙伴关系——欧中关系之共同利益和挑战》(2003年)。2003年10月13日中国发表对欧盟政策文件，这是中国公开发表的第一份针对某一地区的政策文件。

对于中国与美国的贸易关系，和中国与欧洲经贸关系的准则一样，1979年中美两国建立正式外交关系以来，中美贸易关系的法律框架以双边的经贸协议为基础。1979年7月，中美两国政府签订中美贸易关系协定，双方互给最惠国待遇，并于次年2月生效。这是中美两国对相互出口产品在对等基础上不征收歧视性关税的一种互惠性贸易安排，对两国间经贸关系的发展起到了积极的推动作用。双边经贸关系得到了迅速发展。两国签署了《中美贸易关系协定》、《中美工业技术合作协议》、《中美海运协定》和《中美避免双重征税协定》等一系列经贸合作协议，建立了中美商贸联委会、经济联委会和科技联委会的双边磋商机制。1989年后，受到政治关系的影响，最惠国待遇问题一度成为中美关系中的一个突出问题。美国会议员年年提出种种议案要求取消中国最惠国待遇或对其延长附加条件。1993年5月，美国总统克林顿发布总统行政命令，宣布对1994年是否继续延长提出了所谓人权等方面的附加条件。1994年5月，美国政府宣布将人权问题同最惠国待遇年度审议脱钩。1998年7月，美国总统克林顿签署了《1998年国内税务局改革法》。根据该法有关内容，“最惠国待遇”正式更名为“正常贸易关系”。1999年6月3日，克林顿总统宣布延长对华正常贸易关系一年。7月27日，美国会众议院以260票对170票，否决了反对继续给予中国“正常贸易关系”地位的提案。7月28日，美国会众议院否决“取消对华正常贸易关系”的议案。

这种双边贸易协定的中心是相互给予贸易最惠国待遇。最惠国待遇通常涉及：关税，以及与双方进出口产品的关税相联系的所有费用、规则、形式和程序；进出口产品的清关、转移、入库和装运等方面的规则形式和程序；对进出口产品和服务征收的直接的或间接的国内税或者费用；影响进口产品的购买、分销、运输和使用的所有法律、法规和要求；颁发进出口许可证的行政形式。在这种最惠国待遇的框架下，双方的贸易得以在开放的基础上进行。

随着贸易正常化范围的扩大，以及开放政策的进行，中国对外贸易不断增长，贸易条件的差异的影响成为中国主要贸易伙伴关注的焦点。为了能够更加有效地实施各种贸易保护措施，保护国内产业，限制中国产品的进口，许多国家在实施贸易保护措施时纷纷认定中国的非市场经济地位。

非市场经济地位在一些国家的贸易法中主要意味着两种特殊措施：单方面实施保障措施和在反倾销调查中对非市场经济国家实行特殊规则。例如，美国在20世纪70年代初的波兰 golf cart 一案中确立了在反倾销调查的价格比较中对来自非市场经济国家的出口者适用第三国替代价格的做法；欧洲共同体也通过针对非市场经济国家的紧急措施法来确定对非市场经济国家的进口所带来的市场扰乱采取单方面的保护措施，并且认定了包括中国在内的适用该法律的非市场经济国家，并且在反倾销法律中规定对上述法律中认定的非市场经济国家适用特殊的调查规则。

从1986年开始中国政府开始恢复关贸总协定地位的谈判，在经历十多年的艰难的讨价还价后，终于在20世纪的最后一年看到了曙光。中国加入 WTO 就意味着对中国适用《WTO 协议》的各项规则，由于上述非市场经济地位在贸易法中的特定意义，因此，原来对中国适用非市场经济规则的国家开始关注中国加入 WTO 后继续适用非市场经济地位规则的问题。

（二）WTO 的加入体制和成员资格的双层体制

基于现行 WTO 规则和加入 WTO 体制，原则上，一成员国内的有关贸易的规则无歧视地适用于所有成员方，换言之，这些国内规则通过 WTO 的最惠国待遇原则和国民待遇规则适用于 WTO 的成员，并且通过多边贸易规则协调各国的国内法律规定的有关内容。WTO 通过制度上的这些环节保证世界贸易体制的非歧视性。但是，从实践的角度来看，这种非歧视性只是针对最初参与谈判这些规则的成员方之间，对于 WTO 成立之后通过谈判加入 WTO 的国家或地区，由于加入体制和现行的 WTO 规则中的一些特殊规定，某些国家得承担 WTO 规则之外的义务（WTO-plus），最终造成 WTO 体制上的双轨或者多轨现象。秦娅博士的研究认为，这种根据特定成员创制规则的情况是 GATT 体制时代的产物，与 WTO 的以规则为基础的体制是不相适应的。① 这种对某些特定国家的附加义务规则造成了世界贸易体制成员的双层状态（two tier membership）。②

根据上述体制上的特性，中国加入 WTO 并不意味着能够获得与其他成员同等的待遇。现行 WTO 规则允许对转型经济国家适用特殊的规则，而且 WTO 并不规定这些特殊规则的具体标准，这种标准和规则的确认属于成员国内法律的裁量权范围之内。

在这种世界贸易体制的双层成员制度下，已有的 WTO 成员可以根据本国利益的需要在最大限度内保持中国在其国内的贸易法律中的非市场经济地位，从而在 WTO 的有关贸易规则的执行方面，对中国实行特殊的制度。

美国在与中国进行的加入 WTO 的谈判中坚持要求在自加入 WTO 协定生效之日起 15 年中仍将中国作为非市场经济国家，并将

① *See* Julia Ya Qin, "WTO-Plus" Obligations and Their Implications for the World Trade Organization Legal System, Journal of World Trade 37（3）: 483, 2003.

② *See* Alexander Polouektov, Non-Market Economy Issues in the WTO Anti-Dumping Law and Accession Negotiations, Journal of World Trade 36（1）: 1-37, 2002.

这一条件写入了中美之间的协议。这种条件作为美国同意中国加入 WTO 的约定，通过 WTO 的谈判机制扩大到所有的成员，成为《中国加入世界贸易组织议定书》的一个内容。

按照中国加入 WTO 工作组的报告，一些工作组的成员对中国政府的贸易体制以及有关贸易法律和政策中的一些不符合市场经济规则的做法提出了关注。比如，一些成员对中国现行的对外国企业和个人在中国进行商业活动的行政许可规则和程序的差别待遇提出了质疑；一些成员则特别关注中国的外汇制度、政府对国有企业的影响和对国有企业在经营决策中的干预性指导；一些成员方还对中国的价格政策提出了关注，认为中国在许多领域，特别是农产品领域中，广泛使用了控制价格的措施，中国的企业可以通过这些价格控制措施在竞争中获利。同时，WTO 的成员还对影响中国贸易政策法律制定和执行的体制提出了关注，认为中国现行的决策和执行体制缺乏统一性，这样会影响 WTO 规则在中国领土内执行的效果，另一些成员方则特别关注了中国的司法体制的完善，认为中国应当采纳一种司法审查体制。① 基于上述对中国现行的与市场经济体制运行效果有关的政策和法律制度的疑虑，WTO 的成员在考虑有关 WTO 反倾销的执行时，认为中国正处于向完全的市场经济过渡的经济转型时期。在这种情况下，原产于中国的、向另一 WTO 成员的出口商品在进行反倾销调查和反补贴调查时，对于商品的成本和价格的比较可能存在特殊的困难。在这种情况下，将中国国内的成本和价格用于严格的比较并不总是适当的；因此这些成员主张，进口成员方在进行调查的时候，考虑到这种可能性的存在是必要的。② 这种考虑与 WTO《反倾销协议》的第 2.7 条的规定相结

① *See* WTO Working Party on the Accession of China, Report of the Working Party on the Accession of China, WT/ACC/CHN/49, 1 October 2001, pp. 2-15.

② *See* WTO Working Party on the Accession of China, Report of the Working Party on the Accession of China, WT/ACC/CHN/49, 1 October 2001, p. 29, para. 150.

合，实际上意味着 WTO 的成员可以根据《反倾销协议》的规定，按照国内法律中有关非市场经济国家的规则处理来自中国的进口产品的反倾销调查。

对于上述所谓“非市场经济规则”在反倾销调查中的适用，中国政府的代表提出了对由于这种属于自由裁量性质的规则的适用所带来的不公正和歧视做法的担忧。中国政府认为，有关国家在以往的反倾销调查中所适用的非市场经济规则都不具备透明度，换言之，非市场经济规则在反倾销调查中适用的条件没有法定的标准，或者即使存在相关标准也未予以公布。基于这种现象，中国政府要求：①

> 在特定调查中，决定不根据中国内部的成本和价格进行比较的情况下，WTO 的成员应当事先建立和公布决定市场经济是否适用于同类产品产业或企业的条件；裁决中适用的价格比较的方法；并遵循这样的指导原则，即在可能的范围内，适用经济发展水平与中国相类似的国家，同时是比较的同类产品的生产国的价格或成本；或者在其他的情况下适用性质与调查产业相同的恰当来源的价格和成本数据。在没有确立比较方法的 WTO 进口成员方的调查中，他们应当保证其调查所适用的方法与上述指导原则相似。
>
> WTO 的成员应当保证在其适用有关非市场经济的认定条件和价格或成本比较方法之前，应当将有关规则通知反倾销委员会。
>
> 调查程序应当遵循透明度原则，并且应当给予中国的出口商发表意见的机会，特别是在特定案件中给予中国出口商就价格比较方法发表意见的机会；
>
> WTO 进口成员应当书面通知中国的生产商或出口商其调

① *See* WTO Working Party on the Accession of China, Report of the Working Party on the Accession of China, WT/ACC/CHN/49, 1 October 2001, pp. 29-30, para. 151.

查机构所要求提供的信息的内容，并且在特定案件中，在最大程度上为中国的生产商或出口商提供出示书面证据的机会；

在具体的调查中，WTO 进口成员方应当为中国出口商和生产商提供完全的抗辩机会；

在具体的调查中，WTO 进口成员方的调查机构应当就其初步裁决和最终裁决结果的推理过程作出详细的说明。

在关于《反补贴协议》的执行方面，一些 WTO 成员认为尽管他们认定中国属于非市场经济国家，但是基于中国经济改革现阶段的情况，并根据这一阶段中国经济运行的特点，也具备了造成扭曲贸易的补贴的可能性，这种补贴形式不仅增加了市场保护的程度，同时也会扭曲中国在 WTO 其他成员方市场上的出口业绩表现。在这种条件下，中国的出口也应当适用 WTO 的《反补贴协议》，但是出于对中国从《反补贴协议》的第 27 条规定中获益的考虑，一些成员主张限制《反补贴协议》第 27 条对作为非市场经济国家的中国的适用。还有一些成员提出了对基于中国经济的非市场特性而产生的，来自于政府控制的银行体系的贷款所提供的对国有企业的支持的关注。这些贷款通常在到期后可以产生自动延期、豁免的效果，或者可以享受低于市场水平的利率，而这些内容都没有作为补贴的形式列入附表中 5A 和 5B 中。除此之外 WTO 的成员方还对地方政府的补贴，中国对特定经济部门，比如电信、出口高技术产品、钢铁产业，提供的补贴问题，以及中国提供的与经济特区相关的补贴和优惠政策的问题表示了关注。①

（三）中国的非市场经济地位的法律义务内涵

中国的非市场经济地位在 WTO 规则中的内容主要表现在 WTO 成员方在有关中国进口产品的反倾销调查和反补贴调查中执行

① *See* WTO Working Party on the Accession of China, Report of the Working Party on the Accession of China, WT/ACC/CHN/49, 1 October 2001, pp. 33-34, para. 171-176.

《反倾销协议》和《反补贴协议》的相关特殊规则中。

根据《中国加入世界贸易组织的议定书》(以下简称“《议定书》”)第10.2条的规定，在适用《反补贴协议》第1.2条和第2条时，如果国有企业作为这种补贴的主要接受者，或者国有企业不适当地接受此类补贴的部分数额巨大，那么这种向国有企业提供的补贴将被视为一种特定的补贴。

关于对中国进口商品执行反倾销和反补贴调查程序规则，根据《议定书》第15条的规定，一WTO成员对原产于中国的进口产品进行反倾销或者反补贴的调查程序时应当适用GATT第6条(反倾销条款)和WTO《反倾销协议》和《反补贴协议》。

在适用反倾销调查程序时，《议定书》的第15(a)条规定，在根据1994年的GATT的第6条和WTO《反倾销协议》决定价格的可比性时，WTO的进口成员方应当适用受调查的中国企业的价格或成本，或者适用一种不是严格基于中国国内的价格或成本的比较方法。当适用后一种比较方法时，进口成员的调查机构应当遵循以下规则：(1)如果受调查的生产商可以清楚地显示市场经济的条件在生产同类产品的产业中是普遍适用于制造、生产和销售的过程，WTO的成员应当使用受调查的产业的中国价格或者成本来决定价格的可比性；(2)WTO的进口成员可以使用不是严格基于中国的国内价格或成本而进行比较的方法，如果受调查的生产商不能清楚地显示出市场经济的条件在生产同类产品产业的制造、生产和销售方面是不便适用的。

在适用反补贴的调查程序时，《议定书》规定，对于《反倾销协议》第二、三部分和第五部分规定的程序，当涉及第14(a)、14(b)、14(c)和14(d)条款中规定的补贴时，《反倾销协议》相关的条款规定应当适用；但是，如果在适用这些程序规则时存在特殊的困难，WTO的进口成员方就可以适用特定的方法来确认和测量补贴所产生的利益。这种方法以考虑适用的条件在中国并不总是能够作为适当的基准的可能性为基础。适用这些方法时，在具备可行性的情况下，WTO的进口成员应当在考虑适用中国以外的适用条件之前考虑对这些适用条件进行调整。

对于上述反倾销和反补贴调查程序中适用的关于可比性的特殊规则,进口成员应当分别向反倾销委员会合法补贴措施委员会作出通知。

对于 WTO 成员实施上述特殊规则的期限,《议定书》的第 15 (d) 条规定,反倾销调查程序中使用的特殊比较方法的适用(即第 15 (a) 条的第二项),最长不超过中国加入 WTO 之日起 15 年的时间,在这 15 年的期限之内,如果中国根据 WTO 进口成员的国内法律所规定的市场经济标准确立了市场经济体制,那么第 15 (a) 条规定的反倾销调查程序中的特殊规则将终止适用。另外,WTO 的进口成员方还可以根据其国内法律的规定,确定市场经济的条件在中国的某一个产业中普遍形成的情况下,反倾销调查程序的特殊规则可以不再适用于该产业或经济部门。但是,对于反补贴调查程序的特殊规则的适用期限,《议定书》并没有作出任何规定,这就意味着,在有关反倾销调查的非市场经济规则最终在 15 年失效以后,进口成员方的调查机构仍然可以在反补贴调查程序中适用所谓非市场经济规则。

二、中国非市场经济地位问题的性质和影响

所谓非市场经济地位问题,从表面上来看只是一个涉及法律规则的问题。它所具有的直接的法律意义也只影响到了反倾销和反补贴的调查规则。换言之,从世界贸易体制的角度来看,一个成员的非市场经济地位的定位是以《反倾销协议》的第 2.7 条的规则为依据,根据 WTO 成员国内的反倾销和反补贴法律来确定的。所以从 WTO 规则的角度来看,非市场经济地位的确认和取消,其法律效果只能够影响到涉及对具有非市场经济地位的国家的进口所实施的反倾销调查规则。由于《议定书》中对于反补贴调查程序的特殊规则并没有规定以非市场经济地位为前提,也没有规定这种特殊规则适用的期限,因此在从成员的国内法上取消中国的非市场经济地位后,对于中国的进口产品,有关国家必然采用反补贴的调查规则来处理。因此,从法律上解决中国的非市场经济地位问题并不能

从根本上消除在贸易救济法律规则中对中国的歧视。

中国的非市场经济地位问题,从其实质上看并不完全是一个法律问题,尽管它以法律的形式表现出来,换言之,根据现行的关于市场经济地位的法律规则来看,取消非市场经济地位不能完全依靠法律规定和相关程序来解决。因此,解决法律上关于非市场经济地位的问题,应当从经济制度、政治关系和法律规则等多个角度出发来考虑。

从经济角度出发，市场经济制度的完善与否，市场经济制度运行的效果如何，对开放体制下的国际贸易竞争产生重要的影响。正像美国政府所主张的，竞技场的平坦与否对国际贸易中的竞争的公平性、自由贸易的目标的实现都存在着关键性的影响。因此，市场经济制度是否建立对自由贸易体制能否在一个公平的基础上运行，达到自由贸易体制促进经济增长的目的具有重要意义。

另外，如果反倾销调查的非市场经济规则建立在一个错误的基础上，这种规则就会成为贸易摩擦的爆发点，对自由贸易体制本身造成损害。

从反倾销调查中许多国家对中国适用非市场经济规则的实践来看，目前的非市场经济的调查规则在一定程度上导致了对反倾销措施的滥用，成为贸易摩擦的爆发点。另外，这种调查方法增加中国企业负担，影响中国企业应诉的积极性，导致了扭曲的调查结果。

对反倾销措施的滥用主要表现在两个方面，一是由于替代国方法的使用大大增加了调查机构反倾销调查中使用数据的裁量权，增加了调查结果的随意性，在一定程度上鼓励了具有保护利益的国内产业提起反倾销申诉的投机行为，增加反倾销调查启动的数量；二是由于替代国方法的使用，在认定倾销的时候，调查机构对数据的选择缺乏准确性，这种准确性的缺乏来自替代国与受调查出口商本国的经济规模和产品生产方式的差异性等各个方面，而法律对这种差异性基本上是毫无控制的，尽管这种缺乏准确性所导致的反倾销税的计算结果从理论上看可以不高于事实的情况，也可以高于事实的情况，但在调查实践中调查机构通常以一种不利于应诉者的方式选择替代价值，结果导致计算的结果总是偏高的状况。比如，在美国对中国暖水虾进口的反倾销调查一案中，其他出口商的税率也达到55.23%；① 而同时进行的对其他国家的出口商的调查结果，例如作为中国替代国的印度，它的其他出口商税率只有9.46%。②

在一些国家中，对来自非市场经济的出口商的反倾销调查，需要经过市场经济因素的认定，才能确定适用个别税率。在这种认定中，有关的出口商需要在较短的时间内提供大量的有关其出口的生产和定价从法律和事实的方面都是依照市场经济方式决定的背景资料。这对许多来自中国的出口商来说是一种沉重的负担。这种负担会大大降低本来有资格的企业申请个别税率。但是，如果出口商不能提供相关的信息，调查机构将不对其生产和价格情况进行个别调查，而是适用所谓计算出来的全国税率，而这种税率由于在计算中适用不利的替代价值信息，通常计算的税率会更高。例如在美国对中国出口的暖水虾的调查中，商务部调查机构计算出来的适用于所有进口商的全国税率为112.8%。③ 这种情况也在一定程度上造成了对中国的企业征收的反倾销税缺乏公平。

从政治意义上看，由于所谓非市场经济国家多是实行财产公有制和计划经济的社会主义国家或前社会主义国家，在冷战时期，属于与西方国家对立的阵营。20世纪80年代末和90年代初，这些国家或者经历了政治上的剧变，放弃共产主义信仰和社会主义制度，在经济制度方面则放弃公有制和计划经济，开始向资本主义经济制度过渡，向西方国家靠拢；或者开始进行经济体制改革，改善与西方国家的关系。在这种背景下，是否认定这些国家在国际贸易中的非市场经济地位成为一种政治交换的筹码。另外，在国际市场竞争激烈的条件下，由于非市场经济地位在处理贸易救济调查规则方面带有歧视性，并且具有较高的弹性，经常被国内的相关利益集团用作贸易保护主义的工具，因而并不能真正起到调节非市场经济

① *See* FR Vol. 69 No. 235, Dec. 8, 2004, pp. 71003-71004.

② *See* FR Vol. 39 No. 246, Dec. 23, 2004, p. 71968.

③ *Ibid*. 13.

体制所造成的贸易扭曲的目的。这种非市场经济规则的背后的政治因素，对各国给予中国市场经济地位产生一定的影响，继而对中国解决非市场经济地位问题的政策导向产生一定的作用。

从法律意义上看，非市场经济规则首先是一个法律问题。一方面，这种规定有其WTO法律规则的依据：GATT的附件I对第6条的补充规定和《反倾销协议》第2.7条的规定奠定了反倾销调查中非市场经济规则的基础，同时，在《议定书》和《中国加入WTO工作组报告》（以下简称《工作组报告》）中都有关于中国的非市场经济地位的规定。这些规定构成了多边贸易体制中中国的非市场经济地位的法律框架。另一方面，与上述多边贸易体制规则相联系，市场经济地位在一些国家也有相关的法律依据，这些法律依据表现在市场经济认定的条件和反倾销调查中的非市场经济方法的实体和程序规定两个方面。例如，在实体规则方面，美国1930年关税法第771(18)条对市场经济的认定规定的6个方面的框架标准；欧盟也在近期对中国的市场经济地位进行评估时确立了评估的5项框架标准，即：1. 政府对资源分配和企业决策的直接和间接的影响程度（例如公共机构），比如通过国家定价、税收歧视、贸易或者货币政策。2. 在企业私有化进程中不存在由于政府干预而导致的扭曲（比如来自旧体制的影响），不存在非市场贸易行为或者补偿机制（比如易货贸易）。3. 存在和实施透明的、非歧视性的公司法，确保适当的公司治理（实施国际会计标准，保护股东权益，对公司信息进行准确的公开披露）。4. 存在和实施一整套协调、透明、有效的法律，以确保对财产权的尊重和有效的破产法体系的运作。5. 存在一个独立于政府之外的进行运作的真正的金融部门，在立法和实践中确保其受到充分的担保和适当的监督。① 在具体的非市场经济调查方法方面，美国和欧盟的反倾销规则都规定了所谓替代价值的方法。在程序规则方面，取消非市场经济地位需要遵循一定的法律程序，尽管不是所有的国家都有这样的规定，但是至少美国的贸

① 参见：《关于中华人民共和国要求在贸易救济调查中获得市场经济地位的初步评估》（中文译本）。

易法中存在相关的规定。一方面,美国的法律规定取消非市场经济地位可以通过对受调查的企业在反倾销调查程序中提出的申请进行审议来完成;另一方面可以通过有关国家的正式申请,并通过特定的听证程序,在律师的参与之下完成。

综上所述，中国的非市场经济地位问题具有相当的复杂性。尽管在实践中这一问题普遍地被作为一个政治问题来看待，必须在良好的政治氛围和政治意愿的前提下解决，但是，不容忽视，在这一问题所具有的三种属性中，这一问题的经济制度方面的意义，以及据此建立的法律框架的影响也是不容忽视的。

三、中国市场经济体制中存在的问题

加入 WTO 两年后,中国政府根据加入世界贸易组织的承诺进行了广泛的经济制度和法律制度方面的改革。在这种背景下,中国政府开始进行改变非市场经济地位的外交和法律上的努力。从 2004 年 3 月开始,中国政府通过外交途径向中国的主要贸易伙伴和 WTO 的成员的政府提出了改变中国非市场经济地位的要求,这种努力取得了一定的成果。到 2004 年 11 月胡锦涛主席访问巴西为止,已经有新西兰、东盟十国和巴西等国家承认了中国的市场经济地位。但是,欧盟和美国拒绝给予中国市场经济地位的态度却非常坚决。

在欧盟和美国于 2004 年 6 月进行的关于中国市场经济地位的审议中，分别表达了对中国现行经济体制中存在的主要问题的关注。它们认为，这些问题主要表现在以下几个方面：

中国的外汇制度中，政府干预的成分过高。按照美方的有关证词，中国在外汇制度方面保持着较高的政府操纵程度，作证的众议院议员 Phil English 认为，中国的货币由于这种操纵，其价值被人为地贬低。中国从 1994 年起采取了将人民币与美元挂钩的汇率体制到今天，人民币对美元的汇率一直保持在 8.3 的水平主要是由于中国货币没有实现自由兑换，并且保持了对资本交易的控制所导致，因此人民币的汇率不是由市场机制所决定的。①

劳工权利对市场经济体制的扭曲。美国有关各方根据1930年关税法第771（18）条规定的考察市场经济的6项条件提出的最重要的一项就是关于中国劳工权利存在的问题对市场经济体制的扭曲。AFL-CIO在其提出的申诉中认为，中国缺乏对劳工自由联合权利的保障，缺乏一种劳工工资的集体谈判机制，这种缺陷造成了劳工工资确定的过程缺乏市场经济体制下应有的自由度，从而造成了劳动力价格的扭曲，进而影响了产品的成本。

政府对经济的干预程度较高。美国的钢铁工人联合组织（United SteelWorkers of America）和AFL-CIO在它们提出的意见中表示，中国政府没有按照其加入WTO的承诺逐步减少并最终消除对钢铁、农产品的出口补贴，而是继续通过包括税收优惠政策在内的多种渠道对农业和工业产品提供出口补贴，而这些补贴正是扭曲市场价格机制运行的一个重要原因。欧盟的评估意见则认为，尽管中国在过去的改革中取得了进展，但是中国的国有企业的经营，还是在受到政府的直接干预，并且特别指出了地方政府对企业的干预对竞争所产生的扭曲。同时，中国政府还在许多产业中实施歧视性的政策。另外，欧盟的评估意见还认为，中国的法律系统缺乏透明度，司法体制不完善都影响了私营企业的发展，并且为政府的干预提供了较大的空间。在这种情况下，欧盟的评估意见认为，“尽管最近取得了一些进展，政府对中国经济的影响仍然是广泛的，经常导致外资和私有企业相比国有企业来讲受到更多的歧视，主要表现在中央和地方政府使用系统的政策干预或临时的干预，这些干预和原材料的限制措施一起构成了对市场要素和供给法则的系统性干预，造成了中国国内市场广泛的扭曲，结果是中国企业的价格和成

① *See* on website http：//www.house.gov/apps/list/press/pa03_english/JJCT0604.html，“English Testifies：China not a ‘Market Economy’”，visited on 11/17/04.

本经常受到影响以至于在贸易救济调查中无法采信”①。

欧盟在它的评估意见中指出，中国的产权体制和破产制度存在严重缺陷。欧盟的评估意见认为，首先，在中国由于公有制仍然占有优先地位，因此尽管2004年3月中国在宪法修正案中增加了对私有财产的保护内容，但是在实践中，私有财产并没有得到公有财产的同等待遇。欧盟的评估意见还特别指出了中国的土地公有制的扭曲作用。认为土地公有制在很多情况下导致了企业无偿使用土地，从而不正常地降低了企业生产成本，造成了扭曲竞争的效果。其次，中国的知识产权保护也存在缺陷，盗版和假冒猖獗。第三，中国缺乏完善的、普遍适用的破产制度。中国的破产法律体系只适用于国有企业，但是由于这种破产法体制在执行中的困难，对于经营管理失效的国有企业缺乏退出市场的制度，这种状况也加深了政府对国有企业干预的程度。这种情况一方面导致了一种在国有企业和私营企业之间的歧视性做法，另一方面，由于破产法律制度的不完善，企业可以随意免于破产，这就导致了在贸易救济调查当中对成本和价格计算的严重扭曲。

欧盟的评估意见认为，中国金融体系存在着严重的缺陷。评估意见认为，中国的银行缺乏真正的竞争，并且金融机构的治理结构质量低下，这种状况“意味着金融机构未能理性地分配其资本，主要是国有公司成为被扭曲的资本分配的受益者。其结果是，受到反倾销调查的公司的财务状况，特别是资本成本，经常是扭曲的。”②

对于市场经济与非市场经济界限的理解，各种理论从不同的角度出发会有所不同。但是有些条件和机制是这些理解中共同存在

① *See* on website http://www.house.gov/apps/list/press/pa03_english/JJCT0604.html, “English Testifies: China not a ‘Market Economy’”, visited on 11/17/04.

② *See* on website http://www.house.gov/apps/list/press/pa03_english/JJCT0604.html, “English Testifies: China not a ‘Market Economy’”, visited on 11/17/04.

的。中国在确定进行市场经济改革的1992年的党的十四大的决议中对“社会主义市场经济”所作出的解释,认为市场经济体制要求明确的和完善的宏观经济调控体制,以便保证市场经济的正常运行。从这个观点出发,市场经济无疑需要体制框架的建设,一旦市场经济的体制框架建立起来,市场经济的完善也就意味着具体制度的不断改善。

另外,中国的破产法律体制也需要进一步完善。中国的破产法律体系只适用于国有企业,但是由于这种破产法体制在执行中的困难,对于经营管理失效的国有企业缺乏退出市场的制度,这种状况也加深了政府对国有企业干预的程度。

四、中国争取市场经济地位的政策建议

正如前文所述,中国的非市场经济地位问题是一个复杂的问题,不能简单地将它作为经济问题、政治问题,或者法律问题,甚或是外交问题中的任何一种来孤立地看待,必须将它作为一个综合性的题目来解决。因此,笔者认为中国争取市场经济地位应当从以下几个方面入手。

(一)通过深入改革来完善中国的市场经济体制

市场经济的确定应当有一定的体制方面的条件标准,笔者所建议的关于《反倾销协议》的改革之一,就是在某种程度上建立一定的对市场经济的判断标准,尽管市场经济和非市场经济由于政治因素和经济政策的差异,区分它们的界线并不总是很清晰。这样做的主要目的就是促进改革和反倾销制度的法治化。

基于上述情况,中国政府在处理争取市场经济地位的问题上,首先应当关注国内市场经济体制改革的进程,与市场经济体制的基本标准相对照,本国市场经济制度存在着哪些缺陷。这是中国争取市场经济地位政策的出发点。

换言之,中国政府在制定政策时不应当过分强调市场经济地位问题中的政治因素的影响。当然,不可忽视,在欧盟和美国的关于非市场经济地位认定的规则或者标准中都在较大的程度上允许政治

因素的介入。不可否认这种政治因素的介入增加了中国争取市场经济地位的难度，但是降低这种难度的根本方式是加强国内的市场经济体制改革，使中国的经济运行更加符合市场体制的标准，减少欧盟或者美国这样的地区或国家内部的保护主义政治势力的筹码。

在目前市场经济体制仍然存在一定的不足的条件之下，强调市场经济认定中的政治因素的影响可能会造成影响市场经济体制改革进一步深入的效果，拖延中国市场经济改革的进程。

到目前为止，欧盟和美国都否认拒绝给予中国市场经济地位存在政治因素的影响。在回答中国有关媒体询问欧盟对中国市场经济地位的审议是否与政治因素有关时，欧盟委员会外贸委员帕斯卡·拉米的发言人冈萨雷斯指出，"市场经济地位"只是欧盟"在考察反倾销时对于不同国家的一种归类"，因此"完全是在技术层面上进行评估的一个技术问题"。她同时还指出，中国何时能够取得市场经济地位，"实际上取决于中国政府"。对于中国提供的任何"支持其市场经济地位诉求"的信息，欧盟将以最快的速度进行研究和评估。①

在美国商务部就中国的市场经济地位要求进行公开听证时，也要求提出意见的有关方面集中讨论中国经济中存在的与市场经济运行不相符的情况，尽管参与听证的一些美国国内利益集团提出的意

① 《欧盟否认中国市场经济地位评估与政治有关》，原载《中国青年报》，转引自大众网 2004 年 7 月 5 日消息，参见网址 http://www.dzwww.com/licai/caijingxinwen/200407050597.htm，2004 年 11 月 18 日访问。

见带有明显的保护主义政治色彩,① 但是据报道,中国代表并没有强调经过二十多年的市场经济体制改革过程,中国在市场经济体制建设上所取得的成绩,以及这些改革措施对中国市场经济运行所产生的积极影响,而是直接从非市场经济地位对双方贸易关系的影响角度阐述给予中国市场经济地位的经济效益,这种主张和论据并不能有效地反驳美国认为中国的经济运行不符合市场经济制度的论点。

(二)促进非市场经济地位问题的法治化

现行的有关国家的市场经济地位认定的制度的性质在不同的程度上允许政治因素的影响,同时也为贸易保护主义提供了较大的空间。比如,欧盟确定非市场经济国家的权利在欧盟委员会,其法律只规定欧盟委员会根据有关国家的交易的自由化等情况来认定,并没有确定具体的标准。美国 1930 年关税法虽然规定了一定的确定市场经济地位的准则,但是并没有订立更具操作性的标准,因此考

① *See* on website http://www.house.gov/apps/list/press/pa03_english/JJCT0604.html, "English Testifies: China not a 'Market Economy'", visited on 11/17/04. 在美国众议院议员 Phil English 的证词中,提出了中国的联系汇率制度不符合市场运行的经验,由于资本市场的封闭这种汇率制度造成了中国政府对美元和人民币的汇率操纵,从而使美中贸易产生扭曲,造成了最近美中贸易的逆差扩大。但是这种汇率制度是国际货币基金组织(IMF)协议所允许的,许多市场经济的发展中国家采取这种汇率制度,这位众议员的发言不能不说代表了国内贸易保护主义的政治需要。另外,在听证会上,美国劳联—产联的代表在对美国 1930 年关税法中规定的市场经济基准中的"自由确定工资"的条件发表的意见中认为中国政府依靠警察、军队等强制手段保证执行低廉的工资标准,阻止劳工自由确定工资。这种证词显然与中国的实际情况不符,尽管中国现阶段存在着劳工标准执行的不足,但是中国政府通过不断的改革,已经提供了保护劳工权利的相关法律机制和政策,中国的警察和军队为了保障社会的安定而采取相应的强制措施完全属于合法的范围,劳联—产联的证词从保护其利益目的出发,力图在确定中国市场经济地位的问题上产生有利于自己的影响。参见美国钢铁工人联合会(United Steelworkers of America, AFL-CIO·CIC)提交的书面听证意见,2004 年 5 月 3 日。

虑到美国国内产业和相关劳工组织的强大的保护主义倾向，在确定中国的市场经济地位时，政治因素的影响也就必然会成为国际贸易关系现实中存在的问题。

政治因素对中国市场经济地位的影响会对问题的解决产生消极影响；同时市场经济地位问题由于涉及世界贸易体制中的非歧视待遇原则，政治因素的介入也会影响世界贸易体制的非歧视原则的执行，并在一定条件下对世界自由贸易政策执行的效果产生消极影响。将市场经济地位问题政治化，首先不利于促进转型经济国家的市场经济体制改革。非市场经济地位规则在反倾销法律中适用的本意是要消除反倾销调查规则中由于不符合市场经济的做法给认定倾销所适用的价格比较方法所带来的扭曲，如果政治因素成为适用非市场经济地位规则的主要决定依据，上述反倾销法律中的非市场经济地位规则就不能达到预期的目的。一方面如果政治因素导致不符合市场经济条件的国家获得市场经济地位，适用于非市场经济国家的价格比较措施就会失去调整扭曲效果的作用；另一方面通过政治因素的影响确定市场经济地位，可能造成非市场经济国家将关注的重点放在经济体制改革之外的措施上，从而延缓改革的进程；同时由于非市场经济国家难以确定改革措施实施所应有的法律上的预期效果，从而失去改革的激励效果，这在一定程度上也会导致延缓改革的进程。其次，市场经济地位问题的政治化，由于鼓励了一些国家根据不同的政治利益来确定是否承认 WTO 有关成员方的市场经济地位，而造成不同的成员方在实施反倾销法中对同一国家采取不同的待遇，或者同一成员方在实施反倾销法中对经济市场化程度处于类似水平的国家采取不同的待遇，从而造成反倾销制度实施中的歧视性待遇。最后，世界贸易体制是建立在世界贸易自由化的政策基础上，同时以比较利益的理论为其合理性基础，世界贸易体制应当是一种自由经济的产物，如果非市场经济国家在这一体制中扮演重要角色，必然会导致世界自由贸易政策执行效果的扭曲。

非市场地位问题的政治化主要是通过两个途径发生的。一是 WTO 的《反倾销协议》中缺乏统一的市场经济地位认定的标准；二是各国反倾销法中,关于市场经济地位确定标准的实施缺乏透明度。

根据上述问题在 WTO 体制上的表现,中国促进非市场经济规则在世界贸易体制中的法治化可以从两个方面入手。

首先,中国政府争取市场经济地位可以利用 WTO 反倾销制度的改革,提出有关市场经济地位标准的法定规则,或者在 WTO 反倾销制度中增加有关加强非市场经济地位规则适用的透明度的规则要求,通过上述促进 WTO 反倾销制度改革的主张和政策,加强 WTO 反倾销制度的法治内容,从而增强市场经济地位问题解决的法治化因素。根据目前的形势,尽管在世界贸易的新一轮谈判中推进《反倾销协议》第 2.7 条的改革存在着巨大的困难,但是这并不意味着中国政府在谈判中对这一问题应当保持沉默。中国作为目前 WTO 中惟一的非市场经济成员,在多哈回合谈判中曾经在其向规则谈判组提交的关于《反倾销协议》的修改意见中表明,WTO《反倾销协议》的第 2.7 条已经不适应目前世界经济环境发展的状况,50 年前的这一条款导致了 WTO 成员对这一规则的滥用,以此作为对国内产业实行不公正的保护的工具,因此这一条款应当撤销。① 这一建议虽然表明了中国政府的基本态度,但没有提出具体的建议。笔者认为,中国政府应对这一条款的改革提出更加具体的建议。一方面,中国政府可以建议 WTO《反倾销协议》确立一个逐步撤销其非市场经济规则条款的方式,在此前提下,建立一个解决问题的多边措施,例如为各成员授予其他成员市场经济地位提供一个参考标准;或者建立一个集体审议的机制,避免出现一国将其国内的政治压力释放到授予中国市场经济地位的问题上。另一方面,建立统一的国内非市场经济调查方法的标准或指导原则。值得注意的是,在《中国加入世界贸易组织的工作组报告》中,中国政府提出了 WTO 成员的国内非

① WTO Negotiating Group on Rules, "Proposal of the People's Republic of China on the Negotiation on Anti-Dumping", TN/RL/W/66, 6 March 2003, Section 1.16, pp. 3-4.

市场经济调查规则应当具有透明度的要求,①但是从世界贸易体制建设的角度来看,在这个问题上的透明度的要求不应当仅仅是针对中国的特定问题,它涉及 WTO 的非市场经济规则与整个体制的基本原则相协调的问题。将这种透明度要求纳入 WTO 的反倾销体制有利于建立更加完善的世界贸易体制。

其次，中国可以利用 WTO 现有的争端解决机制，根据中国加入 WTO 谈判所建立的对中国实施非市场经济规则的条件,② 对 WTO 成员在反倾销调查中实施非市场经济规则的情况进行监督。正如前文所述，WTO 成员在对来自中国的进口进行反倾销调查时，应当建立合理的确定的调查方法，对其使用的调查方法和推理的过程应当作出完全的说明，并应当予以公布。中国政府可以根据上述条件，通过 WTO 的争端解决机制解决特定国家滥用反倾销调查中非市场经济规则裁量权的问题，从而在现有的制度条件的基础上，最大程度地降低非市场经济规则所带来的对中国出口的反倾销调查的随意性。

尽管从 WTO 现有的关于非市场经济的规定来看，反倾销调查中的非市场经济规则的制定和实施应当属于 WTO 成员的裁量权范围，WTO 成员对中国适用非市场经济规则属于双边问题，换言之，非市场经济规则是限于 WTO 体制中的个别成员与 WTO 各个成员之间的特殊问题，因此针对中国的非市场经济地位问题出现的争议能否进入以适用 WTO 法律规则为其主要职能的争端解决机构的管辖范围，可能会在实践中产生争议。同时对中国的非市场经济地位问题作出规定的《加入工作组报告》能否作为争端解决的依据，WTO 争端解决机构处理的有关案件中至今仍然没有先例；然而，作为 WTO 的一个平等的成员，中国在有必要时，可以考虑利用 GATT 1994 第 23 条有关所谓“非违法之诉”的规定申请由 WTO 的争端解决机制来解决这一问题。

---

① 参见《中国加入世界贸易组织工作组报告》第 151 ~ 152 段。

② 同上。

（三）通过外交方式争取 WTO 成员根据其国内法律或政策取消中国在其国内反倾销法律中的非市场经济地位

中国的非市场经济地位的直接规则是中国加入世界贸易组织议定书的相关条款。依据《加入议定书》的条款，中国的这种许诺是以时间为基础的，但同时也允许 WTO 成员根据国内的标准在期限到来之前提前结束中国的非市场经济地位。换言之，从理论上说 15 年只是一个最高的期限，中国可以通过逐个与 WTO 的主要成员进行谈判协商，分别促使 WTO 成员根据国内反倾销法律的有关规定或者相关政策，给予中国市场经济国家的地位。另外，由于 WTO 法律中关于非市场经济的一般规则中并没有规定授予市场经济地位的标准，因此对于 WTO 成员国内对于授予市场经济的规则并没有统一的要求，成员是否授予中国市场经济地位完全是根据国内法律或者对华经济贸易政策来决定。这必然会导致中国解决非市场经济地位问题中外交和政治的影响。

基于以上分析，中国的非市场经济地位问题可以通过双边谈判促成 WTO 的单个成员授予中国市场经济地位来解决；或者在适当的条件下通过 WTO 成员国内法律规定的程序获得市场经济地位。如前所述，尽管从理论上说 15 年只是一个最高的期限，中国可以通过逐个与 WTO 的主要成员进行谈判协商，分别促使有关国家根据其国内反倾销法律的有关规定，给予中国市场经济国家的地位，但是从国际贸易关系的现实的角度来看，中国的主要贸易伙伴不会轻易放弃这种权利，尽管已经有一些 WTO 成员承认了反倾销调查中中国的市场经济地位，① 但是这并不影响包括美国和欧盟在内的其他中国主要的贸易伙伴继续根据中国的承诺在其国内反倾销调查中将中国视为非市场经济国家。在这种情况下，中国通过外交方式获得市场经济地位的主要目的在于两个方面，一是促使 WTO 成员充分了解中国市场经济体制改革的成绩，二是通过申请市场经济地

① 中国政府通过外交努力，到 2005 年底已经促使包括新西兰、东盟国家、韩国以及一些非洲、南美国家承认中国的市场经济地位。

位的活动了解中国市场经济制度存在的缺陷。

根据 WTO 成员授予市场经济地位的方式的不同,一方面,中国可以利用贸易关系中的利益交换谈判解决非市场经济地位问题。在使用这种方式时,由于这些国家的法律中通常对市场经济没有规定相应的标准,因此市场经济地位的授予与否更加依赖对中国市场经济改革成果的理解和它们与中国的贸易关系的状况,甚至与其国内政治环境有关,在这种情况下,中国在谈判市场经济地位时,应当更加注重了解其政治经济环境和政策,选择适当的时机进行谈判;另一方面有一些国家的反倾销法律规定了认定市场经济地位的法律标准和程序,例如:美国的法律规定了申请认定市场经济地位,可以由出口商在反倾销调查程序中完成,也可以由非市场经济国家的政府向美国政府提出申请,并通过法定程序授予。尽管使用这种方法时,申请的结果要受到中国与该国的贸易政治环境的影响,但是由于在这种方式下,审议存在着某种程度的法律标准,因此相对来看,其裁决意见对中国完善市场经济体制具有一定的参考意义。

考虑到这种外交解决方法只能使中国在相关的 WTO 成员国内的反倾销调查中获得市场经济地位，中国在选择向其申请市场经济地位的国家时应当充分考虑中国因此获得经济利益以及政策影响。例如，中国应当选择像美国、欧盟这样的主要贸易伙伴，以及对中国在 WTO 谈判的形势有利的国家，或该国承认中国的市场经济地位能够产生较大舆论影响的国家，例如东盟和新西兰对中国的市场经济地位的承认，从某种程度上来看，可以起到上述作用。

中国的非市场经济地位问题来源于 WTO《反倾销协议》的歧视性规则，这个问题的解决应当建立在中国政府不断深化经济体制改革，并促进《反倾销协议》有关条款的改革的基础上。换言之，中国的非市场经济地位问题，应当通过促进 WTO《反倾销协议》的第 2.7 条规定的改革，协调市场经济地位确认条件，增加非市场经济地位规则的确定性和稳定性，加强涉及非市场经济国家的倾销调查方法的透明度规则，同时利用现有的制度条件，制定综合政策来解决。

第十三章 《反倾销协议》改革与中国竞争政策的选择

在国际贸易的环境中，反倾销制度对于各国的竞争政策具有重要影响；反过来，各国竞争政策的选择以及与此相联系的竞争法律制度的状况，也会影响到外国政府对其实施反倾销措施的政策。这是由反倾销措施作用的复杂性所决定的。

一、美国对中国彩电反倾销案的启示

2003 年 5 月 2 日，美国的商务部和国际贸易委员会在收到美国田纳西五河电子创新公司（Five Rivers Electrical Innovation）和国际电子工人兄弟会（International Brotherhood of Electrical Workers，IBEW）、美国通讯工人组织产业部（Industrial Division of Communications Workers of America）等三个组织的申诉后，开始对来自中国和马来西亚的彩电进行反倾销调查。调查产品范围包括的主要产品是 21 英寸以上的彩电，包括普通的 CRT 彩电、高清晰数码彩电和背投彩电，不论是否安装有录像或者复制设备，特别排除在调查范围之外的产品只有计算机显示器或者其他不能接收电视信号的录像显示设备。案件的调查期间为 2002 年 10 月 1 日至 2003 年 3 月 31 日。

2003 年 6 月国际贸易委员会作出初步裁决，认为根据调查，有合理的证据显示美国的产业受到来自中国和马来西亚的彩电产品的实质性损害威胁。同年 11 月，美国商务部就来自中国和马来西亚的彩电产品是否以低于公平价值的价格在美国销售作出了初步裁决，并且初步认定了倾销幅度。

在申诉中，美方申诉者要求对中国彩电征收高达 84% 的强制性关税。而中方则提出了给予中国的彩电产业以“市场主导产业(market oriented industry, MOI)”的地位。美国商务部在初步裁决中拒绝了中方彩电企业的这一要求。主要原因是中方没有提供包括彩电产业所有生产者的数据的信息。相反，中方应诉者只提供了一些显然是出口企业的数据，而且也没有提供这些数据能够适用于其他中国彩电生产者的证据。美国商务部继续依据一贯的实践，按照非市场经济地位的规则适用替代价格的比较方法，选用印度作为替代国来确定中国彩电企业的倾销幅度。2003 年 11 月 24 日，美国商务部公布了对中国彩电的反倾销调查的初步裁定结果，认定倾销税率分别如下：长虹 45.87%，厦华 31.70%，TCL 31.35%，康佳 27.94%；全国税率为 78.45%。此外，美国商务部还认定紧急状况的存在。①

2003 年 12 月和 2004 年 1 月，美国商务部对中国厦华、长虹、康佳和 TCL 等四家彩电企业提供的信息进行了实地核查，反倾销的调查进入终裁阶段。在终裁阶段，美国商务部根据信息核查中的情况和双方提交的有关评论意见，对生产要素的相关替代价格的选择，生产商向市场经济国家购买的材料的价格等问题重新进行了讨论，并对相关数据进行了调整，最后对初裁中的倾销幅度作出了调整。2004 年 5 月，美国商务部公布了中国彩电反倾销调查关于中国进口彩电产品以低于公平价值的价格在美国市场销售的最终裁决结果，认定中国彩电以低于公平价值的价格在美国销售，其后商务部又对上述裁决的倾销幅度进行了修正，最后认定的倾销幅度分别为：厦华 4.35%，长虹 24.48%，TCL 22.36%，康佳 11.36%，海尔、海信、创维等 9 家企业税率为 21.49%，没有应诉的其他中国

---

① *See* Notice of Preliminary Determination of Sales at Less Than Fair Value, Postponement of Final Determination, and Affirmative Preliminary Determination of Critical Circumstances: Certain Color Television Receivers from the People's Republic of China, FR 66800 (Nov. 28, 2003).

企业的倾销幅度一律裁定为78.45%。①

在美国商务部作出最终裁决后，国际贸易委员会对来自中国的倾销的彩电是否给美国国内同类产业造成了实质性的损害或者实质性损害威胁作出了肯定性的裁决。在调查中，美方认为，中国彩电的"非正常"低价销售影响了美国彩电业的正常发展，影响了美国国内就业率。中国企业则认为，美国本国基本没有彩电制造商，因此，并不存在对美国彩电业构成损害的问题。至于是否影响到美国国内就业率的问题，本次案件并没有美国直接从事彩电生产的工人提出对华彩电反倾销。相反，中国彩电的运输组装等给美国人带来了很多的就业机会，促进了美国经济。②

根据上述结果，美国商务部于2004年5月21日宣布了对中国输美彩电反倾销的征税令。

对于上述裁决结果，中国的彩电企业和媒体的评价普遍认为，美国商务部关于倾销的肯定性裁决与中国彩电企业的情况不符，是不公正的。③ 造成这种不公正的结果的原因主要在于美国政府在此案中坚持把中国作为非市场经济国家，拒绝承认中国彩电生产行业为"市场主导产业"，从而在进行公平价格比较时对中国产品适用替代国的相关价格，而作为替代国的印度的彩电价格根本就不能反映中国彩电行业的实际情况。因此造成了价格比较的扭曲，导致了在倾销裁决上的肯定性结果。

另一种意见则从中国企业应对反倾销的策略和方法的角度，一方面认为中国彩电行业在20世纪80年代末和90年代初，以及21世纪初连续遭遇欧盟和美国的反倾销调查，其原因在于企业管理者

---

① *See* Notice of Final Determination of Sales at Less Than Fair Value and Negative Final Determination of Critical Circumstances: Certain Color Television Receivers from the People's Republic of China, 69 FR 20594, April 16, 2004.

② 参见美国商务部对华进口彩电反倾销案调查启动意见。

③ 2004年6月19日，中国机电进出口商会秘书长陈祥在青岛举办的"电子产品国际贸易论坛"上所作的表态，参见网址 http://news.rednet.com.cn/Articles/2004/06/575417.HTM，2004年11月20日访问。

在经营决策方面和开发国际市场战略方面的急功近利。这种观点认为正常情况下开发一个新的市场，至少需要有3～5年的市场推广时间，而中国彩电企业在实施所谓国际战略时，经常是通过将大量廉价产品向单一的国外市场（通常是美国、欧盟市场）销售，在短时期内占领国外市场，这种做法实际上有异于一般的市场经营策略，是一种不合理的经营决策，甚至是缺乏理智的决策。与这种看法相联系，也有观点认为中国的彩电企业采取低价、大规模出口来打入国际市场是国内市场上家电企业进行无序竞争和不正当竞争的结果。而产生这种市场经营策略的原因不应当仅仅从企业管理者的决策角度考虑，更应当考虑产生这些非市场化、非理性的企业经营行为的政策和法律环境。

应当承认，中国的彩电工业和国内的其他产业相比是市场化程度较高的产业，这一点可以从产品的定价、产量的决定、企业所有权等方面的有关数据体现出来。在针对中国彩电产品进口的反倾销调查中，由于技术原因，美国商务部没有确认中国彩电工业“市场导向产业”的地位，从事实的角度来看缺乏公正性，但是从美国有关法律要求的角度来看，裁决符合法律上的公正程序的要求。

从事实上看，市场化程度较高的彩电工业并不是在一个完善的市场上开展竞争。尽管政府对市场和企业的经营管理的干预减少了，但是，企业的限制竞争行为出现在竞争激烈的国内市场上。在中国实行市场经济制度的短短的十几年时间中，中国的彩电产业已经出现过两次价格垄断性质的卡特尔现象。1998年，一些彩电生产者曾经试图通过实行价格自律来限制国内彩电市场上的价格竞争。这一次限制价格的行为并没有达到预期目的。2000年6月9日，中国的包括长虹、TCL、康佳等9家最大的彩电生产者在深圳宣布召开中国彩电企业峰会，建立彩电价格联盟，对彩电实行最低限价销售，甚至还打算进一步制定联合限产方案。这些企业声称，此举是为了制止彩电市场持续恶性竞争，及其所造成的透支市场和最终带来市场极度疲软的后果。

除了彩电行业以外，在20世纪末和本世纪初，这种“价格联盟”在市场具有一定成熟程度的商品和服务市场上成了企业限制价格的主要方式。这种主要生产商为限制价格和生产而进行各种形式的商讨的现象甚至被有些媒体称为“联盟时代”。① 在共同利益的驱动下，一些企业通过“联盟”抬高价格或者限制产量保证最低价格，或者联合起来限制外部的竞争，包括联盟以外和来自外国的竞争者。

从 1999 年起，许多行业的价格/限产联盟纷纷出现。1999 年 5 月，足以垄断国内彩色显像管市场的八大彩管厂曾联合发布过一个声明：全国彩管停产一个月。八大彩管生产企业欲通过结成联盟，以停产或限制产量来达到提高产品市场销售价格的目的。2000 年 4 月，民航总局也出台过一项“航线联营”政策，国内 102 条航线按民航总局统一核定的票价售票。7 月，北京出现旅行社价格联盟。除此之外，还有空调联盟、轿车联盟等。这些企业联盟大致包括两种模式，这两种模式概括了中国市场的两种情况。一是企业之间自愿建立的松散联盟，这种松散的联盟多出现于价格自由化程度较高的产业，比如民用品工业，其中彩电企业的价格联盟最为典型；二是由政府主管部门主导、企业参加的联盟。这种联盟多出现在政府干预较强的产业市场上，比如以民航系统的“航线联营”为代表的一些公用事业部门或者自然垄断部门。

上述这些垄断性质的联盟，尽管其所产生的效果并不完全一致，但是，这种限制竞争的联盟反映出中国市场发展的未来趋势。正如笔者在本书的第一部分和第二部分所阐释的，从经济理论的分析来看，垄断的国内市场会对本国国内的市场产生一种保护的效果，造成国际贸易中的价格歧视的情况，引起进口国对其产品适用反倾销法，以便抵偿出口国保护市场所造成的价格歧视给本国产业造成的损害。国际贸易关系发展的历史，以及反倾销法律适用的情

① 参见《撩开价格联盟的面纱》，人民网 2000 年 7 月 31 日，网址 http://www.people.com.cn/GB/channel3/23/20000731/165845.html，2004 年 11 月 20 日访问。

况都在一定程度上证明了上述情况。例如在反倾销法最初形成的20世纪20年代，各国订立反倾销法的动因基本上是出于对德国的竞争政策所制造的卡特尔和康采恩等垄断组织在国际贸易竞争中所产生的价格歧视后果的救济。20世纪80年代，反倾销法也被欧洲的反倾销调查机构用来对抗日本竞争政策所造成的日本对其国内市场的保护。颇具讽刺意味的是，欧洲汲取了美国的教训，利用反倾销法成功地阻止了日本的彩电产业占领欧洲彩电市场，保护了欧洲彩电产业，相反美国在20世纪80年代则采取了一种利用国内竞争法律来取得对本国电视生产者进行保护的政策措施，结果由于竞争法律适用的复杂性，最后美国的电视生产者纷纷退出本国市场。①

基于上述事实，虽然现行的反倾销规则并不以判断是否有限制竞争的行为或者意图为目的，只是通过出口价格和正常价值（主要是出口国的国内市场价格）的比较，确认是否有价格歧视行为的存在，但是，对于由于竞争规则的缺失而导致国内市场呈现较高的保护性的国家，进口国的反倾销调查机构和国内产业通常会倾向于对这些国家，或产业集中适用反倾销法律的政策，换言之，出于“拉平竞技场”或者“公平贸易”的考虑，对于来自“保护性市场”的进口产品，进口国更倾向于对其适用反倾销法，以便抵偿价格歧视对国内产业造成的损害。

尽管依照欧盟和美国的反倾销法律，中国仍然属于非市场经济国家，在其反倾销调查中，通常适用替代国的同类产品价格与中国出口商的出口价格进行比较，因此通常不会涉及中国市场所存在的竞争规则缺失所造成的保护性市场问题，但是反倾销法律适用的竞

---

① 在20世纪80年代，美国利用贸易301条款和相关的竞争法规则对日本的彩电产业进行限制竞争的调查，认为日本彩电产业在定价政策和竞争政策方面存在着限制竞争的目的和行为，但是由于调查过程漫长，在调查的过程中，日本的彩电产业已经完成了对美国市场的占有，美国的彩电产业在日本同类产业的竞争策略面前基本消失了。参见 Alan Wm. Wolff, Trade and Antitrust: Is Rapprochement Desirable? Is It Possible? 47 N. Y. L. Sch. L. Rev. 167.

争政策倾向，仍然对中国的市场经济体制建设具有重要影响。这种影响一方面体现在中国应当在市场经济制度的改革过程中选择什么样的竞争政策和制定什么样的竞争法律来保证所建立的自由市场的开放性；另一方面表现在中国竞争政策的选择是否能够促进中国市场在世界贸易制度中取得一个合理的竞争地位。

二、改革《反倾销协议》与中国竞争立法

（一）改革的基本出发点对竞争法律制度的影响

众多的改革意见中，以促进竞争为中心原则改革现有 WTO《反倾销协议》的观点是与反倾销法律的竞争政策意义密切相连的。这些意见认为，反倾销法律制度存在的惟一合理的理论基础是出口商掠夺性竞争的控制，而掠夺性竞争在国际贸易关系中存在的基础就是出口国市场的保护性。《反倾销协议》的改革必须围绕消除掠夺性竞争，抑制保护性的外国市场的出口商在国际市场上进行不公平竞争进行。然而，本书的第二部分探讨了几种改革基本原则（或者出发点）实施的合理性和障碍。对于实施以竞争政策为中心的《反倾销协议》改革建议，存在的一个巨大的障碍在于，现行的世界贸易体制缺乏一种在 WTO 成员之间协调竞争规则的有效机制，这种状况会导致改革的内容无法实施。因此，以实现合理竞争为中心的《反倾销协议》改革必须以各国竞争制度的协调为基础。这种协调包括政策的协调、法律规则的协调、法律执行机构的协调。从改革的意义上来看，反倾销法在竞争意义上的合理化的前提是竞争规则的协调制度，而从竞争规则的协调机制在世界贸易体制中的建立对反倾销法的改革具有影响。

就现行世界贸易体制的特征来看，它并不具备直接规制市场规则，或者协调市场规则的条件，因此在现有的世界贸易体制之下，《反倾销协议》的改革只能从缓冲自由贸易给体制成员国的经济和社会所带来的压力，使得世界贸易体制和反倾销制度在经济有效的基础上运行的角度出发进行。在这种情况下竞争规则并不是反倾销制度的出发点。从这个角度来看，竞争立法似乎与《反倾销协议》

的改革不存在任何联系；但是，同样从体制的角度出发，现行的《反倾销协议》是货物贸易体制——《GATT1994》所规范的贸易规则——的一部分，从规则适用的角度来看，反倾销规则只适用于货物贸易；而且，从贸易进行的方式，以及反倾销措施本身的特征来看，反倾销规则也只能适用于以征收关税为主要壁垒方式的货物贸易。对于在乌拉圭回合协议中被纳入多边自由贸易体系的服务贸易来说，无论从贸易进行的方式、壁垒存在的方式和 WTO 法律体系的结构方面来看，以征收特别关税的方式为惟一的救济措施的《反倾销协议》不能，也无法适用于服务贸易。在服务贸易领域，根据 GATS 中定义的服务贸易的四种形式来看，造成壁垒的方式多以市场准入和市场竞争规则的方式体现出来，特别是根据服务贸易的特点，价格竞争并不是服务产品竞争的主要内容，服务贸易产品对服务进口国经济产生的冲击也并不主要由服务产品价格倾销所引起，因此反倾销法的适用只能减缓货物贸易对进口国经济产生的冲击，而对于服务贸易产品则并不能产生关键性的影响。例如，服务提供者的竞争策略使得其在服务进口国的市场占有率急速增加，形成垄断局面，对进口国本国的同类服务产业，甚至国家经济的整体发展产生冲击，这种情况下，缓解冲击的只能是进口成员国的竞争政策工具，比如竞争法律制度，反垄断法。在 WTO 并不存在竞争法律协调机制的情况下，减缓自由贸易所引起的经济冲击的角度来看，WTO 的保护是不平衡的；而从服务贸易和货物贸易流向的特点来看，由于服务贸易多由发达国家向发展中国家出口，而发展中国家向发达国家的出口多以货物贸易为主，这就造成了服务贸易和货物贸易保护措施的不平衡，同时也造成了 WTO 的保护措施对发达国家和发展中国家保护的不平衡。在这种情况下，选择合理的竞争政策，建设完善的竞争法律体制，就成了削减这种不平衡影响的有效选择。特别是对于中国这样一个货物贸易中的产品出口大国和服务贸易中的主要进口国来讲，完善竞争法律制度在加入 WTO 之后是非常重要的。

(二) 中国竞争法律体制的现状

根据普遍的对竞争法律制度的理解，所谓竞争法律制度包括反不正当竞争行为和反垄断两个方面的内容。这两个方面的内容既相互联系又存在着重要的区别。二者的联系在于都是维护市场竞争秩序的法律规范；区别在于前者强调竞争行为本身的正当性，而后者则强调竞争行为对市场竞争结构的影响，前者以保障竞争的公平和自由性质为其价值的主要出发点，而后者则以竞争的经济效益为其价值的主要出发点。

伴随着中国政府进行社会主义市场经济体制改革，有关竞争规则的立法就已经产生。经过十多年的改革后，中国的竞争法律基本上沿袭改革初期所建立的竞争规则的法律框架。

中国现行的竞争法律框架主要由 1993 年制定的《中华人民共和国反不正当竞争法》（以下称《反不正当竞争法》）以及涉及规范竞争行为的由政府颁布的各种条例、规章等法规或者规范性文件构成。

《反不正当竞争法》基本上是一个以规范和限制不正当的竞争行为为出发点的竞争法规则。该法律的目的是从公平竞争的价值观出发，对竞争中损害其他经营者的合法权益，扰乱社会经济秩序的行为进行监控。这部法律所规定的不正当竞争行为，按照其直接损害的对象可以分为两大类，即直接损害竞争者的不正当竞争行为，以及直接损害消费者的不正当竞争行为。前者包括假冒行为、贿赂(即采用财物或其他手段进行贿赂以销售或者购买商品的经营者的行为)、侵犯商业秘密；以排挤竞争对手为目的的倾销、损害竞争对手的信誉，以及串通投标的行为。后者包括虚假广告、搭售或者附加不合理条件的销售行为、某些情况下的有奖销售行为。可以看出这部法律是以竞争行为作为规范的目标，除了关于以排挤竞争对手为目的的倾销以外，并不以竞争的经济效益为保护的目标，也就是说，中国的竞争法并不将反垄断作为它的主要目标。

造成这种现象的原因在于对市场经济改革阶段反垄断法所起作用的不同认识。有些学者认为中国处于社会主义市场经济建立的初级阶段，由于旧有的计划经济体制的影响和私人竞争尚未充分发育，市场垄断行为的表现并不充分，特别是企业的平均规模过小，企业横向联合，以及企业集团刚刚开始发展，在这种情况下制定反垄断法，限制企业的联合，会对政府的产业政策的实施产生干扰的效果。①

应当说，这种观点在《反不正当竞争法》制定和通过的1993年具有一定的合理性。在市场经济体制改革的初期阶段，政府控制和干预经济的现象普遍存在，统一的国内市场并没有形成，行政垄断仍然是市场竞争中的主要问题，从这个角度看作为限制私人竞争的市场独占行为的反垄断法可能没有现实意义。

中国的实际情况是，尽管在从计划经济向社会主义市场过渡的最初阶段，由于市场发育不完善，真正意义上的市场竞争并不存在，除了政府干预经济或者政府部门直接干预经营管理所造成的行政性垄断以外，由企业基于自身经济利益而对国内市场进行垄断控制的情况并不多见。中国从1992年开始进行的社会主义市场经济体制改革的过程正是一个不断减少政府干预经济的过程，也是一个不断消除行政垄断的过程。在市场经济改革初期，由于市场体系并不完善，因此制定规制私人限制竞争的反垄断法，并不是首要的任务。但是，随着市场发育的不断成熟，当市场竞争已经具备了一定的前提条件时，建立规范竞争行为的竞争法体制就显得越来越重要。② 首先，经过十多年的市场经济体制改革，国家垄断的价格体制已经被打破；其次，私有经济的成分不断增长；再次，我国通过企业体制改革建立了现代企业制度，参与市场竞争的企业所享有的自主经营权利不断扩大，在决定生产量的水平，确定产品价格，以

① 参见王晓晔：《中国竞争法》，载王晓晔著：《竞争法研究》，中国法制出版社1999年版，第107页。该文的第三部分中国反垄断的法律制度对反垄断法和反不正当竞争法的立法背景所作的简要评述。

② 参见王晓晔：《有效竞争——我国竞争政策和反垄断法的目标模式》，载王晓晔著：《竞争法研究》，中国法制出版社1999年版，第73～75页。

及决定经营策略等方面都享有较大的自主权。同时中国市场中近几年出现的一些现象也使得建立有效的、完善的竞争法律体制成为具有现实必要性的一个问题。这种问题表现在两个方面，一方面，就像笔者前文提到过的，近些年来，随着市场竞争的加剧，许多行业出现了以限制价格或者限制产量为主的具有垄断性质的联盟，这种联盟不仅限制了国内市场的竞争，同时也会影响到国际贸易竞争关系。另一方面，在中国加入 WTO，全面开放国内市场的情况下，反垄断法律制度的缺陷也会造成跨国公司在中国的垄断控制。①

因此，建立统一协调和有效的竞争法律体制再一次成为当前国家立法机关和学术界关注的焦点。

目前我国的竞争法律体制从结构上看十分零乱，没有形成一个专门的和完整的体系，有关内容，特别是关于反垄断的立法，大部分是国务院各部门发布的行政性法规，权威性不够，对限制竞争行为缺乏威慑力。另外，许多竞争法规则没有规定违反法律应当承担

---

① 根据《互联网周刊》2004 年 6 月 9 日的报道，2004 年 5 月中旬，国家工商总局针对跨国公司的反垄断进行了一次调查，并且完成了一份名为《在华跨国公司限制竞争行为表现及对策》的有关调查报告。这份报告中点名提到了微软、柯达、利乐等十多家知名外企。这份报告是由国家工商总局公平交易局牵头完成的，而针对跨国公司垄断竞争的调研工作早在 2003 年初就已经开始，由北京、上海、广东三省的工商部门与公平交易局共同开展。2003 年 3 月和 4 月，公平交易局邀请中国连锁经营协会、中国电子企业协会、中国通信工业协会、中国洗涤用品协会、中国橡胶工业协会、中国软件行业协会以及联想、乐凯、微软等国内外的行业领头者召开了两次座谈会，以了解跨国公司在中国市场所占的市场份额、外资并购情况以及在经营过程中可能存在的限制竞争行为。2003 年 10 月底，国家工商总局在广东召开了“跨国公司限制竞争研讨会”，对调研情况进行了初步小结，并邀请法律专家和经济学家对如何监管跨国公司垄断竞争行为发表了看法。2004 年，调查报告以工商部门工作研究的形式发表在国家工商总局内刊《工商行政管理》上。观新华网：《国家工商总局报告：跨国巨头在华渐显垄断态势》，2004 年 11 月 15 日《新闻晨报》报道，网址 http：//news. xinhuanet. com. /fortune/2004-11/15/content_ 2221465. htm，2004 年 11 月 21 日访问。

的责任，造成法律的适用缺乏可操作性，导致现行的竞争法律规则缺乏严肃性。换言之，尽管存在关于竞争的法律规则，但是这些规则却因无法实施而导致人们对它视而不见，从而使该法律失去了存在的意义。

由于缺乏统一、完善的反垄断法律体制，缺乏具有可操作性的严肃的规则，对于中国进一步开放市场后，国外跨国公司进入中国很可能造成垄断的局面就无法依法控制。与西方反垄断法律体制完善的国家相比，中国就缺少了约束企业垄断行为的工具，在这种情况下，开放市场也会造成中国与其他国家在并不“水平的竞技场”上竞争。当然，在开放和自由的世界贸易体制下，反垄断法不应当以所谓保护民族工业为目的，而被作为保护主义的新工具。但是缺少完善的反垄断法律体制，显然就会导致缺乏约束垄断的工具，造成对自由竞争的损害，不管这种垄断是来自国内的企业还是国外的企业。

三、中国反垄断法律体制建设与对倾销的控制

从控制倾销的角度来看，建立完善的竞争法律制度，特别是有效的反垄断立法具有两方面的意义。

首先，建立完善的反垄断立法可以使得国内市场上的竞争者制定更加合理的和富于理性的产品经营策略和市场开发规划，在一定程度上避免依靠向海外市场的倾销来维持国内市场的价格。

根据雅各布·瓦伊纳的分析，垄断和倾销在某种程度上是存在着因果联系的。倾销一般会出现在国内市场形成垄断的条件下。在垄断组织控制国内市场的情况下，一方面，如果国内销售量不能满足充分利用生产设备的需要，那么有关的生产商在国外的其他市场上以低于国内市场的价格销售其产品就会有利可图，这样做只可能把剧烈的竞争引向相关的海外市场，但是这种竞争并不会影响倾销者本国市场。另一方面，如果国内市场存在激烈的竞争，垄断组织将部分产量在国外市场倾销，就可以减少国内市场的供给，这样可以保持或提高国内市场价格。“只有对垄断者来说，出口倾销才会

比国内适度降价更有吸引力。"① 可以看出来，倾销与国内市场的垄断是存在内在联系的，至少从理论推导的层面上，可以得出这样的结论。有关评论意见也普遍认为"倾销是向国内买方索要高价而对外国人少讨价钱，或者说，为在国外卖得便宜而在国内卖得贵。"②

尽管瓦伊纳在分析倾销对倾销国国内价格所造成的影响时并不认为倾销是引起国内市场价格升高的原因，但是他承认，倾销至少是国内存在垄断高价的结果。

其次，建立完善的反垄断法律制度可以从中国市场的角度"拉平竞技场"，使 WTO 体制所带来的开放贸易在更加平衡的水平上开展竞争。

虽然 WTO 的反倾销规则理论上可以作为保护国内经济免于价格歧视所造成的冲击的缓冲，但是由于贸易产品结构上的差异，反倾销措施在事实上主要为发达国家所利用。许多发展中国家，特别是中国，出口产品多以关贸总协定关税减让表中的制成品为主，而反倾销制度恰恰是适用于这种货物贸易的特殊关税措施。发达国家的出口产品则主要以服务贸易为主，这种贸易由于商品是没有物质载体的服务，贸易壁垒的方式也不是关税壁垒，不能以提高关税的方式作为不公平贸易或者大量进口所造成的进口国经济上的冲击的救济措施。因此无论是从世界贸易法律体系的角度，还是从反倾销措施和服务贸易本身各自的特点来看，对于服务贸易都无法适用 1994 年 GATT 第 6 条的规定。

例如，虽然在应诉反倾销的同时，中国企业也开始学习如何利用国际规则进行反倾销，自 1997 年中国第一起反倾销案——新闻纸案立案以来，截止到 2005 年底，已经立案 42 起，涉及几十个国家和地区，产品涉及了轻工、冶金、化工、纺织等行业的 20 多种

① ［美］雅各布·瓦伊纳著：《倾销：国际贸易中的一个问题》，沈瑶译，商务印书馆 2003 年版，第 84～85 页。

② 同上引，第 89 页。

产品，但是这种措施的适用与中国的贸易量和发达国家对反倾销措施的适用相比还是非常有限的。

对于服务贸易中的扰乱市场的行为适用反垄断法更加有效，如果没有反垄断制度，服务贸易的进口国就失去了规范竞争行为的工具。根据发达的西方国家的反垄断法的实施经验，反垄断法律制度还可以成为实施竞争政策的工具。也就是说，反垄断法的适用可以根据国家的竞争政策进行调整，成为国家经济发展政策的工具。例如，在美国，20 世纪 70 年代中期以前，每年向联邦法院提起的私人反垄断诉讼都超过 1 500 件，除此之外，每年美国的联邦贸易委员会（Federal Trade Commission，FTC）和美国司法部的反托拉斯部门还要提起大约 100 件涉及垄断的公诉案件。这个数字到 1975 年之后下降到几个，而且都被联邦法院驳回。按照一些反垄断政策的支持者的观点，在“经济”的标准之下，美国的反托拉斯法从 1975 年前后就相当于被终止适用了。这种“经济”的标准造成的美国反托拉斯法的执行效果是，联邦法院除了对一些涉及明显的、粗糙的固定价格的行为案件作出了肯定的裁决，对于其他通过公司合并（尽管这些合并将更加有效率的竞争者排除出市场）所形成的垄断，政府的相关部门却予以批准，法院也对此持支持的态度。① 这种结果不能说与美国所采取的加强国际竞争力的产业政策无关。

在加入 WTO 后，中国政府面对开放市场的后果，开始关注外国竞争者在中国市场中的垄断地位。根据加入 WTO 的承诺，中国将在 2004 年进一步开放农业、零售、电信、保险等十余个产业领域，2004 年将是我国加入 WTO 以来开放力度最大的一年。随着外资企业加快进入中国市场，国外针对中国产品设置的贸易障碍也越来越多，中国将面临入世以来的真正考验。这一切也已经从外资巨

---

① “Dirty Dozen” U. S. Antitrust Cases, in Antirust Law & Economics Review, *see* http: //www. metrolink. net/ ~ cmueller/ii-00. html, visited on 21/11/04.

头竞相进入中国市场的举措中凸现出来。

2004年上半年中国服务贸易发展状况

金额单位：亿美元

项　目	进出口		出口		进口		差额
	金额	增速（%）	金额	增速（%）	金额	增速（%）	
服务贸易总额	586.52	31	263.80	37	322.72	27	-58.92
1. 运输	167.47	43	52.58	48	114.88	40	-62.30
2. 旅游	190.51	30	106.47	45	84.04	15	22.43
3. 通讯服务	5.25	4	3.22	1	2.03	9	1.19
4. 建筑服务	14.26	26	8.11	34	6.14	16	1.97
5. 保险服务	30.72	40	1.88	44	28.84	40	-26.96
6. 金融服务	0.92	22	0.37	21	0.55	23	-0.18
7. 计算机和信息服务	12.15	21	7.41	54	4.74	-9	2.67
8. 专有权利使用费和特许费	20.66	11	1.74	219	18.92	5	-17.18
9. 咨询	34.58	44	13.33	56	21.25	37	-7.92
10. 广告、宣传	6.63	64	3.49	59	3.13	69	0.36
11. 电影、音像	1.34	220	0.17	29	1.17	310	-1.00
12. 其他商业服务	98.32	18	63.38	16	34.93	22	28.44
13. 别处未提及的政府服务	3.71	-1	1.63	0	2.08	-2	-0.45

资料来源：国家外汇管理局。

在上述形势下，根据新华网的报道，国家工商总局公平交易局反垄断处透露，工商总局历时近一年，调查跨国公司在中国市场的限制竞争行为，完成了一份《在华跨国公司限制竞争行为表现及对策》报告。这是国家工商总局首次调查跨国公司限制竞争行为。报告显示，一些进入我国市场的跨国公司逐渐显现垄断态势，许多国内企业遭到蚕食。跨国公司凭借其雄厚的资本，通过企业横向并购、品牌控制等方式迅速扩大规模和实力，在我国取得市场优势甚至是独占的地位。根据该报告我国的软包装市场、饮料市场、软件行业、手机行业、商业零售业等行业都由外国资本占据垄断地位。另外一些外国竞争者采取不正当竞争的手段获取垄断地位。①尽管这些被外国公司控制的行业并不都真正形成了垄断的局面（虽然整个行业被外国企业控制，但是外国竞争者之间也存在着竞争），但是也有许多行业由某一外国生产者独占，或者形成外国企业寡占，瓜分中国市场的局面。

2004 年 5 月，上述针对跨国公司的反垄断调查的报告事件公之于众。与此同时，美国商务部宣布对中国彩电业反倾销的终裁认定“中国企业对美国彩电业造成了实质性损害或存在实质侵害的威胁”，这个结果令国内产业界和法律界感到意外。这份报告与美国裁决来自中国的彩电产品征收反倾销税的结果同时出现，虽然一方面容易使人们产生一些联想，以至于将反垄断立法作为保护国内产业（所谓民族工业）的一种手段来理解，造成对反垄断法律制度的一种误解。② 但是，另一方面，正如笔者在前文所指出的，反垄断的立法和适用确实能够在一定程度上作为执行国家既定产业政策的一种工具。

---

① 参见新华网：《国家工商总局报告：跨国巨头在华渐显垄断态势》，2004 年 11 月 15 日《新闻晨报》报道，网址：http://news.xinhuanet.com/fortune/2004-11/15/content_2221465.htm，2004 年 11 月 21 日访问。

② 参见《一份突兀的报告》，载《互联网周刊》，2004 年 6 月 9 日出版，网址 http://www.ciweekly.com/ciweekly/inforcenter/A20040609315433.html，2004 年 11 月 19 日访问。

四、中国反垄断立法政策的选择

公众和有关专家之所以在对待中国反垄断法律制度的建立方面出现前后两种截然相反的态度，这实际上与对反垄断法目标模式的理解和中国应当采取的竞争政策的理解差异有关。根据有关竞争的经济学方面的研究来看，市场竞争的模式分成以下几种。

完全或完善竞争的模式。从价格与市场结构的关系出发，认为在完善竞争的条件下，商品价格会达到最低的平均成本；这样，经营者为了获得更多的收益，会使自己的商品保持低成本并尽量满足市场的需求。①

竞争与垄断混合的竞争模式。这种模式从垄断在产生的利润对支持有价值的，能够增进社会福利的创新活动的风险的角度出发，认为垄断应当与竞争同时存在。同时从经济效率的角度来看，这种观点认为市场中存在着一些自然垄断的产业，只有保持一定的规模才能实现一定的经济效益。②

垄断者的竞争模式。这种模式从调和完全竞争和垄断的角度出发，认为在有许多小规模的销售者和购买者的市场上，所有的购买者和销售者都完全了解市场价格信息；市场是开放的；以及所有销售者的产品都是不同的，存在着某些程度上的差异，并且可以互相替换，在具备上述条件的情况下，市场就可以实现垄断者的竞争模式。这一理论依赖市场的透明度和销售者产品特性的差异，当某一产业存在许多生产不同特质的产品的销售者时，销售者会把重点放在非价格的竞争方面。这样的市场上的垄断的因素在于卖方的产品是独特的，销售的成本会上升，价格也会反映这种例外的成本，平均成本就会升高，卖方就会面对他们产品需求下降的曲线。尽管如此，竞争还是存在的，企业面临许多实际的和潜在的竞争者，并获

---

① Ernest Gellhorn and William E. Kovacic, Antitrust Law and Economics (1994), 52-58.

② *Ibid.*, 66-68.

得正常的利润。也就是说，市场竞争同时存在两方面的因素，一方面，一个产业中的卖方由于产品的不同特质而在产品销售中获得一种“垄断的权力”，其他类似产品不能完全替代它；另一方面，卖方由于不是完全意义上的垄断者，它的产品可以由相近似的产品替代。①

寡占的竞争模式。这种竞争模式，是指当市场中包括几个卖方，而所有的卖方意识到他们在很大的程度上是相互依存的。在寡占的竞争模式下，企业的价格和产出决策是依赖对竞争对手反应的预期而作出的。寡占的竞争所提出的问题是所有市场中的几个企业是否能够不通过反垄断法所禁止的明示的或者默示的协议的方式达到相似的结果。反垄断法执行的历史上，经济学家通过许多不同的方法对此进行分析，得出不同的结论，或者没有结论。根据结构主义者的分析模型，反垄断法应当尽最大努力降低产业的集中程度，包括通过立法限制垄断和寡占。以“芝加哥学派”为代表的自由主义经济学家则认为在开放的市场中不断增加的集中程度实际上是竞争对有效率的企业的一种奖赏，是竞争过程的胜利者。20 世纪 70 年代后博弈理论成为分析寡占的竞争的一种新的方法，尽管这种方法分析并没有得出一个均衡的结果，相反却是得出了一个无限接近的潜在平衡，也就是说不存在均衡解，但是博弈理论提供了一个理解企业如何表示它们合作愿望、惩罚不受欢迎行为并监视对手行为的方法。近些年来，新制度经济学提供的交易成本理论分析方法得出了一个不同以往的结论，这种分析方法从组织内部结构和合同设计对企业内部组织活动的成本，以及企业和外部的供应者、分销商和消费者的交易成本的影响出发，认为不同的经济组织结构——合资、垂直合并、限制性分销合同——通常会降低成本。美国的最高法院在近些年的反垄断法的适用中就采纳了这种理论，认为在合作很可能会使生产更加有效率时，企业可以组织起来并进行

① Ernest Gellhorn and William E. Kovacic, Antitrust Law and Economics (1994), 71-73.

合作。①

从经济学对上述竞争模式的分析可以看出，反垄断法律制度的建立、执行和适用依赖有关执法和法律适用机关的竞争政策的选择，而选择的目标既包括从经济效果出发的目标模式，也包括经济因素以外的社会和政策目标的影响。

中国建立有效的反垄断法律体制首先要选择适当竞争政策和目标模式。根据中国的市场情况，反垄断法律制度的首要目标应当是竞争的经济效果，一些学者认为建立以有效的竞争为目标模式的反倾销法律制度，可以使参与竞争的企业形成一定的经济规模，有利于技术创新。②

综上所述，加入 WTO 以后，面临日益加剧的国际和国内市场的竞争，以及竞争的国际规则，中国应当通过完善相关的国内竞争制度，利用包括反倾销和反垄断制度在内的与世界贸易规则相符合的规则来拓展发展空间，达到竞争的平衡。

① Ernest Gellhorn and William E. Kovacic, Antitrust Law and Economics (1994), 75-84.

② 参见王晓晔:《有效竞争——我国竞争政策和反垄断法的目标模式》，载王晓晔著:《竞争法研究》，中国法制出版社 1999 年版，第 76 页。

第十四章 《反倾销协议》改革与中国的反倾销制度和贸易政策的选择

20 世纪 80 年代末中国的经济改革取得了一定的成绩，随着出口的不断增长，中国产品在国外遭受反倾销的情况日益增加。由于中国企业、对外贸易行业和法律界对反倾销法律制度的无知，中国的企业在国外的反倾销诉讼中不但遇诉即败，而且经常遭到征收百分之几百的不合理反倾销税的裁决结果，这种状况激励了国外产业界对中国产品进行的反倾销诉讼的积极性，使得对中国产品实施的反倾销措施完全变成了对中国贸易的保护主义工具。反倾销制度本身越来越引起中国的出口企业、中国对外贸易政策制定者以及职业法律工作者、学术界，甚至公众的关注。同时，中国在 1986 年开始申请恢复在《关税和贸易总协定》的原始缔约国地位，中国的法律制度，特别是在对外贸易法律体制上与世界贸易体制的规则不协调的地方越来越凸显出来；加之，中国政府在 1992 年作出了进行社会主义市场经济体制改革的决定，在上述背景下，中国政府在 20 世纪 90 年代初开始考虑进行对外贸易体制改革。

一、反倾销制度对中国贸易政策的制定和执行的影响

作为公认的一种贸易政策工具，WTO 的反倾销制度以及受其影响的 WTO 各成员国内的反倾销制度，对贸易政策的制定和执行必然产生重要影响。这种影响主要表现在两个方面。

首先，WTO 的反倾销制度作为世界贸易体制中的一个重要环节，它具有什么样的特质会影响 WTO 成员对外贸易政策的制定。

笔者在本书开始的篇章当中一直在讨论反倾销措施的性质和它在世界贸易体制中所起的作用。从这些讨论可以看出反倾销措施的性质和它的作用的复杂性。现行的 WTO 反倾销体制，由于确立的出发点并不明确，导致了反倾销的具体规则不能发出明确的贸易政策信号。同时，由于现行的 WTO 反倾销的具体规则在执行贸易保护职能方面所提供的便利，使得反倾销制度成为许多国家贸易政策中的保护主义势力加强影响的主要工具。从总体情况上来看，美国和欧盟等发达国家和地区，将反倾销制度作为国家贸易政策中保护主义势力的发泄渠道，而发展中国家则将这种制度作为一种实施贸易报复的工具。

从中国的情况来看，反倾销法律的起草是从 20 世纪 90 年代初开始的，而这一时期正是由中国出口的不断增加而使得产品在全球遭受反倾销浪潮的时期。尽管恢复关税和贸易总协定缔约国地位和加入世界贸易组织的谈判是中国这时进行反倾销立法的一个考虑，但是考虑到中国加入世界贸易组织谈判的漫长和艰难性，为了加入世界贸易组织而制定反倾销法律并不是中国反倾销立法的惟一目标。换言之，反倾销法律的起草还存在着另外的考虑，即在处理对外贸易关系中，建立一种可以对抗国外保护主义的对等措施。在反倾销制度建立以后，执行反倾销法的过程也反映了类似的问题。尽管中国的反倾销制度建立以来进行的反倾销调查并不多，与世界各国对中国产品实施的反倾销措施相比，并不能取得对抗或者报复的效果，但是，从中国反倾销调查立案的年度情况来看，针对中国产品进行的反倾销调查在全球达到高潮的次年也正是中国启动反倾销调查最多的一年。①

其次，WTO 的反倾销制度的性质和特点会影响开放和自由的世界贸易政策的贯彻和执行。一方面由于反倾销制度本身性质的复杂性，按照不同的理解制定反倾销规则就可能对世界贸易体制的发展及其政策基础产生不同的影响。将反倾销制度作为贸易保护主义势力的“泄洪口”或者“减压阀”，势必导致反倾销的具体规则倾向于为保护主义提供便利，从而造成贸易保护主义通过反倾销制度得以不断加强，而自由贸易的利益则会被这种保护主义蚕食，最终影响全球开放和自由贸易政策实施的效果；另一方面，世界贸易体制所促进的开放贸易政策是以 WTO 各个成员坚持开放和自由的贸易政策为基础的，如果 WTO 的反倾销制度为贸易保护主义势力提供便利，就会在世界贸易体制的范围内形成一种成员之间的保护主义政策的相互竞争：一方面一成员的政府通过世界贸易体制达到促进其他成员开放市场的目的，另一方面却通过反倾销体制保护本国的市场。从 WTO 所推进的自由贸易政策的角度来看，这种 WTO 成员之间反倾销制度和措施的相互竞争，同样也损害了全球自由贸易政策的执行效果。这种现象可以从近五六年来 WTO 成员使用反倾销措施的统计数据中看出来。

从案件统计上看，全球范围内 WTO 成员方报告的反倾销调查启动的数量在 1998 年至 2004 年上半年这一时期达到 1 913 起；而从诞生以来一直作为发达国家的贸易保护主义工具的反倾销制度也在 WTO 成立后迅速向发展中国家扩散。许多发展中国家在 20 世纪 80 年代后开始制定反倾销法，反倾销法律专家张玉卿就曾指出：

① 根据 WTO 所做的关于全球反倾销调查启动的统计数据显示，2001 年针对中国的出口产品启动的反倾销调查共有 53 件，是 1998 ~ 2003 年期间数量最多的一年，参见 AD Initiations: By Exporting Country From: 01/01/95 To: 30/06/04，http://www.wto.org/english/tratop_e/adp_e/adp_stattab1_e.xls。而根据中国贸易救济网的信息，中国在 2002 年，反倾销调查启动的数量为 10 件，达到了《反倾销条例》实施 7 年中的最高点。

"1985 年以前，发展中国家没有一个国家有反倾销立法，但是现在，世贸组织 146 个成员都出台了反倾销法律。除了法律的世界化，反倾销案件也在不断增加，至今已经超过 3000 起，其中绝大多数案子最终导致征收反倾销税。这就造成一种奇特的现象，一方面，世贸组织在发动一轮轮的谈判降低关税，另一方面，以美国、欧盟为首的国家不断地发起反倾销调查，不断地增加关税。"① 特别是 WTO《反倾销协议》生效后，发展中国家都或多或少地采取措施加强了反倾销的立法，特别是，在近五六年中，发展中国家利用反倾销法进行反倾销调查、实施反倾销措施的实践活动不断增多，例如，在 WTO 成立后的 1995 年起截止到 2004 年 6 月，印度报告的启动反倾销调查的案件数量达到 384 起，总数超过了美国的 350 起和欧盟的 287 起。按照年度启动数量，印度则在 2001 年和 2003 年 3 年内成为报告的 WTO 成员中启动反倾销调查次数最多的成员。

再次，各成员建立的反倾销制度一方面可以反映其贸易政策，另一方面又可能会对其贸易政策的准确执行造成扭曲。作为贸易政策工具的各国国内的反倾销制度，它的规则特征和执行情况必然反映一个国家的贸易政策的取向。另外，由于反倾销制度的保护作用，执行反倾销法律可能会造成既定的开放和自由贸易政策产生偏差。例如，美国政府是贸易自由化政策的积极推进者，但是它在世界贸易体制中也会因为贸易保护主义倾向而受到来自其他成员方的指责，而这些指责多数以美国的反倾销立法和执行政策有关。造成这种现象的原因，笔者认为主要在于现行 WTO 反倾销规则和美国的反倾销法律规则的保护主义特征，这些特性，为国内的保护主义势力提供了较大的施加压力的空间，美国政府在执行反倾销法律时会受到来自组织起来的国内产业的压力，这种压力作用的结果往往

① 参见张玉卿在外经贸大学中国 WTO 研究院主办的首届国际反倾销论坛上提出的观点。资料来源：新华网：《反倾销"不合时宜"？龙永图张玉卿观点对对碰》，2002 年 12 月 27 日访问。

是保护主义措施得以实施。当然，必须承认，美国的例证与美国特殊的政治传统有关，利益集团的活动通过政治手段对美国的立法和法律的执行产生影响。不过，这并不意味着国内反倾销法律执行不会对国家既定的自由贸易政策产生扭曲的效果。换言之，即使一国既定的开放贸易政策不会受到来自保护主义政治势力的影响，但是现实的某一方面的经济压力、国际贸易关系中的保护主义造成的间接的压力等，都会通过反倾销制度的保护主义压力空间起作用，最终导致自由贸易政策在执行过程中产生偏差。

所谓反倾销制度中的贸易保护主义空间是指反倾销制度中那些能够被持有贸易保护主义主张用来达到单纯贸易保护目的的规则。比如缺乏透明度的反倾销调查启动的评估标准，过于单纯的产业保护范围，过大的保护措施有效期的弹性等。这些规则都会被贸易保护主义者利用，造成保护措施的滥用，造成对低效率的产业的保护，扭曲自由贸易政策执行的效果。

二、中国的反倾销制度与政策

中国的反倾销制度的建立和发展是一个随着对外贸易制度的改革的深入，中国市场对外开放的程度的扩大以及中国加入世界贸易组织的谈判进程而不断完善的过程。

（一）中国反倾销立法的发展

1949 年到 1978 年中国受计划经济体制的影响，对外贸易实行专营制度。20 世纪 80 年代，随着经济体制改革的进行，中国政府开始转变外贸经营机制。这种以放权为中心内容的对外贸易体制改革并没有触动外贸经营体制的根本问题，只不过外贸管理权更多地下放到地方政府的相应部门。直到 1994 年，中国开始了以对外贸易经营的市场化为核心的外贸体制改革。

中国的反倾销制度的基础就是在这种背景下，通过 1994 年颁布的《中华人民共和国对外贸易法》确立的。该法律第 7 章关于对外贸易秩序的规定中的第 29 条规定因进口产品数量增加，使国内相同产品或者与其直接竞争的产品的生产者受到严重损害或者严重损害的威胁时，国家可以采取必要的保障措施，消除或者减轻这种损害或者损害的威胁。但是这个规定只是对外国产品在中国的倾销行为所作出的一般定义，同时对该条规定的实施机构，第 32 条只规定由国务院规定的部门和机构依照有关的法律、行政法规的规定进行调查，并作出处理。

关于执行第 29 条规定的具体规则，即配套的《反倾销条例》的起草，中国政府在 90 年代初就已经开始起草，1994 年也已经完成了起草工作，但是，同一年 GATT 的乌拉圭回合谈判结束，建立了世界贸易组织，并且达成了新的有关反倾销规则的协议，即《关于执行 1994 年关税和贸易总协定第 6 条的协议》（WTO《反倾销协议》），在这种情况下，考虑到中国加入世界贸易组织的意愿，中国政府对照 WTO《反倾销协议》，对反倾销条例进行了进一步的修改，并于 1997 年 3 月 25 日颁布了《中华人民共和国反倾销和反补贴条例》。①

随着《加入世界贸易组织的议定书》在 2002 年的生效，中国政府开始了一系列履行承诺的深入改革措施。基于中国反倾销调查实践及其未来的发展，中国政府在 2001 年重新颁布了《反倾销条例》，并从 2002 年 1 月 1 日开始实施。这一条例由于存在着诸多问题，受到了法学界的诸多批评，时隔两年的 2004 年 3 月国务院再一次修改《反倾销条例》。

（二）中国反倾销立法的主要缺陷

对于 2001 年《反倾销条例》的批评，一方面源自该条例与 WTO《反倾销协议》的执行有关的问题，另一方面源自对《反倾销条例》本身的规则作为贸易政策工具的有效性的关注。有关的批评意见主要表现在以下几个方面：

第一，我国反倾销法律在整个对外贸易法律体系中的地位问题。目前中国的反倾销法律制度由两个层面的规范所组成，即作为

---

① 参见尚明编著：《反倾销：WTO 规则及中外法律与实践》，法律出版社 2003 年版，第 474 页。

对外贸易基本法律的《中华人民共和国对外贸易法》第30条关于贸易救济措施的基本规定，这一条法律规定并不具备任何可操作性，它只是反倾销法律制度的基础和依据。有关反倾销调查的具体规则的制定，则由国务院也就是最终由商务部负责。有些反倾销法律工作者认为，在加入WTO后，中国的相关机构根据反倾销条例实施反倾销调查，必须遵守WTO《反倾销协议》，而执行WTO《反倾销协议》的具体法律制度由政府行政部门控制，存在着不妥之处，认为应当由中国的立法机构——全国人民代表大会及其常务委员会来制定更符合国际惯例。① 实际上，这种做法不仅涉及是否符合国际惯例的问题，更重要的是这种由行政部门享有法律主体内容的控制权会对中国对外贸易政策的透明度和信任度产生消极影响。贸易政策不仅关系到参与对外贸易关系的企业的利益，同时也关系到国家经济的整体发展，以及全国人民的福祉。在这种情况下，由一个政策和法律的执行部门来制定反倾销的主体规则，与条例作为贸易政策工具的性质相适应：行政部门的决策不具备广泛的民主基础，能够参与到决策过程的可能只是有关专家或者与其利益直接相关的企业，这样制定的规范，从体制的角度看，会影响反倾销制度的可信度和透明度。

第二，缺乏有效的司法审查制度对反倾销的规则和调查裁决进行合法性控制。一些研究者认为，在世界各国现行反倾销制度中，绝大多数国家反倾销法均建立了司法审查制度，而且这也是WTO体制所要求的。另外，“反倾销机构对进口产品发起反倾销调查并作出肯定性或否定性裁定，实质上是一种行政程序活动。有关利害关系人对行政机构在反倾销过程中所作出的裁定不服应允许向有关司法机构起诉，由司法机构对案件进行审查并作出独立的判决。这种司法审查制度是合情合理的，也符合世界行政法治的潮流。《条

① 参见王雪华：《掌握WTO反倾销维护企业权利》，资料来源：http：//www.wtolaw.gov.cn/display/displayInfo.asp? IID=200211250917199719，2004年11月25日访问。

例》缺乏对反倾销措施的司法审查制度，实属不妥。立法部门不能以我国有《行政诉讼法》加以规定为由而辩解”。①

应当指出，上述观点在一定程度上反映了我国司法审查制度在整体上的缺陷。但是在反倾销领域中的司法审查所存在的缺陷并不限于上述对行政程序的审查。司法审查制度不仅对行政裁决程序的审查，同时也是对行政法规合法性的一种审查。目前我国的行政诉讼法只涉及对行政程序合法性的判定，而对于行政授权立法的合法性则不属于审查的范围。根据中国在加入世界贸易组织的议定书中的承诺，中国应当建立真正意义上的司法审查。在这种司法审查的体制之下，对反倾销调查规则和调查程序进行司法监督的可能性较低。因为，关于反倾销规则的立法机关的立法只有《对外贸易法》中第30条关于倾销的一般认定的一种原则性规定，司法机关如何根据如此抽象的“法律”规定来判定《反倾销条例》的某一规则的合法性？也就是说，根据现有的反倾销体制，对反倾销措施进行司法审查根本就不具备法律基础。因此，即使中国建立起完全意义上的司法审查机制，对反倾销措施进行完全意义上的司法审查也是缺乏可行性的。

美国在WTO于2003年10月对中国进行过渡期审查的过程中，曾就中国的反倾销裁决的复审问题向中国政府提出了询问。② 美国政府指出，中国的反倾销制度中似乎没有包括任何司法、仲裁或者行政复审机制，以便允许当事人对商务部的反倾销案件的最终裁决

---

① 方潇：《中国反倾销立法的缺陷和完善》，资料来源：http://www.law-walker.net/detail.asp?id=2284，2004年11月25日访问。

② WTO反倾销委员会根据中国加入WTO议定书的第18款在2003年10月23~24日的会议上对中国进行了第二次过渡期复审。中国没有向反倾销委员会提供任何关于议定书的附件1A的具体信息。一些成员方，主要是美国和日本在过渡期复审期间向委员会提出了有关中国执行《反倾销协议》的一些问题。

提出质疑。①

第三，构成反倾销体制的组成部分的调查权力机构的设置缺乏统一性和协调性，致使调查缺乏效率。② 按照2001年《反倾销条例》的规定，中国的反倾销调查采取的是双机构的模式，也就是说，倾销的调查和产业损害的调查由不同的机构组成。根据条例规定的程序，由外经贸部商经贸委决定是否启动一项反倾销调查；外经贸部会同海关总署对倾销进行调查，经贸委会同国务院有关部门对损害进行调查，并分别作出初裁。国务院关税税则委员会根据外经贸部建议作出征收临时或固定反倾销税的决定，并由海关执行。这种调查机构的设置与美国的调查体制基本相似，但是美国的商务部和国际贸易委员会的关于对外贸易的职责是协调的，尤其是进行产业损害调查的国际贸易委员会，是一个独立的职责明确的专门处理贸易救济和向立法和行政部门对外贸易政策分析的准司法联邦机构，与其说它是一个承担行政职责的政府部门，还不如说是一个在贸易救济调查和对外贸易立法和处理对外贸易关系中的由一个经济学和财税法律专业工作者组成的专家小组，其中心职能就是反倾销调查中的产业损害调查。而中国的外经贸部和所谓内贸部是旧有的内外区分的双轨经济制度的遗迹，二者都是政府的贸易管理行政机构，各自的职责是相互区分的，而设置于两个机构内部的同一反倾销案件的两个调查部门的协调必然受到各自所属部委的职责的限制，加之负责产业损害调查的内贸部还要会同国务院的有关部门进行具体调查，过多的职责范围过于广泛的部门会造成协调不便，不利于提高反倾销调查和反倾销措施的作出和实施，影响到调查的效率，并间接影响了国内产业利用反倾销法律维护自身合法权益的

---

① *See* WTO Committee on Anti-Dumping Practices, Transitional Review Mechanism Pursuant to Section 18 of the Protocol on the Accession of the People's Republic of China, Questions from the United States, G/ADP/W/436, 23 October 2003.

② 同上。

信心。

另外，与美欧等发达国家相比，我国反倾销调查机构人员设置太少，不能满足形势的需要。如我国的反倾销调查机构中，对外贸易经济合作部仅十几个人专门从事反倾销调查，国家经济贸易委员会也仅十几个人，加之我国的反倾销体制处于初创阶段，调查人员缺乏实际实施调查的经验，人力资源的缺乏必然会影响到反倾销法律的有效实施。

第四，我国反倾销制度严重缺乏透明度。从《反倾销条例》文本所使用的语言来看，中国的《反倾销条例》中的规则的透明度不是在现行 WTO《反倾销协议》的基础上加强了，而是使得《反倾销协议》条款本来不是非常明确的规定更加模糊，降低了反倾销规则的透明度。导致在反倾销调查的实践中产生了许多问题。这一点，日本和美国政府在 WTO 反倾销委员会对中国进行的过渡期复审中都提出了质疑。例如，日本代表在它向委员会提出的文件中就特别提到了中国政府在具体调查案件中某些做法严重影响了程序的透明和公正性。这些做法包括对没有发出问卷的日本出口商按照“所有其他企业”的标准征收反倾销税；在认定损害以及倾销与损害的关系中，对有关证据的关联性的说明不充分。①

第五，反倾销的实体规则存在着诸多方面的缺陷。

关于倾销的认定，2001 年反倾销条例中存在的问题主要包括以下几个方面。

首先，关于可比较的价格的条件和范围确定的规定，在《反倾销条例》第 4 条第 2 款规定的条件下，即进口产品的同类产品在出口国国内市场的正常贸易过程中没有销售的情况下，或者同类产品销售数量和价格不足以进行比较的情况下，应当以该同类产品出

① *See* WTO Committee on Anti-Dumping Practices, Transitional Review Mechanism in Connection with Paragraph 18 of the Protocol on the Accession of the People' s Republic of China, Questions and Comments of Japan, G/ADP/W/434, 1 October 2003.

口到第三国可比价格或者该产品的生产成本加上合理的利润、费用来确定正常价值。这一条的规定与 WTO《反倾销协议》的第 2.2 条的规定是相符合的，但是 WTO《反倾销协议》对所谓“国内市场该同类产品销售数量和价格不足以进行公平比较”的认定条件在注释 2 中作出了说明，根据这一注释，可以进行比较的正常的销售量应当达到产品销售量的 5% 以上。但是，中国的反倾销条例对此并没有作出任何说明，也就是说对“可以进行公平比较的认定正常价值”的条件，中国并没有明确的标准，考虑到 WTO《反倾销协议》的规则并不能直接适用于我国进行的具体的反倾销调查，因此，这种情况构成了与《反倾销协议》的不一致。关于可比价格的另一个问题是，认定可比价格除了符合正常贸易范围之外，在正常贸易范围之内的可比价格也存在着认定的条件的问题。也就是说比较数据的发生条件，包括销售的时间，价格基准，对影响价格的因素如何进行合理的调整。《反倾销协议》并没有对正常交易范围内的可比价格的确定作出进一步说明，但是由于《WTO 协议》的非直接适用的特点，这种确定具有可比性的正常价值的任务实际上应当由 WTO 成员方国内的反倾销法来完成。而中国现行的反倾销条例并没有就此作出更加具体的规定，这实际上影响了国内倾销认定标准的透明度。

其次，在确定外国受调查产品的出口价格时，关于推定出口价格认定的条件或者方法，该反倾销条例和相关的调查规章中并没有明确。推定出口价格的方法是在受调查产品没有出口价格，或者其出口价格不可靠的情况下，根据受调查产品首次转售给独立购买人而确定。但是，这一规定存在这两个问题，首先出口价格不可靠的原则或者标准是什么？根据 WTO《反倾销协议》的规定，由于存在出口商和进口商或者第三者的联合或者某种安排，出口的价格可以被认定为不可靠，但是中国《反倾销条例》并没有对此作出任何说明，这在一定程度上扩大了中国反倾销调查机构的裁量权，影响了调查规则的透明度。另外，根据首次转售价格推定出口价格的规定，并没有明确推定的方法和条件，比如是否应当对第一次转售给独立购买人的价格进行调整，在哪些方面进行调整。尽管 WTO《反倾销协议》规定这种价格可以由调查机构在合理的基础上确定，但是这样的规定并不意味着国内的调查规则对此不予规定。WTO 的基本原则之一——透明度的原则——要求反倾销的调查机构的调查标准和方法做到尽量公开，应当具备规则所应当具备的可预测性。例如，美国 1930 年《关税法》的第 772 条的第（b）~（f）项分别对推定出口价格的概念，对推定出口价格调整和利润确定的规则方法都作出了说明。

再次，对于同类产品，反倾销条例根据 WTO《反倾销协议》的规定，作出了相应的定义，但是对于与进口产品相似（alike）却并不相同（identical），根据什么方法来确定它的相似程度，《反倾销条例》及其配套的规章并没有予以规定，尽管在调查实践中的惯常做法是将产品的基本物理和化学特性、生产技术和过程、产品的用途等方面进行比较来确定同类产品，① 但是有关规则却并没有对此作出说明，或者说由于具体的调查中所使用的方法并不具备先例的效果，这种比较方法在多大程度上在案件之间存在着一致性也是不确定的。

在损害的认定规则方面。主要的问题在于倾销与损害之间因果关系的确立。我国反倾销法应在实体法部分明确规定倾销与损害之间的因果关系，并对因果关系如何确立的内容进行规定。这方面可结合反倾销的实践以及 WTO《反倾销协议》的相关规定，对诸如其他国家进口产品、需求变化、消费模式变化、国内外正常竞争、不可抗力等因素进行综合判断。笔者认为，我国反倾销法应对“直接的因果关系”进行明确规定，以利于实际操作。

第六，《反倾销条例》的程序规则方面的缺陷。

《反倾销条例》有关调查程序的规则存在以下几个方面的缺陷。

---

① 方潇：《中国反倾销立法的缺陷和完善》，资料来源：http：//www.law-walker.net/detail.asp？id=2284，2004 年 11 月 25 日访问。

关于立案的规定，中国的《反倾销条例》和其他大多数国家的反倾销法规定相似，对于在收到国内产业进行反倾销调查的书面申请后，如何根据申请决定是否立案，都没有确立实质性的标准。除了由商务部依据国内产业的申请决定是否立案以外，根据《反倾销协议》第18条的规定，商务部在特殊情形下，在没有收到反倾销调查的书面申请时，如果认定有充分证据认为存在倾销和损害以及二者之间有因果关系的，可以自行决定立案调查。这种缺乏具体标准的启动规定，进一步造成了反倾销案件调查启动的无控制程度的加剧。尽管这种规定并不违反WTO《反倾销协议》的有关规则，但是，笔者在前文的讨论中曾经指出，WTO《反倾销协议》关于反倾销调查启动的条件的规定留给各国的调查机构行使裁量权的范围过大，一是不利于WTO成员方对反倾销这种贸易政策工具适用的合理性进行监督；另一方面这种调查机构所具有的过大的裁量权还会导致国内的相关产业通过对调查部门施加压力将反倾销调查作为一种实现贸易保护主义的工具，并且导致在国民经济集中程度比较高的产业不公平地获得过多的保护。正像有些研究者指出的："反倾销制度并不是保护国内产业的有效制度，它是以使一国国内特定产业脱离正常的市场竞争为代价的；而在一国之内，产业之间都是相互影响的，这必然破坏了国内所有产业的协调发展，其对于国际贸易的扭曲影响和阻碍也显而易见。反倾销程序启动门槛的高或低、严或松对反倾销制度的消极影响的抑制，积极效用的发挥至关重要。"① 因此，反倾销的启动机制宜尽可能采取国际统一规则，各国不应有太多的裁量余地。WTO《反倾销协议》应当制定相应的反倾销调查启动的条件规则，或者至少提供一种指导原则，使有关的规则严格、确定，进一步提高启动机制的透明度和可预知性，避免各国调查机构将反倾销措施的贸易政策工具的作用政治化。

---

① 武健华：《反倾销制度启动机制的完善》，资料来源：http://www.chaifu.com/cf01/cf01-08.htm，2004年11月25日访问。

在处理利害关系方所提供的有关信息证据的规则方面，对于不符合规则要求的，或者为按照有关程序规定提供的信息，反倾销条例规定适用已经获得的信息或者可获得的最佳信息，然而有关“已经获得的信息”和“可获得的最佳信息”的范围，反倾销条例和有关信息查证的规则都没有作出具体的规定，这就容易造成滥用信息不适当的信息，根据需要操纵调查结果，至少在选择信息不适当的情况下造成调查结果的严重扭曲，在事实上造成一种将反倾销措施作为一种惩罚措施的后果。而根据笔者前文的有关分析，反倾销制度是作为开放贸易的一种缓冲措施，是一种对价格歧视行为对进口国国内市场和经济造成的冲击的一种缓解措施，如果将它作为一种惩罚手段，势必造成国际贸易关系中的不公正现象，并且不合理地降低自由贸易给全球经济发展所带来的利益。

第七，其他方面的缺陷。除了上述缺陷以外，《反倾销条例》的日落复审制度和有关公共利益的问题也存在着严重的漏洞。

日落复审制度的漏洞主要表现为规定缺乏实质性内容，在实践中不具备可操作性。这一重要的，涉及结束具体反倾销措施的制度，在《反倾销条例》中只用了一个条款来规定。这个条款遵循了 WTO《反倾销协议》第 11.3 条规定的关于具体的反倾销措施 5 年的实施的时间期限的规定，以及有关终止措施的复审。但是与现行的 WTO《反倾销协议》的有关规定相比，《反倾销条例》的规定存在着较大的漏洞，一是进行这种终止复审的程序启动的主体没有规定，按照 WTO《反倾销协议》的规定，这种复审的立案应当根据国内产业方的书面申请或者反倾销调查机构的自主决定，但是《反倾销条例》的第 48 条并没有任何关于复审启动条件的规定。二是对于这种终止复审提出的期限，反倾销条例并没有作出规定。但是，根据 WTO 的《反倾销协议》第 11.3 条的规定，调查机构自行决定启动复审或者由国内产业方提出的复审申请应当在该反倾销措施到期前的合理时间内提出。尽管《反倾销协议》的这条规定也没有规定具体的期限，但是要求复审程序开始的申请必须在“合理的时间”内提出，实际上要求各成员的调查机构根据本身资源和案件的具体情况来确定具体的适当的期限。三是复审的结果，如果当局认定反倾销税到其终止有可能会导致倾销和损害的继续或者重新出现，该“反倾销税的征收期限可以适当延长”。这一规定实际上是一种“画蛇添足”，它不但没有起到明确这种到期复审效果的作用，而“适当延长”这种模糊的语言的适用，使得到期复审的效果变得不确定。按照 WTO《反倾销协议》的第 11.3 条规定的理解，特定的反倾销税征收满 5 年后应当终止，除非在有关复审中调查机关认定倾销和损害在反倾销税终止的情况下有可能重新出现或者继续，根据这一规定，可以推断如果当局不能在复审中得出上述结论，反倾销税的征收可以继续，而反倾销税实际上又开始了一个新的征收有效期，而这个有效期限是 5 年。中国的反倾销条例的“适当延长”的规定，实际上扩大了推理的范围，适当的时间可以是 5 年的期限，也可以是根据其他条件判断的“适当”期限。这种延长期限的裁量权为反倾销税的无限期征收提供了法律逻辑上的可能性。除了上述与《反倾销协议》不协调的规定以外，还有的漏洞直接来自于《反倾销协议》本身规定的不合理之处，就像笔者在前文有关章节中讨论的，反倾销制度执行价格冲击的缓冲作用，是一种保障性质的制度，要使这种制度不被滥用，首先是要限制实施这种措施的时间，而且这种保障性质的制度的期限应当与保障措施的期限相一致。另外，复审是否应当作为结束征收反倾销税的前提，按照 WTO 争端解决机构处理相关案件的裁决，WTO 成员的国内法律可以将这种复审作为结束反倾销税征收的前提条件，也就是说，所谓 5 年期限的规定是进行日落复审的前提条件，而不是结束征收反倾销税的期限。这种规定一方面加重了出口商的举证责任，另一方面也大大增加了反倾销措施继续实施的可能性，造成对反倾销措施的滥用。因此在《反倾销协议》的改革中，中国政府应当支持对日落复审制度的改革，限制导致滥用反倾销措施的一切条件，这种改革不仅有益于世界贸易体制和自由贸易，而且也有利于中国的利益。

基于这种规定的严重的不完整状况，美国代表在 WTO 反倾销委员会进行的过渡期复审中也就中国反倾销法律中的日落复审机制提出了疑问。美国认为中国的有一些反倾销措施很快就要进入5年的日落期，而且中国现在正在进行撤销新闻纸反倾销税的复审，但是中国仍然没有向反倾销委员会报告关于到期复审的执行规则。①

公共利益的问题也构成中国《反倾销条例》的一个主要漏洞。当然，从现行WTO《反倾销协议》的角度来看，中国的《反倾销条例》没有关于公共利益制度的规定并不违反《反倾销协议》，但是现行的《反倾销协议》本身并不代表合理的标准，实际上一些WTO成员的国内反倾销法律都有关于在反倾销措施的裁决中考虑公共利益因素的规定。笔者认为，如果将反倾销措施作为对价格冲击的保障措施，那么它保护的不应当是国内特定产业的利益，而应当是国家整体经济的发展，尽管有许多时候这种发展以受到价格冲击的国内相关产业为代表。将公共利益制度引入反倾销措施的认定过程，对中国这种发展中国家产业的协调发展可能更有意义，因为低廉的价格虽然会对同类产品产业造成冲击，但是可能会给予此产品相关的下游一系列产业带来不利影响，从而对中国经济整体的健康发展产生消极影响。

对于2001年《反倾销条例》和反倾销体制所存在的缺陷，中国商务部2004年3月作出的修订，主要是为了反映机构调整的结果，2003年对外经济贸易部和内贸部合并为统一的商务部，制定和执行国内经济发展和对外贸易政策和法律。对于其他方面的缺陷，2004年的修订在第37条中增加了征收反倾销税应当符合公共利益的规定，但是由于并没有相关的公共利益审查的具体规则，这一内容成为一种原则性的规定。

① *See* WTO Committee on Anti-Dumping Practices, Transitional Review Mechanism Pursuant to Section 18 of the Protocol on the Accession of the People's Republic of China, Questions from the United States, G/ADP/W/436, 23 October 2003.

三、中国实施《反倾销条例》的情况

从中国《反倾销条例》于1997年3月颁布实施后，随即开始了反倾销的实践活动。1997年11月10日，吉林造纸（集团）有限公司、广州造纸有限公司、宜宾纸业股份有限公司、江西纸业有限责任公司、岳阳造纸（集团）有限公司、石砚造纸厂、齐齐哈尔造纸厂、鸭绿江造纸厂和福建南平造纸厂代表中国新闻纸产业向外经贸部提出对原产于加拿大、韩国和美国的进口新闻纸进行反倾销调查的申请。1997年12月10日，中国对外经济贸易部公布了对来自美国、加拿大、韩国的新闻纸进行反倾销调查。这是中国依照1997年《反倾销和反补贴条例》进行的第一个反倾销调查案件，1998年7月9日外贸部作出了关于倾销和损害的初步裁决，认定了来自三个国家的进口新闻纸的倾销和损害。并于2001年4月28日作出最终裁决，对来自美国、加拿大和韩国的新闻纸征收从9%到79%不等的反倾销税。这是中国有史以来第一次依法进行的反倾销调查案件，从新闻纸调查立案之日开始，到2004年底为止的6年多的时间里，中国启动的反倾销调查案件共有35起，①涉及的进口产品主要属于化工、冶金、造纸、纺织和电子工业，其中化学工业提起的反倾销调查数量最多，6年中启动调查25件，在全部35起案件中占据了71.4%。其次为冶金工业的4件和造纸工业的3件。

① 这一统计数字来源于中国商务部的贸易救济网，由于其统计的标准是以立案为基础的，与WTO的按照反倾销调查启动所针对的出口国的数量的统计标准不同，因此统计的案件启动数量也存在着较大差异。按照WTO有关统计数字的显示，中国从加入WTO的2002年起到2004年上半年为止，启动的反倾销调查案件就达到83起。参见WTO网站公布的相关统计数字。

中国反倾销调查立案数量统计表①

1997 年 1 月 1 日 ~2004 年 11 月 20 日

	序号	案卷编号	产品名称	启动时间
电子工业	1	0025AC3920030701	非色散位移单模光纤	2003/7/2
	序号	案卷编号	产品名称	启动时间
化学工业	1	0003AC2619990316	聚酯薄膜	1999/4/16
	2	0005AC2619991210	丙烯酸酯	1999/12/10
	3	0006AC2620001220	二氯甲烷	2000/12/20
	4	0007AC2620010209	聚苯乙烯	2001/2/9
	5	0008AC2620010619	饲料级 L－赖氨酸盐酸盐	2001/6/9
	6	0009AC2620010803	聚酯切片	2001/8/3
	7	0011AC2620011010	丙烯酸酯	2001/10/10
	8	0012AC2620011207	己内酰胺	2001/12/7
	9	0014AC2620020301	邻苯二酚	2002/3/1
	10	0015AC2620020306	邻苯二甲酸酐（苯酐）	2002/3/6
	11	0016AC2620020315	丁苯橡胶	2002/3/19
	12	0018AC2620020329	聚氯乙烯	2002/3/29
	13	0019AC2620020522	甲苯二异氰酸酯（TDI）	2002/5/22
	14	0020AC2620020801	苯酚	2002/8/1

① 本统计表的数据来源于中国贸易救济网，参见网址：http://www.cacs.gov.cn/DefaultWebApp/caseSearch.jsp，2004 年 11 月 16 日访问。笔者根据该网站公布的立案公告的最新信息对该表进行了调整，其中核苷酸类食品添加剂一案为笔者根据 2004 年 11 月 12 日公布的该案的立案公告加入本表的。

续表

	序号	案卷编号	产品名称	启动时间
化学工业	15	0022AC2620020920	MDI（二苯基甲烷二异氰酸酯、多亚甲基多苯基异氰酸酯）	2002/9/20
	16	0023AC2620030514	乙醇胺	2003/5/14
	17	0024AC2620030530	三氯甲烷	2003/5/30
	18	0027AC2620031110	氯丁橡胶	2003/11/12
	19	0028AC2620031217	水合肼	2004/4/1
	20	0030AC2620040416	三氯乙烯	2004/4/16
	21	0031AC2620040512	双酚 A	2004/5/12
	22	0032AC2620040716	初级形态二甲基环体硅氧烷	2004/7/10
	23	0033AC2620040810	三元乙丙橡胶	2004/8/10
	24	0034AC2620040812	呋喃酚	2004/8/2
	25		核苷酸类食品添加剂	2004/11/12
冶金工业	序号	案卷编号	产品名称	立案时间
	1	0002AC3219990312	冷轧硅钢片	1999/3/12
	2	0004AC3219990617	不锈钢冷轧薄板	1999/6/17
	3	0017AC3220020320	冷轧板卷	2002/3/20
	4	0021SC3220020323	部分钢铁产品	2002/5/22
造纸工业	序号	案卷编号	产品名称	立案时间
	1	0001AC2219971210	新闻纸	1997/12/10
	2	0013AC2220020206	铜版纸	2001/2/6
	3	0029AC2220040331	未漂白牛皮箱纸板	2004/4/1
纺织工业	序号	案卷编号	产品名称	立案时间
	1	0010AC2820010803	涤纶短纤维	2001/8/3
	2	0026AC2820031031	锦纶 6、66 长丝	2003/11/4

在这35件调查中，有4件调查最终裁定为无损害，包括：来自韩国、泰国和日本的聚苯乙烯，来自美国、韩国和印度尼西亚的饲料级L－赖氨酸盐酸盐，来自韩国和日本的MDI（二苯基甲烷二异氰酸酯、多亚甲基多苯基异氰酸酯），以及俄罗斯、韩国、乌克兰、哈萨克斯坦和中国台湾地区的冷轧板卷。

从年度的变化趋势来看，中国的反倾销调查的立案呈平稳上升的趋势，这种情况与中国对外贸易发展的趋势是相吻合的。另外，由于中国的反倾销法律制度在20世纪90年代末才开始建立，体制磨合阶段的3～4年的时间内案件启动的数量较少也属于正常。

中国反倾销调查立案情况年度统计表

年度	1997	1998	1999	2000	2001	2002	2003	2004
数量（件）	1	0	4	1	6	10	6	8

应当承认，与反倾销措施使用频繁的国家相比，中国使用这种措施的规模要小得多，这与中国拥有世界第三位的对外贸易量是不相适应的。当然这种情况与中国出口大国的特点有关，但是，这在一定程度上能够说明中国尚未将反倾销措施作为贸易保护主义的工具使用。

从反倾销调查的执行程序方面来看，由于中国的反倾销制度处于初步建立阶段，许多程序并不是很完善，规范化水平较低，这会影响裁决的准确和公正程度。因此中国在执行反倾销条例的规定，进行反倾销调查中应当加快调查与裁决的进度，提高规范化、程序化水平。从产业调查方面来看，2004年初产业损害调查局作出决定，全面贯彻国家经贸委《反倾销产业损害调查与裁决规定》、《反补贴产业损害调查与裁决规定》、《保障措施产业损害调查与裁决规定》和《产业损害调查听证规则》（国家经贸委2002年第44、45、46、47号令），深入研究世贸组织和主要国家相关法律和案例，总结以往办案经验，制定详尽的产业损害调查操作手册或指南，把产业损害调查工作纳入程序化轨道。

反倾销的法律体制影响着国家贸易政策的执行，也体现了一个国家对贸易政策的选择。因此制定合理的反倾销法律对中国政府选择有理性的合理的贸易政策，以及保持中国贸易政策的一贯性和协调性有着重要意义。

四、中国贸易政策的选择与 WTO《反倾销协议》的改革

中国作为近二十年来各国反倾销调查的焦点国家，贸易政策的制定不得不受反倾销制度的制约和影响。

面对在全球范围内，特别是美国和欧盟等国家和地区掀起的针对中国的反倾销浪潮，“拿起反倾销的武器”来对抗国外针对中国的反倾销措施，成为中国的媒体、产业界和一些学者的政策建议。有意见认为，中国积极实施反倾销调查，采取征收反倾销税的措施保护国内产业可以“遏制国外对我滥用反倾销措施和不公平的歧视性待遇。中国企业拿起反倾销武器，使国际社会近年来对我进行反倾销调查案件的数量有所减少，反倾销裁定也趋向公平。如欧盟对我实施反倾销措施，1999 年为 10 起，2000 年为 6 起，2001 年为 1 起，2002 年为 3 起。过去，我国没有反倾销法律制度，国外对我倾销和对我出口产品反倾销无所顾忌，对我企业许多反倾销裁定也不公允。例如，欧盟对我彩电出口连续 3 次采取了反倾销措施，每次执行期 5 年，使我彩电出口欧盟受到重创”。① 这种观点显然不利于中国执行开放的贸易政策，但是在现行的 WTO 反倾销体制之下，这种观点又是一种必然的结果。

另一种观点则认为，国外针对中国的反倾销措施并非是世界贸易的主流，认为不应当过分关注反倾销制度，遵循 WTO 的开放贸易的基本精神才是重要的。中国的开放贸易政策给中国的经济带来

---

① 《中国五年 21 桩反倾销调查的六大意义》，2003 年 1 月 20 日，资料来源：http：//www.jsetc. gov.cn/Show Relationlist.jsp？ Article _ ID = 6271，2004 年 11 月 26 日访问。

了长足的发展，反倾销作为一种“防御手段”并不是世界贸易体制的主流。WTO 的新一轮谈判会加强对反倾销的规范，要避免反倾销成为保护主义的手段，今后任何成员要实施反倾销将越来越难。① 这种主张从世界贸易体制的总体目标出发，看待中国贸易政策的选择，既符合 WTO 的自由贸易政策，也符合中国经济发展的利益。但是，从世界贸易体制本身来看，现行的反倾销制度不仅不能促进或者对开放的贸易政策起到保障的作用，反而经常遭到贸易保护主义者的滥用，对保持世界贸易体制所取得的开放成果造成消极影响。另外，现行的 WTO 反倾销体制在世界经济强国的阻挠下不会轻易地实现合理化的目标。因此，从建立更加合理的世界贸易体制，保证自由贸易的成果的角度来看，关注反倾销制度，加强反倾销制度的研究，推进 WTO 反倾销制度的改革是非常必要的。

基于上述考虑，笔者认为，中国政府选择合理的贸易政策应当从以下三个方面考虑。

首先，坚持自由贸易的政策，积极推进 WTO 的贸易开放谈判。一方面，从国际义务的角度来看，自由贸易是世界贸易体制的基本政策，作为 WTO 的成员，中国和其他的成员一样，有义务推进贸易市场的开放。另一方面，从中国本身的经济利益和经济体制改革的角度来看，自由和开放的贸易政策对中国的经济发展有益，这一点从中国不断开放和加入世界贸易组织后，对外贸易和经济所取得的发展的事实得到证实。同时，开放贸易政策消除了对国内效率低下的产业的保护，有利于增强中国产业的竞争力，使中国的产业结构更加合理。以中国的汽车产业在近些年的发展为例，中国的汽车业过去是受政府保护最多的产业之一，汽车关税一度达到300%，这种保护的结果就是汽车产业成为中国最没有竞争力的行业，技术落后和效率低下的企业制造出汽车就能在本国市场上以高

① 参见龙永图在外经贸大学中国 WTO 研究院主办的首届国际反倾销论坛上提出的观点。资料来源：新华网：《反倾销“不合时宜”？龙永图张玉卿观点对对碰》，2002 年 12 月 27 日访问。

价出售。但是，加入世界贸易组织的第一年，中国的汽车关税降到43%，并没有出现灾难性的后果，相反汽车市场的开放，价格的降低，激活了中国国内的市场，使得汽车工业在中国得到了迅速发展。

其次，积极促进对现行 WTO 反倾销体制的改革，完善世界贸易体制，避免将反倾销制度作为保护主义的工具。中国政府制定以自由贸易为根本出发点的对外贸易政策的前提必须是以合理的世界贸易体制为前提。从现行的世界贸易规则，特别是从 WTO 的《反倾销协议》的规定内容来看，开放和自由贸易所需要的规则体制并不完善。现行的《反倾销协议》，以及根据这个协议而建立起来的许多成员方内部的反倾销制度，与其说是在促进公平的自由贸易，并为自由贸易为各个成员方经济所带来的压力提供缓冲作用，还不如说是一些成员方政府为其国内有组织的，或者垄断性的产业在国际竞争中取得优势而提供的保护伞。这一点从反倾销措施适用的产业领域的倾向性就可以看出来。① 在这种情况下，中国政府当然也无法避免这种体制所带来的不合理的竞争。

基于上述原因，中国政府要坚持开放的自由贸易政策，就必须推进 WTO 反倾销措施的改革。尽管在 WTO 多哈回合的谈判中，美国和欧盟两个世界最强的经济体借助其经济上的影响力，反对并阻挠任何对 WTO 现行反倾销制度的限制性的改革措施，并且致使这一问题在目前的谈判中被搁置，但是这并不意味着对 WTO 的反倾销制度的研究应当停止，相反中国作为现行反倾销制度的最大的受害者应当积极从世界贸易体制的完善和发展的角度，加强对反倾销法律制度的研究，提出合理的和具备可行性的改革建议，推进 WTO 反倾销制度的改革。

最后，面对不断增长的针对中国出口产品的反倾销调查和反倾销措施的事实，中国应当尽量避免将反倾销措施作为一种贸易报复

---

① 参见本书的第三章关于世界贸易中，对近些年来滥用反倾销措施倾向的分析。

的手段，并在促进 WTO 反倾销制度改革的基础上，按照 WTO 反倾销规则，建立和完善中国的反倾销制度。尽量避免“以暴制暴”性质的反倾销立法，避免参与世界贸易体制内的保护主义政策竞争。

综上所述，中国贸易政策的确定和执行与 WTO 的反倾销制度是紧密相连的，一方面作为 WTO 的成员方之一，中国应当严格执行和遵守现行的 WTO《反倾销协议》；另一方面，执行 WTO 所倡导的自由贸易政策，也必须以合理的贸易规则制度为基础，对于现行《反倾销协议》中对自由贸易政策和履行开放贸易承诺产生消极影响的内容，中国作为自由贸易的受益者之一，不应当采取忽视，甚至为我所用的态度，而是应当积极推进对这些规则的改革，使世界贸易体制向更加合理的方向发展。

结束语

反倾销规则作为一种贸易救济法律制度具有复杂的性质。由于反倾销法律诞生于垄断资本主义开始发展的初期，一方面它在实行自由贸易的国家中起着一种保护国内竞争产业的作用；另一方面它又在国际贸易过程中执行着一种平衡国家之间竞争政策的职能。反倾销法律所扮演的角色的这种复杂性，使得它在第二次世界大战结束后所建立的世界自由贸易体制中所起的作用具有模糊性，这种状况又导致了反倾销措施在 GATT 体制，以及 20 世纪末在 GATT 体制的基础上建立起来的 WTO 中被成员方滥用作为贸易保护主义的工具，从而受到了来自各方面的批评。

这些批评多建立在反倾销制度本身缺乏经济合理性的论点上，认为应当以更加合理的竞争体制替代反倾销规则，或者限制反倾销制度的使用。另一些意见则认为，反倾销制度作为一种贸易救济法律制度，它所规定的反倾销措施在国际贸易关系中起到了一种拉平竞技场的作用，从而成为实现公平贸易的一种政策工具。

然而，现代反倾销制度是不是具有合理性不仅要考察反倾销规则本身在自由贸易理论意义方面的合理性基础；在世界自由贸易的体制下，分析反倾销制度的合理性更应当从它在这个体制中所扮演的角色的合理性的角度出发。

世界贸易体制从 GATT 1947 生效之日起，就是作为一种在缔约方之间实现贸易开放的管理机制，它的目的是在关税不断降低的前提下，打开缔约方的市场，促进自由贸易政策的实施，从而增进货物在缔约方的自由流动，因此这种多边贸易体制并不是一种世界范围内的市场一体化安排，换言之，多边贸易体制并不对涉及市场运行的内部规则制度作出协调安排。尽管随着 WTO 的成立，市场的开放扩展到了服务贸易领域，市场开放措施不再仅限于关税减让，同时还涉及了对成员方内部与服务贸易市场开放有关的规制措施的限制，但是世界贸易体制作为一种开放市场的而不是市场一体化安排的性质并没有改变。作为单纯的实现世界贸易自由化政策的安排，现行的 WTO 体制还没有实现协调成员经济规制的职能。它的宗旨仍然是建立在传统的比较利益的经济理论基础之上，通过促进自由贸易而增进人民的福利。这种体制安排的单纯性在成员经济规制措施和市场运行机制发展不平衡的背景下，必然会造成自由贸易利益实现的不平衡状态，导致对一些成员经济和社会的冲击，从而造成成员之间的贸易摩擦，增加贸易自由化体制的运行成本。因此，笔者认为世界贸易体制的设计，应当考虑到体制本身运行的效率和效果。

现行的 WTO《反倾销协议》所确立的世界反倾销体制作为一种具有保护性质的边境措施，应当能够对世界自由贸易体制的运行提供合理的缓冲机制。但是 WTO 成员对《反倾销协议》作用期望的不同，造成了反倾销制度在世界贸易体制中所扮演角色的模糊。有的意见将它视为安抚贸易保护主义者的工具（减压阀或安全阀），另一些则将它视为平衡成员方竞争政策的工具（拉平竞技场）。这种摇摆不定的角色定位，造成了《反倾销协议》的一系列缺陷，致使反倾销措施被滥用，反倾销制度本身成为贸易摩擦的一个重要形式，并在一定程度上对开放的贸易体制构成了威胁。因此，改革《反倾销协议》应当从世界贸易体制运行的绩效出发，澄清反倾销制度在世界贸易体制中所起的作用，确定《反倾销协议》的原则。同时，根据体制运行绩效的方法来看待反倾销制度在世界贸易体制中的作用。

尽管从理想的模式来看，成员内部规制的不平衡应当通过建立协调内部规制的方式来纠正，但是内部规制的协调在当代以主权国家为基本结构体系的国际社会中，建立协调统一的规则体系和实施这些规则的成本都会很大。多哈回合的谈判所受到的挫折就是一个例证：建立成员方竞争规则协调框架的议题被搁置。WTO现行组织体制是一种在GATT的协议体制基础上发展起来的组织体制，它的全体成员协商一致的决策和执行机制仍然具有较多的GATT运行的成分，而对国内规制协调需要更加有效的决策和执行制度来保证。

WTO的反倾销制度提供的是一种成员边境措施协调体制，从方式上看，它与WTO的多边贸易协议所作出的市场开放安排相协调，并且它的实施以多边贸易协议中规定的成员降低关税的义务，进入市场的权利为基础，因此在国际贸易关系的实践中是可行的。

从新体制经济学的思考模式来看，贸易开放的成本是由于成员内部的经济规制和市场运行的方式而产生的，它一方面表现为开放贸易给成员的经济和社会带来的冲击，另一方面表现为成员方之间的贸易摩擦。反倾销体制从价格歧视对成员所产生的市场冲击的角度对成员的经济运行提供一种保障机制，为价格对一成员市场造成的冲击及由此造成的经济和社会压力提供缓冲机制，从而避免贸易摩擦，使贸易开放体制能够平稳地运行。

根据上述反倾销制度的宗旨和原则，现行的WTO《反倾销协议》所确立的反倾销规则存在着体制上的不合理性和具体规则的缺陷。这些体制的不合理和规则上的缺陷源于现行反倾销制度的本身的宗旨和原则不明确，主要表现在规则缺乏协调性和连贯性、单纯保护与进口产品相竞争的国内产业利益（公共利益的问题）；倾销认定规则中的歧视性（非市场经济地位问题）；对于一种临时性市场保障性安排来讲，反倾销措施的实施缺乏必要的和明确的时间效力限制（日落条款规则的问题）；另外，从具体规则的角度看，现行《反倾销协议》的条款普遍缺乏透明度，因此赋予了国内调查机构过大范围的裁量权，这种状况与成员国内政治相联系导致了反倾销措施的滥用，使之成为保护主义者实现其产业保护目的的工具。这种状况在国际贸易的实践中使得反倾销措施成为钢铁、化学等几大产业世界市场上进行保护性竞争的主要手段。

从反倾销制度运行的经济性角度来看，随着WTO的争端解决机制的顺利运行，世界贸易体制的规则倾向性不断加强。在这种准司法体制运行的前提下，作为 WTO 规则之一的《反倾销协议》，如果其规则内容的选择性过大，宗旨和原则不明确，会导致有关反倾销措施的争议不断增多，从而增加 WTO 反倾销制度的运行成本。

因此，关于 WTO《反倾销协议》的改革，应当从保证世界贸易体制平稳有效运行的角度出发，并且考虑反倾销制度本身运行的经济性，在明确世界贸易体制中反倾销制度应当具有的宗旨和原则的基础上，对《反倾销协议》所确立的基本制度进行合理化，增加反倾销措施认定中的公共利益考量规则，限制反倾销措施单纯保护与进口产品相竞争的国内产业的现状；取消或者修改关于非市场经济地位的条款，避免反倾销措施实施中的歧视性；澄清现行《反倾销协议》中的日落条款，建立合理的反倾销措施实施期限制度。同时，增加反倾销规则的透明度，限制并监督成员及其调查机构在执行《反倾销协议》和进行反倾销调查中的对裁量权的行使。在以上改革的基础上，避免反倾销措施的实施对自由贸易利益的损害，同时使得反倾销制度成为世界贸易体制平稳有效运行的保护机制，并且通过《反倾销协议》具体规则的修改，使反倾销制度本身的运行更加经济有效。

中国加入 WTO 后，在获得贸易自由化制度所提供的世界市场机会的同时，也成为反倾销措施实施的最主要的目标国家。这种状况引起了国内贸易政策制定者和贸易实践者的担心，同时也引起了世界范围的关注。在这种情况下，《反倾销协议》的改革必然对中国的经济和贸易政策产生重要影响。这种影响主要体现在市场经济体制改革，竞争政策的选择和竞争法律制度的健全和完善，以及国内反倾销政策和对外贸易政策的选择等方面。基于上述《反倾销协议》的改革的建议，在促进中国的市场经济体制改革，完善国内市场的竞争法律制度，以及加强自由贸易政策的实施方面，改革的 WTO 反倾销制度能够起到积极的作用。

附录 《关于 WTO 反倾销协议日落复审条款的若干草案》

在草案 Carlisle I 中，涉及日落复审的第 11 条是这样规定的：①

“11.1 只要反倾销税对抵制引起损害的倾销是必要的，反倾销税就应当一直有效。

11.2 如果存在正当理由，当局应当根据他们自己的决定或任何提交了需要复审的具体信息的利害关系方的要求，对继续实施该反倾销税的必要性进行审议。在这种审议中，当局应当审查反倾销税的继续实施是否对抵消损害性的倾销是必要的。如果在根据本款规定进行复审之后，有关证据显示反倾销税不再合理，该反倾销税应当被立即终止。

11.3 尽管存在上述第 1 和第 2 款的规定，但是任何生效的反倾销税应当在它实施 5 年内终止，除非当局根据终止日期之前的复审，在所有第 6.10 条和第 6.11 条所指的利害关系方都有机会提供情况后，作出裁决认定反倾销税有继续存在的合理原因。”

在草案 Carlisle II 中，涉及日落复审的第 11 条的内容如下：

“11.1（内容同上）

11.2 如果存在正当理由，当局应当根据他们自己的决定，或者在确定的反倾销税实施超过合理的一段时间后，根据任何提交了需要复审的具体信息的利害关系方的要求，对继续实施该反倾销税的必要性进行审议。[注释：根据本守则的目的，‘复审’这一术

---

① 转引自 Terence P. Stewart & Amy S. Dwyer, WTO Antidumping and Subsidy Agreements (Kluwer Law International 1998), APPENDIX I.

语应当意味着一项正式的程序，它由当局执行，在这一程序中应当对复审的事项进行全面的审查，并且在这期间所有第6.10条和第6.11条规定的当事方应当具有完全的提供情况的机会。]复审应当尽快执行，并且通常不应当超过12个月。在复审中，当局应当特别审查反倾销税的继续实施对抵消倾销和防止损害的重新出现是否必要。如果在根据本款进行复审后，当局决定反倾销税不再具有正当理由，它应当被立即终止。

11.3 尽管存在第1和第2款的规定，任何生效的反倾销裁决应当［在其实施3~5年内终止，除非当局根据终止日期之前的复审认定继续实施反倾销税对于抵消倾销和防止损害的重新出现是必要的。［继续适用除非在3~5年有效期内的复审认定撤销反倾销税不会导致引起损害的倾销的恢复。］"

在上述两个草案遭到反对后，反倾销委员会委托新西兰起草反倾销守则的修改草案，新西兰准备过三个修改稿，在草案III中，有关日落复审的条款内容如下：

"11.1（同东京回合《反倾销守则》第11.1条内容）

11.2 如果存在正当理由，当局应当根据他们自己的决定，或者在确定的反倾销税实施超过合理的一段时间后，根据任何提交了需要复审的具体信息的利害关系方的要求，对继续实施该反倾销税的必要性进行审议。［原稿注释：第9.3条规定的反倾销税的最终责任的裁决本身并不构成本条意义上的复审。］利害关系方应当有权要求当局审查反倾销税的继续实施对于抵消倾销是否必要，如果撤销反倾销税再现损害的情况是否会出现，或者对两种情况都进行审查。如果根据本款规定的复审结果，当局认定反倾销税不再具有合理性，它应当被立即终止。

11.3 尽管存在第1和第2款的规定，任何生效的反倾销裁决应当在反倾销税实施之日（或最近的根据第2款进行的复审日期，如果该复审包括倾销和损害，或根据本款）起不超过5年的时间内终止，除非当局根据它们在该到期日之前自行发起的或根据代表国内产业利益的利害关系方在到期日之前合理的时间内提出的适当的具体的复审请求，认定继续实施反倾销税对抵消倾销和防止损害的继续或重新出现是必要的。反倾销税在这种复审进行的过程中可以继续有效。”

在 1991 年完成的 Dunkel 草案中，反倾销制度中的日落条款的内容又发生了重要的变化。Dunkel 草案第 11 条规定：

“11.1（内容没有改变）。

11.2 如果存在正当理由，当局应当根据他们自己的决定，或者在确定的反倾销税实施超过合理的一段时间后，根据任何提交了需要复审的具体信息的利害关系方的要求，对继续实施该反倾销税的必要性进行审议。[原稿注释：第 9.3 条规定的反倾销税的最终责任的裁决本身并不构成本条意义上的复审。] 利害关系方应当有权要求当局审查反倾销税的继续实施对抵消倾销是否必要，如果反倾销税被撤销。再现损害的情况是否会出现，或者对两种情况都进行审查。如果根据本款规定的复审结果，当局认定反倾销税不再具有合理性，它应当被立即终止。

11.3 尽管存在第 1 和第 2 款的规定，任何生效的反倾销裁决应当在反倾销税实施之日（或最近的根据第 2 款进行的复审日期，如果该复审包括倾销和损害，或根据本款）起不超过 5 年的时间内终止，除非当局根据它们在该到期日之前自行发起的或根据代表国内产业利益的利害关系方在到期日之前合理的时间内提出的适当的具体的复审请求，认定继续实施反倾销税对防止倾销的进口所引起的损害的继续或重新出现是必要的。[原稿注释：如果反倾销税的数额是在一个追溯的基础上进行评估的，一项根据第 9.3.1 条规定的程序进行的最近的评估，起步征税的结果本身并应当要求当局根据本款规定作出继续执行反倾销税是不必要的裁决。] 反倾销税在复审进行期间可以保持其效力。”

参考文献

专著类：

中文：

1. 王晓晔等著：《竞争法与经济发展》，社会科学文献出版社 2003 年版。

2. 罗昌发著：《贸易与竞争之法律互动》，中国政法大学出版社 2003 年版。

3. 王晓晔：《竞争法研究》，中国法制出版社 1999 年版。

4. 王晓晔：《欧共体竞争法》，中国法制出版社 2001 年版。

5. 曾令良：《世界贸易组织法》，武汉大学出版社 1996 年版。

6. 赵维田：《世贸组织（WTO）的法律制度》，吉林出版社 2000 年版。

7. 余敏友等：《WTO 争端解决机制概论》，上海人民出版社 2001 年版。

8. 北京师范大学经济与资源管理研究所：《2003 年中国市场经济发展报告》，对外经济贸易出版社 2003 年版。

9. 王晓晔编：《反垄断发育市场经济》，法律出版社 1998 年版。

10. 对外经贸大学中国世界贸易组织研究院福耀反倾销研究中心张汉林等：《世贸组织体系下国际反倾销形势及我国的策略》，2002。

11. [美] 理查德 · A. 波斯纳著，孙秋宁译：《反托拉斯法》，中国政法大学出版社 2003 年版。

12. [美] 雅各布 · 瓦伊纳著，沈瑶译：《倾销：国际贸易中的一个问题》，商务印书馆 2003 年版。

外文：

13. Ernest Gellhorn & William E. Kovacic, Antitrust Law and Economics, West Publishing Co. (1994).

14. Clifford A. Jones and Mitsuo Matsushita ed., Competition Policy in the Global Trading System, the Hague: Kluwer Law International, 2002.

15. George Norman and Jacques-Francois Thisse ed., Market Structure and Competition Policy: Game Theoretic Approaches, Oxford, UK; New York: Cambridge University Press, 2000.

16. Julian L. Clarke and Simon J. Evenett, A Multilateral Framework for Competition Policy? in Simon J. Evenett and the Swiss State Secretariat of Economic Affairs ed., *The Singapore Issues and The World Trading System: The Road to Cancun and Beyond.*

17. Yusaf Akbar & Aldershot Hants, Global Antitrust: Trade and Competition Linkages, Burlington, VT: Ashgate Publication, 2003.

18. Stephen D. Cohen, Robert A. Blecker, Peter D. Whitney, Trade and Competition Policy from International Perspectives: Fundamentals of U.S. Foreign Trade Policy: Economics, Politics, Laws, and Issues, Boulder, Colo.: Westview Press, 2003.

19. Gabrielle Marceau., Anti-Dumping and Anti-Trust Issues in Free-Trade Areas, Oxford: Clarendon Press; New York: Oxford University Press, 1994.

20. Robert W. Staiger and Frank A. Wolak, The Effect of Domestic Anti-dumping Law in the Presence of Foreign Monopoly, NBER Working Paper, No. 3254, 1990.

21. José Tavares de Araujo Jr., Legal and Economic Interfaces between Antidumping and Competition Policy, United Nations Publications, 2001.

22. Brink Lindsey and Dan Ikenson, Coming Home to Roost

Proliferating, CATO policy paper.

23. Ian Wooton, Trade and Competition Policy: Anti-Dumping versus Anti-Trust, . CATO Institute policy paper, 2002.

24. Bernard Hoekman, Competition Policy, Developing Countries and the WTO, World Bank paper, 1999.

25. Simon J. Evenett , Can Developing Economies Benefit from WTO Negotiations on Binding Disciplines for Hard Core Cartels? World Trade Institution, 2003.

26. John H. Jackson, The Jurisprudence of GATT and the WTO : insights on treaty law and economic relations, Cambridge; New York: Cambridge University Press, 2000.

27. John H. Jackson, The World Trade Organization : constitution and jurisprudence, London : Royal Institute of International Affairs, 1998.

28. Bernard M. Hoekman, Michel M. Kostecki, The political economy of the world trading system : the WTO and beyond, Oxford ; New York : Oxford University Press, 2001.

29. Constantine Michalopoulos, The Integration of Transition Economies into the World Trading System, Washington. DC: World Bank, Europe and Central Asia Regional Office, Office of the Regional Vice President, 1999.

30. Philip Ruttley, Iain MacVay & Ahmad Masadet al Ed. , Liberalisation And Protectionism in The World Trading System, London: Cameron May Ltd. , 1999.

31. John H. Jackson, The World Trading System : Law and Policy of International Economic Relations, Cambridge, MA : MIT Press, 1997.

32. John Croome, Reshaping the World Trading System: A History of the Uruguay Round, Geneva : World Trade Organization, 1995.

33. Thomas L. Brewer, Gavin Boyd ed. , Globalizing America :

the USA in World Integration, Northampton, MA : Edward Elgar, 2000.

34. Daniel L. M. Kennedy and James D. Southwick ed., The Political Economy of International Trade Law : Essays in Honor of Robert E. Hudec, Cambridge; New York : Cambridge University Press, 2002.

35. Robert E. Hudec, Essays on the Nature of International Trade Law, London : Cameron May, 1999.

36. Robert E. Hudec, Enforcing International Trade Law: The Evolution of the Modern GATT Legal System, Salem, N. H. : Butterworth Legal Publishers, 1993.

37. Fatoumata Jawara and Aileen, Behind the Scenes at the WTO: The Real World of International Trade Negotiations, New York, NY : Zed Books, 2003.

38. Joseph Francois, Assessing the Results of General Equilibrium Studies of Multilateral Trade Negotiations, New York and Geneva : United Nations, 2000.

39. Aaditya Mattoo, Marcelo Olarreaga, Should Credit be Given for Autonomous Liberalization in Multilateral Trade Negotiations? Washington, D. C : World Bank, Development Research Group, Trade, 2000.

40. T. Ademola Oyejide, Interests and Options of Developing and Least-Developed Countries in A New Round of Multilateral Trade Negotiations, New York ; Geneva: United Nations, 2000.

41. United Nations Conference on Trade and Development, A Positive Agenda For Developing Countries : issues for future trade negotiations, New York and Geneva : United Nations, 2000.

42. Ernst-Ulrich Petersmann ed., The New GATT Round of Multilateral Trade Negotiations: Legal and Economic Problems, Deventer, The Netherlands ; Boston : Kluwer Law and Taxation

Publishers, 1991.

43. Marc Bacchetta and Marion Jansen, Adjusting to Trade Liberalization: The Role of Policy, Institutions and WTO Disciplines, WTO Publications, 2003.

44. David Wall, et. al., China's Market Economy: Imiplications for the World Trading System, RIIA -Asia-Pacific Programme, Brookings Institution, 1998.

45. Antidumping Laws and the Growing Threat to U. S. Exports, Brookings Institution Paper, 2001.

46. Greg Mastel, American trade laws after the Uruguay Round, Armonk, New York: M. E. Sharpe, 1996.

47. Kent Hughes, "American Trade Politics: from the Omnibus Act of 1988 to the Trade Act of 2002", a paper prepared for presentation at the Congress Project/Project on America and the Global Economy seminar on "Congress and Trade Policy" at the Woodrow Wilson International Center for Scholars, November 17, 2003.

48. Lewis E. Leibowitz, Safety Valve or Flash Point? The Worsening Conflict Between U. S. Trade Laws and WTO Rules, Cato Institution Papers, 2001.

49. Keith Steele ed., Anti-dumping Under the WTO: A Comparative Review, London ; Cambridge, MA : Kluwer Law International, 1996.

50. Jeremy Kempton, Peter Holmes and Cliff Stevenson, Globalisation of Anti-Dumping and the EU, Sussex European Institute Working Paper No. 32, 1999.

51. Estela Montad, The Political Economy of Anti-dumping in Europe, University of Bristol, 2001.

52. J. Michael Finger and K. C. Fung, Will GATT Enforcement Control Antidumping ? Washington, D. C. : World Bank, 1993.

53. J. Michael Finger, The Origins and Evolution of Antidumping

Regulation, Washington, D. C. : Country Economics Dept. , World Bank, 1991.

54. J. Michael Finger with the assistance of Nellie T. Artis ed. , Antidumping: How It Works and Who Gets Hurt, Ann Arbor : University of Michigan Press, 1993.

55. Alexander Roitinger, Antidumping Reform, Trade Policy Flexibility, and Compensation, discussion paper, Department of Economics, University of St. Gallen , August 2002.

56. JeeHyeong Park, WTO and Antidumping, documents prepared for the purpose of presentation at the WTO and World Trade Ⅱ conference at the University of Washington, 2001.

57. John H. Jackson and Edwin A. Vermulst ed. , Antidumping Law and Practice: a comparative study, Ann Arbor : University of Michigan Press, 1989.

58. Patrick Messerlin, Antidumping Laws and Developing Countries, Washington, DC, International Economics Dept. , World Bank 1988.

59. J. Michael Finger, Francis Ng and Sonam Wangchuk, Antidumping as Safeguard Policy, Washington, D. C. : World Bank, 2001.

60. Terence P. Stewart and Amy S. Dwyer, WTO Antidumping and Subsidy Agreements : A Practitioner's Guide to Sunset Reviews in Australia, Canada, the European Union, and the United States, The Hague; Boston: Kluwer Law International, 1998.

61. Peter D. Ehrenhaft, Brian Vernon Hindley, Constantine Michalopoulos, and L. Alan Winters, Policies on Imports from Economies in Transition Two Case Studies, The World Bank, 1999.

62. Andrew L. Stoler, Treatment of China as A Non-Market Economy: Implications for Antidumping and Countervailingmeasures and Impact on Chinese Company Operations in the WTO Framework,

Presentation to Forum on WTO System & Protectionism: Challenges China Faces After WTO Accession, Shanghai WTO Affairs Consultation Center, December, 2003.

63. Cynthia Horne, The Politics Behind the Application of Antidumping Laws to Nonmarket Economies: Distrust and Informal Constraints, Prepared for Graduate Student Retreat for Comparative Research Society for Comparative Research, UCLA, 2001.

64. Alan Wm. Wolff, The Positive Contribution of Antidumping to a Liberal World Trading System, Remarks Before the World Business Forum at Bretton Woods, 1999.

65. Brink Lindsey and Dan Ikenson, Reforming the Antidumping Agreement: A Road Map for WTO Negotiations, Cato Institution Paper, 2002.

66. Brink Lindsey and Daniel J. Ikenson, Antidumping Exposed: The Devilish Details of Unfair Trade Law, Washington, D. C. : Cato Institute Paper, 2003.

67. Robert Z. Lawrence ed. , Brookings Trade Forum 1998, Washington, DC : Brookings Institution Press, 1998.

68. Ann Harrison, The New Trade Protection : price effects of antidumping and countervailing measures in the United States, Washington, DC : Country Economics Dept. , World Bank, 1991.

69. Strategic Behavior and the United States Unfair Trade Statutes, New York : Garland Pub. , 1995.

70. Michael P. Ryan, Leveling the Playing Field: Settling Pacific Basin Disputes Regarding Unfair East Asian Trade Practices, Michigan: UMI, 1991.

71. Angelika Eymann and Ludger Schuknecht, Antidumping Enforcement in the European Community, Washington, DC: Country Economics Dept. , World Bank, 1991.

72. Patrick Conway and Sumana Dhar, The Economic Effects of

Widespread Application of Antidumping Duties to Import Pricing, Washington, DC: Country Economics Department., World Bank, 1991.

73. P. K. M. Tharakan, The Problem of Anti-dumping Protection and Developing Country Eports, Helsinki, Finland: UNU World Institute for Development Economics Research, 2000.

74. Bernard Hoekman, Free Trade and Deep Integration : antidumping and antitrust in regional agreements, Washington, DC : World Bank, Development Research Group, International Trade, 1998.

期刊类:

1. Joel Davidow and Hal Shapiro, *The Feasibility and Worth of a World Trade.*

2. *Organization Competition Agreement*, Journal of World Trade 37 (1): 49-68, 2003.

3. Andrew D. Mitchell, *Broadening the Vision of Trade Liberalisation International Competition Law and the WTO*, World Competition 24 (3): 343-365, 2001.

4. Dr Christian A. Conrad, *Strategies to Reform the Regulations on International Competition*, World Competition 26 (1): 101-121, 2003.

5. Bernard Hoekman and Petros C. Mavroidis, *Economic Development, Competition Policy and the WTO*, Journal of World Trade37 (1): 1-27, 2003.

6. Deborah Z. Cass, *The 'Constitutionalization' of International Trade Law: Judicial Norm-Generation as the Engine of Constitutional Development in International Trade*, Vol. 12 EJIL 39 - 76 No. 1, 2001.

7. Bernhard Jansen, *The Limits of Unilateralism from a European Perspective*, Vol. 11 EJIL 309 -315, No. 2, 2000.

8. Jeffrey L. Dunoff, *The Death of the Trade Regime*, Vol. 10 EJIL 733-763 (1999) No. 4.

9. Hunter Nottage, *Trade and Competition in the WTO: Pondering the Applicability of Special and Differential Treatment*, Volume 6, Issue 1, JIEL 23-47 March 2003.

10. John H. Jackson and Rafael Tiago Juk Benke, *The WTO Cases on US Trade Remedies': Opening a Discussion*, Volume 6, Issue 1, JIEL 111 March 2003.

11. Robert D. Anderson and Peter Holmes, *Competition Policy and the Future of the Multilateral Trading System*, Volume 5, Issue 2, JIEL 531-563, June 2002.

12. Daniel K. Tarullo, *Norms and Institutions in Global Competition Policy*, 94 Am. J. Int'l L. 478, 2002.

13. Jurgen Basedow, *International Antitrust: from Extraterritorial Application to Harmonization*, 60 La. L. Rev. 1037.

14. Mitsuo Matsushita, *Basic Principles of the WTO and the Role of Competition Policy*, 3 Wash. U. Global Stud. L. Rev. 363, 2004.

15. Edward T. Swaine, *International Coordination of Competition Policy: Does Global Antitrust Law Have A Future? Against Principled Antitrust*, 43 Va. J. Int'l L. 959, 2003.

16. Ari Afilalo, Not *In My Backyard: Power and Protectionism in U. S. Trade Policy*, 34 N. Y. U. J. Int' l L. & Pol. 749, 2002.

17. Matthew Schaefer, *Sovereignty, Influence, Realpolitik and the World Trade Organization*, 25 Hastings Int'l & Comp. L. Rev. 341, 2002.

18. Sylvia Ostry, *The World Trading System: In Dire Need of Reform*, 17 Temp. Int' l & Comp. L. J. 109, 2003.

19. Susan Beth Farmer, *Introduction: Competition Without Borders: Antitrust Law and the Challenge of Globalization*, 107 Dick. L. Rev. 725, 2003.

20. James Bacchus, *Groping Toward Grotius: The WTO and the International Rule Of Law*, 44 Harv. Int'l L. J. 533, 2003.

21. Peter M. Gerhart, *The Two Constitutional Visions of the World Trade Organization*, 24 U. Pa. J. Int'l Econ. L. 1, 2003.

22. David Palmeter, *The WTO as a Legal System*, 24 Fordham Int'l L. J. 444, 2000.

23. Ele anor M. Fox, *International Antitrust and the Doha Dome*, 43 Va. J. Int' l L. 911, 2003.

24. Philip M. Nichols, *Realism, Liberalism, Values, and the World Trade Organization*, 25 U. Pa. J. Int' l Econ. L. 725, 2004.

25. An Chen, *The Three Big Rounds Of U. S. Unilateralism Versus WTO Multilateralism During The Last Decade: A Combined Analysis of the Great* 1994 *Sovereignty Debate*, *Section* 301 *Disputes* (1998-2000), *and Section* 201 *Disputes* (2002- *Present*), 17 Temp. Int'l & Comp. L. J. 409, 2003.

26. Christian A. Conrad, *Dumping and Anti-dumping Measures from a Competition and Allocation Perspective*, Journal of World Trade 36 (3): 563-575, 2002.

27. Hylke Vandenbussche, *Trade Policy Versus Competition Policy: Substitutes or Complements?* De Economist 148, No. 5, 2000.

28. Joel Davidow, *International Implications of US Antitrust in the George W. Bush Era*, World Competition 25 (4): 493-507, 2002.

29. Merit E. Janow and Cynthia R. Lewis, *International Antitrust and the Global Economy: Perspectives on The Final Report and Recommendations of the International Competition Policy Advisory Committee to the Attorney General and the Assistant Attorney General for Antitrust*, World Competition 24 (1): 3-21, 2001.

30. Alexandre S. Grewlich, *Globalisation and Conflict in Competition Law Elements of Possible Solutions*, World Competition 24 (3): 367-404, 2001.

31. Ignacio Garcia Bercero, and Stefan D. Amarasinha, *Moving the Trade and Competition Debate Forward*, Volume 4, Issue 3: JIEL 481-

506, September 2001.

32. Eleanor M. Fox, *Global Markets, National Law, and the Regulation of Business: A View from the Top*, 75 St. John's L. Rev. 383, 2001.

33. Rebecca Kanter, *United States V. Nippon Paper Industries: Price-Fixing Conspiracy or Trade Remedy?* UCLA J. Int'l L. & Foreign Aff. 165, 2003.

34. Alan Wm. Wolff, *The (Notionally) Bridgeable Chasm Between Antitrust and Trade Policy*, 47 N. Y. L. Sch. L. Rev. 167, 2003.

35. Spencer Weber Waller, *Can U. S. Antitrust Laws Open International Markets?* 20 Nw. J. Int'l L. & Bus. 207, 2000.

36. Claire Hervey, *The Byrd Amendment Battle: American Trade Politics at the WTO*, 27 Hastings Int'l & Comp. L. Rev. 131, 2003.

37. John O. McGinnis, *The Political Economy of International Antitrust Harmonization*, 45 Wm. & Mary L. Rev. 549, 2004.

38. Alexander Polouektov, *Non-Market Economy Issues in the WTO Anti-Dumping Law and Accession Negotiations*, Journal of World Trade 36 (1): 1-37, 2002.

39. Tomer Broude, *An Anti-dumping "To Be or Not To Be" in Five Acts: A New Agenda for Research and Reform*, Journal of World Trade 37 (2): 305-328, 2003.

40. James M. De Vault, *Congressional dominance and the International Trade Commission*, Public Choice 110: 1-22, 2002.

41. José Tavares De Araujo Jr, *Legal and Economic Interfaces Between Antidumping and Competition Policy*, World Competition 25 (2): 159-172, 2002.

42. Michael O. Moore, *Department of Commerce Administration of Antidumping Sunset Reviews: A First Assessment*, Journal of World Trade 36 (4): 675-698, 2002.

43. Ralf Boscheck, *The Governance of Global Market Relations: The*

Case of Substituting Antitrust for Antidumping, World Competition 24 (1): 41-64, 2001.

44. Peter D. Ehrenhaft, *Is Interface of Antidumping and Antitrust Laws Possible*?, 34 Geo. Wash. Int'l L. Rev. 363, 2002.

45. Marc Wellhausen, *The Community Interest Test in Antidumping Proceedings of the European Union*, 16 Am. U. Int'l L. Rev. 1027, 2001.

46. Lee D. Hamilton, *US Antidumping Decisions and the WTO Standard of Review: Deference or Disregard* ? 4 Chi. J. Int'l L. 265, 2003.

47. Gary Hufbauer, *Antitrust and Antidumping: Forever Separate Tables*? 47 N. Y. L. Sch. L. Rev. 141, 2003.

48. Aluisio de Lima-Campos, and Adriana Vito, *Abuse and Discretion-The Impact of Antidumping and Countervailing Duty Proceedings on Brazilian Exports to the United States*, 38 (1) Journal of World Trade 37-68, Feb. 2004.

49. James P. Durling, Deference, *But Only When Due: WTO Review of Anti-Dumping Measures*, Volume 6, Issue 1, JIEL 125-153 2003.

50. Jennifer Karen King, *In Need of Enlightenment: The International Trade Commission's Misguided Analysis in Sunset Reviews*, 43 Wm. & Mary L. Rev. 2151, 2002.

51. Daniel M. Lopez, The Continued Dumping and Subsidy Offset Act of 2000: 'Relief' For The U. S. Steel Industry; Trouble for the United States in the WTO, 23 U. Pa. J. Int'l Econ. L. 415, 2002.

52. Benjamin A. Tisdell, *Steeling The World: Economic and Antitrust Implications of Steel Industry Cartels as Alternatives to Trade Protectionism*, 97 Nw. U. L. Rev. 473, 2002.

53. Jose Manuel Cortes Martin, The European Community Trade Barriers Regulation: Private Party Involvement in International Procedures Regarding Unfair Foreign Trade Practices, 35 Tex. Tech L.

Rev. 269, 2004.

54. Thomas Weishing Huang, *The Gathering Storm of Antidumping Enforcement in China*, Journal of World Trade 36 (2): 255-283, 2002.

55. John H. Jackson, and James V. Feinerman., *China's WTO Accession Survey of Materials*, Volume 4, Issue 3: JIEL 329-335 September, 2001.

56. Brett Williams, *The Influence and Lack of Influence of Principles in the Negotiation for China's Accession to the World Trade Organization* 33Geo. Wash. Int'l L. Rev. 791, 2001.

57. Lei Yu, *Rule of Law or Rule of Protectionism: Anti-Dumping Practices Toward China and the WTO Dispute Settlement System*, 15 Colum. J. Asian L. 293, 2002.

58. Wang Jiafu, *The Construction of a Legal System for China's Market Economy*, 3 Wash. U. Global Stud. L. Rev. 297, 2004.

59. M. Ulric Killion, *Quest for Legal Safeguards for Foreign Exporters Under China's Antidumping Regime*, 29 N. C. J. Int'l L. & Com. Reg. 417, 2004.

60. David J. Gerber, *Constructing Competition Law in China: The Potential Value of European and U. S. Experience*, 3 Wash. U. Global Stud. L. Rev. 315, 2004.

61. Daniel H. Johnson, *East Seats West: China's Accession to the World Trade Organization and the Rise of a Potent Threat to the North Carolina Furniture Industry*, 29 N. C. J. Int'l L. & Com. Reg. 83, 2003.

网站类:

1. http://www.law.georgetown.edu/iiel/research/index.html (美国乔治敦大学国际经济法所)

2. http://www.cid.harvard.edu/ (哈佛大学国际发展中心) http://www.cid.harvard.edu/cidtrade/index.html (哈佛大学国际

发展中心全球贸易谈判主页）

3. http：//www. freetrade. org/（CATO 贸易政策研究中心）

4. http：//www. brookings. edu/（Brookings 学院）

5. http：//www. worldtradelaw. net/（世界贸易法律网）

6. http：//www. wti. org/世界贸易学院

7. http：//www. nber. org/ National Bureau of Economics Research，国家经济研究局（非盈利型经济研究机构）

8. 北京 WTO 事务信息网 http：//www. bjwto. org/

9. 上海 WTO 事务咨询中心 http：//www. sccwto. net：7001/wto/china. jsp

10. 对外经贸大学世界贸易组织研究院 http：//www. uibe. edu. cn/upload /up_ wto/antidumping/antidumping. htm

11. 美国商务部 http：//www. commerce. gov/

12. 美国国际贸易委员会：http：//www. usitc. gov/

13. 美国贸易代表处：http：//www. ustr. gov/

14. 新西兰外交和贸易部：http：//www. mft. govt. nz/foreign/eco/ chinatrade/ chinanztrade. html

15. 澳大利亚外交和贸易部：http：//www. dfat. gov. au/trade/

16. 欧盟竞争政策与法律：http：//europa. eu. int/pol/comp/index_ en. htm

17. 欧盟法律文件： http：//europa. eu. int/eur-lex/en/index. html

18. 世界贸易组织：http：//www. wto. org

19. 世界银行：http：//www. worldbank. org

20. 经济合作与发展组织：http：//www. oecd. org

21. 中国商务部：http：//www. mofcom. gov. cn

22. 加拿大国际贸易裁判庭：http：//www. citt-tcce. gc. ca/index_ e. asp

23. CATO 研究院（CATO Institution）贸易政策研究中心（Center for Trade Policy Studies）：http：//www. freetrade. org